DIE KIRCHEN DER WELT · BAND XVII

DIE REFORMIERTEN KIRCHEN

DIE KIRCHEN DER WELT

BAND XVII

Herausgeber

D. HANS HEINRICH HARMS
D. DR. HANFRIED KRÜGER
DR. GÜNTER WAGNER
D. DR. HANS-HEINRICH WOLF

DIE
REFORMIERTEN KIRCHEN

Herausgegeben von

KARL HALASKI

EVANGELISCHES VERLAGSWERK STUTTGART

An der Übersetzung der ursprünglich fremdsprachlichen Beiträge
waren beteiligt:

B. Basdekis	G. Raabe
K. Halaski	H. Reitz
M. Lövínezí	U. Runge
A. Maksay	W. Scherffig
E. Mann	E. Urbig

Gesamtredaktion und Lektorat: Walter Schmidt

ISBN 3 7715 0164 4
Erschienen 1977 im Evangelischen Verlagswerk Stuttgart
© Alle Rechte, einschließlich dem der Übersetzung, vorbehalten
Druck: J. F. Steinkopf KG, Stuttgart
Bindearbeiten: Buchbinderei Riethmüller, Stuttgart

INHALT

KAPITEL 4

Rudolf J. Ehrlich
Die Kirche von Schottland
Von der Reformation bis zur Gegenwart

KAPITEL 5

Paul Jacobs
Die Reformierten Kirchen Deutschlands
Geschichte und Gegenwart

KAPITEL 6

Roger Mehl
Die Reformierte Kirche von Frankreich

KAPITEL 7

Giorgio Tourn
Die Waldenserkirche

Vergangenheit und Zukunft

KAPITEL 8

Amadeo Molnár
Die Evangelische Kirche der Böhmischen Brüder

KAPITEL 9

Tibor Bartha
Die Reformierte Kirche von Ungarn

Geschichte und Gegenwart

Teil IV

Afrika und Asien

KAPITEL 12

Willem Adolf Landman

Die Holländische Reformierte Kirche in Südafrika

KAPITEL 13

David Petrus Botha

Die Holländische Reformierte Missionskirche in Südafrika

11

12

VORWORT

Der größte Teil der in diesem Band zur Veröffentlichung kommenden Selbstdarstellungen reformierter Kirchen lag bereits vor, als Professor Dr. Paul Jacobs, der dies Buch ursprünglich zu betreuen übernommen hatte, im Jahre 1968 plötzlich starb. Zielstrebigkeit und Ausdauer des Verlages erreichten es, daß trotz vieler Verzögerungen und Enttäuschungen nun fast zehn Jahre später die Reihe „Die Kirchen der Welt" durch den Band „Die reformierten Kirchen" vervollständigt werden kann.

Paul Jacobs hatte von vornherein den Band so angelegt, daß in ihm — etwa im Gegensatz zu „Die Evangelisch-Lutherische Kirche" — lediglich Selbstdarstellungen einiger reformierter Kirchen aus der Feder je eines ihrer Mitglieder erscheinen. So bietet das Buch eher eine regional gegliederte Kirchenkunde als einen systematischen Bericht über das gemeinsame, bzw. kontroverse Selbstverständnis reformierter Kirchen. Damit jedoch wird dieser Band gerade dem theologisch-ekklesiologischen Selbstverständnis reformierter Kirchen gerecht.

Kirche als Kirche Jesu Christi ist zuerst Ortskirche; Gemeinde, die sich unter dem Wort Gottes versammelt. Sie ist damit zugleich Glied der universellen Kirche; die Einheit der Kirchen — auch innerhalb der eigenen Konfessionsfamilie — ist vorgegeben und bleibt zugleich Forderung nach dem wirkungskräftigen Zeugnis für die „eine heilige, allgemeine christliche Kirche".

Geschichte und Gegenwart reformierter Kirchen sind deshalb bestimmt von dem Bemühen zur Bildung von Großkirchen und Unionen wie von der Verweigerung solcher Unionen in dem Falle, daß damit das Fundament der Kirche nach der jeweils eigenen Erkenntnis verlassen oder verleugnet werden könnte.

Kennzeichnend ist deshalb für reformierte Kirchen, daß sie das auf dem Grund des Bekenntnisses zu Jesus Christus in ihrer Geschichte notwendige Bekenntnis vielfältig und vielgestaltig ausgesprochen haben und noch immer auszusprechen versuchen. Dies kann nur geschehen, indem gehört wird auf das Zeugnis der Heiligen Schrift unter verantwortlicher Würdigung der Zeugnisse der „Väter und Brüder", die in der Vergangenheit wie heute in ihren Kirchen sich zu Jesus Christus bekannt haben und bekennen.

Tradition wie aktuelle Herausforderung sind in den verschiedenen Zeiten und Gebieten unterschiedlich. Die Beiträge dieses Bandes wollen davon eher berichten, als daß sie zusammenfassend darstellen, was man heute das gemeinsame Selbstverständnis reformierter Kirchen und ihrer theologischen wie praktischen Entscheidungen nennen würde. Es ist zum Beispiel allzu bekannt, daß gegenwärtig reformierte Kirchen in Südafrika auf Grund gleicher Bekenntnisgrundlage gegensätzliche Entscheidungen treffen. Gleiches ließe sich freilich in anderen Gebieten der Welt ebenso feststellen.

Dennoch haben die im Reformierten Weltbund (reformiert und kongregationalistisch) vereinten Kirchen sich immer wieder darum gemüht, mit einer Stimme zu sprechen. Die nach gründlichen Vorberatungen von der Konsultation in London 1976 verabschiedete Studie: „Die theologische Basis der Menschenrechte" gibt davon ebenso beredt Kunde wie die enge Zusammenarbeit mit dem Ökumenischen Rat der Kirchen. Dafür zeugen auch die guten Gespräche zwischen Lutheranern und Reformierten, zwischen römischen Katholiken, Baptisten wie Orthodoxen mit Beauftragten des Reformierten Weltbundes und endlich die „Leuenberger Konkordie", ohne daß dabei verschwiegen werden darf, daß es reformierte Kirchen gibt, die weder mit dem Reformierten Weltbund geschweige denn mit dem Ökumenischen Rat zusammenarbeiten wollen und wohl auch nicht können.

Vermerkt werden muß auch, daß seit 1970 sich der Internationale Kongregationalistische Rat mit dem Reformierten Weltbund vereinigt hat. Insofern bildet der in der Reihe „Die Kirchen der Welt" bereits vorliegende Band „Der Kongregationalismus" eine notwendige und hilfreiche Ergänzung zu diesem Buch.

Der aufmerksame Leser wird außerdem feststellen, daß in einigen Beiträgen außer dem Geschriebenen das Verschwiegene mitgelesen werden müßte. Dies ist freilich nicht das spezifische Kennzeichen reformierter Kirchen, sondern deutet auf die notvolle Lage christlicher wie anderer Gemeinschaften in unserer gegenwärtigen Situation.

Frankfurt, im Sommer 1977   Karl Halaski

Teil I

1. Kapitel

DER REFORMIERTE WELTBUND (RWB)

MARCEL PRADERVAND

I. Die Anfänge

Der Reformierte Weltbund (RWB) ist einer der ältesten konfessionellen Weltverbände. Um die Mitte des 19. Jahrhunderts existierten in vielen Weltteilen reformierte Kirchen, doch nur in drei Ländern bildeten die Reformierten die Mehrzahl der Bevölkerung: in der Schweiz, in den Niederlanden und in Schottland. Eine beträchtliche Minderheit stellten sie in Ungarn dar. In anderen Ländern des europäischen Festlandes existierten kleine reformierte Minderheiten, so in Frankreich und Italien. In Preußen waren Lutheraner und Reformierte seit 1817 in einer Union zusammengeschlossen.

In anderen Gegenden der Welt waren die reformierten Kirchen jedoch stark vertreten, wenn auch stets als Minderheitskirchen. Holländische, schottische und deutsche Einwanderer hatten den reformierten Glauben in die Vereinigten Staaten wie auch nach Kanada gebracht. In Australien und Neuseeland hatten presbyterianische Kirchen festen Fuß gefaßt. Südafrika war, was die weiße Bevölkerung betraf, ein reformiertes Land geworden — das Ergebnis der holländischen Einwanderung im 17. Jahrhundert. Im 19. Jahrhundert folgten englische Presbyterianer nach Südafrika.

Die Holländer errichteten auch in Niederländisch-Ostindien (dem heutigen Indonesien) und auf Ceylon (dem heutigen Sri Lanka) starke reformierte Kirchen, doch führte die Abtretung der letztgenannten Insel an die Engländer zu einer Schrumpfung der reformierten Kirche. Die reformierten Kirchen Großbritanniens und der westlichen Hemisphäre hatten eine rege Missionstätigkeit entfaltet, in deren Verlauf in vielen Teilen Asiens, Afrikas und Lateinamerikas Kirchen der reformierten Familie ins Dasein traten.

Die Kirchen der reformierten Glaubensfamilie waren wirklich eine
„Welt"-Familie, traf man sie doch in allen Kontinenten an. Untereinander hatten sie indessen kaum oder überhaupt keinen Kontakt.

Im Jahre 1868 schrieb der Edinburger Professor McGregor in der Zeitschrift *The Presbyterian*, es sei wünschenswert, „alle fünf, zehn oder
zwanzig Jahre eine Versammlung der Presbyterianer, die an den
presbyterianischen Normen festhalten, einzuberufen . . ., auf der alle
Kirchen zur Förderung der ökumenischen Idee Gespräche miteinander
führen sollten" *(A Century of Service* [CS], S. 13). In ähnlichem Sinne
äußerte sich der Präsident des College of New Jersey (der heutigen
Universität Princeton), Reverend Dr. James McCosh. Im Jahre 1870
forderte er auf der Generalversammlung der presbyterianischen Kirche
in den USA die Schaffung eines Gesamtpresbyterianischen Rates. Einer
seiner Zuhörer, ein schottischer Professor aus Edinburgh mit Namen
W. G. Blaikie, griff diesen Gedanken mit Begeisterung auf und war
später in maßgeblicher Weise an der Gründung und Entwicklung des
RWB beteiligt.

Im Jahre 1873 beschlossen die Generalversammlung der Irischen Presbyterianischen Kirche und die Generalversammlung der Presbyterianischen Kirche in den Vereinigten Staaten, „mit anderen Kirchen, die die
Westminster Confession angenommen haben, in Verbindung zu treten
zu dem Zweck, einen ökumenischen Rat dieser Kirchen zu schaffen,
Fragen von gemeinsamem Interesse zu erörtern und besonders ihre
Tätigkeit auf dem Feld der inneren und äußeren Mission zu koordi-
nieren" (CS, S. 15).

Im Herbst 1873 wurde auf einer Zusammenkunft presbyterianischer
Kirchenführer in New York beschlossen, die Schaffung des RWB zu
betreiben. Ende 1874 fanden in New York und Edinburgh weitere Be-
gegnungen statt, bei denen die Einberufung einer Konferenz in
London im Jahre 1875 zu dem Zweck der offiziellen Gründung des
Bundes und der Annahme einer Verfassung beschlossen wurde.

II. Die Londoner Konferenz

Die Londoner Konferenz begann am 21. Juli 1875. 64 Delegierte nahmen als Vertreter von 21 Kirchen daran teil. Sie kamen in der Hauptsache aus den angelsächsischen Ländern, doch waren auch Abgesandte
aus Frankreich, Belgien, der Schweiz, Italien, Deutschland und Spanien
in London anwesend.

Eine Verfassung wurde angenommen. Ihre Präambel läßt erkennen, daß die Gründer des RWB keine engherzigen Konfessionalisten waren.
Sie lautet: „Indem sie diesen Bund gründen, beabsichtigen die presbyterianischen Kirchen nicht, ihre brüderlichen Beziehungen zu anderen Kirchen zu ändern; sie sind vielmehr nach wie vor bereit, sich mit ihnen in christlicher Verbundenheit zusammenzuschließen und gemeinsam der Sache unseres Erlösers gemäß den allgemeinen Grundsätzen zu dienen, welche die reformierten Bekenntnisse vertreten und lehren und wonach die Kirche Gottes auf Erden, obschon aus vielen Gliedern bestehend, einen Leib in der Gemeinschaft des Heiligen Geistes bildet, Christus das Oberhaupt dieses Leibes und allein die Heilige Schrift sein unfehlbares Gesetz ist" (CS, S. 23).
Die Aufnahmebedingungen sind in Artikel II aufgeführt: „In die Allianz kann jede nach presbyterianischen Grundsätzen organisierte Kirche aufgenommen werden, die in Dingen des Glaubens und der Sittlichkeit an der Heiligen Schrift Alten und Neuen Testaments als oberster Autorität festhält und deren Glaubensbekenntnis mit dem gemeinsamen Zeugnis der reformierten Bekenntnisse übereinstimmt" (CS, S. 23).

III. Von der ersten Generalversammlung bis 1914

Am 3. Juli 1877 kamen Reformierte aus der ganzen Welt in Edinburgh zur ersten Generalversammlung des RWB zusammen. Die Zahl der Mitgliedskirchen stieg auf 49, allerdings waren darunter manche sehr kleine.
Eines der Ziele des RWB war es, die praktische Zusammenarbeit zwischen den Kirchen der reformierten Glaubensfamilie bei ihrer Missionstätigkeit herbeizuführen. Doch war man von jeglicher reformierten Engherzigkeit weit entfernt, und ein Delegierter betonte ausdrücklich: „Wenn wir uns für eine vermehrte Zusammenarbeit der Presbyterianer einsetzen, so geschieht dies nicht auf Kosten der umfasenderen und überkonfessionellen Belange."
Bereits im Jahre 1877 äußerten die Führer des RWB den Wunsch nach einer Zusammenarbeit bei der Missionstätigkeit. Sie traten aber auch dafür ein, daß die von den presbyterianischen Missionsgesellschaften gegründeten Kirchen sobald wie möglich unabhängig würden: „Bei unserer Missionstätigkeit sollten wir es uns zur Aufgabe machen, die einheimischen Kirchen sobald wie möglich von fremder Hilfe unabhängig

zu machen ... Die Kirchen sollten möglichst rasch instand gesetzt werden, auf eigenen Füßen zu stehen" (CS, S. 30).

Wenngleich die Angelsachsen im RWB überwogen, nahm er doch starken Anteil an den Minderheitskirchen auf dem europäischen Festland und gründete sogleich einen Ausschuß zur Unterstützung derselben. Die Waldenserkirche von Italien erhielt schon bald beträchtliche finanzielle Hilfe, später auch die reformierte Kirche von Böhmen, obschon kein offizielles Hilfswerk der reformierten Kirchen existierte. Tatsächlich blieb die Organisation des RWB mehrere Jahre hindurch sehr locker. Er hatte keinen Präsidenten, keinen Exekutivausschuß, keinen besoldeten Generalsekretär, aber er hatte das große Glück, Professor Blaikie zu haben, der als ehrenamtlicher Generalsekretär fungierte und ganz allein zuerst eine Monatsschrift, *The Catholic Presbyterian,* und später eine kleinere Vierteljahresschrift, *The Quarterly Register,* herausgab. Ob der RWB ohne ihn hätte fortbestehen können, muß bezweifelt werden.

Bereits gleich zu Anfang richtete der RWB einen „Ausschuß für die Zusammenarbeit in der Äußeren Mission" ein. Er sollte die Mitgliedskirchen zu einer engeren Zusammenarbeit und zur Errichtung *einer* presbyterianischen Kirche in jedem Land, insbesondere in Indien und China, befähigen.

Im Jahre 1892 beschloß die 5. Generalversammlung in Toronto, alljährlich eine Konferenz der Missionsvereine der nordamerikanischen und kanadischen Mitgliedskirchen einzuberufen. Der Vorsitzende machte den Vorschlag, für einen Tag der Konferenz Vertreter der Missionsvereine sämtlicher protestantischen Kirchen einzuladen. Diese unschätzbare Neuerung hatte bedeutsame Folgen für die ökumenische Bewegung. Diese Jahreskonferenzen der protestantischen Missionsvereine „gaben erheblichen Anstoß zu der ökumenischen Missionskonferenz des Jahres 1900 in New York, die der 1910 in Edinburgh tagenden Weltmissionskonferenz den Weg ebnete" (CS, S. 85).

Auf der 3. Generalversammlung, die im Jahre 1884 stattfand, beschloß der RWB die Errichtung eines aus mindestens 50 Mitgliedern bestehenden Exekutivausschusses, der in zwei Sektionen, eine europäische (später östliche genannte) und eine amerikanische (später westliche genannte), geteilt wurde. Dieser Ausschuß sollte die Arbeit des RWB in den Zeiten zwischen den Generalversammlungen leiten.

Im Jahre 1888 wurde in Anbetracht des steigenden Arbeitsanfalls die Wahl eines Generalsekretärs mit Sitz in London beschlossen. Zum ersten Generalsekretär wurde Reverend Dr. G. D. Mathews gewählt. Dr. Mathews, der maßgeblich an der Schaffung des RWB beteiligt gewesen war, übte sein Amt bis zum Jahre 1913 aus, in welchem er im hohen Alter von 85 Jahren starb.

Die Generalversammlungen des RWB wurden alle drei oder vier Jahre abwechselnd in Großbritannien und in den Vereinigten Staaten oder in Kanada abgehalten. Vom europäischen Festland kamen nur wenige Delegierte. Das hatte zwei Gründe: einmal wurden die größeren Kirchen des europäischen Kontinents — mit Ausnahme der Reformierten Kirche von Ungarn — erst nach dem Ersten Weltkrieg Vollmitglieder, und zum zweiten war Englisch die einzige offizielle Sprache des RWB, die nur wenige europäische Kirchenvertreter beherrschten. Trotzdem lagen die Probleme der europäischen Minderheitskirchen — insbesondere die Frage der Religionsfreiheit — dem RWB sehr am Herzen. Hervorzuheben ist, daß der RWB oftmals zugunsten nichtreformierter verfolgter Minderheiten intervenierte, insbesondere der Juden (in Rußland) und der Armenier.

Die Generalversammlungen wurden zwar sämtlich im angelsächsischen Sprachraum abgehalten, doch veranstaltete der RWB zu Beginn des 20. Jahrhunderts auch mehrere europäische Konferenzen. Die erste fand 1906 in Prag statt. 1911 fand in Prag eine zweite Konferenz statt, auf die eine Woche später eine größere Konferenz in Budapest folgte. An diesen Konferenzen nahmen Delegierte des jeweiligen Gastlandes und britische Vertreter teil. Die erste wirkliche Konferenz auf dem europäischen Festland fand erst 1920 in Lausanne statt; im Jahre 1923 folgte ihr eine noch bedeutsamere Konferenz in Zürich. Die letzte Generalversammlung vor dem Ersten Weltkrieg fand im Jahre 1913 in Aberdeen, Schottland, statt. Den Delegierten lag vor allem die Verkündigung am Herzen, und die Versammlung beschloß, „eine feierliche Aufforderung an die Mitgliedskirchen ergehen zu lassen zu einem Jahr der Fürbitte für die Ausgießung des Heiligen Geistes in der ganzen Welt, beginnend am 1. Oktober 1913, im Inland sowie auf dem äußeren Missionsfeld" (CS, S. 91).

IV. *Kircheneinheit zwischen zwei Weltkriegen*

Der Erste Weltkrieg konnte für den RWB nicht ohne ernste Folgen bleiben, hatte er doch in beiden feindlichen Lagern Mitgliedskirchen. Obwohl sein Sitz jetzt Edinburgh war, legte sein neuer Generalsekretär, Dr. R. Dykes Shaw, eine bemerkenswerte Einstellung an den Tag. In der Novemberausgabe der Vierteljahrsschrift des RWB, *The Quar-*

terly Register, führte er aus: „Ein großer Krieg wütet unter den Nationen Europas . . . Das Traurigste ist, daß er von christlichen Nationen
geführt wird. Angehörige vieler Mitgliedskirchen des Bundes kämpfen
in den feindlichen Heeren gegeneinander. Und jede Seite beschuldigt
die andere . . . Auf beiden Seiten geben sich redliche Männer die größte
Mühe, darzutun, daß sie das Recht allein auf ihrer Seite haben . . . Eins
ist sicher . . . in der ganzen Welt sind alle Christen wie niemals zuvor
zur Herzenserforschung und zum Gebet aufgerufen . . . Wir müssen uns
beugen unter Gottes mächtige Hand. Wir müssen inbrünstiger um den
Geist Christi bitten . . .“ (CS, S. 98).

Und der Präsident des RWB, der irische Pfarrer Dr. William Park,
schrieb in derselben Nummer: „Sicher ist, daß zuallererst ein Gefühl
der Scham in uns als Kirchenmännern und Christen aufsteigen muß.
Wenn wir als Kirchen unserem Heiland und unseren Nächsten gegenüber unsere Pflicht erfüllt hätten, hätte man dann nicht einen besseren
Weg zur Beilegung der Streitigkeiten der Völker gefunden?“ (CS,
S. 93).

Es ist gut zu wissen, daß die Führer des RWB nicht dem wahnsinnigen
Nationalismus verfielen, der während des Ersten Weltkrieges so viele
Kirchen erfaßte.

Der Krieg ging zu Ende, und im Dezember 1919 sandte der RWB zugunsten Ungarns eine „Denkschrift an den in Paris versammelten Rat
der Alliierten“, in der er sich für die Respektierung der Rechte der ungarischen Minderheiten einsetzte — leider vergeblich. Der RWB ließ sich
jedoch nicht entmutigen und fuhr fort, vor allem für die Siebenbürger
einzutreten. Zweimal fuhr eine Abordnung des RWB nach Siebenbürgen, um sich an Ort und Stelle ein Bild von den Verhältnissen zu
machen und der rumänischen Regierung ins Gewissen zu reden.

Die erste Generalversammlung des RWB nach dem Ersten Weltkrieg
fand im Jahre 1921 in Pittsburgh, USA, statt. Pfarrer Dr. Adolf Keller, Zürich, der später maßgeblich am Aufbau der ersten protestantischen Organisation für zwischenkirchliche Hilfe beteiligt war, nahm
daran teil und vermochte den reformierten Kirchen in Amerika und
Großbritannien ihre Pflichten gegenüber den ständig hilfsbedürftigen,
schwächeren Kirchen des europäischen Kontinents zum Bewußtsein zu
bringen.

Die Versammlung hatte sich mit dem Einheitsappell der Lambeth-
Konferenz des Jahres 1920 zu befassen. Ihre Antwort auf diesen Appell
ist bedeutsam, da sie die Stellung der reformierten Kirchen zu der Frage
der Einheit klar zum Ausdruck bringt. Die wichtigsten Punkte ihrer
Erklärung lauten wie folgt:

„1. Diese Generalversammlung ... anerkennt und begrüßt den darin zum Ausdruck kommenden Ernst des Zieles und die brüderliche Geisteshaltung und schließt sich der Aufforderung zu einer engeren Gemeinschaft der verschiedenen Zweige der Kirche Christi von ganzem Herzen an.

2. ... diese Generalversammlung ... gibt ihrer Hoffnung Ausdruck, daß die von ihr vertretenen Kirchen in der Lage sein werden, mit unseren Brüdern von Lambeth zusammenzutreffen und sich mit ihnen auszusprechen ...

3. Die Generalversammlung ist der Auffassung, daß alle an einer solchen Konferenz teilnehmenden Kirchen gleichberechtigt sein und die Möglichkeit haben müßten, alle die Kirchenordnung betreffenden Fragen ohne Einschränkung zur Sprache zu bringen. Weiterhin stimmen ihre Mitglieder darin überein, daß echte Fortschritte in Richtung auf eine Wiedervereinigung nur möglich sind, wenn die zur Beratung zusammentretenden Kirchen bereit sind, ihren gegenseitigen kirchlichen Status offen anzuerkennen und den Worten von Einigkeit Taten der Einigkeit in Gestalt der Abendmahlsgemeinschaft und der Zusammenarbeit im Dienst des Herrn folgen zu lassen" (CS, S. 119).

Im August 1922 fand in Kopenhagen eine wichtige Konferenz zu dem Zweck statt, die Bedürfnisse der protestantischen Kirchen Europas festzustellen und zu prüfen, wie ihnen am besten zu helfen sei. Ein Viertel der Delegierten der Bethesda-Konferenz (wie sie genannt wurde) vertrat den RWB, und diese gaben der neuen Organisation, die bis zum Jahre 1945 (in dem sie mit der Abteilung für zwischenkirchliche Hilfe des Ökumenischen Rats verschmolzen wurde) von Pfarrer Dr. Adolf Keller geleitet wurde, ihre volle Unterstützung. Der RWB und seine Gliedkirchen in Amerika und Großbritannien gewährten Dr. Keller jede erdenkliche finanzielle Hilfe. Sie wollten kein *reformiertes* zwischenkirchliches Hilfswerk ins Leben rufen, lagen ihnen doch *alle* protestantischen Kirchen Europas, die so schwer zu kämpfen hatten, am Herzen. Ihre Haltung war eine wahrhaft ökumenische. Dieser Geist der Einheit kam auf der Tagung der westlichen Sektion des Bundes im Jahre 1923 zum Ausdruck: „Nahezu jeder Führer einer christlichen Gemeinschaft dürfte heute einräumen, daß unser System miteinander rivalisierender Konfessionen dem Geiste Jesu von Grund auf zuwider ist ... Wir alle rühmen den Geist der Zusammenarbeit und verfassen wunderschöne Resolutionen über die Einheit der Christen ..., doch wenn es zum Handeln kommt, sind wir nicht bereit, unsere konfessionelle Identität aufzugeben ..." (CS, S. 126).

Die europäische Konferenz des RWB in Zürich im Jahre 1923, an der nicht nur Vertreter von Kirchen des europäischen Festlandes, sondern auch Delegierte aus Großbritannien, den Vereinigten Staaten, Ozeanien, Afrika und Asien teilnahmen, sicherte der bevorstehenden Stockholmer Konferenz über „Leben und Arbeit" ihre volle Unterstützung zu und empfahl sie den Gliedkirchen des RWB. Dieser ökumenische Geist wurde auch auf der 13. Generalversammlung offenbar, die im Jahre 1925 in Boston (USA) stattfand. An den Lutherischen Weltkonvent sandte sie eine Botschaft folgenden Inhalts: „Die zu Boston versammelten Söhne Calvins ... übermitteln den Söhnen Luthers ihre besten Wünsche für den Erfolg der Einigungsbemühungen. Sie senden ihnen brüderliche Grüße, in der Überzeugung, daß die Stärkung eines Teiles des Protestantismus den Protestantismus als Ganzes stärken wird" (CS, S. 140).

Die Versammlung freute sich ebenfalls über den Erfolg der Jerusalemer Versammlung des Internationalen Missions-Rates.

Der Versammlung wurde ein Bericht über die „Faith and Order"-Konferenz des Jahres 1927 in Lausanne vorgelegt. Es war dies ein Aufruf zu einer größeren Einheit als der der Reformierten: „Einheit tut not ... ein Maß an Einheit, das weit über all das hinausgeht, was derzeit schon unter einigen Gliedern unserer eigenen Familie, die in denselben sogenannten christlichen Gemeinschaften leben, vorhanden ist. Einheit, damit wir mit *einer* Stimme für Christus sprechen können" (CS, S. 140).

Im Jahre 1930 trat der RWB zum ersten Mal auf deutschem Boden zusammen. Damals fand in Elberfeld eine Gruppenkonferenz statt. Voll guten Mutes kehrte der Generalsekretär des RWB von ihr nach Edinburgh zurück, schrieb er doch: „Viele von uns kehrten aus Deutschland mit der festen Überzeugung zurück, daß aus dieser großen Nation, die sich in schweren Zeiten und im tapferen Ertragen schwierigster Lagen so edel bewährt hat, jetzt aufs neue durch Gottes Willen ... die Wiedergeburt der Religion ... und Friede und Heil für alle Völker kommen könnten" (CS, S. 142).

In den dreißiger Jahren brach die Weltwirtschaftskrise aus, die so furchtbare Auswirkungen auf die Kirchen und die Völker hatte. Die im Bund zusammengeschlossenen reformierten Kirchen ließen jedoch in ihren Anstrengungen zugunsten der schwächeren Kirchen des europäischen Kontinents nicht nach, und in seinem Bericht an die westliche Sektion führte der Vorsitzende des Ausschusses für die Arbeit auf dem europäischen Festland im Februar 1931 aus: „Wenn das Zentralbüro das erste Jahr seines ‚Fünfjahrprogramms' ohne Defizit abschließt, so liegt das Verdienst daran bei den presbyterianischen Kirchen" (CS, S. 142). Besonders beunruhigt zeigte sich die Sektion über das Schicksal der Mennoniten in der Sowjetunion, die „man ohne Nahrung und Wasser in Viehwagen gepfercht, in die sumpfigen Waldgebiete Nordrußlands verschickt, dort in meilenweiter Entfernung von der nächsten Bahnstation ohne Lebensmittel und Ausrüstung ausgeladen und sich selber überlassen hatte. Die Hälfte von ihnen war dabei umgekommen" (CS, S. 143). Auch hier sehen wir erneut, daß die Führer des RWB wahrhaft ökumenisch dachten.

Der RWB sagte ferner der APIDEP, der Darlehensvereinigung für zwischenkirchliche Hilfe, die Dr. Kellers Zentralbüro angegliedert war, seine volle Unterstützung zu, und obwohl der RWB nur über sehr wenig Mittel verfügte, beschloß er, ebensowohl dem Zentralbüro wie der APIDEP einen Geldbetrag zur Verfügung zu stellen.

Im Jahre 1933 trat die Generalversammlung des RWB in Belfast zusammen. In Deutschland war Hitler an die Macht gekommen, und der RWB gab zu erkennen, daß ihn die Lage der deutschen Juden mit großer Sorge erfülle.

Der Generalversammlung wurde auch mitgeteilt, daß mehrere deutsche reformierte Kirchenführer, darunter der Schweizer Theologe Karl Barth, eine „Theologische Erklärung zur Gestalt der Kirche" veröffentlicht hätten. Die Delegierten erhielten den vollständigen Text der Erklärung und konnten sich so mit den Problemen vertraut machen, denen sich die Kirche in Deutschland gegenübersah.

Professor W. A. Curtis, Edinburgh, der neue Präsident des RWB, trat entschieden für eine stärkere Zusammenarbeit mit den Lutheranern ein. Er führte aus: „Ich glaube, daß die Zeit naht . . ., wo Lutheraner und Reformierte zusammenarbeiten werden und man sich ihrer früheren Trennung kaum noch bewußt sein wird. Unser Bund sollte diese Annäherung begrüßen und sich daran beteiligen, es zugleich lebhaft bedauern, daß sie solange hat auf sich warten lassen und sich der gewaltigen Bedeutung der Folgen, die sie nach sich ziehen muß, voll bewußt sein. Was für ein Tag würde für Europa anbrechen, wenn die lutherischen Kirchen von Skandinavien, Finnland, den baltischen Staaten, Deutschland, Polen, Österreich, Ungarn und Frankreich sich endlich entschlössen, aus ihrer Isolierung herauszutreten und sich mit unseren weiter zerstreuten reformierten Kirchen, die im In- oder Ausland ihre Nächsten sind, zu vereinigen . . ." (CS, S. 144).

In Deutschland wurde die Lage der christlichen Kirche zunehmend schwieriger, und im März 1934 richteten die Leiter des RWB an den Moderator des Reformierten Bundes ein Schreiben, in dem sie ihre deutschen Brüder ihrer Anteilnahme im Gebet versicherten. Im Juli desselben Jahres hatten einige leitende Persönlichkeiten des RWB Gelegenheit, mit Bischof Heckel, dem Leiter des Außenamtes der Deutschen Evangelischen Kirche, zu sprechen. Viele Jahre lang galt Deutschland die ständige Sorge des RWB. Die deutschen reformierten Kirchenführer konnten an der 15. Generalversammlung des RWB in Montreal im Jahre 1937 nicht teilnehmen, doch verabschiedete die Versammlung einstimmig eine Entschließung zur Lage in Deutschland, in der es heißt: „... der Kampf hat Formen angenommen, die nicht nur die Glaubens- und Gewissensfreiheit und die Autonomie der Kirche in Frage stellen, sondern vor allem bestimmte wesentliche Lehren, die unseren Gemeinschaften seit langem heilig sind, betreffen. Für uns ... ist Gottes Wort die einzige oberste Autorität, die die Kirche empfangen und verkünden und der sie gehorsam sein muß ... In allen geistlichen und theologischen Angelegenheiten ist die Kirche allein ihrem Herrn verantwortlich ..." (CS, S. 153).

Im Jahre 1938 fuhr Dr. Adolf Keller, einer der beiden Vizepräsidenten des RWB, nach Berlin. Er stellte im Namen des RWB den Antrag, Pastor Niemöller, der sich in einem Konzentrationslager befand, besuchen zu dürfen. Die Gestapo teilte ihm mit, man werde ihm weder jetzt noch in Zukunft die Erlaubnis erteilen, Pastor Niemöller zu besuchen.

Im Jahre 1938 wurde der Vorläufige Ausschuß des Ökumenischen Rates (im Aufbau begriffen) geschaffen. Zu den Teilnehmern der Konferenz in Utrecht (9. bis 13. Mai), auf welcher Pfarrer Dr. W. A. Visser 't Hooft zum Generalsekretär der neuen Organisation gewählt wurde, zählte auch der Generalsekretär des RWB.

Während des Zweiten Weltkrieges verloren die Büros des RWB in Edinburgh die Fühlung mit den meisten europäischen Kirchen, was um so bedauerlicher war, als dies eine Zeit gesteigerter ökumenischer Tätigkeit darstellte. Der in Edinburgh isolierte Generalsekretär des RWB (er war, von einer Hilfskraft abgesehen, der einzige besoldete Dienstträger) ging in seiner eigenen Kirche, der Kirche von Schottland, einer Teilzeitbeschäftigung nach. Damit half er zwar den Finanzen des RWB auf, mit denen es nicht zum besten stand, doch waren die Auswirkungen auf die Tätigkeit des RWB bedauerlich. Die amerikanischen reformierten Kirchenführer waren recht unglücklich über diese Lage, war ihnen doch bewußt, daß ungeachtet der Entwicklung des Weltkirchenrates ein aktiver RWB eine Notwendigkeit blieb. Ohne Zweifel war dies mit ein Grund für die grundlegenden Änderungen, die nach dem Krieg in der Organisation des RWB vorgenommen wurden.

V. *Neuer Anfang nach dem Zweiten Weltkrieg*

Im Jahre 1947 suchte der amerikanische Sekretär des RWB, Dr. W. B. Pugh, in Begleitung des Generalsekretärs, Reverend Dr. W. H. Hamilton, mehrere reformierte Kirchen auf dem europäischen Festland auf. Dr. Pugh zeigte sich tief beeindruckt von den Nöten der reformierten Kirchen des europäischen Kontinents und kam zu der Erkenntnis, daß der Weltbund unbedingt etwas für sie tun müsse. Man beschloß, im Jahre 1948 eine Generalversammlung abzuhalten. Sie tagte vom 11. bis zum 17. August in Genf. Es war dies die erste Generalversammlung, die auf dem europäischen Festland stattfand, und zum ersten Mal waren die kontinental-europäischen Kirchen in großer Zahl vertreten.

Die Versammlung traf eine Reihe wichtiger Entscheidungen: der Sitz des RWB sollte von Edinburgh nach Genf verlegt werden, und ein neuer Exekutivsekretär sollte von dort aus die Arbeit des RWB leiten. Das Edinburgher Büro arbeitete noch eine kurze Zeit unter der Leitung von Dr. Hamilton weiter, der dann aber im Jahre 1949 einem Ruf der Kirche von Schottland folgte und Gemeindepfarrer wurde. Es wurde ferner beschlossen, daß ein Welt-Exekutivkomitee an die Stelle der bisherigen östlichen und westlichen Exekutivkommissionen treten und die gesamte Arbeit des Bundes leiten sollte.

Ein Schweizer Pfarrer, Dr. Marcel Pradervand, wurde zum neuen Exekutivsekretär berufen (im Jahre 1954 wurde diese Bezeichnung in „Generalsekretär" umgewandelt) und nahm am 1. Januar 1949 in Genf in Amtsräumen, die auf dem Gelände des Ökumenischen Rates der Kirchen, 17, *route de Malagnou,* errichtet worden waren, seine Tätigkeit auf; die Dienststellen des LWB befanden sich bereits dort. Der Exekutivsekretär arbeitete allein mit nur einer jüngeren Hilfskraft, und der Etat des RWB belief sich in den ersten beiden Jahren auf nur 9 000 Dollar.

Der RWB dehnte seine Tätigkeit jedoch sogleich aus. Der Exekutivsekretär bereiste Osteuropa, Deutschland und die westliche Hemisphäre.

VI. *Reformierter Weltbund in der Ökumene*

Im Juni 1949 fand in Cambridge (England) die erste Tagung des neuen Exekutivkomitees statt. Es legte sogleich die Stellung des RWB zur ökumenischen Bewegung dar.

Schon die Genfer Generalversammlung hatte sich zu diesem Thema sehr deutlich geäußert: „... wir möchten allen Mitgliedern des Bundes dringend nahelegen .. ., daß sie im Blick auf die Aufrechterhaltung und Ausweitung der weltumspannenden Gemeinschaft und des Zeugnisses der Kirche ernsthaft und im Gebet den Antrag auf Mitgliedschaft im Weltkirchenrat in Erwägung ziehen" (CS, S. 171).

Auf der Cambridger Tagung erfolgte eine ähnliche Verlautbarung: „Wir sind der Auffassung, daß wir zwar unseren reformierten und presbyterianischen Überzeugungen treu bleiben wollen, indes sind wir froh, der größeren Körperschaft des Ökumenischen Rates der Kirchen anzugehören. Wir sind entschlossen, das Unsere zur Errichtung der *Una Sancta* beizutragen" (CS, S. 179).

Viele reformierte Minderheitskirchen benötigten dringend Hilfe, doch sah man davon ab, ein eigenes zwischenkirchliches Hilfswerk des RWB zu errichten. Die Gliedkirchen wurden aufgefordert, dem zwischenkirchlichen Hilfswerk des Ökumenischen Rats Spenden zukommen zu lassen, aber der Nöte der reformierten Kirchen eingedenk zu bleiben. An dieser Einstellung hat der RWB seither festgehalten, und obschon manche Bedürfnisse reformierter Minderheitskirchen nicht in dem Maße befriedigt werden konnten, wie es der Fall gewesen wäre, wenn ein reformiertes zwischenkirchliches Hilfswerk existierte, besteht doch kein Zweifel, daß diese Entscheidung das Wachstum des ökumenischen Gedankens in den reformierten Kirchen gefördert hat.

Aus finanziellen Gründen war beschlossen worden, daß sich das Exekutivkomitee nur alle zwei Jahre versammeln solle. Die zweite Versammlung des neuen Exekutivkomitees fand demgemäß im August 1951 in Basel statt. Zu den Teilnehmern zählte auch Präsident Dr. John A. Mackay, der Präsident des *Princeton Theological Seminary* und spätere Präsident des Internationalen Missionsrates. Dr. Mackay, der im Jahre 1954 Präsident des Bundes wurde, war ein entschiedener Ökumeniker und gleichzeitig ein an die Sache der reformierten Kirchen Glaubender. Er war sich bewußt, daß Konfessionsfamilien nach wie vor eine Rolle zu spielen hätten, doch bereitete ihm das ungeheure Wachstum einiger konfessioneller Organisationen Sorge. Unter seiner Leitung nahm das Exekutivkomitee des RWB die sogenannte „Basler Erklärung" („Der Presbyterianische Weltbund in der gegenwärtigen ökumenischen Situation") an. Diese Erklärung erläuterte die Stellung des RWB in der durch die Bildung des Weltkirchenrates geschaffenen neuen Lage; sie fand in den ökumenischen Kreisen sehr gute Aufnahme. In Anbetracht seiner Bedeutung zitieren wir den letzten Absatz der Erklärung: „Das Komitee ist der Auffassung, daß die Presbyterianer in der Welt von heute eine besondere Aufgabe zu erfüllen haben. Gott hat ihnen aufgegeben, dafür Sorge zu tragen, daß das derzeit überall in der Welt zu beobachtende Wiedererstarken des Konfessionalismus nicht in Sektierertum ausmündet, sondern einen ökumenischen Charakter behält. Wenn die großen Weltdenominationen, darunter auch die reformierten Kirchen, ihre denominationellen Belange in den Vordergrund stellen und ihre großen Weltkörperschaften zum Selbstzweck werden lassen, so üben sie Verrat an Jesus Christus. Doch wenn sie sich darum bemühen, daß ihre denominationellen Besonderheiten zur Bereicherung des gemeinsamen evangelischen Erbes beitragen, und ihnen dies gelingt, so erfüllen sie damit die Absichten des einen Hauptes der Kirche und erweisen sich als wahre Werkzeuge des Heiligen Geistes. Die Presbyterianer sollten sich als im besten Sinne ökumenisch orientierte Presbyterianer bewähren. Aufs neue von Jesus Christus selber ergriffen, wollen wir uns der Verkündigung des einzigen heiligen Glaubens in der ganzen Welt widmen und die Einheit der einen Kirche Jesu Christi anstreben" (CS, S. 184).

Der Exekutivsekretär des RWB unternahm mehrere ausgedehnte Reisen durch Südamerika, Afrika, Asien und Ozeanien, und viele Kirchen schlossen sich dem RWB an, in der Hauptsache neuerdings unabhängig gewordene jüngere Kirchen; die Autonomie einer Kirche war eine Bedingung zum Anschluß an den Bund.

Die 17. Generalversammlung des RWB fand im Juli und August 1954, unmittelbar vor der Zweiten Vollversammlung des Ökumenischen Rates der Kirchen in Evanston, in Princeton (New Jersey) statt. Wie in Genf im Jahre 1948 waren die offiziellen Sprachen Englisch, Französisch und Deutsch. Zum ersten Male waren Simultandolmetscher eingesetzt, was die Arbeit der Versammlung wesentlich erleichterte. Das Thema lautete: „Das Zeugnis der reformierten Kirchen in der Welt von heute". Eine der fünf Sektionen untersuchte die Stellung der reformierten Kirchen zur ökumenischen Bewegung. Die Generalversammlung bekräftigte die reformierte Position in Hinsicht der zwischenkirchlichen Hilfe: „Die Reformierte Weltallianz unterhält kein zwischenkirchliches Hilfswerk und wird auch keins einrichten, weil viele unserer Kirchen der Auffassung sind, daß der Leistung und dem Empfang von Hilfe eine über unsere reformierte Glaubensfamilie hinausgehende ökumenische Bedeutung zukommt" (CS, S. 193). Natürlich wurde auch die Frage der Abendmahlsgemeinschaft erörtert, und die Versammlung nahm eine bedeutsame Erklärung an, die die Stellung aller reformierten Kirchen zum Ausdruck brachte und seit 1954 bei zahlreichen Gelegenheiten bekräftigt worden ist. Sie lautet folgendermaßen:

„Als reformierte und presbyterianische Kirchen bezeugen wir gegenüber unseren Mitchristen, daß wir das geistliche Amt, die Sakramente und die Mitgliedschaft aller Kirchen anerkennen, die gemäß der Bibel Jesus Christus als Herrn und Erlöser bekennen. Wir laden die Glieder dieser Kirchen zum Tisch unseres gemeinsamen Herrn ein und heißen sie daran herzlich willkommen. Die Kirche hat das Sakrament des Abendmahls von Christus empfangen, und in ihm teilt Er sich dem Glaubenden mit. Der Tisch des Herrn gehört ihm, nicht uns. Wir glauben daran, daß wir das Sakrament keinem Getauften, der Jesus Christus liebt und ihn als Herrn und Erlöser bekennt, verweigern dürfen. Es ist unsere feste Überzeugung, daß mangelnde Bereitschaft, eine solche Abendmahlsgemeinschaft zu üben, zumal heutzutage, der Sache der Einheit schweren Schaden zufügt und einen großen Teil unserer diesbezüglichen Gespräche in einem irrealen Licht erscheinen läßt. Wir können nicht das Evangelium der Versöhnung verkünden, ohne am Tisch des Herrn zu beweisen, daß wir miteinander versöhnt sind. Wir würden daher gern in direkte Gespräche mit unseren Mitchristen in anderen Kirchen eintreten und sehen hoffnungsvoll der Zeit entgegen, da alle aufrichtigen Christen an einem gemeinsamen Tisch willkommen geheißen werden" (CS, S. 192).

Die Delegierten an der Versammlung in Princeton ließen es sich angelegen sein, den Grundsatz der Religionsfreiheit zu verfechten und für die verfolgten Minderheiten einzutreten. In den vorangegangenen Jahren hatte sich der Bund für die Waldenserkirche von Italien, die evangelischen Kirchen von Griechenland und Spanien und für die evangelische Minderheit in Kolumbien eingesetzt. In Princeton bekräftigte der Rat die Haltung der Reformierten:

„Unsere Treue zur Wahrheit in Jesus Christus, wie wir sie verstehen, zwingt uns, ... unserer Überzeugung Ausdruck zu geben, daß es Gottes Wille ist, daß einer jeden Kirche Christi von Staat und Kirche Freiheit gewährt wird:

Frei und öffentlich Gott nach den Schriften gemäß ihren eigenen Gepflogenheiten zu verehren. Durch Wort und Tat allen Menschen das Evangelium von Jesus Christus frei zu verkündigen, solange diese Verkündigung ein wahres und verantwortliches Zeugnis über andere Gemeinschaften darstellt und diese Wahrheit in Liebe ausgesprochen wird" (CS, S. 193).

Trotz seiner zunehmenden Aktivitäten blieb der RWB eine sehr kleine Organisation mit nur einem Generalsekretär und einem beigeordneten Sekretär.

Um seine wichtige theologische Arbeit voranzutreiben, gründete der

RWB im Jahre 1955 je eine theologische Kommission im nordameri-
kanischen (dem früheren westlichen Abschnitt) und im europäischen
Bereich (dem früheren östlichen Abschnitt). Im Jahre 1957 gesellte sich
ein „Theologischer Sekretär" zum Mitarbeiterstab des RWB, und auf
der 18. Generalversammlung im Jahre 1959 wurde beschlossen, eine
„Abteilung für Theologie" ins Leben zu rufen, die heute die wichtigste
Abteilung des RWB darstellt.
Die in Princeton tagende Generalversammlung wählte Dr. John A.
Mackay zum Präsidenten des RWB. Unter der Führung dieses bedeutenden reformierten und ökumenischen Theologen gewann der Bund
viele neue Mitglieder, besonders in Asien und Afrika.
Dieselbe Generalversammlung beschloß ferner die Schaffung einer „Abteilung für Frauenarbeit"; die Verfassung des RWB wurde dahin abgeändert, daß von nun an „Pastoren und Gemeindeglieder" (anstelle
von „Ältesten") als Delegierte an der Generalversammlung teilnehmen
konnten. Drei Mitglieder des neuen Exekutivkomitees waren Frauen.
Das Exekutivkomitee beschloß, zum Zweck der besseren Überwachung
der Arbeit des RWB alljährlich zusammenzutreten.
In Princeton beschloß man auch die Einsetzung einer „Kommission für
die Ordination", die beauftragt wurde, die reformierte Lehre über diesen wichtigen Gegenstand neu zu formulieren; desgleichen wurde beschlossen, mit Hilfe der reformierten Kirchen in der ganzen Welt die
Restauration des Calvin-Auditoriums in Genf zu betreiben.

VII. Kontakte zu anderen Konfessionsfamilien

Die Herstellung engerer Beziehungen zu anderen Glaubensfamilien war
ein beständiges Ziel des RWB, und im Jahre 1955 nahm sein Exekutivkomitee folgende Resolution an: „Der Präsident soll aufgefordert werden, mit Vertretern des Ökumenischen Rates der Kirchen sowie des
Lutherischen Weltbundes zu beratschlagen, ob sich auf privater Basis
Gespräche über Fragen von wechselseitigem Interesse für die Lutheraner und die Gliedkirchen des Bundes zustande bringen lassen" (CS,
S. 198).
Damit wurden Diskussionen eingeleitet, die seither sowohl in Europa
wie in Nordamerika eine bemerkenswerte Entwicklung genommen
haben.
Die Vierteljahrsschrift des RWB, *The Reformed and Presbyterian
World*, steigerte ihre Auflage binnen weniger Jahre von 2000 auf

12 000 Exemplare, und im Jahre 1956 wurde der Pfarrer der schottischen Gemeinde in Genf zu ihrem Mitherausgeber ernannt.

Der RWB war immer von dem Wunsch beseelt gewesen, zur Minderung der Spannungen zwischen Ost und West beizutragen, und der Generalsekretär hatte den reformierten Kirchen Osteuropas zahlreiche Besuche abgestattet. Im August 1956 fand die Tagung des Exekutivkomitees in Prag statt. Der Präsident, Dr. John A. Mackay, verlas eine Erklärung über „Das Wiedererstarken des Konfessionalismus und die ökumenische Bewegung, mit besonderer Berücksichtigung der Rolle und Entwicklung des Reformierten Weltbundes". Die Erklärung brachte den reformierten Standpunkt mit großer Klarheit zum Ausdruck. Dr. Mackay brachte darauf einen Antrag ein, der weitreichende Auswirkungen auf die ökumenische Bewegung hatte: „Das Exekutivkomitee des Reformierten Weltbundes gibt der Hoffnung Ausdruck, daß in naher Zukunft eine zwanglose Zusammenkunft von Vertretern der verschiedenen konfessionellen Weltbünde der protestantischen Kirchenfamilie zustande kommen möge, auf der die Vertreter einer jeden Konfession Gelegenheit bekommen, ihren Brüdern von den anderen Konfessionen Wesen, Ziele und Entwicklung der Gruppe, der sie angehören, zu erläutern.

Der Ausschuß ersucht die Dienstträger des Bundes demgemäß, mit den Dienstträgern anderer Konfessionen über die Einberufung einer kleinen, zwanglosen, dem oben genannten Zweck dienenden Tagung zu verhandeln" (CS, S. 202).

Die erste Tagung von Vertretern konfessioneller Gruppen fand im Juli 1957 während der Tagung des Zentralkomitees des Ökumenischen Rats der Kirchen in Yale statt.

Auf einer Tagung, die im Anschluß an die des Weltkirchenrats in den USA stattfand, gab das Exekutivkomitee des RWB dem Wunsch Ausdruck, es möge eine weitere Tagung von Vertretern von Konfessionsfamilien organisiert werden: „Auf einer solchen Konferenz, wie sie hier vorgeschlagen wird, sollte offen und freundschaftlich über den Platz des Konfessionalismus in der ökumenischen Bewegung gesprochen werden, über die Art und Weise, wie das Wiedererstarken des Konfessionalismus zur Bereicherung dieser Bewegung beizutragen vermag, über Punkte, wo der Konfessionalismus möglicherweise die wachsende Einheit in Christus, die die ökumenische Bewegung anstrebt, gefährdet, sowie darüber, daß die Bindung der Kirchen an die ökumenische Bewegung im Hinblick auf ihr missionarisches Bewußtsein und ihre Missionspraxis voraussetzt, daß sich die konfessionellen Gruppen wechselseitig eine gewisse Beschränkung auferlegen."

Im Hinblick auf die Kongregationalisten erinnerte der Generalsekretär des RWB die Mitglieder des Exekutivkomitees in dem Bericht, den er im Jahre 1956 auf der Tagung desselben vorlegte, daran, daß mehr und mehr Kirchen der kongregationalistischen und presbyterianischen Glaubensfamilie in Unionsverhandlungen eingetreten seien. Er fuhr fort: „Wir müssen uns unbedingt fragen, ob wir nicht Diskussionen auf Weltebene beginnen sollten zu dem Zweck, die zukünftigen Beziehungen unseres eigenen Bundes zum Internationalen Rat der Kongregationalisten (I.C.C.) zu untersuchen" (CS, S. 203). Das Exekutivkomitee des RWB sowohl wie die Führer des I.C.C. gingen auf diesen Vorschlag ein, und im Jahre 1960 begannen offizielle Gespräche zwischen den beiden Organisationen. Im Laufe dieser Gespräche kam man zu dem Schluß, daß nicht einzusehen sei, weshalb die beiden Organisationen getrennt bleiben sollten. Im Jahre 1970 wurde auf der Generalversammlung in Nairobi die feierliche Verschmelzung der beiden Organisationen zum Weltbund der Reformierten (presbyterianischen und kongregationalistischen) Kirchen vollzogen.

In den Monaten Juli und August 1959 fand in São Paolo, Brasilien, die 18. Generalversammlung des RWB statt. Ihr Thema lautete: „Der Herr ein Knecht, wir Seine Knechte." Mit folgenden Worten erläuterte Dr. John A. Mackay die Wahl dieses Themas: „Heute, da die christliche Kirche und weltliche Institutionen dazu neigen, sich dessen zu rühmen, was sie haben und was sie sind, ist es unerläßlich, daß allen Menschen klargemacht wird, daß weder sie noch ihre Schöpfungen irgendeine Zukunft in Gottes Welt haben können, wenn sie nicht allesamt bereit sind, ‚Knechtsgestalt anzunehmen' " (CS, S. 233). Die vier Sektionen der Generalversammlung erforschten den „Dienst der Theologie", den „Dienst der Kirche", den „Dienst des Christen" und den „Dienst des Staates".

Über den „Dienst der Theologie" führte die Versammlung folgendes aus: „Die Theologie der Kirche vermag nicht aus eigenem Recht noch kraft ihrer eigenen Weisheit, Stärke oder Autorität ihre Aufgabe zu bestimmen, ihr Thema zu formulieren oder ihre Ziele festzulegen. Sie entspringt vielmehr einer Begegnung, worin uns Gott als Vater in seinem Sohne, Jesus Christus, sucht und trifft" (CS, S. 235). Im Hinblick auf eine gewisse Theologie, die später jedes Maß verlor, ist es nicht unwichtig zu wissen, was die in São Paolo versammelten reformierten Kirchen den Theologen der ganzen Welt mitzuteilen hatten.

Über den „Dienst des Staates" stellte die Versammlung fest: „Als Kirche habt ihr die Pflicht, gegenüber dem Staat für Gerechtigkeit,

Freiheit und Gnade für alle Menschen jeglicher Rasse und jeglichen
Standes einzutreten . . .

Als Kirche seid ihr ferner verpflichtet, alle diejenigen aufzurichten,
ihnen geistlichen Beistand zu leisten und für sie zu beten, die als auf-
rechte Christen aus Gewissensgründen dem Staat Widerstand leisten
und Verfolgungen ausgesetzt sind . . ." (CS, S. 237).

Die Abteilung für Theologie wurde von der Versammlung aufgefordert, die „Katholizität der reformierten Tradition" zu erforschen.
Diese Forschungen wurden alsbald durchgeführt, und ihre Ergebnisse
in einem im Jahre 1963 veröffentlichten, *One Church: Catholic and
Reformed* betitelten Buch aus der Feder des ersten Sekretärs der Abteilung, Dr. Lewis S. Mudge, Jr., der in die Vereinigten Staaten zurückgekehrt war, mitgeteilt.

Die Beziehungen zu den lutherischen Kirchen entwickelten sich gleichfalls rasch. In Europa nahmen der LWB und der RWB offiziell an von
der Kommission für Glauben und Kirchenverfassung organisierten Gesprächen teil. In Nordamerika war der nordamerikanische Bereich des
RWB an die Leiter der dortigen lutherischen Kirchen herangetreten
und hatte ihnen Gespräche über die beide Konfessionen noch immer
trennenden Fragen vorgeschlagen. Die Ergebnisse der ersten Diskus-
sionsrunde wurden im Jahre 1966 unter dem Titel *Marburg revisited*
veröffentlicht, während die Dokumentation über die Gespräche, die in
Europa stattgefunden hatten, im Jahre 1967 unter dem Titel *Lutheran
and Reformed Churches in Europe on the Way to one another* erschien.

Eine zunehmende Zahl afrikanischer Kirchen schloß sich dem RWB an;
im Jahre 1960 gehörten ihm bereits 19 an, davon 11 in der Republik
Südafrika. Im Jahre 1960 wurde auf der Tagung des Exekutivkomitees
insbesondere das Rassenproblem behandelt. Das Exekutivkomitee
sandte einen Brief an die weißen Kirchen von Südafrika. Zwei Absätze
aus demselben seien hier zitiert: „Wir erkennen durchaus an, daß unsere vorwiegend weißen Kirchen in Südafrika für die Schwarzen
Afrikas viel Gutes und Christliches getan haben und weiterhin tun . . .,
müssen indes bekennen, daß uns einige der von den reformierten und
presbyterianischen Christen in Südafrika eingenommenen Positionen
in eindeutigem Widerspruch zum Worte Gottes zu stehen und es an
Verständnis für die berechtigten Forderungen der Schwarzen Afrikas
fehlen zu lassen scheinen.

Wir sind der Auffassung, daß nur Böses daraus entspringen kann, wenn
man das derzeitige afrikanische Streben nach Gleichberechtigung, Mit-
bestimmung und einer menschenwürdigen Existenz als Geschöpfe Got-

tes Agitatoren, kommunistischem Einfluß oder weltlich-revolutionären Vorstellungen zur Last legt. Wir sind sicher, daß Jesus Christus in dem gegenwärtigen Revolutionszeitalter zu uns allen spricht. Wir fürchten, daß die weißen Bürger Südafrikas, die Christen sowohl wie die Nichtchristen, für die Ungerechtigkeiten, die wirtschaftliche Ausbeutung, die Vorurteile und die menschenunwürdige Behandlung, die ihre schwarzen Brüder erdulden müssen, eines Tages zur Rechenschaft gezogen werden. In der Tat zittern wir um alle unsere Völker, ,wenn wir bedenken, daß Gott gerecht ist' " (CS, S. 240).

Diese Anteilnahme an dem Schicksal Afrikas wurde auch auf einer „Konferenz reformierter und presbyterianischer Kirchen" offenbar, die im Jahre 1962 unmittelbar vor der Jahresversammlung des Exekutivkomitees in Ibadan, Nigeria, stattfand und sich mit der „Mission der Kirche im heutigen Westafrika" befaßte.

Das Exekutivkomitee beschloß, die Einladung des Vatikans anzunehmen und zwei Beobachter zum Zweiten Vatikanischen Konzil zu entsenden. Diese Entscheidung markierte einen Wendepunkt in den Beziehungen zwischen der römisch-katholischen Kirche und den Kirchen der reformierten Glaubensfamilie.

Im Jahre 1962 wurde ein Informationssekretär ernannt, doch blieb der Mitarbeiterstab des RWB bis auf den heutigen Tag klein: insgesamt sieben Personen.

Die 19. Generalversammlung des RWB fand vom 3. bis zum 13. August 1964 in Frankfurt am Main statt. Ihr Thema war ein Gebet: „Komm, Schöpfer Geist!"
Die Versammlung wies vier Sektionen auf:
„1. Komm, Schöpfer Geist, für die Erneuerung des Menschen!
2. Komm, Schöpfer Geist, für die Erneuerung von Gottes Dienst und Zeugnis!
3. Komm, Schöpfer Geist, für den Zusammenschluß der Kirchen!
4. Komm, Schöpfer Geist, für die Erlösung der Welt!"
Der RWB zählte damals 95 Gliedkirchen, darunter 50 „jüngere Kirchen". Dank der Unterstützung durch unsere deutschen reformierten Brüder waren die meisten Kirchen in Frankfurt am Main vertreten.
Über die Frage der Einheit führte die Versammlung aus: „Das Sonderdasein gespaltener Denominationen in einer Großstadt, Kleinstadt oder in einem Dorf

a) behindert die örtliche Mission ... und

b) beeinträchtigt unser eigenes Verständnis des Evangeliums und der Kirche.

Gleichviel, welche Gefahren gewisse Arten institutioneller Einheit auch heraufbeschwören mögen, so steht doch fest, daß institutionelle Uneinigkeit die Verkündigung des Evangeliums schwächt und Verwirrung schafft. Vor dieser Lage die Augen verschließen, ist sündhaft" (CS, S. 273).

Zum ersten Mal wurde ein Deutscher zum Präsidenten des Bundes gewählt: Professor Dr. Wilhelm Niesel, der Moderator des Reformierten Bundes.

Seit 1965 weist der RWB eine Mitgliederzahl von mehr als 100 auf. Da viele der neuen Kirchen aus Asien kamen, beschloß das Exekutivkomitee, seine Tagung auf den Philippinen abzuhalten; viele Gäste aus asiatischen Kirchen nahmen daran teil. Es wurde die Schaffung einer „Abteilung für Zusammenarbeit und Zeugnis" beschlossen, die — bis zum Jahre 1970 — unmittelbar dem Generalsekretär unterstehen sollte.

Die Generalversammlung des Jahres 1964 hatte die Abteilung für Theologie mit der Erforschung der Frage der *episkopē* (Beaufsichtigung) beauftragt. Sie wurde durchgeführt, und der abschließende Bericht erschien im Jahre 1969. Im Jahre 1967 ernannte das Exekutivkomitee auf Empfehlung der Abteilung für Theologie einen Forschungsbeauftragten, der die Frage des Ältestenamtes, mit besonderer Berücksichtigung der Kirchenunionen, untersuchen sollte.

Im Jahre 1968 trat in Genf ein lutherisch-reformierter Studien-Sonderausschuß zusammen. Gemäß den Empfehlungen dieser Gruppe erklärte sich das Exekutivkomitee damit einverstanden, zusammen mit dem LWB einen gemeinsamen Ausschuß einzusetzen. Dieser Ausschuß trat erstmals im Jahre 1970 zusammen und hat seither ausgezeichnete Arbeit geleistet.

Im Jahre 1969 wurde der RWB vom LWB eingeladen, an einer „gemeinsamen Konferenz zwischen Reformierten und Lutheranern zum Zweck der Vorbereitung eines eventuellen gemeinsamen Dialogs mit der römisch-katholischen Kirche über die Theologie der Ehe und die Frage der Mischehen" teilzunehmen. Das Exekutivkomitee des RWB leistete dieser Einladung gerne Folge. Die Konferenz bezeichnete den Beginn einer sehr fruchtbaren Zusammenarbeit auf Weltebene auf diesem so wichtigen Gebiet.

Im gleichen Jahr beschlossen das Exekutivkomitee des RWB und der Vatikan, in einen offiziellen Dialog einzutreten, der im Jahre 1970 begann und noch andauert.

VIII. Vereinigung von Reformiertem Weltbund und Internationalem Rat der Kongregationalisten

1970 war ein bedeutsames Jahr für den RWB und den Internationalen Rat der Kongregationalisten. Die Generalversammlung in Nairobi stand im Zeichen der Vereinigung. Ihr Thema lautete: „Gott versöhnt und macht frei." Der RWB zählte damals 116 Gliedkirchen. Die vier Sektionen erforschten:

„I. Versöhnung und Schöpfung — Die Freiheit der Gotteswelt.

II. Versöhnung und Mensch — Die Freiheit des Neuen Menschen.

III. Versöhnung und Gesellschaft — Die Freiheit einer gerechten Ordnung.

IV. Versöhnung und Kirche — Die Freiheit des christlichen Zeugnisses."

Am 1. November 1970 trat Pfarrer Edmond Perret, Genf, als Generalsekretär an die Stelle von Pfarrer Dr. Marcel Pradervand, der das Pensionsalter erreicht hatte. Doch der Mitarbeiterstab des RWB blieb derselbe: insgesamt sieben Personen.

Die Rassenfrage, besonders in Südafrika, beschäftigte den Mitarbeiterstab des RWB ständig. Die Generalversammlung in Nairobi hatte den Wunsch geäußert, eine Konferenz aller Gliedkirchen in Südafrika einzuberufen. Sie kam jedoch allen Bemühungen zum Trotz wegen des Widerstandes der größten dortigen Gliedkirche nicht zustande.

Im Jahre 1972 fand die Tagung des Exekutivkomitees des RWB in Djakarta, Indonesien, statt. An einem Tage wurde dort eine gemeinsame Sitzung mit dem Exekutivkomitee des LWB abgehalten, ein Beweis für den hervorragenden Geist der Zusammenarbeit, der zwischen den beiden Organisationen herrscht.

Eine sehr begrüßenswerte Entwicklung stellt auch die Annahme der vom LWB und RWB gemeinsam vorbereiteten „Leuenberger Konkordie" durch die lutherischen und reformierten Kirchen Europas im Jahre 1972 dar.

Im Jahre 1974 begannen Gespräche zwischen dem Weltbund der Baptisten und dem RWB, die in einem ausgezeichneten Geist geführt werden.

Im Jahre 1977 wurde aus Anlaß der 100jährigen Wiederkehr der ersten Generalversammlung in Edinburgh in St. Andrews, Schottland, eine Konferenz abgehalten. Ihr Thema lautete: „Die Herrlichkeit Gottes und die Zukunft des Menschen."

Der RWB ist jetzt mehr als 100 Jahre alt. Vor der Gründung des Bundes schrieb der an seiner Schaffung maßgeblich beteiligte Dr. McCosh:

„Wir haben uns bemüht, der ganzen Bewegung eine mehr evangelistisch-missionarische als kirchliche Ausrichtung zu geben. Ich messe dem große Bedeutung bei" (CS, S. 303).

Die Führer des RWB haben seither versucht, den Bund zu einem Werkzeug im Dienste Jesu Christi zu machen. Sie haben sich beständig der Schaffung eines großen bürokratischen Apparats widersetzt. Der RWB ist eine kleine Organisation geblieben, doch glaube ich, daß seine Arbeit nicht ohne Wert für die gesamte Kirche Jesu Christi gewesen ist.

Teil II

Europa

Wer heute von reformierten Kirchen, ihrer Theologie und ihren Ordnungen spricht, meint notwendig einen besonderen konfessionellen Typ innerhalb der vielfältigen Kirchentypen, die sich während der Reformationszeit und später ausformten. Gerade darum muß beides betont werden, 1. daß auch für die reformierten Kirchen und deren spätere Abkömmlinge Luthers „solus Christus, sola scriptura, sola fide" Grunderkenntnis wurde und 2. daß auch die Reformierten die Reform der ganzen damaligen Weltkirche, die für sie lediglich in den dem Papst unterstellten Gebieten in Erscheinung trat, als das eigentliche Ziel betrachteten. Die eine Kirche brauchte die Reformation, das war gemeinsame Erkenntnis, die freilich nicht verhindern konnte, daß es zur Spaltung zwischen der alten und den Reformationskirchen einerseits und zwischen diesen andererseits kam. Es wäre, und dazu kann dieser Band leider keinen Beitrag liefern, noch einmal zu klären, warum mit dem Marburger Religionsgespräch die Trennung von den Anhängern Zwinglis so energisch durchgeführt wurde, und warum schon bald danach von den Zwinglianern kaum mehr, dafür sehr früh von den Calvinisten die Rede ist.

Vieles von dem, was hier zwischen den Reformationskirchen die Einheit hinderte, ist durch die „Leuenberger Konkordie" für die Reformationskirchen Mitteleuropas aus dem Weg geräumt worden. Es hat sich dabei gezeigt, daß Luthers Grunderkenntnis von allen geteilt, die Ausprägung der verschiedenen Kirchentümer jedoch nicht nur von theologisch-konfessorischen Gesichtspunkten bestimmt wurde. Davon berichtet der Abschnitt „Europa" sehr anschaulich. Ob und inwiefern dann, wie wir es gewohnt sind, von Calvinismus gesprochen werden kann, wird der Leser ebenso selbst beurteilen müssen wie die Frage, worin sich nun die Einheit und Gemeinsamkeit europäischer reformierter Kirchen zeigt.

Zwar ist für viele von ihnen der „Heidelberger Katechismus" kirchliches Unterrichtsbuch geworden, in einigen Kirchen gelangte er zur offiziellen Würde einer Bekenntnisschrift, dennoch darf man die Bedeutung der *Confessio Helvetica Posterior* nicht übersehen, die insbesondere im südosteuropäischen Raum große Bedeutung gewann. Die Bindung an die Heilige Schrift bewirkte beides, eine nicht nur für Theologen, sondern alle Gemeindeglieder geltende Verbindlichkeit der Bekenntnisse und Kirchenordnungen und eben auf Grund der Bindung an die Heilige Schrift den kritischen Umgang mit den eigenen Bekenntnissen.

Die in der Ökumene so lebhaft diskutierte Ämterlehre hat sowohl in den Bekenntnisschriften der hier dargestellten Kirchen wie in ihrer Geschichte bis zur Gegenwart hin vielgestaltige Ausprägungen erfahren. Bei der Suche nach konfessionellen Besonderheiten wird immer wieder darauf hingewiesen, daß die Reformierten in der Nachfolge Calvins mehr, als es Luther angeblich getan haben soll, die Prädestination betonen. In den nachfolgenden Texten wird der Leser wenig finden, was diese Wertung der Prädestination als einer innerprotestantischen Unterscheidungslehre rechtfertigt. Er wird ebenso feststellen müssen, daß die meisten reformierten Kirchen, wie es Calvin getan hatte, ihre Unabhängigkeit vom Staat zu behaupten versuchten, daß sie aber andererseits kaum eine Lehre vom Widerstandsrecht entwickelten. Im Gegenteil, es läßt sich manchmal aus den Entscheidungen in Vergangenheit und Gegenwart so etwas herauslesen wie Bürgerverantwortung für das jeweilige Staatswesen bis hin zu nationalistischen Motiven.

Einige der reformierten Kirchen Europas haben ganz oder in Teilen schwere Verfolgungen und Unterdrückung erdulden müssen. Nicht alle sind in dem Sinn, wie wir es in der westlichen Welt verstehen, frei. Das Bemühen um ihre Identität, wie wir heute sagen, forderte und fordert von ihnen deshalb die stete Besinnung auf das, was das Evangelium unter Freiheit und Befreiung versteht. Gerade deshalb müssen reformierte Kirchen sich ständig fragen nach dem Verhältnis von Freiheit und Gehorsam im Glauben. In dieser Spannung liegt es nahe, den Ausweg in biblizistischer Gesetzlichkeit zu suchen. Reformierte Kirchen sind dieser Gefahr nicht immer entgangen, zumal wenn das calvinische *„selon la parole de notre seigneur"* verstanden wird als „wie es unser Herr in seinem Wort vorschreibt". Eine solche Perversion ist jedoch auch möglich, indem die Deutung geschichtlicher Entwicklungen, gesellschaftlicher Systeme (einschließlich der „christlichen") und Ideologien zu einer angeblich auf Grund biblischer Erkenntnis umfrisierten Gesetzlichkeit ausartet. In dieser Hinsicht haben die reformierten Kirchen die kritisch-schwesterliche Begleitung durch andere christliche Kirchen dringend nötig. Wir können nur hoffen, daß dieser Band zu solcher gegenseitiger ökumenischer Verantwortung anregt.

Bis auf einige Kantonalkirchen in der Schweiz und bis auf die Kirche von Schottland sind die reformierten Kirchen Europas alle Minderheitskirchen. Das gilt auch für das „reformierte Holland". Die Isolation als Minderheit führt andererseits zur Suche nach den Glaubensgenossen jenseits der Grenzen. Das Bemühen um Kontakte zu Kirchen der eigenen Konfessionsfamilie außerhalb der eigenen Landesgrenzen wird dadurch ebenso gefördert wie die Abgrenzung gegenüber Kirchen anderer Konfessionen im eigenen Land. In dieser Hinsicht hat die ökumenische Bewegung unseres Jahrhunderts eigentlich in ganz Europa zur Entkrampfung geführt. Zwar ist es noch nicht überall zu wirklichen Gesprächen mit der jeweils herrschenden Kirche gekommen, aber zumindest die Minderheiten haben vielfach zu gemeinsamem Gespräch, ja zu gemeinsamem Zeugnis in Aktion und Organisation gefunden. Es gehört zweifellos zu den Mängeln dieses Bandes, daß in ihm nicht wenigstens eine der ganz kleinen zur reformierten Konfessionsfamilie gehörenden Kirchen durch einen eigenen Beitrag vertreten ist. Genannt seien Polen, Spanien und Portugal. Statt dessen findet der Leser zwei Beiträge, die sich mit den reformierten Kirchen in Ungarn und Rumänien befassen. Dies wieder hat seinen guten Grund. Die reformierten Kirchen ungarischer Sprache bildeten bis zum Vertrag von Trianon innerhalb der K. u. K.-Monarchie die weitaus größte Gruppe protestantischer Kirchen. Seit Ende des Ersten Weltkrieges sind diese Kirchen politisch voneinander getrennt, kleinere und große Gruppen sind zu finden in Jugoslawien, der Sowjetunion und der Tschechoslowakei. Eine jede dieser Kirchen versucht auf ihre Weise der Situation gerecht zu werden, in der sie lebt, wobei sie nicht nur von den gesellschaftlichen Bedingungen abhängig ist, unter denen sie existiert, sondern oft noch mehr von dem Einfluß oder der Ohnmacht der großen Kirchen, mit denen sie im selben Lande lebt. Daß diese Kirchen insbesondere alle ihnen möglichen Kontakte zur Ökumene, sei es im Ökumenischen Rat der Kirchen, im Reformierten Weltbund, durch die Prager Friedenskonferenz oder Besuche kräftig fördern und dadurch zum Gespräch der Kirchen untereinander wichtige Beiträge leisten, muß dankbar vermerkt werden.
Wie wenig die im und seit dem Augsburger Konfessionsfrieden entwickelten Konfessionsmerkmale zureichen, wird endlich daran erkennbar, daß unter den europäischen reformierten Kirchen zwei zu Wort kommen, die bereits vor der Reformation als wirkungskräftige Glaubensgemeinschaften lebten, während und nach der Reformation den Anschluß an diese und damit endlich den Weg zur Kirchwerdung fanden: die Waldenser und die Böhmischen Brüder. Beide Gruppen sind weni-

ger nationale, als gesamteuropäische Erscheinungen geworden, die bis in Wesen und Gestalt heutiger Gemeinden und Kirchentümer bei uns ihre Spuren hinterlassen haben. Verbindend wirken nicht die Anerkennung formulierter Glaubensbekenntnisse, sondern die entschlossene Wendung zur Heiligen Schrift, deren Botschaft und Herausforderung die Kirchen in Bewegung setzt. Das Gespräch mit dem Dialektischen Materialismus ist durch Glieder der Brüderkirche zumindest befruchtet, wenn nicht gar angeregt worden. Die Waldenser wiederum haben durch ihre Versuche einer sozialen Evangelisation Italien auf Versäumnisse aufmerksam gemacht, so daß die anderen Kirchen, die Parteien und der Staat davon nicht unberührt blieben. Gerade bei den Waldensern mag mancher das scharfe Profil einer eigenständigen Theologie vermissen, auch wenn er anerkennen muß, daß ihre Fakultät in Rom mehr leistet, als Prediger für die eigenen Gemeinden heranzubilden; es ist jedoch ebenso bekannt, welch eine Bedeutung gerade diese Fakultät für die Gespräche vieler Kirchen mit der römisch-katholischen Kirche errungen hat, ohne daß ihr eigener Beitrag zu diesen Gesprächen sich speziell waldensisch oder reformiert profilierte.

So ist es weniger die Suche nach der eigenen konfessionellen Identität, die reformierte Kirchen Europas in der Gegenwart bestimmt, als vielmehr die Suche nach der gemeinsamen christlichen Identität, die im Leben der Ortsgemeinden ebenso zutage treten muß wie in der Verlautbarung der Großkirchen oder ihrer Theologen.

2. Kapitel

DIE REFORMIERTEN KIRCHEN DER SCHWEIZ

Paul Wieser

I. Werden und geschichtliche Entwicklung

Bei der Kleinheit der schweizerischen Eidgenossenschaft — 1960: 5 429 061 Einwohner, davon 2 861 522 Protestanten — möchte der Uneingeweihte wohl erwarten, von einer gesamtschweizerischen evangelisch-reformierten Kirche sprechen zu können. Tatsächlich aber gehören die reformierten Schweizer 17 souveränen Landeskirchen oder einem Diasporaverband an. Jede dieser Kirchen hat ihr eigenes Kirchengesetz, ihre eigene Kirchenverfassung und ihr eigenes Verhältnis zum Staat, d. h. zum betreffenden Kanton. Erst 1920 haben sich diese Kirchen, ohne ihre Selbständigkeit preiszugeben, zum Schweizerischen Evangelischen Kirchenbund zusammengeschlossen, der aber nicht, trotzdem er Mitglied des Reformierten Weltbundes ist, als konfessioneller Bund betrachtet werden kann, da sich ihm auch die Methodistenkirche der Schweiz und die mit dieser in Union befindliche Evangelische Gemeinschaft angeschlossen haben. Andererseits kann der Kirchenbund auch nicht als schweizerischer ökumenischer Rat angesprochen werden, da die christkatholische Kirche, die Heilsarmee, die Baptisten und andere dem Ökumenischen Rat der Kirchen angeschlossenen Freikirchen im Schweizerischen Evangelischen Kirchenbund nicht vertreten sind.
Die Komplexität des schweizerischen Kirchenwesens kann nur von der historischen Entwicklung her verstanden werden. Am Ausgang des Mittelalters war die schweizerische Eidgenossenschaft ein eigenartiges Staatsgebilde. Seit dem Bundesschluß der Länder Uri, Schwyz und Unterwalden im Jahre 1291 hatte sich die Zahl der Bundesglieder auf 13 erhöht. Diese bildeten unter sich einen losen Staatenbund mit einer Menge verschiedenartiger Bündnisverpflichtungen. Das verbindende Band bildete die Tagsatzung, die aber nur beratendes Parlament war, weil jeder Bündnispartner in wesentlichen Entscheidungen souverän war. Für das Verständnis der schweizerischen Reformationsgeschichte ist es unerläßlich, diese politische Situation wenigstens in ihren Grundzügen zu kennen, denn durch die Selbständigkeit der einzelnen Kantone wurde die Durchführung der Reformation maßgeblich mitbestimmt.
Die Reformation in der Schweiz war geistig durch zwei Bewegungen

vorbereitet worden, einerseits durch den Humanismus, der durch Erasmus in Basel ein geistiges Zentrum fand, und andererseits durch das Streben, die Schweiz aus den politischen Händeln der Nachbarstaaten herauszuhalten. In beiden Bewegungen nahm der am 1. Januar 1484 in Wildhaus geborene Huldrych Zwingli eine führende Stelle ein. Noch zur Zeit, da zwischen Erasmus und Zwingli eine gewisse Entfremdung eingetreten war, hat Zwingli bekannt, welch reichen Gewinn er dem Studium der Erasmus-Schriften verdankte. Vor allem rühmte er die 1516 erschienene Erasmus-Ausgabe des Neuen Testamentes in griechischer Sprache. Dadurch wurden in Zwinglis Leben die Weichen gestellt zur Konzentration auf die Bibel als der alleinigen Quelle des Glaubens. Die Teilnahme als Feldprediger der Schweizer Söldner an den Mailänder Kriegen hatte bei Zwingli Zweifel an der Politik des Papstes aufkommen lassen, so daß er seine Mitbürger ermahnte, nicht mehr sich für fremde, auch nicht für päpstliche Kriegsdienste anwerben zu lassen. Nach zehnjähriger Tätigkeit als Pfarrer von Glarus und einer zweijährigen Amtszeit im Kloster Einsiedeln kam Zwingli am 1. Januar 1519 als Leutpriester an das Großmünster in Zürich. Mit der fortlaufenden Predigtauslegung des Matthäus-Evangeliums lockerte er das Erdreich für die Reformation. Wohl hat Zwingli Luthers Schriften, die ja teilweise als Nachdrucke bei Froben in Basel herauskamen, gelesen; doch gesteht er: „Ich habe die Lehre Christi nicht von Luther gelernt, sondern aus dem Selbstwort Gottes."

Zum Bruch mit der kirchlichen Obrigkeit kam es durch einen merkwürdigen Anlaß, nämlich infolge Übertretung des kirchlichen Fastengebotes im Frühjahr 1522. Da die nachfolgenden Auseinandersetzungen keine befriedigende Lösung brachten, lud die Zürcher Regierung 1523 zu einem Glaubensgespräch ein. Zwingli unterbreitete als Diskussionsgrundlage 67 Schlußreden, mit denen er seine bisherige Verkündigung rechtfertigte und über die daraus resultierenden Neuerungen Rechenschaft ablegte. Im Mittelpunkt dieser in aller Eile verfaßten Thesen steht der Glaube an Jesus Christus, der allein zur Seligkeit nütze ist. Im Glauben steht unser Heil, und im Unglauben unsere Verdammnis. Christus allein ist ewiger und oberster Priester, er ist der alleinige Mittler zwischen Gott und uns. Der Zürcher Rat gab als Ertrag der Verhandlungen den Beschluß bekannt, Zwingli solle mit seinen Predigten fortfahren und alle Pfarrer in Stadt und Land seien verpflichtet, nach seinem Vorbild das lautere Evangelium zu verkündigen.

Zwingli mußte aber bald die Feststellung machen, daß das Verständnis für die reformatorischen Anliegen und vor allem deren Begründung noch viel zu wünschen übrig ließ. Darum hielt er es für notwendig, die

67 Schlußreden (Thesen) eingehend und einläßlich darzulegen. So verfaßte er in den Monaten Februar bis Juni 1523 in deutscher Sprache sein umfangreiches Werk „Auslegung und Begründung der Schlußreden". Es ist dies eine Zusammenfassung aller evangelischen Grundgedanken und aller Einwände, die sich von der Schrift aus gegen die Lehren und Traditionen der römischen Kirche erheben lassen, allerdings unter Verzicht auf eine strenge systematische Ordnung. Zwingli folgte dem Gedankengang seiner Thesen.

Da die reformatorischen Einsichten immer stürmischer nach Verwirklichung strebten, wurde auf den 26. Oktober 1523 eine zweite Disputation nach Zürich einberufen. Zwischen 800 bis 900 Pfarrer, Mönche, *Doctores* und *Magistri* nahmen an den drei Tage dauernden Verhandlungen teil. Jeder Tag begann mit einer Predigt. Am dritten Tage wurde sie von Zwingli selber gehalten. Sie erschien später unter dem Titel „Der Hirt" in Druck und legte Zwinglis Auffassung über den Dienst am göttlichen Wort dar. Der Ausgang des Gesprächs brachte den Durchbruch zur Reformation. Die Mett- und Vespergesänge wurden abgeschafft, aber noch nicht durch Gemeindegesang ersetzt. Die Orgeln standen eine Zeitlang ungebraucht, dann wurden sie entfernt. Der gleiche Zwingli, der selber tief mit Musik und Kunst verbunden war, hat Musik und Kunst aus den Kirchen verbannt, damit das Ohr der Menschen keineswegs von Gottes Wort abgelenkt werde. Unter Beisein von Priestern und Ratsmitgliedern entfernten Handwerker die Bilder aus den Kirchen. Die Monstranzen und die übrigen Gold- und Silbergefäße wurden, ungeachtet ihres künstlerischen Wertes, eingeschmolzen, die Meßgewänder verkauft und die Reliquien in aller Stille begraben. „Christus hat nicht durch Bilder, sondern durch das Wort zu lehren geboten", sagte Zwingli, denn Gottes wahre Bilder seien die Menschen. In den neuen Gottesdiensten ging es recht nüchtern zu. Im Mittelpunkt stand die Predigt als Wortauslegung, eingeleitet durch ein von der Kanzel gesprochenes Gebet und abgeschlossen durch ein Sündenbekenntnis, das Unser-Vater und das Credo. Die Taufe wurde in deutscher Sprache gehalten und an die Stelle der Messe trat das schlichte Abendmahl. Aus den Klöstern wurden Armen- und Krankenhäuser.

Daß in Zürich die Reformation zum Durchbruch gekommen war, bedeutete noch keineswegs, daß dies auch in anderen, dem Bund der Eidgenossen angehörenden Kantonen, geschah. So trat z. B. Basel, wo sich die einzige schweizerische Universität befand, erst 1529 gegen allerlei Widerstände der Theologischen Fakultät zur Reformation über. Die treibende Kraft war der aus der deutschen Nachbarschaft stammende Johannes Ökolampad. Schon 1518 waren in Basel die ersten Lutherdrucke hergestellt worden. Briefe gingen von Basel aus sowohl an Luther als auch an Zwingli, so daß die dortige Reformation auch stark lutherisch beeinflußt wurde. Davon zeugt, daß die Lutherbibel in Basel heimischer blieb als die in Zürich gedruckte Zwinglibibel.

Eine ganz wesentliche Stärkung erfuhr die Sache der Reformation durch den Entschluß des mächtigen und einflußreichen Bern, sich ihr anzuschließen. Ursache dieser Wendung war eine Religions-Disputation von 1528, die drei Wochen dauerte und zu der auch Zwingli zusammen mit 69 Zürcher Pfarrern erschienen war. Auch der Basler Reformator Ökolampad, der St. Galler Arzt und Reformator Joachim Vadian, wie der Konstanzer Ambrosius Blarer und die Straßburger Capito und Bucer, waren zugegen. Der Ausgang des Gesprächs, dem zehn Schlußreden über die evangelischen Glaubensansichten zu Grunde gelegt waren, veranlaßte den Rat von Bern, ein Reformationsmandat herauszugeben, das die Grundlage der neuen evangelischen Kirchenverfassung bildete.

In einzelnen Kantonen, wie Appenzell, Graubünden, Glarus, waren es die lokalen Gemeinden, die über die Beibehaltung des katholischen Gottesdienstes oder die Annahme der Reformation frei entscheiden konnten.

Einen schweren Rückschlag erlitt die Sache der Reformation durch die kriegerische Auseinandersetzung zwischen den reformierten und den katholisch gebliebenen Orten im Jahr 1531, die nicht nur mit einer Niederlage der Evangelischen endete, sondern auch den Tod des reformatorischen Führers Huldrych Zwingli zur Folge hatte, der als Feldprediger bei den Zürcher Truppen war. Die Katholiken gewannen nun innerhalb der Eidgenossenschaft ein politisches Übergewicht und es gelang ihnen, an verschiedenen Orten die Reformation wieder rückgängig zu machen. Von den 13 Ständen waren sieben altgläubig, vier reformiert und zwei paritätisch.

Nach dem Tode Zwinglis wurde der Schweiz in Heinrich Bullinger (1504–1575) ein Mann geschenkt, der sich durch sein großes theologisches Wissen als trefflicher Kirchenführer und als Mann der Versöhnung große Verdienste um den Fortgang der Reformation erwarb. Bei aller Pietät gegenüber seinem Vorgänger, mit den ihn eine innige Freundschaft verbunden hatte, ging er in mancher Hinsicht eigene Wege. Seine Theologie wurzelte in biblizistischer Heilsgeschichte. Seine fast unübersehbare und noch viel zu wenig erforschte Korrespondenz mit fast allen Theologen, Fürsten und bedeutsamen Persönlichkeiten des damaligen protestantischen Europa, zeugen von seinem überragenden Einfluß.

Inzwischen hatte die Reformation in der französischen Schweiz Anhänger gefunden. Schon bei der Berner Disputation war eine Gruppe aus dem französischen Sprachgebiet zugegen, darunter Wilhelm Farel, der 1524 als ein aus Frankreich geflüchteter Vorkämpfer der Reformation nach Basel kam und dann zum Wegbereiter der Reformation in der Waadt, in Genf und Neuenburg wurde. Auch Calvin weilte erstmals als Glaubensflüchtling in Basel, wo er seine weltberühmte „*Institutio religionis christianae*" (Unterricht in der christlichen Religion) druckreif machte. Auf einer Durchreise durch Genf wurde er durch eine „schreckliche Verschwörung" von Farel veranlaßt, die dort begonnene Reformation weiterzuführen. Ein Reformationsgespräch in Lausanne, an dem Farel und Calvin maßgeblich beteiligt waren, führte zum Durchbruch der Reformation im Kanton Waadt. Wegen Differenzen mit der Genfer Regierung über die Abendmahlsfrage mußten Calvin und Farel Genf verlassen. Farel ließ sich in Neuenburg nieder, während Calvin nach Straßburg reiste, von wo er 1541 wieder nach Genf zurückgebeten wurde.

Heinrich Bullinger und Johannes Calvin ist es zuzuschreiben, daß sich neben dem lutherischen Reformationstypus nicht noch zwei andere, ein zwinglianischer und ein calvinistischer bildeten. Als Theologe von Rang bemühte sich Bullinger um die Lösung der Abendmahlsfrage, in der auch das Marburger Gespräch zwischen Luther und Zwingli keine Einigung zustande gebracht hatte. Bullinger teilte die rationalistische Abendmahlsauffassung Zwinglis nicht, konnte aber auch nicht die Wittenberger Konkordie unterzeichnen. 1549 schloß Bullinger mit Calvin den *Consensus Tigurinus,* der dazu führte, daß von da an Zwinglianer und Calvinisten unter dem Namen Reformierte vereinigt waren. Gegen Ende seines Lebens verfaßte Bullinger ein geistliches Testament. Als persönliches Bekenntnis gedacht, wurde es als *Confessio Helvetica posterior* (II. Helvetisches [Schweizerisches] Bekenntnis) zum einigenden Band aller Reformierten. Schon am 12. März 1566 konnte Bullinger dem Kurfürsten Friedrich III. von der Pfalz melden, daß alle Kirchen der Schweiz, mit Ausnahme von Basel, dem Bekenntnis zugestimmt hatten. Das Bekenntnis war als Antwort an das Luthertum wie auf die Beschlüsse des Konzils von Trient (1545—1563) gedacht. Es legt Wert auf die Betonung der Katholizität, d. h. auf die Entsprechung mit der allchristlichen biblischen Lehre. Grundlage ist die Heilige Schrift, während sich der Gang der Darlegungen mit den 30 Kapiteln an das Apostolische Glaubensbekenntnis hält. Bedeutsamerweise ist der Bekenntnisschrift ein Vorbehalt der Neuformulierung beigefügt für den Fall, daß sich neue und bessere Erkenntnisse des Glaubens ergeben sollten

(Ecclesia reformata semper reformanda). Wenn auch dieses Bekenntnis als vollgültiger Ausdruck des reformierten Glaubens angesehen wurde, so geschah es doch nie im Sinne einer Zwangsvorschrift. Bis in die Zeit der Aufklärung hinein blieb es richtungsweisend. Dann aber wurde allmählich in den Schweizerkirchen die Verpflichtung auf das Apostolikum und das Zweite Helvetische Bekenntnis fallen gelassen. Heute enthält kein Ordinationsgelübde mehr eine solche Bindung.

Große Bedeutung wurde von Beginn der Reformation an neben dem Bekenntnis auch den Katechismen beigemessen. 1525 erschien in Zürich als erste katechetische Arbeit die sogenannte „Zürcher Tafel", enthaltend die Zehn Gebote, das Vater-Unser, das *Ave Maria* und den Glauben. 1534 erschien dann ebenfalls in Zürich die erste bedeutende katechetische Arbeit, verfaßt von Leo Jud. Während in verschiedenen Schweizerkirchen der Heidelberger Katechismus von 1563 und in den Kirchen der französischen Schweiz die Katechismen von Calvin während Jahrhunderten im Gebrauch standen, galt in Zürich eine Umarbeit des Jud'schen Katechismus von 1609 als verbindliches Lehrbuch.

Daß eine Kirche, die sich allein auf das Wort Gottes gegründet weiß, und sich immer wieder am Worte Gottes orientieren will, der Bibelverbreitung große Beachtung schenkt, dürfte einleuchtend sein. Schon 1523 erschienen in Basel Nachdrucke von Luthers Neuem Testament. 1525 begann in Zürich eine Arbeitsgemeinschaft von Pfarrern und Professoren eine intensive Bibelarbeit in der sogenannten „Prophezei". Die Frucht dieser Arbeit war die 1531 in zwei stattlichen Bänden erschienene vollständige Bibelübersetzung. Im Laufe der Jahrhunderte folgten zahlreiche Neudrucke und Überarbeitungen. 1907 beauftragte die Zürcher Synode eine Kommission mit einer Neubearbeitung. Erst 1931, dem Zwingli-Gedenkjahr, lag die Neue Zürcher Bibel vor, die nach dem Urteil von Kennern eine der besten modernen Übersetzungen in deutscher Sprache ist.

II. Gegenwärtige kirchliche Strukturen

Von der Reformation bis zum Beginn des 19. Jahrhunderts waren in den Kirchen kaum grundlegende Strukturveränderungen eingetreten. In den reformierten Kantonen hatte sich ein ausgesprochenes Staatskirchentum gebildet. Die staatliche Obrigkeit übernahm weithin die Funktionen, die früher den Bischöfen übertragen waren. Die Kirchen- und Predigerordnungen galten als Staatsgesetze. Der Berner *Synodus* von 1532 schrieb vor, daß jeder Pfarrer den Eid zu leisten habe, das

Heilige Evangelium nach bestem Wissen und Gewissen zu lehren, der Obrigkeit gehorsam zu sein und das Wohl des Staates zu fördern. Wohl wurde gelehrt, daß die Obrigkeit über den geistlichen Menschen keine Gewalt habe und daß sie über den Mund und die Hand, nicht aber über die Herzen gebieten könne, und wohl hatten Heinrich Bullinger und Leo Jud die freie Kritik von der Kanzel aufgrund der Bibel gegenüber Verfügungen der Obrigkeit ausdrücklich betont, doch behielt die staatliche Obrigkeit auch in kirchlichen Angelegenheiten die letzte Entscheidung.

Wesentliche Veränderungen der kirchlichen Strukturen brachten einerseits die von pietistischen Kreisen getragene Erweckung und andererseits der Liberalismus in Verbindung mit der Aufklärung. Während die Erweckungsbewegungen allerhand obrigkeitlichen Behinderungen ausgesetzt waren, wurde der Liberalismus staatlicherseits eher gefördert, so daß sich traditionell eingestellte kirchliche Kreise dagegen zur Wehr setzten. In einzelnen Kantonalkirchen kam es beinahe und in andern tatsächlich zu Aufspaltungen. So war in Basel das kirchliche Richtungswesen bis in die Neuzeit hinein dermaßen verankert, daß positive und freigesinnte Kirchgenossen ihre eigenen Pfarrer verlangten und sich dermaßen in richtungsgebundenen Vereinen organisierten, daß die Gesamtkirchgemeinde kaum mehr in Erscheinung trat. Im Kanton Waadt kam es unter Führung von Alexandre Vinet 1846 zur Gründung einer staatsfreien Freikirche, die sich erst 1966 wieder mit der *Eglise Nationale* vereinigte. Auch im Kanton Neuenburg wurde 1873 eine Freikirche gegründet, weil der Staatsrat versuchte, das kirchliche Leben allzusehr zu beeinflussen. Er hatte unbegrenzte Lehrfreiheit, Abschaffung des Glaubensbekenntnisses, alleiniges Recht zur Anstellung von theologischen Lehrern gefordert. Die Neuenburger Freikirche gab sich zwar kein besonderes Glaubensbekenntnis, verlangte aber die Anerkennung der Autorität der Heiligen Schrift und das Bekenntnis zu den großen Heilstatsachen, wie sie im apostolischen Symbol zusammengestellt sind. Rund ein Viertel der Bevölkerung schloß sich dieser Freikirche an. Die konstituierende Synode sprach sich in einer Botschaft an alle ihre Glieder darüber aus, daß sie „mit allen ihren Wünschen den Augenblick herbeirufe, da alle jene, die den Namen des Herrn bekennen, eine einzige Herde bilden". Dieser Augenblick kam im Jahre 1943 mit der Gründung einer neuen vereinigten Kirche des Kantons Neuenburg.

Auch im Kanton Genf erstand 1849 als Folge der Erweckungsbewegung eine evangelische Freikirche, die heute in vier Gemeinden nur noch etwa 800 Glieder zählt.

Die heute noch gültige Bundesgesetzgebung vom Jahre 1874 — zur Zeit
sind Bestrebungen für eine Totalrevision im Gange — enthält wichtige Bestimmungen, die für die Entwicklung des kirchlichen Lebens von
grundsätzlicher Bedeutung sind: Die Glaubens- und Gewissensfreiheit
ist unverletzlich. Niemand darf zur Teilnahme an einer Religionsgenossenschaft oder an einem religiösen Unterricht oder zur Vornahme
einer religiösen Handlung gezwungen oder wegen Glaubensansichten
mit Strafen irgendwelcher Art belegt werden.
Über die religiöse Erziehung der Kinder bis zum vollendeten 16. Lebensjahr verfügt der Inhaber der väterlichen oder vormundschaftlichen
Gewalt.
Die Ausübung der bürgerlichen oder politischen Rechte darf durch keinerlei Vorschriften oder Bedingungen kirchlicher oder religiöser Art
beschränkt werden.
Niemand ist gehalten, Steuern zu bezahlen, welche für eigentliche Kultuszwecke einer Religionsgenossenschaft, der er nicht angehört, auferlegt werden. Die freie Ausübung gottesdienstlicher Handlungen ist
innerhalb der Schranken der Sittlichkeit und der öffentlichen Ordnung
gewährleistet.
Den Kantonen sowie dem Bund bleibt vorbehalten, zur Handhabung
der Ordnung und des öffentlichen Friedens unter den Angehörigen der
verschiedenen Religionsgenossenschaften, sowie gegen Eingriffe kirchlicher Behörden in die Rechte der Bürger und des Staates die geeigneten
Maßnahmen zu treffen.
Die Bildung von religiösen Vereinigungen, Genossenschaften und Vereinen ist völlig freigestellt, was dazu geführt hat, daß zahlreiche nicht
von den Kirchenbehörden geleitete Vereinigungen am Aufbau des
kirchlichen Lebens arbeiten.
Eine Reihe von Aufgaben, die früher den Kirchen übertragen waren,
sind ihrer kirchlichen Bindung entkleidet worden. So sind das Zivilstandswesen mit allem, was die Ehe anbelangt, das Begräbniswesen,
das öffentliche Schulwesen und die Sozialpolitik vom Staate übernommen worden. Das kann aber nicht verhindern, daß die meisten Ehepaare neben der zivilen Trauung auch die kirchliche Eheeinsegnung
wünschen, daß mit wenigen Ausnahmen bei Beerdigungen und Kremationen die Mitwirkung der Pfarrer gewünscht wird, und daß eine Reihe
konfessioneller Schulen, die auf jede staatliche Unterstützung verzichten, errichtet wurden. Ferner unterhalten die Kirchen zahlreiche diakonische Werke, die die staatliche Sozialpolitik maßgeblich bereichern
und darum auch von seiten des Staats Wohlwollen genießen.
Der Grundsatz der Glaubens- und Gewissensfreiheit hat maßgeblich

zur Loslösung der Kirchen von staatlicher Bevormundung geführt. Die Kirchen sind Volkskirchen, die jedermann offen stehen, aber in keinem Kanton besteht noch die alte Form des Staatskirchentums. Tradition und Freiheit haben ein recht buntes Mosaik von Kirchenstrukturen geschaffen.

Die neueste Lösung des Kirchenwesens erfolgte in Zürich, so daß es sich lohnt, etwas näher darauf einzugehen. Doch ist zu bedenken, daß sie nicht in analoger Weise auch für die anderen Kantonalkirchen gilt. Am 7. Juli 1963 hatte das gesamte Zürchervolk, das heißt die Reformierten, die Römischkatholischen, die Christkatholischen und die Konfessionslosen über ein neues evangelisch-reformiertes Kirchengesetz und ein katholisches Kirchengesetz abzustimmen. Obgleich Stimmen laut geworden waren, die eine völlige Trennung von Kirche und Staat forderten, zeigten die Beratungen im kantonalen Parlament, daß allgemein der Wunsch bestand, die enge Verbundenheit von Staat und Kirche im Kanton Zürich beizubehalten. Das neue reformierte Kirchengesetz wurde mit 88 256 Ja- gegen 38 161 Nein-Stimmen vom Volke angenommen, während das katholische Kirchengesetz 77 441 Ja- und 47 887 Nein-Stimmen auf sich vereinigte. Wichtigster Grundsatz des neuen reformierten Kirchengesetzes ist, daß die Kirche ihre innerkirchlichen Angelegenheiten völlig frei regeln kann. Die Kirche ist öffentlich-rechtlich anerkannt. Sie genießt das Steuerrecht und kann selbständig mit anderen Kirchen Vereinbarungen eingehen. Der Staat gewährt ihr eine maßgebliche finanzielle Unterstützung, zu der er sich verpflichtet fühlt, weil er seinerzeit die Kirchengüter in seinen Besitz überführte. Die Pfarrgehälter werden vom Staat bezahlt. Ferien, Studienaufenthalte, Beurlaubungen, Errichtung neuer Pfarrstellen bei einer Seelenzahl von über 3000, Schaffung von Pfarrämtern für gesamtkirchliche Aufgaben bedürfen der staatlichen Genehmigung. Die noch bestehende staatliche Oberaufsicht dient in erster Linie dazu, die religiösen Freiheitsrechte zu schützen, Ordnung und Frieden unter den Konfessionen zu wahren und die von der Kirche erlassenen Gesetze auf ihre Verfassungsmäßigkeit zu prüfen. In jedem Fall aber respektiert der Staat die kirchliche Autonomie.

Das hat sich vor allem darin erwiesen, daß die Kirchensynode in völliger Freiheit die neue Kirchenordnung durchberaten und den protestantischen Stimmbürgern und Stimmbürgerinnen in einer Volksabstimmung unterbreitet hat. Die Abstimmung im Juli 1967 ergab ein Stimmenverhältnis von 150 132 Ja gegen 24 556 Nein. Gemäß ihrem Recht zur Oberaufsicht hat die Regierung diese Kirchenordnung ohne jede Abänderung in Kraft gesetzt.

Da es sich um die neueste schweizerische Kirchenordnung handelt, dürfte es angebracht sein, einige wesentliche Merkmale hervorzuheben. „Kirche ist überall", so heißt es in der Einleitung, „wo Gottes Wort aufgrund der Heiligen Schrift Alten und Neuen Testamentes verkündigt und gehört wird, wo Menschen, durch den Heiligen Geist im Glauben erweckt und zur lebendigen Gemeinschaft verbunden, Jesus Christus als Haupt der Gemeinde und als den Herrn und Erlöser der Welt anerkennen und durch ihr Leben die Hoffnung auf das Kommen des Reiches Gottes bezeugen". So wird schon in dieser Einleitung der Blick auf die ökumenische Gemeinschaft geweitet. Konkret wird dann ausgeführt: „Die Evangelisch-reformierte Landeskirche des Kantons Zürich besteht aufgrund des Evangeliums von Jesus Christus. Sie führt die von Huldrych Zwingli begonnene und gemäß den Beschlüssen des zürcherischen Rates verwirklichte Reformation weiter". „Sie ist allein auf das Evangelium von Jesus Christus verpflichtet. Er ist einziger Ursprung und Herr ihres Glaubens, Lehrens und Lebens. Die Landeskirche bekennt dieses Evangelium in der Gemeinschaft mit der gesamten Christlichen Kirche aller Zeiten. Sie weiß sich verpflichtet, ihre Lehre und Ordnung an dem in der Heiligen Schrift bezeugten Wort Gottes immer wieder zu prüfen und sich von daher in Glauben, in der Hoffnung und in der Liebe stets zu erneuern". Damit ist der alte Grundsatz des reformierten Kirchentums klar hervorgehoben, daß die reformierte Kirche immer wieder zu reformieren ist. Da die Landeskirche sich als Volkskirche versteht, heißt es in der Kirchenordnung: „Als Glied der Landeskirche wird jeder evangelische Einwohner des Kantons betrachtet, der die in der Kirchenordnung umschriebenen kirchlichen Erfordernisse erfüllt und nicht ausdrücklich seinen Austritt oder seine Nichtzugehörigkeit erklärt hat". Diese kirchlichen Erfordernisse hat ohne weiteres erfüllt, „wer als Kind eines Gliedes einer auf dem Boden reformatorischen Glaubens- und Schriftverständnisses stehenden Kirche in diesem Glauben auferzogen wird oder wer sonst den in dieser Kirchenordnung vorgesehenen Unterricht besucht hat und konfirmiert worden ist". Die Taufe wird also nicht als Vorbedingung für die Kirchenzugehörigkeit gefordert, hingegen heißt es: „Die Taufe gilt als Zeichen der Zugehörigkeit zur Gemeinde Jesu Christi". Die neue Kirchenordnung enthält keinerlei Verpflichtung auf ein fixiertes Bekenntnis oder auf einen bestimmten Katechismus, denn die einzige Verpflichtung bezieht sich auf die Heilige Schrift. Entsprechend lautet das Ordinationsgelübde: „Ich gelobe vor Gott, den Dienst an seinem Wort aufgrund der Heiligen Schrift Alten und Neuen Testamentes in Verantwortung zu erfüllen. Ich gelobe, im Gehorsam gegenüber Jesus

Christus diesen Dienst durch mein Leben zu bezeugen, wo immer ich hinberufen werde".

Dem reformierten Kirchenverständnis entsprechend, liegt das Schwergewicht des kirchlichen Lebens bei der einzelnen Kirchgemeinde. Sie wählt in völliger Freiheit die Pfarrer, wobei der kirchlichen Oberbehörde (Kirchenrat) nur die Prüfung ihrer Wählbarkeit zusteht. Die Kirchgemeinden wählen auch die Kirchenpflegen, ein Gremium von Laien, dem die Pfarrer nicht unbedingt angehören, an deren Sitzungen sie aber mit beratender Stimme teilnehmen. Benachbarte Kirchgemeinden wählen die Bezirkskirchenpflegen, denen ein gewisses Aufsichtsrecht zusteht. Die gesamte kirchliche Aktivbürgerschaft wählt nach bestimmten Wahlkreisen die Mitglieder der Synode, in der wiederum die Laien überwiegen. Dieser kommt unter anderem auch die Wahl des siebengliederigen Kirchenrates zu, mit dem Kirchenratspräsidenten an der Spitze. Alle diese Ämter sind nebenamtlich. Dem Kirchenrat gehören auch Laien und Frauen an. Alle Behörden haben sich Wiederwahlen zu unterziehen. Kein Amt wird lebenslänglich vergeben. Die Amtsdauer beträgt in der Regel vier Jahre, wobei Wiederwahl möglich ist. Die Pfarrer müssen sich in allen Gemeinden in einem sechsjährigen Turnus einer Wiederwahl stellen, und es kommt dann und wann vor, daß ein Gemeindepfarrer in seinem Amte nicht mehr bestätigt wird und sich nach einer neuen Anstellung umsehen muß. Eine Sicherung gegen eigenwilliges Kirchenregiment ist die von der Synode zu wählende Rekurskommission, die Einsprachen gegen erstinstanzliche Entscheidungen des Kirchenrates zu beurteilen hat.

Ziemlich große Ähnlichkeit mit der Struktur der Kirche im Kanton Zürich hat diejenige des Kantons Bern. In anderen Kantonen ist eine Trennung von Kirche und Staat durchgeführt worden, allerdings mit recht unterschiedlichen Lösungen. In Basel-Stadt kam es durch eine Verfassungsrevision 1910 zur Trennung von Kirche und Staat. Damit ist die reformierte Kirche des Kantons ein Personenverband mit öffentlichrechtlicher Persönlichkeit. Sie hat das Steuerrecht. Das Kirchengut wurde ihr vom Staate übergeben. An den kirchlichen Ausgaben aber beteiligt er sich nicht mehr, außer daß er die Besoldung der an öffentlichen Spitälern, Asylen, Waisenhäusern und Gefängnissen angestellten Pfarrer übernimmt und für Kosten der Theologischen Fakultät der Universität Basel aufkommt.

Die Organisation der Kirche von St. Gallen gewährt den Kirchgemeinden eine sehr große Autonomie. Sie sorgen für den Unterhalt der Gotteshäuser und sonstigen kirchlichen Gebäude. Sie setzen die Pfarrerbesoldungen fest. Jede Kirchgemeinde hat ihren eigenen, ihren Bedürf-

nissen und ihrer Finanzkraft angepaßten Steuersatz. Zur Entlastung
der ärmeren Kirchgemeinden besteht ein Ausgleichsfonds, an den der
Staat einen gewissen Beitrag aus den Steuern der Aktiengesellschaften
leistet. Er geht dabei von der Erwägung aus, daß große industrielle
Niederlassungen die Kirchgemeinden nötigen, größere Aufwendungen
für Bauten und Anstellung von Hilfskräften zu machen.
Eine völlige Trennung von Kirche und Staat kennen Genf und Neuenburg. Weil die Nationalkirche von Genf sich nicht Gesetzen unterstellen
wollte, die von konfessionell gemischten staatlichen Behörden verfaßt
wurden und von religiöser Gleichgültigkeit zeugten, wurde der Wunsch
nach Loslösung der Kirche von jeder staatlichen Bindung laut. Im Jahre
1907 wurde das Kultus-Budget aufgehoben, so daß von nun an die
Kirche völlige Freiheit vom Staat erlangte. Es kam allerdings nicht zu
einem feindlichen Bruch zwischen Staat und Kirche, wie zwei Jahre
vorher in Frankreich. Die Neutralität des Staates der Kirche gegenüber blieb freundlich. Kirchen und Pfarrhäuser, die im Besitze des Staates waren, wurden der Kirche gratis zurückgegeben. Die Theologische
Fakultät wurde im Rahmen der Universität weitergeführt und erhielt
1928 ein autonomes Statut, durch das es dem Staate unmöglich ist, sie
eigenmächtig aufzuheben. Die Pfarrer erteilen an den Schulen Reli-
gionsunterricht, der, obgleich freiwillig, von rund 95 Prozent der
Primarschüler besucht wird. In materieller Hinsicht ergab sich für die
Genfer Kirche eine etwas paradoxe Situation. Sie ist Volkskirche, lebt
aber ganz von den freiwilligen Gaben wie eine Bekenntniskirche. Die
Kirchenglieder können nicht zu regelmäßigen Abgaben veranlaßt werden. 1945 wurde dieser Zustand etwas verbessert, indem der Kirche
durch Volksabstimmung eine freiwillige Kirchensteuer zuerkannt
wurde. Seither gibt der Staat gegen eine Vergütung durch die Kirche
bei jedem evangelischen Steuerpflichtigen auf dem Steuerzettel die
Summe an, die die Kirche seinem Einkommen entsprechend von ihm als
Kirchenbeitrag erwartet. Niemand ist aber verpflichtet, diese Steuer
wirklich zu bezahlen. Das bringt für die Kirche wohl finanzielle Eng-
pässe, hat aber ihre Weiterentwicklung keineswegs zu hindern vermocht. 1907 gab es 21 Gemeinden mit 37 Pfarrern und vier Hilfspfar-
rern, heute zählt die Kirche 38 Gemeinden mit 69 Pfarrern, drei Hilfs-
pfarrern und 13 Spezialpfarrämtern. Dazu kommt noch die Protestantische Sozialzentrale mit etwa 25 hauptamtlichen Mitarbeitern. „Die
Protestantische Nationalkirche von Genf anerkennt als ihr einziges
Haupt Jesus Christus, den Erlöser der Menschheit", so lautet das Fundament ihres Wirkens. Mitglieder sind alle diejenigen, die sich als ihr
zugehörig betrachten. Doch muß, wer an den kirchlichen Wahlen teil-

nehmen will, sich in eine Wählerliste eintragen lassen. Die Katechumenen, die in die Kirche aufgenommen wurden, erhalten schon mit 18 Jahren das Wahlrecht.

Ähnlich ist die Situation der Kirche von Neuenburg, wo sich die 1873 infolge der liberalisierenden Tendenzen gegründete, vom Staate unabhängige Freikirche mit der Nationalkirche 1943 zu einer neuen Kirche vereinigte. Die Verfassung des Kantons Neuenburg erklärt sie als „öffentliche Interessenstiftung, welche die christliche Überlieferung des Landes vergegenwärtigt", und stellt gleichzeitig fest, daß sie autonom ist und sich frei unter korperativer Form organisiert. Die Synode setzt sich aus allen Pfarrern, die ein offizielles Gemeindepfarramt innehaben, den Theologieprofessoren und den Laienabgeordneten in doppelter Zahl der Gemeindepfarrämter zusammen. Die Kirchenglieder und juristischen Personen sind eingeladen, eine Kirchensteuer zu entrichten, die 15 Prozent der Staatssteuer beträgt. Diese Kirchenbeiträge aber sind völlig freiwillig.

III. Kirchenbund und Ökumene

Trotz dem historisch bedingten Nebeneinander vieler autonomer Kantonalkirchen bestanden innerhalb des schweizerischen Protestantismus mancherlei enge Beziehungen, schon zwischen den Männern der ersten Stunde. Unter Zwinglis Nachfolger Bullinger intensivierten sich diese Beziehungen. Bullinger erkannte die Notwendigkeit einer guten Verständigung zwischen den schweizerischen reformierten Kirchen. Er überwand Widerstände und klärte Mißverständnisse. Die einheitliche Glaubensbezeugung durch das „II. Helvetische Bekenntnis" von 1566 bedeutete einen entscheidenden Schritt auf dem Wege zur geistigen Einheit.

Die gegenseitige Verbindung fand ihren Ausdruck zwar nicht in einer gemeinsamen Synode, aber in der „Evangelischen Tagsatzung", auf welcher die Abgeordneten der evangelischen Stände, Laien, die gemeinsamen reformierten Angelegenheiten ordneten. Während beinahe drei Jahrhunderten war sie das wesentliche Einheitsband. Sie wachte über die gemeinsamen evangelischen Interessen und leistete den im Ausland um ihres Glaubens willen verfolgten Protestanten Hilfe. Die Geschichte dieser vielfachen mutigen Bemühungen der Behörden der kleinen reformierten Kantone zugunsten der Evangelischen in Ungarn, in Frankreich und in den Waldenser-Tälern ist wie eine Morgenröte öku-

menischer Verantwortung. Man begnügte sich nicht mit energischen Interventionen an fremden Höfen, sondern spendete großzügig in bar
und *natura* zugunsten dieser Opfer der Unduldsamkeit. Die protestantische Solidarität führte später zu verschiedenen Gründungen. Es entstand der Schweizerische Reformierte Pfarrverein, der alle zwei Jahre
die Pfarrer aus allen Kantonen für ein paar Tage zu Studium und brüderlicher Gemeinschaft vereinigt. Mehr als irgendein anderes Werk
haben die Protestantisch-kirchlichen Hilfsvereine kirchliche Solidarität
bezeugt, indem sie die protestantischen Minoritäten in überwiegend
katholischen Kantonen moralisch und finanziell unterstützen.

Als in der Mitte des vorigen Jahrhunderts die Tagsatzung zu existieren
aufgehört hatte, wurde 1858 die schweizerische Kirchenkonferenz gegründet, die jedes Jahr die Delegierten der Kantonalkirchen zur Prüfung gemeinsamer Fragen und Aufgaben vereinigte.

Die Gründung des Schweizerischen Evangelischen Kirchenbundes steht
im Zusammenhang mit der kirchlichen Situation Europas nach dem
Ersten Weltkrieg. Mitten im kriegzerstörten Europa bildete die Schweiz
eine von der Sturmflut verschonte Insel. Hierher richteten sich die
Blicke der Kirchen Europas und Amerikas, um die unterbrochenen Verbindungen wieder herzustellen. Die schweizerischen Kirchen erhielten
im Jahre 1919 eine Einladung des Amerikanischen Kirchenbundes, des
Federal Council of the Churches of Christ, zu einer Bundesversammlung in Cleveland, auf der der Versuch gemacht werden sollte, einen
über Landesgrenzen hinwegreichenden kirchlichen Zusammenhang anzubahnen. Die Schweizerkirchen entsandten als ihren Vertreter
Dr. Adolf Keller, der mit der Bitte der amerikanischen Kirchen zurückkam, die Kirchen der Schweiz möchten die Verbindung zwischen ihnen
und den darniederliegenden Kirchen der ehemaligen Kriegsländer herstellen. Das war eine Aufgabe, die nicht mehr eine einzelne Landeskirche übernehmen konnte. Es mußte zu einem Zusammenschluß kommen. Am 7. September 1920 erfolgte die Gründung des Schweizerischen
Evangelischen Kirchenbundes, dem zunächst nur die offiziellen Landeskirchen, dann aber auch die Freikirchen der Kantone Waadt, Neuenburg und Genf, der Diasporaverband der Innerschweiz und des Kantons Tessin, die Methodistenkirche und die Evangelische Gemeinschaft
beitraten. Der Kirchenbund begann seine Tätigkeit mit der Durchführung einer großen Sammlung „Für die Kirchen unter dem Kreuz".
Diese Aktion bereitete die spätere Übertragung von allgemein protestantischen Hilfsaktionen an die Schweiz vor. Die Bethesda-Konferenz
in Kopenhagen 1922 beschloß, eine allgemein protestantische Hilfsaktion ins Leben zu rufen und die Organisation dem Schweizerischen

Kirchenbund zu übertragen. Dieser organisierte die Europäische Zentralstelle, von der aus sich bald ein Netz von Fäden über die ganze evangelische Welt spannte.

Da keine der offiziellen Schweizerkirchen ein formuliertes Glaubensbekenntnis aufweist, ist auch das Statut des Kirchenbundes nicht auf ein *Credo* gegründet. In der Präambel heißt es: „Wie der Leib einer ist und viele Glieder hat, alle Glieder aber, obgleich es viele sind, einen Leib bilden, so ist es auch mit Christus (1. Kor. 12, 12). Der Kirchenbund bezeugt Jesus Christus als seinen alleinigen Herrn. Er erkennt in der Heiligen Schrift das Zeugnis der göttlichen Offenbarung. Er bekennt, daß wir errettet sind durch Gnade und gerechtfertigt durch den Glauben. Der Kirchenbund weiß sich aufgerufen, im Glauben an das kommende Reich Gottes die Forderung und Verheißung der Christusbotschaft in unserem Volk zu vertreten."

Der Kirchenbund ist die Vertretung der schweizerischen Kirchen nach innen und außen. Er hat daher nicht die Aufgabe der einzelnen Kirche, die Verkündigung des Wortes, sondern übernimmt nur die Aufgaben, welche die Kirchen ihm zuweisen und gesamtkirchliche Bedeutung haben. So vertritt er den schweizerischen Protestantismus gegenüber dem Staat und bei den ökumenischen Vereinigungen. Die Abgeordnetenversammlungen sind eine Art reformiertes Kirchenparlament. Die Exekutive besteht aus einem nebenamtlichen Vorstand von sechs Mitgliedern, Theologen und Laien, und einem hauptamtlichen Präsidenten. Die Geschäftsstelle befindet sich in Bern. Die Arbeit des Kirchenbundes ist auf zahlreiche Kommissionen verteilt.

Wie schon nach dem Ersten Weltkrieg bezeugte der Kirchenbund seine Solidarität mit den Notleidenden. Die Machtergreifung des Nationalsozialismus in Deutschland führte zur Gründung verschiedener Hilfswerke, so vor allem für die Flüchtlinge und für die Bekennende Kirche. Noch vor Kriegsende im Jahre 1944 beschloß die Abgeordnetenversammlung die Gründung eines protestantischen Hilfswerks für den geistigen und materiellen Wiederaufbau der protestantischen Kirchen und Werke in den Kriegsländern. Es folgte die Gründung des Hilfswerks der Evangelischen Kirchen der Schweiz (HEKS). Die Hauptgeschäftsstelle befindet sich in Zürich. Zunächst richtete sich die Hilfeleistung auf die Notstandsgebiete in Holland, Belgien, Österreich, Deutschland, Frankreich und Italien. Dann dehnte sie sich auch auf die Minderheitskirchen in Osteuropa aus und schließlich wurde auch die Entwicklungshilfe in den Tätigkeitsbereich des HEKS aufgenommen.

Seit Neu-Delhi hat sich die Verbindung zwischen dem Kirchenbund und den Missionsgesellschaften wesentlich verstärkt. Für die Durchführung

gemeinsamer Aktionen in der deutschen Schweiz wurde die „Kooperation evangelischer Missionen" geschaffen. Sie ist formell eine Subkom-
mission des Schweizerischen Evangelischen Missionsrates. Ihre Mitglieder sind die Vertreter der auf dem Boden der reformierten Landeskirchen tätigen Missionen und der in den meisten deutschschweizerischen
reformierten Kirchen bestehenden missionarischen Kommissionen. Für
alle beteiligten Missionen führt die Kooperation alljährlich eine Opfer-
woche durch. Sie verwaltet die gemeinsame Kasse und ermöglicht, gemeinsam Kontakt mit den kirchlichen Behörden zu pflegen. In der
französischen Schweiz wurde am 1. Januar 1964 das *Département Missionaire Romand* als Organ der dortigen reformierten Kirchen gegründet. Oberstes Organ ist eine Versammlung von Delegierten der Kirchen,
Missionssynode genannt. Die Leitung wird von einer von der Missionssynode gewählten und ihr verantwortlichen Körperschaft von 24 Mitgliedern ausgeübt. Das *Département Missionaire* hat mit allen Missionsgesellschaften, die in der französischen Schweiz Gönner und irgendwelche Heimatorganisationen haben, Verträge abgeschlossen, wonach
die Missionsgesellschaften ihre Komitees in der französischen Schweiz
auflösen und die missionarische Verantwortung den reformierten Kirchen der französischen Schweiz übertragen. Das *Département Missionaire* verpflichtet sich, aus den Missionsspenden den Missionsgesellschaften einen gebührenden Anteil zukommen zu lassen und die Wer-
bung von Mitarbeitern für sie in die Hand zu nehmen.
1944 wurde in Bern der Schweizerische Evangelische Missionsrat gegründet. Mitglieder können Werke werden, welche die Rechte einer
juristischen Person besitzen, die Grundsätze der Kommission für Weltmission und Evangelisation des Ökumenischen Rates der Kirchen und
die Beziehungen des Schweizerischen Evangelischen Missionsrates zum
Schweizerischen Evangelischen Kirchenbund bejahen, wenigstens drei
schweizerische aktive missionarische Kräfte aufweisen und deren verantwortliches Komitee sich mehrheitlich aus Schweizerbürgern zusammensetzt. Der Schweizerische Evangelische Missionsrat vertritt das
Missionsanliegen in allen schweizerischen Kirchen sowie gegenüber eid-
genössischen und kantonalen Behörden.
Die größte und bekannteste in der Schweiz beheimatete Mission ist die
„Evangelische Missionsgesellschaft Basel", die 1815 gegründet wurde.
Ihre Heimatbasis ist übernational, ihre Arbeit von ökumenischem Geiste
getragen. Immer haben sich neben den Reformierten auch Lutheraner
unter ihren Mitarbeitern gefunden. Das Bekenntnis der Basler Mission
lautet: „Die Basler Mission weiß sich an die Offenbarung Gottes gebunden, wie sie uns in der ganzen Heiligen Schrift gegeben ist. Sie be-

kennt Jesus Christus als den Sohn Gottes, der durch seinen Tod uns versöhnt und eine ewige Erlösung geschaffen hat und als der Auferstandene und Erhöhte durch den Heiligen Geist eine Gemeinde aus allen Völkern sammelt, als deren Haupt sie leitet und regiert, und der wiederkommen wird, um sein Reich zu vollenden."

Die von der Schweiz aus arbeitenden Missionen können alljährlich mit Einnahmen von rund acht Millionen Franken rechnen. Während die Missionsarbeit lange Zeit von privaten Kreisen getragen war, engagieren sich die Kirchen immer stärker. Sie sind sich bewußt, daß sie einen Sendungsauftrag haben. Darum kommt es immer mehr vor, daß Kirchgemeinden einen bestimmten Anteil ihrer Kirchensteuer-Einnahmen für die Missionsarbeit abzweigen.

In neuester Zeit steht die Frage der Umwandlung des Kirchenbundes in eine Kirche zur Diskussion, besonders aus der Erwägung heraus, daß sich bei den allgemeinen kirchlichen Strukturänderungen immer mehr gesamtkirchliche Aufgaben stellen. Der Schweizerische Reformierte Pfarrverein hat daher ein Gutachten zur Kirchwerdung ausarbeiten lassen. Doch stellen sich dem Kirchwerdungsprozeß sehr große Schwierigkeiten in den Weg, vor allem weil jede Kirche ihr Verhältnis mit dem Staat gesondert geregelt hat, so daß erst alle Kantonsverfassungen abgeändert werden müßten, was in jedem Kanton eine Volksabstimmung bedingen würde. So wird es wohl weiterhin bei einem Kirchenbund bleiben, der aber in Zukunft noch enger und verbindlicher gestaltet wird. Probleme, die nur das deutsch- oder das französischsprachige Gebiet betreffen, sollen in sprachlich getrennten Kirchenkonferenzen behandelt werden, allerdings ohne daß dadurch die Geschlossenheit des schweizerischen Protestantismus beeinträchtigt wird.

Von allem Anfang an hat der Schweizerische Evangelische Kirchenbund lebhaften Anteil an den ökumenischen Bestrebungen genommen. Seinem Wesen entsprechend fand allerdings die *„Life and Work"*-Bewegung mehr Anteilnahme als *„Faith and Order"*. Gegen eine dogmatische Annäherung war man eher skeptisch, während *„Life and Work"* den Kirchen Freiheit und Unabhängigkeit in dogmatischen Fragen zusicherte. In Zürich trafen sich vor der Stockholmer Konferenz Söderblom und der Vorstand des Kirchenbundes zur Besprechung der Stellung der Neutralen und das weitere Vorgehen bei einem engeren Zusammenschluß der Kirchen. Auf der Konferenz von Stockholm 1925 waren die Schweizer stark engagiert; Pfr. Dr. A. Koechlin, Basel, der spätere Präsident des Schweizerischen Evangelischen Kirchenbundes, ein Sprachengenie, sprang beim Versagen eines offiziellen Dolmetschers ein und übersetzte die Referate in die deutsche, französische, englische

und griechische Sprache. Der Vizepräsident des Kirchenbundes hielt ein
Referat über „Die Pflicht der Kirchen, das Gewissen der Nation zu
sein", und der Präsident des Kirchenbundes legte im Namen der
schweizerischen Delegation eine Friedens-Resolution vor, die sich für
eine obligatorische Schiedsgerichtsbarkeit, den Schutz des internationalen Rechts und die Abrüstung auf dem Boden internationaler Verständigung aussprach. Auch auf der Oxforder Konferenz 1937 war die
Schweiz gut vertreten. Durch Vorlesungen und Seminare an den Theologischen Fakultäten, gehalten von Emil Brunner und Adolf Keller,
wurde die Konferenz innerlich vorbereitet. Auf dieser letzten Konferenz von *„Life and Work"* wurde Pfr. A. Koechlin in den geschäftsfüh-
renden Ausschuß gewählt, der bis zur Konstituierung des Ökumenischen
Rates die ökumenische Bewegung weiter förderte und dazu beitrug, daß
während des Zweiten Weltkrieges von Genf her die kirchlichen Verbindungen auch über Feindesgrenzen hinweg aufrechterhalten werden
konnten.
Der Schweizerische Evangelische Kirchenbund ist 1922 auch dem Reformierten Weltbund beigetreten.
Die Mitarbeit im Ökumenischen Rat hat auch auf schweizerischer Ebene
zahlreiche Früchte gezeitigt. Die Kontakte unter den Kirchen wurden
durch die gemeinsame theologische Arbeit gefestigt und befruchtet. Von
Zeit zu Zeit finden „Brüderliche Begegnungen" statt mit den Baptisten,
der Heilsarmee, den Altkatholiken und anderen, nicht dem Schweizerischen Evangelischen Kirchenbund angehörenden, dem Ökumenischen
Rat aber angeschlossenen Kirchen.
Der Vorstand des Kirchenbundes und die römisch-katholische Bischofs-
konferenz sind übereingekommen, eine gemischte Gesprächskommis-
sion zu bilden. Als Haupttraktandum drängte sich von Anfang an das
Problem der bekenntnisverschiedenen Ehen auf. Beide Seiten empfan-
den die Nötigung, in diesem schwierigen, das Zusammenleben der Konfessionen belastenden Fragenkreis zu einer gemeinsamen Erklärung zu
kommen, um so auf die allgemeine Meinungsbildung Einfluß nehmen
zu können. Tatsächlich gelang es, die römisch-katholische, die christkatholische und die reformierten Kirchen für eine gemeinsame Erklärung zu gewinnen, die, wenn ihr auch keine juridische Bedeutung zukommt, doch wichtige seelsorgerliche Richtlinien vermittelt. Weitere
Themenkreise für diese interkonfessionelle Theologenkommission betreffen die Betreuung der Gastarbeiter, die Taufe bei Konversionen,
die Verantwortung der Kirchen für die Entwicklungshilfe und Schul-
probleme. Daß es dabei keineswegs um Verwischung theologisch-dog-
matischer Grenzsituationen geht, erweist deutlich die im Auftrag der

Synode vom Zürcher Kirchenrat verfaßte kleine Schrift „Standort-bestimmung".

Durch seine soziale Kommission läßt der Kirchenbund die sich laufend stellenden neuen sozialen Fragen in reformierter Beleuchtung studie-ren. Durch das Zusammenwirken von Vertretern der Kirchen mit sol-chen der Wirtschaft, der Arbeiterschaft und des Unternehmertums soll dem Verharren der Kirche in einem introvertierten Ghetto-Dasein ent-gegengetreten werden. Die Kirche erkennt immer mehr, daß sie nicht um ihrer selbst willen da ist, sondern einen verpflichtenden Dienst an der Welt zu erfüllen hat. Sie will sich nicht einfach mit den herrschen-den wirtschaftlichen und sozialen Gesellschaftsformen identifizieren. Nur zu oft ist ihr gegenüber der Vorwurf, reaktionär zu sein, gerecht-fertigt gewesen. Besonders die jüngeren Theologen sind es, die nach neuen Strukturen rufen. Die alte Form, in der Kirchgemeinde und poli-tische Gemeinde geschlossene Größen waren, wandelt sich, und es muß nach neuen Verkündigungsformen gesucht werden. Eine glaubende, zur Mitverantwortung und Solidarität mit der Welt bereite Christenheit heranzubilden, haben sich die verschiedenen reformierten Heimstätten, Tagungs- und Studienzentren, die in den letzten Jahren unter großen Opfern geschaffen wurden, zum Ziel gesetzt, denn Kirche existiert nicht nur in der Welt, sondern auch für die Welt. Nicht das ist die Auf-gabe der Kirche, die Welt einer kirchlichen Führung zu unterstellen, aber zur Vermenschlichung der Gesellschaft beizutragen, für die Christus sein Leben hingegeben hat. Der Monolog in der kirchlichen Verkündigung soll durch den Dialog mit mündigen Partnern ersetzt werden.

IV. Theologische Ausbildung

Mit sechs Theologischen Fakultäten bei einer reformierten Wohnbevöl-kerung von knapp drei Millionen dürfte die Schweiz eine überdurch-schnittlich große Zahl von theologischen Ausbildungsstätten aufweisen. Zur Zeit der Reformation existierte auf schweizerischem Territorium eine einzige Universität, diejenige von Basel, die nach Abschluß des Basler Konzils 1459 durch Papst Pius II. bewilligt worden war. In der Reformationszeit zeigte sich ihre Dozentenschaft für die kirchliche Neuerung wenig aufgeschlossen. Doch bald nach Vollzug der Reforma-tion durch den Willen der Bürgerschaft von Basel wirkten an der Basler Universität bedeutende Dozenten.

In Zürich hatte sich Huldrych Zwingli von allem Anfang an von der Absicht leiten lassen, für die vom Evangelium her erneuerte Kirche eine in theologischer Erkenntnis geschulte und im Glauben verankerte Pfarrerschaft heranzubilden. Er schuf die sogenannte „Prophezey". Chorherren, Pfarrer und Studenten versammelten sich jeweils um 8 Uhr im Chor des Großmünsters zu wissenschaftlicher Arbeit. Das Ergebnis ihrer Bemühungen wurde anschließend den herbeigeströmten Gemeindegliedern bekanntgegeben. So kam die theologische Forschung in direkter Weise der Gemeinde zugute. Aus dieser „Prophezey" wurde später die sogenannte „Hohe Schule", die bis zur Eröffnung der Zürcher Universität im Jahre 1839 für die Ausbildung einer wissenschaftlich gut geschulten Pfarrerschaft Bedeutendes geleistet hat.

Die dritte deutschsprachige Theologische Fakultät befindet sich in Bern, die „Hohe Schule" Berns, die bis ins 19. Jahrhundert eine bedeutende Bildungsstätte blieb. 1804/05 trat an ihre Stelle die Akademie mit einer Theologischen Fakultät, die 1834 in eine Universität umgewandelt wurde.

Auch die französischsprachige Schweiz besitzt drei Theologische Fakultäten. Die erste theologische Ausbildungsstätte war in Lausanne. Hier wurde nach den Vorschlägen von Pierre Viret eine Schule zur Ausbildung von Pfarrern geschaffen und 1547 mit vier Lehrstühlen ausgestattet. Ihr Einfluß reichte bald über die gesteckten Grenzen hinaus und bot im Laufe der Zeit für unzählige französische Flüchtlinge eine willkommene Ausbildungsstätte für ihren späteren Kirchendienst in der Heimat. Als 1890 die Akademie von Lausanne in eine Universität umgewandelt wurde, erhielt sie selbstverständlich auch eine Theologische Fakultät.

Die bedeutendste theologische Schule während und auch lange nach der Reformationszeit war diejenige von Genf. Schon bald nach ihrer Eröffnung erlangte sie internationale Bedeutung. Ihre Gründung verdankte sie Johannes Calvin. Im Jahre 1559 vollzog ihr erster Rektor, Theodor Beza, ihre Einweihung. Die Zahl der Studenten, die aus ganz Europa zusammenströmten, stieg nach wenigen Jahren auf über 900. Eine wesentliche Umwandlung der Theologischen Fakultät von Genf erfolgte 1928, indem sie sich als Folge der schon 1906 vollzogenen Trennung von Kirche und Staat als autonome Stiftung konstituierte. Sie blieb zwar weiterhin Bestandteil der Universität, wurde aber dem staatlichen Einfluß ganz entzogen. Die Professoren werden nicht mehr vom Staat, sondern von einem zur Hauptsache aus Vertretern der Kirche bestehenden Stiftungsrat ernannt. Die jüngste der Theologischen Fakultäten der Schweiz ist diejenige von Neuenburg. Bis 1833 besaß dieser Kanton keine eigene Ausbildungsstätte für Theologen. Wissenschaftlich ausgewiesene Pfarrer pflegten die Theologiebeflissenen auf ihr Amt vorzubereiten. Die meisten Theologiestudenten aber holten sich ihre Ausbildung an auswärtigen Universitäten. 1833 errichtete die „*Compagnie des pasteurs*" ein Institut zur Ausbildung von Pfarrern. 1873 bekam die Theologie in der schon früher gegründeten Akademie Heimatrecht, und die Erhebung der Akademie zur Universität im Jahre 1909 bildete für die theologische Studienordnung keinen bemerkenswerten Wandel.

Neben den Ausbildungsstätten an den Hochschulen verdient auch die Kirchlich-theologische Schule von Basel Erwähnung.[1] Sie wurde 1962 geschaffen, um Spätberufenen den Zugang zum Theologiestudium zu erleichtern. In der einen Abteilung werden Studenten, die wohl einen Maturitätsausweis besitzen, denen aber die Kenntnis der alten Sprachen mangelt, auf das Theologiestudium vorbereitet und in der andern Abteilung können Männer und Frauen, die noch keine abgeschlossene Gymnasialbildung haben, sich das notwendige Wissen aneignen. Die Schule wurde vor allem gegründet, um den empfindlichen Theologenmangel ein wenig zu steuern, denn seit Jahren vermag die Zahl der Pfarramtskandidaten den Bedarf an jungen Pfarrern nicht mehr zu decken.

Je und je haben schweizerische Theologen auch über die Landesgrenze hinaus Ansehen genossen und Einfluß ausgeübt. Alle theologischen Strömungen fanden auch ihre Vertreter an den schweizerischen Universitäten. Unter den großen Theologen in den letztvergangenen Jahrzehnten seien nur genannt: Bernhard Duhm, Adolf Schlatter, Hermann Kutter, Leonhard Ragaz, Karl Barth, Emil Brunner und Eduard Thurneysen.

ANMERKUNG

1 Nicht zu verwechseln mit der von evangelikalen Gruppen getragenen „Freien Evangelisch-Theologischen Akademie" (FETA), die 1970 in Basel gegründet wurde (Anm. d. Hrg.).

3. Kapitel

DIE NIEDERLÄNDISCH-REFORMIERTE KIRCHE

ALEXANDER JOHANNES BRONKHORST

I. Geschichtlicher Überblick

1. Das Jahrhundert der Reformation

Wer die gegenwärtige Situation der reformierten Kirchen in den
Niederlanden verstehen will, sieht sich in sehr starkem Maße an die
Geschichte der vergangenen Jahrhunderte gewiesen. Die ersten Märty-
rer der Reformation, Heinrich Voes und Johann von Essen, starben am
1. Juli 1523 in Brüssel auf dem Scheiterhaufen.

Eine wirkliche Volksbewegung entstand aber erst um 1530 durch die
Bewegung der Anabaptisten mit ihrer revolutionär-apokalyptischen
Predigt vom nahenden Gottesreich. Nach dem Untergang ihres Gottes-
reiches zu Münster 1535 wußte der damalige Priester Menno Simons
die gemäßigten Elemente zu sammeln (sogenannte „Taufgesinnte",
außerhalb Hollands meist „Mennoniten" genannt), aber sowohl durch
die Verfolgungen, die besonders diese Kreise sehr hart trafen, als auch
durch ihr Zurückziehen aus dem öffentlichen Leben nach der Katastrophe von Münster, blieben sie eine kleine Gruppe am Rande des
reformatorischen Lebens in den Niederlanden.

Die dritte Welle drang um 1540 vom Süden her in die Niederlande
ein.

Zwischen Straßburg und Wallonien gab es damals rege Beziehungen.
So wurden Calvins Schriften hier bald bekannt. Seine Anhänger in
Dornik und Valenciennes baten darum Bucer in Straßburg, ihnen einen
Pfarrer zu schicken, der ihnen helfen könnte in ihren Schwierigkeiten
mit den Libertinisten. Bucer schickte Brully, der als Kaufmann ver-
kleidet in Dornik ankam. Er kann als der erste reformierte Pfarrer in
den Niederlanden betrachtet werden. Bald wurde er von der Polizei
gesucht, und am 19. Februar 1545 beendete er sein Leben auf dem
Scheiterhaufen.

Kaiser Karl V. und sein Sohn, der spanische König Philip II., waren hier in ihren eigenen Erbländern und konnten darum versuchen, durch strenge „Plakate" die neue reformierte „Häresie" mit Stumpf und Stiel auszurotten. Dieser Versuch ließ sich aber nur unter den größten Schwierigkeiten durchführen und gelang schließlich nur teilweise in den Südprovinzen, wobei der Norden für Habsburg endgültig verlorenging. Diese starke Opposition erklärt sich einerseits aus dem Widerstand des niederländischen Adels und der damals im Aufkommen begriffenen *Bourgeoisie* der Städte, die sich der Uniformierungs- und Zentralisierungspolitik Philips widersetzten, andererseits aber aus der geistigen Kraft und der starken Organisation der durch Calvin inspirierten Gemeinden.

In diesen Jahren sahen viele sich gezwungen, durch die Flucht ins Ausland ihr Leben zu retten. So entstanden Flüchtlingsgemeinden in Emden (Ostfriesland), in Wesel und Umgebung, in Heidelberg, in Frankenthal und auch in England, in und um London. Die Augustinerkirche *(Austin Friars Church)*, die ihnen 1550 unter König Edward VI. überlassen wurde, ist noch immer das Zentrum der niederländischen Gemeinde in London.

Von besonderer Bedeutung wurde die Arbeit des Pfarrers Guido de Brès (oder: de Bray), der 1559 aus Genf nach Dornik zurückkehrte. Er organisierte in mehreren Orten neue Gemeinden, stellte diese unter die Leitung von Konsistorien und übernahm von den französischen Hugenotten die Synodalverfassung. Sein Kampf galt nicht nur der römisch-katholischen Kirche, sondern auch den noch immer zahlreichen Anabaptisten, die er als guter Schüler Calvins energisch bekämpfte. Um dem spanischen König zu beweisen, daß Reformierte keine aufrührerische Anabaptisten sind, verfaßte er die sogenannte *Confessio Belgica,* die einerseits auf die *Confessio Gallicana* der Hugenotten zurückgeht, aber andererseits durch den Kampf gegen die Anabaptisten mitbestimmt wurde.

Etwas später übersetzte der flämische Pfarrer Petrus Dathenus, der damals die Flüchtlingsgemeinde in Frankenthal in der Pfalz leitete, den „Heidelberger Katechismus" ins Niederländische (1563). So wurden das „Niederländische Glaubensbekenntnis" von de Brès und der „Heidelberger Katechismus" die offiziellen Bekenntnisschriften der reformierten Kirchen in den Niederlanden.

1564 gelang es dem hohen Adel, die Zurückberufung des verhaßten Kardinals Granvelle, des wichtigsten Ratgebers der Landvögtin Margaretha von Parma, zu erreichen. Die reformatorische Bewegung wurde dadurch erheblich verstärkt. So kam es 1566 zuerst zu den Hecken-

predigten, die von Tausenden besucht wurden, und dann zu der Bilder-
sturmbewegung, die viele Kirchen und Klöster von Bildern säuberte.
Damit war die Geduld des Königs wirklich zu Ende; die Landvögtin
wurde abberufen und durch den spanischen Herzog von Alba ersetzt,
der mit einer Armee ins Land einzog, um der reformierten Häresie ein
definitives Ende zu bereiten.

Unter solchen Umständen kam Anfang November 1568 eine Gruppe
von Vertretern der verschiedenen Flüchtlingsgemeinden in Wesel zusammen und legte auf dem „Weseler Konvent" die Grundlage für die
spätere Organisation der Niederländisch-Reformierten Kirche. 1571
wurde in Emden die erste Nationalsynode dieser „Kirche unter dem
Kreuz" abgehalten. Inzwischen war in den Niederlanden selber, unter
Führung Wilhelms I., des Prinzen von Oranien, der Achtzigjährige
Krieg (1568—1648) gegen die Schreckensherrschaft des Herzogs von
Alba ausgebrochen. Nach einem Jahrzehnt mit wechselnden Chancen
wurde das Ergebnis dieses Kampfes immer deutlicher: die südlichen
Provinzen — etwa das heutige Belgien — wurden für Habsburg und damit für die römisch-katholische Kirche zurückerobert; hier schrumpfte
das evangelische Christentum bis zur fast unsichtbaren Minorität zusammen; der Norden wußte sich die Unabhängigkeit zu erkämpfen;
diese Unabhängigkeit bedeutete aber auch der Sieg des Calvinismus:
die Anhänger der römisch-katholischen Kirche lebten hier für Jahrhunderte ein höchstens toleriertes Schattendasein als Bürger zweiter Ordnung. Die Republik der sieben vereinigten Provinzen wurde eine Bastion reformierter Theologie und Kirchlichkeit.

2. Die durch den Staat privilegierte Kirche

Inzwischen wurde es deutlich, daß die Geister nicht nur von Calvin
geprägt waren. Auch Erasmus hatte hier seine geistlichen Erben, besonders in den Kreisen der sogenannten „Regenten", der Mitglieder der
städtischen Räte. Und dann gab es eine große Mittelgruppe, die durch
Melanchthon oder auch durch Zwinglis Nachfolger Bullinger beeinflußt war. Es war eine Hauptfrage für die Reformierte Kirche der
Niederlande, wie diese verschiedene Gruppierungen sich in ihrer Mitte
gegenseitig befruchten und bereichern könnten.

Diese Frage ist eigentlich nie zu einer befriedigenden Lösung gekommen. Schon im Anfang des 17. Jahrhunderts widersetzte sich der Leidener Theologe Arminius gewissen Konsequenzen der Prädestinationslehre Calvins. Um sich im Kampf mit den Verteidigern Calvins (unter

der Führung von Gomarus, gleichfalls Theologe in Leiden) behaupten zu können, suchten die Arminianer in einer „*Remonstrantie*" an die Staaten von Holland (1610) die Hilfe der Regenten. Diese waren bereit, ihnen weitgehende Befugnisse im kirchlichen Leben zuzugestehen. Damit wurde dieser theologische Streit in unglücklicher Weise verquickt mit den politischen Gegensätzen zwischen den „Regenten", die sich besonders einsetzten für die Autonomie der lokalen und provinzialen Behörden, und dem Statthalter, dem Prinzen Moritz von Oranien, dem Vorkämpfer für die Autorität der zentralen Regierung. Es gelang Moritz, seinen Hauptgegner Oldenbarnevelt zu stürzen; damit war der Weg frei für eine neue nationale Synode zur Regelung der theologischen Frage. Sie kam 1618/1619 in Dordrecht zusammen und wurde durch die Anwesenheit von Vertretern fast aller reformierten Schwesterkirchen (sogar Vertreter des englischen Königs Jakob I. und der Kirche von England waren anwesend) zu einem (bisher sogar einzigen) reformierten Konzil. Die Arminianer (sie nennen sich selber „Remonstranten") wurden verurteilt und die Prädestinationslehre Calvins wurde in den Dordrechter *Canones* oder „Fünf Artikel wider die Remonstranten" erläutert; zusammen mit der *Confessio Belgica* und dem „Heidelberger Katechismus" bilden sie die drei Bekenntnisschriften der verschiedenen reformierten Kirchen in den Niederlanden. Die Dordrechter Synode regte auch die Übersetzung der Heiligen Schrift aus den Grundsprachen an („*Staten-Vertaling*" von 1637, in ihrer Bedeutung für die niederländische Kirche und Kultur nur mit der Bedeutung der Luther-Bibel für Deutschland zu vergleichen). Und in ihren Schlußsitzungen befaßte die Synode sich mit den Fragen der Kirchenverfassung („Dordrechter Kirchenordnung").

Durch diese Entwicklung war die Kirche aber in unzweideutige Abhängigkeit vom Staat geraten; in allen kirchlichen Gremien waren die Vertreter der Obrigkeit zugegen und hatten sogar das Recht, die Besprechung unwillkommener Traktanden zu verbieten. Vielleicht noch schwerwiegender war, daß nie mehr die Erlaubnis für eine neue nationale Synode gegeben wurde, wodurch das normale Funktionieren des kirchlichen Lebens für Jahrhunderte gehemmt wurde. Auch machte sich in diesen Tagen das Eindringen der aristotelischen Philosophie in die reformierte Theologie bemerkbar. Diese entwickelte sich zur Orthodoxie im Sinne einer protestantischen Scholastik. Damit stand der Weg zu einer intellektualistischen Theologie und Predigt von neuem offen. Es war nur allzu verständlich, daß sich demgegenüber Reaktionen bemerkbar machten. Zuerst die sogenannte „nähere Reformation", welche sich, übrigens nicht ohne Einflüsse von seiten der englischen Puritaner,

der *praxis pietatis* widmete. Gisbert Voetius, der Gründer der Utrechter Universität (1636), war der führende Theologe dieser Richtung, die
strenge calvinische Orthodoxie mit Heiligung des Lebens im Sinne des
Pietismus zu verbinden suchte. Die Anhänger dieser Richtung sind bis
heute am rechten Flügel des niederländischen Calvinismus, innerhalb
und außerhalb der Niederländisch-Reformierten Kirche, sehr einflußreich.

Zweitens die „Föderaltheologie" des Bremer Theologen Johannes Coccejus, ab 1650 in Leiden tätig. Coccejus nahm die Gedanken von Ole-
vianus und Bullinger auf und stellte den Bundesgedanken in den
Mittelpunkt seiner Theologie, um dadurch das Fortschreiten der Offenbarung in der Geschichte belegen zu können. Gegen die suprahistori-
schen ewigen Wahrheiten der Voetianer stellte er eine Reihe von einander in der Geschichte ablösender Gottesbünde (Adam-Bund, Mose-
Bund, Christus-Bund).

Hinzu kam im 18. Jahrhundert der Einfluß der Aufklärung. Holland
ist immer nach allen Seiten offen gewesen. In dem Lande, in dem sowohl Descartes wie Spinoza gelebt und gearbeitet hatten, war die
Toleranz groß genug für die Gedanken der englischen Deïsten wie der
französischen Enzyklopädisten und der deutschen Neologen. Als die
Republik 1795 durch französische Truppen besetzt wurde, und der
Statthalter das Land verlassen mußte, kam es schon 1796 zur Trennung von Kirche und Staat und damit zum Ende der bisherigen Vorrangstellung der Niederländisch-Reformierten Kirche im öffentlichen
Leben.

Diese neue Situation hätte an sich nun endlich die Freiheit der Kirche
bedeuten können und die Möglichkeit, sich den Grundlinien der alten
reformierten Kirchenordnungen gemäß zu organisieren. Aber nach zwei
Jahrhunderten von Obrigkeitsbevormundung hatte die Kirche verlernt,
auf eigenen Füßen zu stehen. Sie wußte nicht, wie sie im richtigen
Augenblick von der neuen Freiheit Gebrauch machen mußte und ver-
paßte die günstige Gelegenheit.

3. Der Kampf um Bekenntnis und Kirchenordnung

Die Wiederherstellung der nationalen Unabhängigkeit nach dem Sturz
Napoleons leitete eine Zeit der Mäßigung, der Toleranz, des Mittel-
kurses ein.

Die führenden Beamten des Kultusministeriums waren anderer Meinung. Obwohl es mehr als zweifelhaft ist, ob die Regierung dazu auch

nach ihrer eigenen Verfassung wirklich befugt war, wurde 1816 der Niederländisch-Reformierten Kirche ein neues „Allgemeines Reglement" auferlegt, das sie von neuem in Abhängigkeit von der politischen Obrigkeit brachte. An die Stelle der alten Synoden traten jetzt kleine Kollegien, zum ersten Male vom König ernannt, zur Verwaltung des kirchlichen Lebens. Man kann die Folgen dieser Entwicklung folgendermaßen kurz zusammenfassen:

1. Alle neuen Formen des kirchlichen Lebens entwickelten sich außerhalb der Kirche in freien Vereinen, oft auf zwischenkirchlicher Grundlage: äußere und innere Mission, Jugendarbeit, Sonntagsschulen usw.

2. Schlimmer noch war, daß die überzeugten Anhänger der „näheren Reformation" sich je länger desto mehr der offiziellen Kirche entfremdeten. 1834 entstand eine erste *„Afscheiding"* (= Abtrennung), unter der Führung der Pfarrer H. de Cock und J. P. Scholte.

Direkte Ursache dieser Abtrennung war ein Streit über die Taufe von Kindern aus einer anderen Gemeinde ohne vorhergehende Zustimmung des zuständigen Konsistoriums der Gemeinde, zu der diese Kinder gehörten. Aber die wesentlichen Gründe liegen tiefer: im Verfall der alten reformierten Frömmigkeit durch das Eindringen der Gedanken der Aufklärung in die Kirche; darum kehrte man entschlossen zur alten prädestinatianischen Orthodoxie der Dordrechter Synode von 1618/ 1619 zurück. Was bei de Cock noch Not war, wurde schon bei Scholte zur Tugend: die prinzipielle Bejahung der Freikirche, wie diese bereits im Schweizer *Reveil* dieser Tage verteidigt wurde. So entstand neben der Niederländisch-Reformierten Kirche eine reformierte Freikirche: die Christlich-Reformierte Kirche, welche sich, zuerst unter Druck und Verfolgung, nach 1840 unbehindert, allmählich weiterentwickelte.

Die folgenschwerste Spaltung fand aber erst in und nach 1886 statt. Dr. Abraham Kuyper lernte in seiner ersten Gemeinde Beese die reformierte Orthodoxie der „näheren Reformation" kennen. Für Kuyper war diese Begegnung eine Anregung, sich in die Theologie Calvins, aber auch der reformierten Orthodoxie des 17. Jahrhunderts energisch zu vertiefen. Hier fand er das Programm seines Lebens: die reformierte Theologie aus ihrem Schlafe zu wecken und die Beziehungen dieser Theologie zum Kulturbewußtsein der eigenen Zeit herzustellen, um in dieser Weise den Humanismus zu überwinden und die westeuropäische Kultur zu rechristianisieren.

Gegen alle Gedanken der Evolution und der mechanistischen Welterklärung entwickelte Kuyper seine Auffassung der Wiedergeburt, durch die zweierlei Menschen und ebenso zweierlei Wissenschaftspflege entstehen mußten: wiedergeborene und nicht-wiedergeborene. Auf die-

ser Grundlage der *Palingenesie* gründete er 1880 in Amsterdam seine
Freie Universität. Diese Gedanken machten ihn aber auch zum überzeugten Anhänger der Freikirche. Die Wiedergeburt war für ihn ein
verborgenes Werk des Heiligen Geistes im Herzen des Menschen, das
aber zu Gottes Zeit notwendigerweise zur Bekehrung, zum Glauben
und zum Bekennen der biblischen Wahrheit, so wie diese sich in den
alten Bekenntnisschriften der calvinischen Reformation finden ließ,
führen mußte. Es läßt sich verstehen, daß solche Gedanken Kuyper zum
entschlossenen Gegner des Geistes, der Ordnung und der Behörden der
damaligen Niederländisch-Reformierten Kirche machen mußten. Für
ihn war der Bruch mit einer Landeskirche, welche Orthodoxie und Mo-
dernismus, Geist der Reformation und Geist der Französischen Revolution, Gebundenheit an Gottes Wort und Freiheit dem Geiste der eigenen
Zeit gegenüber, Unentschiedenheit in der Bekenntnisfrage und absolute Handhabung der eigenen Ordnungen, in sich vereinigen wollte,
selbstverständliche Christenpflicht. Man muß zugeben, daß die Behörden eigentlich nichts anderes taten, als Kuyper die Karten in die Hand
zu spielen.

So entstand aus einem Konflikt in der Gemeinde in Amsterdam 1886
die sogenannte *„Doleantie"* (von *dolere* = trauern). Um die 200 000
Mitglieder verließen die Landeskirche und gründeten eigene Gemeinden. Mit großer Energie und beispielhafter Opferfreudigkeit widmete
man sich dem Aufbau des eigenen kirchlichen Lebens. 1892 wußte
Kuyper die beiden Bewegungen von 1834 und 1886, *„Afscheiding"* und
„Doleantie", zueinander zu bringen; so entstanden die „Reformierten
Kirchen in den Niederlanden" (*„Gereformeerde Kerken in Nederland"*), wobei jede Lokalgemeinde als Kirche verstanden wird.

3. Weil die zentrale Verwaltungsbehörde die Kirchenzucht nur in ad-
ministrativen und sittlichen Fragen handhaben wollte, sahen die Konsistorien der lokalen Gemeinden sich gezwungen, hier selber Ordnung zu
schaffen. So entstanden Gruppierungen von Gemeinden, die sich gegenseitig einander entfremdeten. Der „Konfessionelle Verein" (1864)
orientierte sich an der Reformation des 16. Jahrhunderts, der „Reformierte Bund" (nicht zu verwechseln mit dem Reformierten Bund in
Deutschland) an der „näheren Reformation" des 17. Jahrhunderts (seit
1906). Der „Verein der Freisinnig-Reformierten" (1913) kämpfte für
die Grundgedanken der „modernen Theologie", und der „Ethische Verein" (1920) kann am besten von Pascal, Vinet und der deutschen Ver-
mittlungstheologie her verstanden werden. Jeder Pfarrer sah sich gezwungen, sich zu einer dieser Gruppierungen zu bekennen. Damit
waren die Grenzen seiner Arbeitsmöglichkeiten in der Kirche schon

ziemlich weitgehend festgelegt. In vielen größeren Gemeinden waren die zahlenmäßigen Verhältnisse dieser verschiedenen „*Richtingen*" kontraktmäßig geregelt (z. B. in Utrecht um 1930: acht Pfarrer aus dem Kreise des „Ethischen Vereins", drei Pfarrer aus dem Kreise des „Konfessionellen Vereins", drei Pfarrer aus dem Kreise des „Reformierten Bundes", keine Pfarrer aus dem Kreise der „Freisinnig-Reformierten"). Alle Wahlen für die kirchlichen Verwaltungsbehörden wurden beeinflußt von diesem Kampfe der Parteien innerhalb der Kirche; in mehreren Hunderten von Gemeinden hatten nicht-berücksichtigte Minoritäten sich neben der offiziellen Kirche in eigenen Vereinen zusammengeschlossen, die von sich aus Gottesdienste organisierten, Pfarrer oder Hilfsprediger anstellten und das kirchliche Leben in ihrem Geiste so gut wie nur möglich aufrechterhielten. Die Niederländisch-Reformierte Kirche war, nach dem Worte von Hendrik Kraemer, eine Hotel-Kirche geworden, wo jeder sein Zimmer hatte, aber mit den Bewohnern der anderen Zimmer in vielen Fällen gar keine nähere Beziehungen unterhielt.

4. Es erübrigt sich zu sagen, daß der Einfluß der Kirche im öffentlichen Leben durch diese Verhältnisse gelähmt wurde. Die römisch-katholische Kirche wurde in diesen Jahrzehnten sehr einflußreich; auch die „*Gereformeerde Kerken in Nederland*" waren im Ganzen des Volkes von Bedeutung; die Niederländisch-Reformierte Kirche war ein in sich geteiltes Haus geworden.

4. Auf dem Wege zur Christus-bekennenden Volkskirche?

Um 1930 war die Einsicht, daß Reorganisation notwendig sei, fast zu allen Gruppierungen im kirchlichen Leben durchgedrungen. So bildete sich in 1929 der „Niederländische Reformierte Bund zur Wiederherstellung der Kirche" (*„Nederlands Hervormd Verbond tot Kerkherstel"*, meistens kurz als *„Kerkherstel"* bezeichnet) unter dem Vorsitz des Groninger Dogmatikers Th. L. Haitjema: hier arbeiteten Mitglieder und Geistesverwandte des Konfessionellen Vereins mit dem linken Flügel des „Reformierten Bundes" und dem rechten Flügel des „Ethischen Vereins" zusammen. Sie hatten die Absicht, durch Wiederherstellung einer nationalen Synode der Kirche die Möglichkeit zu geben, auf kirchlichem Wege die Probleme zu lösen. 1930 gründeten die „Ethischen", zusammen mit dem rechten Flügel der „Freisinnigen" den „Verein zum Wiederaufbau der Kirche" (*„Vereiniging Kerkopbouw"*, kurz „*Kerkopbouw*" genannt), unter dem Vorsitz des Utrechter Neutestamentlers A. M. Brouwer, offen für liturgische und ökumenische Erneuerungsbestrebungen, offen für den Anschluß an die moderne Kultur. Man versuchte darum eine solche Neustrukturierung des kirchlichen Lebens durchzuführen, daß auch die Minoritätsgruppen ohne disziplinäre Schwierigkeiten weiterexistieren könnten. Das Verhältnis von *„Kerkherstel"* und *„Kerkopbouw"* war in den ersten Jahren stark vom Kampf der *„Richtingen"* (Richtungen) und dadurch von gegenseitigem Mißtrauen geprägt.

Dann geschah das Unerwartete. In den schweren Jahren des Zweiten Weltkrieges und der deutschen Besetzung der Niederlande war der Niederländisch-Reformierten Kirche in Pfarrer K. H. E. Gravemeyer ein wirklicher Führer geschenkt worden. Schüler von Theologen wie Ph. J. Hoedemaker (der wichtigste Gegner Kuypers während der Bewegung der *„Doleantie"* in 1886) und H. Fr. Kohlbrügge trat er am 1. April 1940 sein Amt als Sekretär der Verwaltungsbehörde an. Nur sieben Wochen später begann der immer schwieriger werdende Kampf mit den nationalsozialistischen Besatzungsautoritäten. Gravemeyer war bereit, ihn zu führen und sich nicht von den unkirchlichen Traditionen seiner Stelle und seiner Behörde, sondern von den wirklichen Aufgaben einer christlichen Kirche in Zeiten von Krieg und Spannung bestimmen zu lassen. Zu ihm trat sehr bald der bekannte Missionswissenschaftler Hendrik Kraemer, damals Inhaber des Lehrstuhls für vergleichende Religionsgeschichte in Leiden. Von Herzen unterstützte Gravemeyer die Versuche Kraemers, um zu einer evangelischen Erneuerung des Gemeindelebens zu kommen und den unheilvollen Kampf der „Richtungen" zu beenden („Bewegung für Gemeindeaufbau", kurz *„Gemeenteopbouw"*). Besonders durch die Verfolgung der niederländischen Juden und durch die Propaganda für die nationalsozialistische Weltanschauung sah die Kirche sich immer mehr genötigt, neu zu bekennen im Geiste der Barmer Erklärung von 1934. Die Verwaltungsbehörde durchbrach dadurch ihren „Schweige-*Adat*" (Kraemer) und zeigte nach 125 Jahren selber den Weg zur kirchlichen Erneuerung. *„Gemeenteopbouw"* wußte das gegenseitige Mißtrauen der verschiedenen „Richtungen" in starkem Maße zu überwinden. So konnte 1944, eigentlich von niemandem erwartet, von der Verwaltungsbehörde selber ein Reorganisationsvorschlag der Kirche vorgelegt werden. Jetzt, da das Mißtrauen weitgehend überwunden war, konnte eine Mehrheit gefunden werden für den Gedanken, einer neuen nationalen Synode, zusammengesetzt aus den Vertretern der 45 Kreissynoden, die Aufgabe einer wirklichen Überwindung der Grundgedanken und Ordnungsstrukturen des Reglements von 1816 anzuvertrauen. Belehrt durch Kraemer und *„Ge-*

meenteopbouw", war die Kirche jetzt bereit, ihre volksmissionarische Aufgabe im breitesten Sinne des Wortes anzupacken. Was in mehr als einem Jahrhundert unmöglich gewesen war, geschah jetzt mühelos, mit Selbstverständlichkeit; sowohl 1944 als auch 1945 bei einer zweiten Abstimmung war die Verwaltungsbehörde mit allgemeinen Stimmen bereit, sich selbst aufzuheben und die oberste Leitung der Kirche einer nationalen Synode zu übertragen.

So konnte am Reformationstag 1945 in der Hauptkirche der Hauptstadt nach mehr als drei Jahrhunderten wieder eine nationale Synode zusammentreten. Noch stand das alte Reglement von 1816 in Kraft. Aber jetzt wurde die Situation beherrscht von neuen „Additionellen Artikeln", wo es hieß (Add. Art. I):

„Die Niederländisch-Reformierte Kirche kommt in einer Generalsynode zusammen. Diese Synode hat, im Gehorsam der Heiligen Schrift gegenüber und stehend auf der Grundlage der Bekenntnisschriften, im besonderen die Aufgabe, die Kirchenordnung vorzubereiten und zu beschließen; Zeugnis abzulegen, zusammen mit der Kirche in all ihren Gliederungen, vom Evangelium Jesu Christi, der Obrigkeit und dem Volke gegenüber; die Arbeit, zu der die Kirche gerufen wird, auf allen Lebensgebieten zu leiten und zu gestalten; der Aufgabe der Kirche hinsichtlich der Einheit der Christenheit Gehör zu geben.

Noch war der Weg nicht ganz zu Ende gegangen. Die Kirche als ganze war aber strukturell noch nicht imstande, ihre bekennende Aufgabe zu erfüllen. In den kirchlichen Provinzen, in den Kreisbezirken galten noch die alten Bestimmungen der Verwaltungsordnung von 1816. Nur die Generalsynode war schon eine Ausdrucksform der neuen Gedanken.

II. Gegenwärtige Gestalt und Aktivität

1. Die Kirchenordnung von 1951

Bereits 1947 wurde der Entwurf einer neuen Kirchenordnung vorgelegt. Dieser wurde dann nach vielseitiger Beratung am 7. Dezember 1950 mit 76:14 Stimmen von der dazu verdoppelten Generalsynode genehmigt, um am 1. Mai 1951 in Kraft zu treten. Das Ganze umfaßte die eigentliche Kirchenordnung mit 29 (heute 30) grundlegenden Artikeln, meistens prinzipieller Art; dann 20 Reglementen (*„Ordinanties"*) mit mehr detaillierten Ausführungsbestimmungen; schließlich 367 Übergangsbestimmungen, die jetzt zum größten Teile ihren Dienst getan

und ihre Bedeutung verloren haben. Weniger wichtige oder noch im
Fluß befindliche Angelegenheiten können von der Generalsynode durch
„generelle Regelungen" geordnet werden.

Die Kirchenordnung von 1951 widerspiegelt die ganze bisherige Geschichte der Niederländisch-Reformierten Kirche. Sie ist deutlich und
wesentlich geprägt von den großen Gedanken der klassischen Periode
ihrer reformierten Vergangenheit; Jesus Christus selber regiert seine Gemeinde durch seinen Geist und sein Wort (vgl. Heid. Katech., Antw. 54).
Durch sein Wort — das bedeutet durch den Dienst von Menschen, durch
das Amt, das hier im Anschluß an Calvins *„Institutio"* als Amt des Hirten und Lehrers, als Amt des Ältesten und als Amt des Diakonen entfaltet wird. Eine spiritualistische Kirchenordnung ist dadurch abgelehnt. Aber Jesus Christus regiert seine Gemeinde nicht weniger durch
seinen Geist — das bedeutet, daß es bei aller Vielfalt der Gaben doch
auch prinzipielle Gleichheit aller Glieder der Kirche gibt. Die Gemeinden, die regionalen und provinzialen Gestalten der Kirche, schließlich auch die Kirche als ganze, werden nicht von Einzelnen, sondern
von kirchlichen Versammlungen geleitet; von den Konsistorien *(„Ker-
keraden",* Kirchenräte genannt) in den Lokalgemeinden, und weiter
von den Kreissynoden, den provinzialen Synoden und der Generalsynode. So war es in den alten Kirchenordnungen unserer Kirche geregelt, von Emden — 1571 bis auf Dordrecht — 1619; diese Grundstruk-
tur war 1816 teilweise beiseite geschoben; sie wurde jetzt wiederhergestellt.

Nun hat sich aber inzwischen vieles geändert. Die Schirmherrschaft der
Obrigkeit ist seit 1796 und 1848 in Wegfall gekommen; darum ist es
heute notwendig, daß in der Zeit zwischen den Synoden ständige
Gremien amtieren können. Als solche fungieren die Moderamen der
verschiedenen Versammlungen; neben Präses, Schriftführer *(„Scriba")*
und Assessor werden noch einige Mitglieder der Versammlung für diese
Aufgabe hinzugewählt („breite Moderamen").

Man könnte sagen, daß hier das Subsidiaritätsprinzip der römisch-
katholischen Kirche befolgt wird; was lokal geregelt werden kann,
braucht nicht regional usw. geordnet zu werden, wenn nur die notwendige Einheit für das Ganze der Kirche gewahrt bleibt. Das hat in den
letzten Jahren besonders auf provinzialer Ebene neue Entwicklungen
ermöglicht; die provinziale Gestalt der Kirche ist zu neuer Bedeutung
gekommen und hat durch ihre Provinzialsynoden die Möglichkeit, sich
den besonderen Nöten und Problemen des eigenen Bezirks zu widmen.
Nach der starken Dezentralisation der Ära 1619 und der starken
Zentralisation der Ära 1816 brachte „1951" die Möglichkeit eines ver-

antworteten Gleichgewichts. Auch vor 1951 kannte die Kirche neben
den Ämtern Religionslehrer und Hilfsprediger als Mitarbeiter in der
Katechese und im Dienst der Predigt, besonders in den größeren Städten und in den ganz kleinen Gemeinden. Diese Kategorie wurde nun
sehr stark ausgebaut, namentlich für das Apostolat (s. u.), die Jugendarbeit und den diakonischen Dienst der Kirche. Für diese Dienste konnten auch weibliche Mitglieder der Gemeinde ernannt werden. Die
„Ämter" blieben aber 1951 den Männern vorbehalten. Durch die theologische Diskussion der fünfziger Jahre, besonders auch durch die ökumenischen Beziehungen der Kirche, wurde diese Situation je länger desto
mehr als unbefriedigend empfunden. Die Überzeugung reifte bei einer
großen Mehrheit der Kreissynoden, daß die bekannten Paulusworte
1. Kor. 14, 34 und 1. Tim. 2, 12 sehr stark durch die kulturellen Hin-
tergründe der damaligen Welt bestimmt seien und daß die Kirche die
geistliche Vollmacht hat, unter anderen Verhältnissen auch eine andere
Entscheidung zu treffen. Diese Einsicht wurde zwar nicht von der ganzen Kirche geteilt; der „Reformierte Bund" (s. o.) widersetzte sich
stark, in der Überzeugung, daß eine solche Entscheidung sich nicht mit
dem Gehorsam der Heiligen Schrift gegenüber, der von der Kirche gefordert wird, vereinigen läßt. In dieser Frage ließ sich keine Übereinstimmung erreichen. Diese Sache verlief in zwei Etappen: ab 1959 sind
die weiblichen Mitglieder der Gemeinde wahlfähig für die Ämter der
Ältesten und der Diakone; zum Pfarramt aber nur in Ausnahmefällen
mit besonderer Dispenz der Generalsynode. Ab 1968 sind aber diese
Beschränkungen aufgehoben. Um unerwünschte Streitigkeiten zu vermeiden, wird eine Frau nicht gerufen, die provisorische Leitung einer
vakanten Gemeinde zu übernehmen, wenn das Konsistorium dieser
Gemeinde dagegen Beschwerde erhebt.
In wenigen Jahren sind schon sehr viele Frauen zu Ältesten und Diakonen gewählt worden; die Zahl der weiblichen Pfarrer ist aber klein
geblieben. Die Mehrheit der Gemeinden hat sich rasch an diese neuen
Entwicklungen gewöhnt; die Gemeinden aus den Kreisen des „Reformierten Bundes" lehnen aber alle weibliche Amtsträger nach wie vor
energisch ab.
Auch in einer anderen Hinsicht stand die Kirche 1951 vor einer Erb-
schaft der Ära 1816. Die Gegensätze der kirchlichen „Richtungen"
waren durch die gemeinsamen Erfahrungen der Besatzungszeit und
durch die Arbeit von Kraemers „*Gemeenteopbouw*"-Bewegung zwar
weniger hart geworden, aber doch nicht ganz überwunden. Man ver-
mied es zwar, noch viel von diesen alten „Richtungen" zu reden und
sprach jetzt lieber von „*Modalitäten*". Aber die Gegensätze dieser

„*Modalitäten*" stellten in manchen Gegenden doch immer noch eine sehr starke Realität dar. Für die ersten Jahre war es unerläßlich, Notregelungen zu entwerfen. Im 19. Jahrhundert hat Hoedemaker, in seiner Abweisung von Kuypers „*Doleantie*", die Parole ausgegeben: „Zusammen sind wir krank geworden, zusammen müssen wir auch wieder gesund werden". An manchen Orten war es deshalb notwendig, daß neben der „offiziellen" Majoritätsgemeinde jetzt auch eine Minoritätsgemeinde anderer theologischer Observanz anerkannt wurde mit der Absicht und in der Hoffnung, daß diese sich dann im Laufe der Zeit auf friedlichem Wege wieder mit der Majorität zusammenfinden würde. Diese Möglichkeit wird auch für die nächste Zeit unentbehrlich bleiben.

2. Kirche und Welt

Charakteristisch für die Kirchenordnung von 1951 ist an erster Stelle, daß hier nicht nur geordnet wurde, was da war, sondern daß vom Evangelium her die Gemeinden an ihre Aufgabe der Welt gegenüber gewiesen wurden. Die volksmissionarische Aufgabe der Kirche — hier als Apostolat der Kirche angedeutet — steht an erster Stelle. Nach den sieben einleitenden Artikeln der Kirchenordnung wird in Artikel VIII und IX gleich von diesem Apostolat gesprochen und erst in Artikel X vom Bekennen der Kirche. Hier kann deutlich werden, in welcher Weise die Niederländisch-Reformierte Kirche ihre Aufgabe als Christus bekennende Volkskirche während des Zweiten Weltkrieges durch Kraemers „*Gemeenteopbouw*"-Bewegung zu verstehen gelernt hat. In diesem Apostolat geht es um die Christus-Repräsentation. Auf sieben Gebieten soll die Kirche hier auf Erden ihren Herrn repräsentieren: im Gespräch mit Israel, durch die weltweite Missionsarbeit, Obrigkeit und Volk gegenüber, in der Arbeit der Rechristianisierung der Strukturen der heutigen Gesellschaft, bei den dem Evangelium und der Kirche Entfremdeten, unter der Jugend und auf dem Gebiete von Schule und Erziehung. In zwei „*ordinanties*" (4 und 5) wird diese Aufgabe *in concreto* ausgeführt. „*Kerk en Wereld*" (Kirche und Welt) in Driebergen bei Utrecht — zu vergleichen mit den Evangelischen Akademien in Deutschland oder mit der *Sigtuna*-Stiftung in Schweden — war dabei als stimulierendes Zentrum gedacht. Neben den Ämtern werden neue Hilfskräfte herangezogen, um, nach angemessener Ausbildung (oft in „*Kerk en Wereld*"), auf diesem Gebiet am Rande der Kirche oder ganz außerhalb der Kirche tätig zu sein. Aber diese Aufgabe des Apostolates sollte nicht auf einen kleinen Kreis von Spezialisten beschränkt bleiben;

die ganze Gemeinde ist dazu berufen. Darum sollten auch die Generalsynode und die anderen Führungsgremien der Kirche sich ständig beraten lassen von einem Kreis von spezialisierten Hilfsorganen, um ihrer
Aufgabe besser nachkommen zu können. So durchzog diese neue Vision,
von Kraemer, in seinen Jahren auf dem Missionsfeld in Asien gelernt,
die Ordnung einer Kirche, die endlich entdeckt hatte, daß die heutige
Welt in einer raschen Säkularisation begriffen ist, und daß die alten
Formen und Strukturen des kirchlichen Lebens nicht mehr ausreichten,
um auf diese Herausforderung eine adäquate Antwort zu geben. Kraemers Gedanken trafen sich dabei mit den alten theokratischen Bestrebungen des Calvinismus, wie sie im 19. Jahrhundert durch Hoedemaker
Kuyper gegenüber verteidigt waren (es geht nicht nur um die Erwählten und Wiedergeborenen, es geht um die ganze Kirche und um das
ganze Volk), und wie sie im 20. Jahrhundert bei Gravemeyer und dem
jungen van Ruler ein lebhaftes Echo gefunden hatten, aber auch mit gewissen Aspekten der Barthschen Theologie, besonders mit seinen Gedanken über die Aufgabe der Christen und der Kirche in der Welt.
Und nicht weniger mit den Bestrebungen von Religiös-Sozialen wie
Willem Banning, um innerhalb der Kirche eine neue Aufgeschlossenheit
für die soziale Problematik hervorzurufen. (Wichtig war dabei auch,
daß nach dem Krieg die Sozial-Demokratische Arbeiter-Partei, mit unter dem Einfluß Bannings, sich neu organisierte als „Partei der Arbeit",
auf einer Grundlage, die es auch bekennenden Christen erleichterte, sich
ihr anzuschließen).
Wesentlich für die Kirche ist die Verkündigung der Wahrheit Gottes,
auch im Blick auf die konkreten Tagesprobleme. Schon während des
Krieges hat die alte Synode wiederholt ihr Zeugnis abgelegt; jetzt fuhr
die neue Synode auf diesen Bahnen fort. Es würde zu weit führen, hier
die mehr als 100 Erklärungen auch nur aufzuzählen, welche die Kirche
in den vergangenen 20 Jahren auf diesem Gebiete hat ausgehen lassen.
Wiederholt betreffen sie die Problematik des Friedens und des kalten
Krieges. Schon 1952 veröffentlichte die Synode einen Hirtenbrief über
„*Oorlog en Vrede*" („Krieg und Frieden"), 1962 und 1964 folgten
stark beachtete Erklärungen über das Unerlaubte des Atomwaffenge-
brauchs („*Vraagstuk van de kernwapens*" und „*Woord en weder-
woord*"). Auch nahm sie in den schwierigen Auseinandersetzungen bezüglich der Entkolonisierung Indonesiens und der damit verbundenen
Neuguinea-Frage das Wort — und zwar gegen konservative und natio-
nalistische Tendenzen auch in der eigenen Kirche. Wer die lange Liste
überblickt, findet Erklärungen zu Schulfragen, Ehe und Familie, Alkoholismus, künstliche Insemination beim Menschen, Sexualreform, Ver-

kehrsproblematik, Rassenfragen, Kirche und Sport, Kirche und Humanismus, Konflikt Biafra—Nigerien, Revolution und Gerechtigkeit und vieles mehr.

Wer die Tendenz dieser Dokumente verstehen will, muß sie vor dem Hintergrund der sogenannten „*verzuiling*" (Versäulung) des niederländischen Volkes sehen. Kuyper hatte als Antwort auf die fortschreitende Säkularisation des öffentlichen Lebens die Bekenner in eigenen Vereinen auf sozialem, wirtschaftlichem, politischem, wissenschaftlichem, kulturellem usw. Gebiet organisiert. Mit großen Opfern in den ersten Generationen wurden eigene Schulen eingerichtet, bis zur Freien Universität in Amsterdam (seit etwa 1920 werden diese zum größten Teile und jetzt vollständig vom Staate subventioniert). Die römisch-katholische Kirche wählte als starke Minderheit auch diesen Weg. So entstanden die verschiedenen „Säulen" im Volksleben: die römisch-katholische, die christliche (= protestantische), die liberale und die sozialistische Säule. Für viele Christen war es geradezu selbstverständlich geworden, daß das christliche Bekenntnis auch eine entsprechende Wahl hinsichtlich politischer Partei, Gewerkschaft, Rundfunkverein, Schule, Zeitung usw. mit sich brächte. Diese Gedanken wurden außerdem 1954 vom römisch-katholischen Episkopat im sogenannten „*Mandement*" noch einmal stark unterstrichen: namentlich die Mitgliedschaft in sozialistischen Vereinen wurde den römisch-katholischen Gläubigen eindeutig untersagt. Demgegenüber veröffentlichte die Generalsynode 1955 den wichtigen Hirtenbrief „*Christen-zijn in de Nederlandse samenleving*" („Christsein in der niederländischen Gesellschaft"). Bei aller Anerkennung der positiven Bedeutung der eigenen Vereine auf konfessioneller Grundlage warnte die Generalsynode doch auch deutlich vor „*het euvel der vereenzelviging*" („dem Übel der Identifikation") solcher Vereine mit dem christlichen Glauben und Bekennen als solchem. Es kann auch Aufgabe des Christen sein, seinen Glauben in neutralen Vereinen und Parteien zu bewähren; jeder soll hier in eigener Verantwortung seinen Weg gehen.

Diese große Aufmerksamkeit für das Apostolat der Kirche konnte gelegentlich so weit gehen, daß man die ganze Kirche nur noch als „eine Funktion des Apostolates" verstand. Die Aufgabe der Kirche bestünde in evangelischem Dienst. Dienst, mit dem Evangelium, in der Welt, für das Reich Gottes oder Christi. Namentlich in den sechziger Jahren wurde diese Haltung aber bedroht durch die Säkularisierung. Bedroht durch die Gefahr einer allmählichen Verschiebung zu einem Dienst an der Welt vom Evangelium her. Das Evangelium (so warnte van Ruler), wäre dann nicht länger die Botschaft, die zur Entscheidung des Glau-

bens ruft, sondern der Impuls, die Inspirationsquelle zum dienenden
Handeln. Solidarität, gegebenenfalls sogar im *Inkognito*, bedrohte
die Erkenntnis der immer auch notwendigen Antithese, der Fremdheit
des Evangeliums in dieser Welt. Als Reaktion auf solche Entwicklungen
ist es verständlich, daß gefragt werden kann, ob das wahre Apostolat
der Kirche vielleicht weniger besteht in speziellen Aktivitäten und
mehr — in der Weise der Orthodoxen Kirchen des Ostens — in der Anwesenheit der Kirche in der Gesellschaft als einer Stätte des Lobgesan-
ges, des Gebetes, der Feier der Sakramente, wo sich ein Geheimnis vermuten läßt, durch das die Kirche anziehend wirkt (Bericht der General-
visitation, Okt. 1971, S. 9). Durch solche Erwägungen wird die notwendige Aufgabe im Bereich der sieben genannten Gebiete nicht geleugnet, aber ihre Bedeutung wird dadurch sicher relativiert, und
gewisse Einseitigkeiten werden dadurch korrigiert.

3. Kirche und Mission

Die Missionsarbeit der Niederländisch-Reformierten Kirche war in der
Vergangenheit fast ausschließlich auf Indonesien orientiert. 1797 wurde
die erste Missionsgesellschaft, *„Nederlands Zendeling Genootschap"*,
errichtet, im 19. Jahrhundert folgten verschiedene andere. Im 20. Jahrhundert kamen diese Missionsgesellschaften zuerst zu weitgehender Zusammenarbeit (Zentrum: Oegstgeest, bei Leiden), dann — 1947 — zu
völliger Vereinigung *(Verenigde Zendinscorporaties)*. Im Jahre 1951,
nach der Einführung der neuen Kirchenordnung, übertrugen diese Vereinigten Missionskorporationen ihre Arbeit dem Missionsrat der Niederländisch-Reformierten Kirche, wobei der „Reformierte Bund" für
seine eigene Missionsarbeit sich große Selbständigkeit vorbehielt.
Die fünfziger Jahre brachten für die Missionsarbeit neue Schwierigkeiten durch die politische Unabhängigkeit Indonesiens von den Niederlanden. Besonders Neuguinea blieb lange eine brennende Streitfrage.
Nach der Übergabe der niederländischen Hälfte dieser Insel an Indonesien (1963) entstanden allmählich bessere Beziehungen. Die Missionsarbeit geht in neuen Formen weiter. Am 1. Mai 1976 befanden sich
15 Pfarrer, vier Missionsärzte, zwei Krankenschwestern und vier andere Missionsarbeiter im Auftrag des Missionsrates in Indonesien; drei
Pfarrer und ein anderer Missionsarbeiter befanden sich im Urlaub, ein
Pfarrer wurde für diesen Dienst vorbereitet.
In den letzten Jahrzehnten ist neben die Missionsarbeit in Indonesien
die Arbeit in Afrika getreten, besonders in Kamerun, Nigeria, Ghana

und Senegal. Hier arbeiten, alle Kategorien zusammengerechnet, weitere 31 Missionsarbeiter.

Ein drittes, bescheideneres Arbeitsfeld findet der Rat unter den sogenannten AAA-Studenten in den Niederlanden (Studenten aus Afrika, Amerika, Asien).

Auf den Missionsgebieten in Indonesien und Afrika arbeiten die Missionsarbeiter in dienender Weise zusammen mit den einheimischen jungen Kirchen. Der Gesamtbetrag der Missionseinkünfte 1975 betrug etwas mehr als 9,3 Millionen Gulden; hinzu kommen noch weitere 3,5 Millionen Gulden aus den Kreisen des Reformierten Missionsbundes.

4. Das Bekennen der Kirche

Gleich nach den beiden Artikeln über das Apostolat der Kirche kommt in Artikel X der Kirchenordnung das „Bekennen der Kirche" an die Reihe. Die Frage des Bekenntnisses war in der Ära 1816 je länger desto mehr das zentrale Problem des Reorganisationskampfes geworden. Könnte man das „Bekenntnis der Väter", das einmal zweifellos kirchensammelnde und -trennende Bedeutung hatte, in ganz anderen Verhältnissen und nach mehr als einem Jahrhundert der konfessionellen Sterilität, jetzt auf einmal, wieder, sozusagen juridisch, zur Geltung bringen? In den dreißiger Jahren schieden sich hier die Geister: neben „Bekenntniskrampf" gab es „Bekenntnisfurcht". Das war eine wenig befriedigende Alternative, denn die ganze Frage drehte sich um die Geltung und Autorität der reformatorischen Bekenntnisschriften aus dem 16. und 17. Jahrhundert.

Hier hat die Bekennende Kirche in Deutschland und die Barmer Erklärung von 1934 uns wesentlich weitergebracht. Denn dort war es von neuem deutlich geworden, daß es wichtig sein kann, sein Bekenntnis zu glauben, daß es aber noch wichtiger ist, seinen Glauben zu bekennen. Darum spricht Artikel X nicht in erster Linie von den Bekenntnisschriften, sondern vom „Bekennen der Kirche". Dieses Bekennen soll die Heilige Schrift, als Quelle der Predigt und einziger Norm des Glaubens, in dankbarem Gehorsam respektieren. Es soll in geistlicher Gemeinschaft stehen mit dem Bekennen der Väter, so wie sich das finden läßt im *Apostolicum*, im *Nicaenum*, im *Athanasianum*, in den Katechismen von Heidelberg und Genf, in der *Confessio Belgica* und in den damit verbundenen Dordrechter *Canones*. In geistlicher Gemeinschaft, nicht notwendig in wörtlicher Übereinstimmung oder in automatischer Repristination! Nur so wird der prinzipiellen Unterordnung jedes Bekenntnisses unter die Heilige Schrift Genüge getan. Wobei auch die Aktualität nicht vergessen sein darf: es geht im heutigen Bekennen der Kirche nicht um allerhand theologisch interessante Fragen der Vergangenheit, sondern um die Lebensfragen der heutigen Kirche auf ihrem Wege der Zukunft Jesu Christi entgegen. Das Bekennen der Kirche soll also in der richtigen Weise biblisch, konfessionell, aktuell und eschatologisch ausgerichtet sein. In dieser Formel könnten die Männer des „Bekenntniskrampfes" und die Männer der „Bekenntnisfurcht" sich schließlich finden.

Um einigermaßen deutlich zu machen, wie ein solches Bekennen heute etwa aussehen könnte, wurde in derselben Periode — 1949 — das Büchlein *„Fundamenten en Perspectieven van Belijden"* (in deutscher Übersetzung: Lebendiges Bekenntnis, Grundlagen und Perspektiven des Bekennens; Neukirchen, 1951) von der Generalsynode veröffentlicht. Anders als in den älteren Bekenntnissen wird hier vom Königtum Gottes ausgegangen. Jesus Christus wird als „Immanuel", als wahrer Gott, wahrer Mensch und als das fleischgewordene Wort bekannt und seine drei Ämter werden ausführlich hervorgehoben. Weiter wird u. a. gesprochen von der Geschichte, vom persönlichen Leben, von der Gegenwart und der Zukunft des Volkes Israel.

Auch nach 1949 hat die Generalsynode sich wiederholt mit den Fragen des Bekennens beschäftigt. So veröffentlichte sie 1953 einen Bericht *„Leer aangaande de H. Schrift"* („Lehre von der Heiligen Schrift") und 1966 *„Klare Wijn"* („Reiner Wein") über dasselbe Thema. 1961 erschienen „Richtlinien zur Behandlung der Lehre von Gottes Gnadenwahl", 1966 folgte ein gemeinsamer Bericht der *Remonstrantse Broederschap* (Kirche der Arminianer) und der Niederländisch-Reformierten Kirche *„Enige aspecten van de leer der uitverkiezing"* („Einige Aspekte der Erwählungslehre"). 1967 erschien *„De tussenmuur weggebroken"* („Die Mauer ist zerbrochen") über die Predigt der Versöhnung. Ein Bericht über das Amt konnte noch immer nicht durch die Generalsynode verabschiedet werden, obwohl eine Vorlage — verfaßt durch Professor Hendrik Berkhof — den Kreissynoden zur Beratung zugeschickt wurde.

1967 wurde vorgeschlagen, auch die Barmer Erklärung von 1934 als autoritative Bekenntnisschrift in Artikel X der Kirchenordnung zu nennen, allerdings in einer schon leise veränderten Form. Dieser Vorschlag wurde nicht angenommen, nicht, weil diese Erklärung nicht sehr hoch geschätzt würde, sondern weil sie unter anderen Verhältnissen zustande gekommen war, als sie für die Niederländisch-Reformierte Kirche bestimmend waren und weil sie auf eine Situation Bezug nimmt, die in mancher Hinsicht der Vergangenheit angehört. Die Niederländisch-Reformierte Kirche hat während des Krieges eigene Thesenreihen bekenntnismäßiger Art aufgestellt, die Thesen von Amersfoort und von Doorn, diese aber auch nicht unter ihre Bekenntnisse aufgenommen. „Die Kirche bannt, was ihrem Bekennen widerspricht" (Artikel X der Kirchenordnung). Bis 1961 war das ihr nur in der Form des abweisenden *iudiciums* möglich (iudizielle Lehrzucht); seit 1961 ist es ihr auch möglich, Amtsträger aus ihrem Amte zu entfernen, welche in untragbarer Weise vom Bekennen der Kirche abweichen (iustitielle Lehrzucht). Der Weg dazu ist aber von so vielen Kautelen umgeben, daß es bis jetzt keinen einzigen Fall einer solchen Amtsentfernung gegeben hat.

5. Die liturgische Erneuerung

Die alte reformierte Liturgie war durch Pietismus und Rationalismus in starkem Maße ausgehöhlt. Die fast totale liturgische Freiheit der Pfarrer in der Ära 1816 war auch nicht geeignet, starke liturgische Traditionen zu fördern. Die Wortverkündigung stand im Zentrum des Interesses; die Anbetung wurde mehr dem privaten Leben der Frommen überlassen.

1911 veröffentlichte der Haager Pfarrer Dr. J. H. Gerretsen ein kleines Heft „Liturgie". Seine Gedanken wurden übernommen vom Pfarrer H. W. Creutzberg in seiner *Duinoordkerk*-Gemeinde und kräftig stimuliert durch den bekannten Groninger Religionswissenschaftler Gerardus van der Leeuw. Durch diese vorbereitende Arbeit konnte 1946 der „*Raad voor Kerk en Eredienst*" eingesetzt werden, seit 1951 „*Raad voor de eredienst*" („Rat für die Fragen der Liturgie") genannt.

Durch diesen Rat konnte in 1955 ein „*Dienstboek voor de Nederlande Hervormde Kerk in ontwerp*" („Agende für die Niederländisch-Reformierte Kirche im Entwurf") der Kirche vorgelegt werden (zur definitiven Feststellung ist es bis jetzt immer noch nicht gekommen und wird es voraussichtlich auch nicht mehr kommen; es ist aber da und leistet gute Dienste); in Zusammenarbeit mit anderen Kirchen konnte 1967 eine neue Bearbeitung der Reim-Psalmen den Gemeinden angeboten werden; ein neues „*Liedboek voor de Kerken*" („Liederbuch für die Kirchen") mit 491 Liedern konnte in ökumenischer Zusammenarbeit veröffentlicht und 1973 den Kirchen zur Verfügung gestellt werden; es fand bereits in mehr als einer Million Exemplaren Eingang in die Gemeinden.

Auch mit den Fragen des Kirchenbaues und der Kirchenmusik, um nur diese beiden Gebiete hier zu erwähnen, hat der Rat sich beschäftigt. Der Theologischen Fakultät in Groningen ist ein Institut für Liturgiewissenschaft angegliedert worden.

6. Kirche und Ökumene

Die ökumenische Bewegung fand schon vor dem Zweiten Weltkrieg in der Niederländisch-Reformierten Kirche ein starkes Echo. Der Utrechter Dogmatiker Berkelbach van der Sprenkel gehörte zu den sieben von Edinburgh, welche die Gründung des Ökumenischen Rates der Kirchen vorzubereiten hatten (zusammen mit den sieben von Oxford). Seiner Einladung zufolge wurde diese Vorbereitungsversammlung 1938 in Utrecht gehalten. Während des Krieges fanden die Kirchen einander auf vielen Gebieten der praktischen Zusammenarbeit. Die ökumenischen Fragen gehörten 1945 zu den Hauptaufgaben der neuen Generalsynode (s. o.). So konnte am 10. Mai 1946 der Ökumenische Rat der Kirchen in den Niederlanden gegründet werden, wobei auch die Lutheraner, Mennoniten, Remonstranten (Arminianer), Altkatholiken, Baptisten und Reformierten „in wiederhergestelltem Verband" mitmachten. Daneben gibt es mehrere Organisationen für zwischenkirchliche Zusammenarbeit auf den Gebieten des Schulwesens, der Evangelisation, der zwischenkirchlichen Hilfe, des Rundfunks usw.

Wer die Statistik der niederländischen Kirchen studiert hat, muß aber konstatieren, daß zwei der drei größeren Kirchen sich von diesem Ökumenischen Rat ferngehalten haben, die römisch-katholische Kirche und die *Gereformeerde Kerken*. In den ersten Jahren war daran wenig zu ändern, aber in den sechziger Jahren entstanden neue Möglichkeiten. Das 2. Vatikanische Konzil brachte neue Einsichten innerhalb der römisch-katholischen Kirche auch auf ökumenischem Gebiete, und die *Gereformeerde Kerken* gewannen allmählich mehr Vertrauen in den Ökumenischen Rat der Kirchen. So konnte 1968 der Ökumenische Rat erneuert werden; als „Rat der Kirchen in den Niederlanden" umfaßt er jetzt die drei größeren und eine Reihe von kleineren Kirchen und damit mehr als 95 Prozent der niederländischen Christen. Das Verhältnis zu Genf ist etwas loser geworden, aber die ökumenische Zusammenarbeit im eigenen Lande wurde viel intensiver.

Die Niederländisch-Reformierte Kirche gehört seit 1929 dem Reformierten Weltbund an und gehört auch zu den Kirchen, welche in den fünfziger Jahren die Konferenz der Europäischen Kirchen (KEK) gründeten.

Die Aufgabe einer Kirche hinsichtlich der Einheit der Christenheit besteht aber nicht nur in der Mitgliedschaft in nationalen und internationalen Gremien. An erster Stelle gehört dazu die Regelung der Verhältnisse zwischen den Kirchen im eigenen Lande. Wichtig war, daß schon 1946 die Niederländische Reformierte Kirche sich mit den Reformierten „in wiederhergestelltem Verband" (s. u.) einigen konnte. **Dann** folgten Verhandlungen mit der Evangelisch-Lutherischen Kirche, welche **1956 zu einem** *Consensus* führten. Die volle Abendmahls- und Kanzelgemeinschaft konnte hergestellt werden; jeder Pfarrer ist ohne weiteres auch in der anderen Kirche wählbar.

Auch mit den Remonstranten (Arminianern) kam man weiter; nach einem Gespräch über die Erwählungslehre wurden die Kanzeln auch diesen Pfarrern offiziell freigegeben (1966), dann 1971 auch den Pfarrern der *Gereformeerde Kerken*. Die Generalsynode hat es außerdem möglich gemacht, daß weitgehende Zusammenarbeit auf der Ebene der Lokalgemeinde stattfinden kann. Die Konsistorien der Lokalgemeinden haben das Recht, gemeinsame Gottesdienste mit anderen Kirchen zusammen zu organisieren, Mitglieder anderer Kirchen zum heiligen Abendmahl einzuladen und auch gemeinsame Abendmahlsfeiern abzuhalten.

Die nächstliegende und wichtigste ökumenische Aufgabe für die Niederländisch-Reformierte Kirche ist aber auch die schwierigste: die Wiedervereinigung mit den „Reformierten" Kirchen *(Gereformeerde Kerken)*. 1961 forderten 18 Pfarrer aus beiden Kirchen die Wiedervereinigung. Es gelang dieser „Gruppe der 18" aber nicht, wesentliche Annäherungen der beiden Kirchen zu erreichen. Die Veröffentlichung der Generalsynode der Niederländisch-Reformierten Kirche „Hervormd — Gereformeerd Gesprek" (etwa: das reformierte-altreformierte Gespräch; 1964) bietet eine gute Einführung in die Problematik der Begegnungen dieser Jahre.

1969 entstand in den Kreisen der Jugend eine neue Bewegung: „Samen op weg" („Zusammen auf dem Wege"). In 45 Gemeinden wurde eine Reihe von fünf Gesprächsabenden organisiert: 571 jüngere Gemeindeglieder der beiden Kirchen machten dabei mit. Die 38 daraus hervorgehenden Berichte wurden in einen Rapport zusammengefaßt *(„Samen op Weg")* und den beiden Generalsynoden vorgelegt. Ein 10-Jahres-Plan war angefügt: 1970 sollten beide Generalsynoden aussprechen, daß man im Prinzip zur Bildung einer Kirche kommen wolle; 1980 sollte diese Einigung vollzogen werden.

Beide Synoden waren bereit, eine gemeinsame Arbeitsgruppe „Samen op Weg" einzusetzen; am 19. Februar 1971 trat diese zum ersten Male

zusammen. Hauptthema war die Bedeutung, Funktion und Aufrechterhaltung des Bekenntnisses. Im Frühjahr 1972 konnte ein Zwischen-
bericht veröffentlicht werden, der von den beiden Generalsynoden genehmigt wurde. So kam es am 15. und 16. Juni 1973 in Utrecht zu einer
gemeinsamen Tagung der beiden Synoden. Man suchte ein neues Modell
der Wiedervereinigung: nicht Fusion (wobei immer die Gefahr besteht,
daß aus zwei Kirchen deren drei entstehen); auch nicht Föderation (wobei die Unterschiede für die nächste Generation sozusagen statutarisch
festgelegt werden), sondern Integration, wobei, etwa nach dem Muster
von Lund und Evanston, alles, was schon gemeinsam getan werden
kann, auch wirklich gemeinsam unternommen wird, um in dieser Weise
die beiden Kirchen immer näher zueinander zu bringen. Einmütig
wurde von der gemeinsamen Tagung dieser Plan den beiden Generalsynoden vorgelegt. Eine gemeinsame Synode sollte regelmäßig zusammenkommen, um diese Entwicklung zu fördern und zu leiten.
Die Generalsynode der Niederländisch-Reformierten Kirche akzeptierte diesen Vorschlag einige Tage später „in tiefer Dankbarkeit und
von Herzen", obwohl auch hier nicht alle „Modalitäten" innerhalb der
Kirche ohne Vorbehalte waren. Die *Gereformeerde Kerken* hatten es
aber schwieriger. Alte Bedenken hinsichtlich des Bekenntnisstandes der
Niederländisch-Reformierten Kirche wurden von neuem laut; in vielen
Lokalgemeinden gab es noch fast keine gegenseitige Beziehungen. So
beschloß die Generalsynode der *Gereformeerde Kerken* am 3. Januar
1974 nicht von „Integration" zu reden, sondern nur von Zusammenarbeit; und nur von gemeinsamen Tagungen beider Synoden (ohne Be-
schlußfähigkeit), nicht von einer auch wirklich beschlußfähigen Tagung
einer gemeinsamen Synode.
Auch so ging man zusammen weiter, sei es auch „*con sordino*", dabei
auch darauf bedacht, die Beziehungen zum eigenen „Hinterland" nicht
zu verlieren. Eine zweite gemeinsame Tagung der Synoden konnte am
17. und 18. September 1976, wieder in Utrecht, zusammentreten. Die
Diskussion über prinzipielle Fragen (Bekenntnis, Kirchenordnung) kam
nur langsam voran; die praktische Zusammenarbeit auf der Ebene der
Lokalgemeinden war aber seit 1973 einen guten Schritt weitergekom-
men. Interne Spannungen innerhalb der beiden Kirchen einerseits, weniger glückliche gelegentliche Äußerungen im gegenseitigen Verkehr anderseits, sind einer baldigen Wiedervereinigung der beiden Kirchen im
Augenblick nicht günstig. Vorläufig müssen wir hier noch etwas „leise
treten", aber die Richtung unserer Wege scheint mir doch deutlich aufeinander zuzugehen.

7. Das Verhältnis zur römisch-katholischen Kirche

Es wäre möglich und vielleicht sogar angebracht, auch das Verhältnis zur römisch-katholischen Kirche unter der Überschrift „Kirche und Ökumene" zu behandeln. Die eigene Entwicklung auf diesem Gebiete rechtfertigt meines Erachtens einen Sonderparagraphen.

Obwohl römisch-katholische und evangelische Christen sich seit Kuypers Tagen auf politischem Gebiete in einer „Koalition" gefunden hatten und bis zum Zweiten Weltkrieg fast ununterbrochen zusammen, mit oder ohne Liberale, die Regierungen bildeten, war das kirchliche Verhältnis meistens ausgesprochen kühl. Die zielbewußte, geschlossene Haltung des römisch-katholischen Volksteils und die kinderreichen Familien in diesen Kreisen machten reformatorischen Christen Sorgen für die Zukunft; die oft intoleranten Äußerungen kurialer Kreise in Rom bezüglich der Religionsfreiheit weckten immer wieder Mißtrauen hinsichtlich der wahren Absichten der römisch-katholischen Führer.

Während der deutschen Besetzung in den Jahren des Zweiten Weltkrieges entstanden neue Möglichkeiten der Zusammenarbeit; man lernte sich gegenseitig kennen und schätzen. Die *„theologie nouvelle"* auf römisch-katholischer Seite und die dialektische Theologie bei den reformatorischen Christen öffneten neue Möglichkeiten der kontrovers-theologischen Auseinandersetzungen.

Dieser Frühling neuer Begegnungen dauerte aber nicht lange nach 1945. Die Entwicklung des römisch-katholischen Volksteils schien vorläufig in die Richtung neuer Isolierung zu steuern; die offizielle Haltung der Kurie der ökumenischen Bewegung gegenüber und die starke Förderung der Marienverehrung in dieser zweiten Hälfte der vierziger Jahre konnte den Graben nur vertiefen. Der Weg zu einem etwas adäquateren gegenseitigen Verständnis schien noch sehr lang zu sein.

In dieser Situation veröffentlichte die Generalsynode 1950 ihren Hirtenbrief über die römisch-katholische Kirche (in deutscher Übersetzung publiziert im Ev. Verlag Zollikon, 1950: „Der Römische Katholizismus, ein anderes Evangelium?"). Dieser Hirtenbrief widerspiegelt die theologische Diskussion dieser Jahre in ziemlich vertretbarer Weise. Er wurde von fünf Professoren der römisch-katholischen Universität Nimwegen kräftig zurückgewiesen, aber diese Replik konnte uns nun auch wieder nicht überzeugen. Die Jahrhundertfeier der Wiedereinsetzung der römisch-katholischen Hierarchie (1953) und das auf Stärkung der eigenen Organisation bedachte *„Mandement"* der Bischöfe von 1954 (s. o.) schienen die Situation für die nächsten Jahrzehnte zu markieren. Aber das Jahrhundert der „Emanzipation" war inzwischen zu

Ende gegangen und der römisch-katholische Volksteil hatte seinen ihm gebührenden Platz im Leben des Volkes auf allen Gebieten erworben. Jetzt verlangte man in zunehmendem Maße größere Freiheit, Möglichkeiten der eigenen Entscheidung auf gesellschaftlichem Gebiete, Anerkennung der Mündigkeit der Laien und dergleichen mehr. Man muß feststellen, daß das „*Mandement*" seinen Zweck nicht erreicht hat und gewissermaßen ein Schlag ins Wasser gewesen ist.

Die Ankündigung des 2. Vatikanischen Konzils und die ökumenischen Erwartungen, welche, zu Recht oder zu Unrecht, damit von Anfang an verknüpft wurden, schufen ein neues Klima auch in konfessioneller Hinsicht. Die Generalsynode reagierte darauf mit ihren Richtlinien von 1961 über „*De reformatorische houding jegens de Rooms-Katholieke Kerk en haar leden*" („Die reformatorische Haltung gegenüber der römisch-katholischen Kirche und ihren Gliedern"). Diese Richtlinien konstatieren dankbar eine viel größere Aufmerksamkeit in römisch-katholischen Kreisen für die Heilige Schrift, ein Verlangen nach Erneuerung der Predigt, verheißungsvolle liturgische Erneuerungen, eine neue Sicht für die Bedeutung der Laien, einen neuen, geistlicheren Begriff der Kirche, ein neues Verstehen der Reformation und interessante Entwicklungen in der Mariologie. Auch auf reformatorischer Seite hat sich seit dem 19. Jahrhundert einiges geändert, besonders in der Schätzung der Bedeutung der Kirche, des Dogmas, der Sakramente und der Liturgie. Obwohl die Generalsynode vor leichtfertigem Optimismus warnt, sieht sie doch die Möglichkeit einer neuen Haltung im täglichen Leben. Man soll sich jedenfalls gegenseitig besser kennenlernen. Diese Richtlinien setzen ganz andere Akzente als der Hirtenbrief von 1950.

Das 2. Vatikanische Konzil wurde in den Niederlanden mit sehr großer Aufmerksamkeit verfolgt. Schon im Frühjahr 1963 leitete der damalige Bischof von Herzogenbusch, Bekkers, eine erste Entspannung in der Mischehenfrage ein durch seine Bereitschaft, auch dann zu dispensieren, wenn die Brautleute eine christliche statt einer explizit römisch-katholischen Erziehung ihrer künftigen Kinder versprechen wollten. Es hatte den Anschein, daß die Wiedertaufe der Prinzessin Irene durch den Kardinal Alfrink 1964 in Rom eine neue Erstarrung der gegenseitigen Verhältnisse zur Folge haben würde, aber gerade dadurch entstanden neue Beziehungen, welche 1967 zur gegenseitigen Anerkennung der Taufe führten. Die Bischöfe zeigten sich bereit, die Mischeheinstruktion vom 18. März 1966 in sehr weitherziger Weise zu handhaben; die Generalsynode reagierte nach einigem Zögern darauf mit sehr positiven Richtlinien (19. Juni 1967). Gemeinsame Besprechungen im Jahre 1969, zusammen mit Vertretern der reformierten Kirchen, der lutherischen Kirchen und der *Remonstrantse Broederschap,* führten zu einer Übereinkunft mit der römisch-katholischen Kirche, die am 8. Mai 1971 in Kraft treten konnte; die Mischehenfrage hat dadurch in diesen acht Jahren ihren Stachel für die interkonfessionellen Verhältnisse verloren. 1970 bis 1975 fanden Besprechungen von Vertretern der dem Rat der Kirchen (s. o.) angeschlossenen Kirchen über die Möglichkeiten der offenen Kommunion und der Anerkennung des geistlichen Amtes statt; die Berichte dieser Kommission werden jetzt in den Kirchen studiert; man erwartet aber weniger als vor eigenen Jahren, daß sich eine Regelung dieser Fragen in absehbarer Zukunft erreichen lassen wird. In der Praxis werden aber trotzdem an vielen Orten gelegentlich (zum Beispiel in der Gebetswoche für die Einheit in Januar) gemeinsame Gottesdienste gehalten; nur der „Reformierte Bund" macht dabei aus prinzipiellen Gründen nicht mit.

Die Generalsynode hat auch diese Entwicklungen mit großer Aufmerksamkeit verfolgt und 1969 mit einem dritten offiziellen Schreiben an die Konsistorien und die Gemeinden reagiert: *„Onze verhouding tot des Rooms-Katholieke Kerk"* („Unser Verhältnis zur römisch-katholischen Kirche", siehe: „Materialdienst" des Evang. Bundes, XXI, 5, S. 91—95). Dieses Schreiben konnte auch von den römischen Katholiken als ein Zeichen kritischer Solidarität verstanden werden, in dem sie sich wiedererkennen konnten.

Nicht weniger wichtig als diese offiziellen Kontakte und Äußerungen auf der Ebene der Kirchenleitungen sind die vielen Formen neuer Zusammenarbeit in den Lokalgemeinden. Obwohl wir uns bewußt sind, daß die künftige Entwicklung der interkonfessionellen Verhältnisse nicht an letzter Stelle durch die Haltung des Vatikans bestimmt sein wird (wobei die Wahl der neu zu ernennenden Bischöfe von größter Bedeutung ist), konstatieren wir doch, daß sich seit dem Zweiten Weltkrieg ein ganz neues Klima entwickelt hat; die scharfen Gegensätze sind fast überall verschwunden, und die Bereitschaft, aufeinander zu hören und gemeinsam Zeugnis abzulegen und zu dienen, ist größer als je zuvor seit der Reformation.

III. Die Entwicklungen der letzten Jahre

Die ersten Jahre nach dem Zweiten Weltkrieg waren bestimmt durch den vorhergehenden Kampf um die neue Kirchenordnung und durch die gemeinsamen Erfahrungen der Besatzungszeit, die in kirchlicher Hinsicht auf mehreren Gebieten einen Höhepunkt darstellten. Fünf Tendenzen trafen in dieser ersten Periode nach 1945 zusammen:

1. die apostolische Tendenz Kraemers, mit seinem neuen Nachdruck auf die volksmissionarische Aufgabe der Kirche;

2. die theokratische Tendenz Hoedemakers, repräsentiert durch den einflußreichen Sekretär aus der Besatzungszeit Gravemeyer (gest. 1970), aber auch durch den 1947 an die Utrechter Theologische Fakultät berufenen Dogmatiker van Ruler (gest. 1970);

3. der Einfluß der dialektischen Theologie, besonders Karl Barths, die in starkem Maße „entsäulend" (s. o.) gewirkt hat;

4. die soziale Tendenz Bannings, der die Ideale der Religiös-Sozialen verkörperte und als Hauptdozent an *„Kerk en Wereld"*, später auch als Religionssoziologe der Leidener Theologischen Fakultät sie dort weitergeben konnte;

5. die ökumenische Tendenz, von vornherein schon stark in der Niederländisch-Reformierten Kirche, noch gestärkt durch die Gründungsversammlung des Weltrates der Kirchen in Amsterdam 1948, repräsentiert durch Berkelbach van der Sprenkel, aber auch von vielen anderen getragen.

Der Hauptakzent in diesen Jahren fiel auf das Apostolat (s. o.) der Kirche; das Institut *„Kerk en Wereld"* stand dabei in mancher Hinsicht im Mittelpunkt. Man erstrebte einerseits, die während des langen Reorganisationskampfes erlittenen Verluste wiedergutzumachen, anderseits aber das Evangelium in für die neuen Verhältnisse adäquater Weise zu repräsentieren und auszubreiten.

In mancher Hinsicht wurde in dieser Zeit Großes geleistet; so gelang es z. B. in wenigen Jahren, die vielen durch den Krieg zerstörten und geschädigten Kirchen wieder aufzubauen. Durch zwei große Sammelaktionen (1959 und 1964) wurden Millionen Gulden zum Bau von Kirchen und Gemeindezentren in neuen Ballungsgebieten zusammengebracht. Die Opferfreudigkeit war verhältnismäßig groß; die Zahl der Pfarrstellen konnte ständig vergrößert werden und auch für Jugendarbeit, Krankenhausarbeit, Evangelisationsarbeit und dergleichen konnten viele Pfarrer eingesetzt werden. Die Zahl der Theologiestudenten war zunächst groß genug, um auch der Zukunft zuversichtlich entgegensehen zu können.

Doch ließen sich in diesen Jahren schon vereinzelte Stimmen hören, die weniger optimistisch waren. Die Säkularisation meldete sich im ganzen abendländischen Kulturkreis und machte keinen Halt an den niederländischen Grenzen. J. C. Hoekendijk (1952—1965 in Utrecht) fragte, ob es wirklich notwendig und verantwortbar wäre, so viele neue Kirchen zu bauen. Der kommende „vierte Mensch" würde kein allzu treuer Kirchenbesucher sein. Die Kirche hätte sich seines Erachtens umzustellen auf ganz neue Verhältnisse und die ganze Struktur des kirchlichen Lebens würde dadurch betroffen sein. Die Resultate der Volkszählung 1971 waren in dieser Hinsicht deutlich genug: 22,5 Prozent, mehr als ein Fünftel der Bevölkerung, erklärte, keiner Kirche mehr anzugehören, und es ist zu erwarten, daß diese Zahl sich noch erhöhen wird. Seit etwa 1960 zeigten sich diese neuen Tendenzen immer stärker. Das kleine Buch des anglikanischen Bischofs Robinson, *„Honest to God"* („Gott ist anders") fand in Holland starke Beachtung. Die radikale „Theologie vom Tode Gottes" wurde von vielen diskutiert. Die Auffassung des Christentums als einer Lehre der Mitmenschlichkeit fand besonders in den Kreisen der Jugend viele Anhänger, und Jesus selbst wurde vielen Kämpfern für eine neue Gesellschaftsordnung das leuchtende Beispiel des revolutionären Zeloten. Die Kirche als solche wurde dabei für große Gruppen viel weniger wichtig; die Konfirmation (in Holland mit 18 Jahren üblich) kam für viele junge Leute in Wegfall; alles Institutionelle gehörte ohnehin für sie zur verpönten alten gesellschaftlichen Ordnung.

Man kann dennoch nicht sagen, daß das Interesse für geistliche Fragen abnahm; die Zeitungen brachten mehr religiöse und kirchliche Nachrichten als in vielen vergangenen Jahrzehnten, aber dieses Interesse wurde oft mehr vom Rundfunk und in den letzten Jahren besonders vom Fernsehen als durch die traditionellen Formen des kirchlichen Gemeindelebens erweckt. Die Fernsehsendungen machten es ohnehin schon schwierig, während der Woche noch Interesse für kirchliche Zusammenkünfte zu finden. Das hatte dann seine negative Auswirkung auf die Bereitschaft, sich als Presbyter oder Diakon mitverantwortlich für das Leben der Lokalgemeinde einzusetzen; ohne die „Frauen im geistlichen Amte" wäre es in vielen Gemeinden schon jetzt kaum möglich, alle Plätze im Konsistorium zu besetzen. Es geschah dann auch verschiedene Male, daß ein Pfarrer sich nach einigen Jahren aus seinem Pfarramt zurückzog, unbefriedigt von den wenigen Möglichkeiten sinnvollen Wirkens, die er dort gefunden hatte, um sich mehr spezialisierten Aufgaben kirchlicher, geistlicher oder gesellschaftlicher Art zu widmen.

In dieser Situation wurden viele Stimmen laut, die eine radikale Umstrukturierung des ganzen kirchlichen Lebens verlangten im Hinblick auf eine stark säkularisierte Zukunft. Um die direkten Beziehungen zu den Lokalgemeinden zu verbessern, organisierte die Generalsynode darum 1970 und 1971 eine *Algemene Kerkvergadering* (Allgemeine kirchliche Versammlung), damit konkrete Vorschläge zur Besserung der Verhältnisse gefunden werden könnten. Bei allem Respekt vor der dort geleisteten Arbeit kann man meines Erachtens doch nicht sagen, daß von dieser *Algemene Kerkvergadering* wesentliche Impulse zur kirchlichen Erneuerung ausgegangen sind.

Nicht alle Gruppierungen des kirchlichen Lebens waren mit dem Kurs der Kirche in den letzten Jahren völlig einverstanden. Man konstatierte gelegentlich, daß das kirchliche Leben in den Gemeinden des „Reformierten Bundes", der sich viel weniger auf die obengenannte Apostolatstheologie eingelassen hatte, viel besser standgehalten hatte. Viele fragten sich, ob es nicht Zeit würde, den Entwicklungen der modernen Welt gegenüber eine viel stärkere Diastase zu bewahren und sich weniger allen modernen Tendenzen, auch auf ethischem Gebiete, anzupassen. So erschien, etwa in der Linie der Bekenntnisbewegung „Kein anderes Evangelium" in Deutschland, 1967 ein „Open Brief" (Offener Brief) von 24 Pfarrern an alle Pfarrer, Älteste, Diakone und Gemeindeglieder der Kirche mit der Frage, ob das Apostolat der Kirche wirklich möglich sei ohne lebendige Gemeinden, und ob die Ansätze für das aktuelle Apostolat nicht getragen würden von einer viel zu optimistischen Einschätzung der heutigen säkularisierten Welt. Wäre es nicht an der Zeit, alle Aufmerksamkeit auf das Leben der Gemeinden zu richten und das Pastorat dem Apostolat vorzuziehen? Leider war das Ganze doch von einer zu großen spiritualistischen Einseitigkeit, um wirklich helfen zu können.

Die Stimme dieser 24 verklang ziemlich rasch, aber die Fragen waren zu realistisch, als daß man sie vergessen könnte. Dazu kam in verschiedenen Kreisen in den letzten Jahren eine gewisse Politisierung im Verständnis des Christentums. Die Predigt sollte sich nicht mehr auf Bekehrung und Glauben der Einzelnen richten, sondern auf strukturelle Änderungen sozialer und politischer Art. Den bestehenden Gemeinden gegenüber verhielt man sich sehr kritisch und abweisend. Das Evangelium drohte hier ein säkularisierter Messianismus zu werden. Als Reaktion demgegenüber veröffentlichte im Oktober 1971 eine Gruppe führender Theologen der kirchlichen Rechten ein „Getuigenis" („Zeugnis") an die Gemeinde Jesu Christi „an allen Orten seiner Herrschaft" als Hilfe und Ermutigung in der geistlichen Unsicherheit der heutigen Tage. Dieses „Getuigenis" kämpft für Anerkennung 1. des liturgischen und anbetenden Lebens der Gemeinde und der persönlichen Frömmigkeit des Einzelnen, 2. die Bedeutung der Rechtfertigungslehre, 3. die persönliche Versöhnung mit Gott durch Christus, 4. die Bedeutung des Kreuzes und 5. der Auferstehung Christi, 6. das eigene Handeln Gottes in, aber auch über der Geschichte und 7. die Notwendigkeit des persönlichen Glaubens und der persönlichen Bekehrung. Der Einsatz für eine größere Gerechtigkeit im gesellschaftlichen und politischen Leben wird dabei nicht abgelehnt, sondern an seinem Ort nachdrücklich gutgeheißen. Es ist verständlich, daß dieses *„Getuigenis"* von vielen unterschrieben wurde. Auch die Generalsynode konnte bei allen kritischen Fragen das Positive, das hier verteidigt wurde, einstimmig anerkennen, meinte jedoch, daß diese Thesen in einen umfassenderen Rahmen zu stellen seien, um nicht nur die „vertikale", sondern auch die „horizontale" Komponente des christlichen Glaubens und des kirchlichen Lebens voll zu ihrem Recht kommen zu lassen. Es gelang ihr aber nicht, eine Antwort-Botschaft auf das *„Getuigenis"* mit genügender Einstimmigkeit an die Gemeinden ausgehen zu lassen; ein Mehrheitsdokument würde nur polarisierend gewirkt haben.

Nach den Kämpfen um die Reorganisation der kirchlichen Ordnung vor und während des Zweiten Weltkrieges und nach dem Einsatz für das Apostolat der Kirche in den fünfziger und sechziger Jahren befindet sich die Niederländisch-Reformierte Kirche dadurch jetzt in einem neuen Ringen um die Substanz der christlichen Botschaft in der heutigen Zeit. Bei allen Schattenseiten der heutigen Entwicklung kann das meines Erachtens nur als zutiefst erfreulich und verheißungsvoll betrachtet werden.

4. Kapitel

DIE KIRCHE VON SCHOTTLAND

Von der Reformation bis zur Gegenwart

RUDOLF J. EHRLICH

I. Die Kirche reformiert

Zu der Zeit, da die Reformation in Schottland offiziell durchgeführt
wurde, war auf dem europäischen Festland ihre erste Phase bereits vorüber. Die Lehrstreitigkeiten, die Rom von Wittenberg und Genf trennten, waren klar definiert, der Bruch mit Rom endgültig, denn das Konzil von Trient verkündete seine Anathema-Sätze gegen die reformatorische Lehre, und die Gegenreformation war in vollem Gang. Obwohl
einzelne Schotten — Patrick Hamilton (1504—1528) und George Wis-
hart (1513—1546), die beide den Märtyrertod starben — unter den Einfluß der Reformatoren des Festlandes gekommen waren und die neue
Lehre in ihrer Heimat verbreitet hatten, war Schottland an den frühen
Auseinandersetzungen der Reformation nicht aktiv beteiligt gewesen.
Doch waren die Schotten für das Bekenntnis zu „Jesus Christus, Seinem
Heiligen Evangelium" nicht unvorbereitet. Schottland war lange im
Gärungszustand gewesen, bevor 1560 „der neue Wein die alten
Schläuche sprengte".
Im Jahre 1559 kehrte auf den Rat von Johannes Calvin John Knox
(1515?—1572) von seinem Dienst an einer englischen Emigrantenge-
meinde in Genf nach Schottland zurück, „um seinen Brüdern beizu-
stehen und bei ihnen von seinem Glauben Bekenntnis abzulegen". Doch
stellte sich bald heraus, daß „die Gemeinde", das heißt die protestantischen Lords und Gutsherren sowie ihre Pfarrer nicht in der Lage waren,
sich allein gegen die regierende Königin Maria von Guise und ihre
französischen Truppen durchzusetzen. Als „die Gemeinde" an Elisabeth I. von England appellierte, zögerte diese, weil sie nicht auf offenen
Krieg mit Frankreich vorbereitet war. Doch die Umstände nötigten
Elisabeth. Der Vertrag von Cateau-Cambrésis ermöglichte den römisch-
katholischen Mächten in Europa, gegen „Häresie" gemeinsame Sache zu
machen; der Papst hatte bereits erklärt, daß „häretische" Fürsten *ipso
facto* ihrer zeitlichen Macht verlustig gingen; Maria Stuart, Königin
von Schottland und Gemahlin Franz II. von Frankreich, war in Paris
öffentlich als Königin von England, Schottland und Irland ausgerufen

worden. Elisabeth, deren Thron noch nicht gefestigt war, mußte handeln, um zu verhindern, daß Frankreich Schottland zu seiner nördlichen Basis gegen England machte. Eine englische Flotte unterbrach die Verbindung der regierenden Königin mit Frankreich; eine englische Armee verstärkte „die Gemeinde", die Leith eroberte. Am 6. Juli 1560 setzte der Vertrag von Edinburgh dem bewaffneten Konflikt ein Ende.

Der Vertrag von Edinburgh (der von Elisabeth, nicht aber von Maria Stuart ratifiziert wurde) war kein religiöses, sondern ein politisches Abkommen zwischen England und Frankreich. Indirekt jedoch trug dieser Vertrag wesentlich zur Lösung der Religionsfrage in Schottland bei, da er „Konzessionen" an die Schotten enthielt: den Abzug französischer wie englischer Streitkräfte von Schottland. Die Schotten gewannen dadurch die Möglichkeit, ihre Kirche ohne Einmischung ausländischer Mächte zu reformieren.

Auf alle Fälle betrachteten John Knox und seine Freunde den Vertrag von Edinburgh als einen Sieg der „wahren Religion", für die sie ein festes Fundament zu legen versuchten. Darum richteten „die Barone, Herren, Bürger und andere treue Untertanen in diesem Reich, die in demselben den Herrn Jesus Christus bekennen", eine Petition an den versammelten Adel und die Stände des Parlaments: „... wir bitten Eure Gnaden demütigst, daß solche Lehre und Abgötterei, wie sie durch Gottes Wort verdammt sind, mögen durch Erlaß dieses gegenwärtigen Parlaments abgeschafft sowie Strafe für die Übertreter festgesetzt werden ... Nun hat Gott über alle menschliche Erwartung Euch selber, die Ihr eine Zeitlang mit uns zusammen für die Reformation gefleht habt, gleichsam zu Rechtsprechern in der Sache Gottes gemacht."

Das Parlament nahm seine Verantwortung wahr und beauftragte die Bittsteller, „in einzelnen und klar verständlichen Hauptpunkten das Kernstück der Lehre zu formulieren, welche sie verfechten und von der sie verlangen möchten, daß das gegenwärtige Parlament sie als heilsam, wahr und allein notwendig zum Glauben und zur Aufnahme in jenes Reich bestätige". Zusammen mit John Winram, John Spottiswoode, John Willock, John Row und John Douglas legte John Knox die Schottische Konfession, die Summe der von ihnen vertretenen Lehre, dem Parlament vor. Am 17. August 1560 billigte das Parlament die 25 Artikel des Bekenntnisses. Als wenige Tage später die Jurisdiktion des Papstes abgeschafft und die Feier der Messe verboten wurde, wurde die Reformation in Schottland offiziell durchgeführt.

Die *Scots Confession* spiegelt zusammen mit dem *First Book of Discipline* (1560) und dem *Book of Common Order* (1564) den wahren Geist und das Anliegen der schottischen Reformatoren wider.

John Knox hatte nicht die Absicht, eine neue Kirche zu gründen. Sein Ziel war, „das ehrerbietige Antlitz der ursprünglichen, apostolischen Kirche" in Schottland zu erneuern. Die Überzeugung, daß es nur die Eine Kirche gibt, hat in der Schottischen Konfession Ausdruck gefunden: „Wie wir an *einen* Gott, Vater, Sohn und Heiligen Geist glauben, so glauben wir mit großem Ernst, daß von Anfang an *eine* Kirche bestanden hat, jetzt besteht und bis ans Ende der Welt sein wird ... welche Kirche katholisch, das heißt universal ist, weil sie die Erwählten aller Zeitalter, aller Reiche, Nationen und Zungen umfaßt ... außerhalb welcher Kirche weder Leben noch ewige Glückseligkeit ist ... Diese Kirche ist unsichtbar, nur Gott bekannt, der allein weiß, wen er erwählt hat ..." (Art. 16).

Die sichtbare Kirche läßt sich nicht durch „Alter, widerrechtlich angeeigneten Titel, direkte Abstammung, festgesetzten Ort oder Irrtum billigende Menschenmengen", sondern an bestimmten Merkmalen erkennen: „Erstens die wahre Predigt des Wortes Gottes ... Zweitens die rechte Verwaltung der Sakramente Jesu Christi ... Schließlich Kirchenzucht ... Wo ... man diese genannten Merkmale sieht ... dort ... ist die wahre Kirche Christi ... nicht in ihrer Universalität ..., sondern in ihrer Besonderheit, so wie sie in Korinth, Galatien, Ephesus bestand ... Und wir, die Einwohner des Reiches von Schottland, ... bekennen, daß wir solche Kirchen in unseren Städten, Ortschaften und Dörfern reformiert haben ..." (Art. 18).

Wie andere reformatorische Bekenntnisformeln versichert das Schottische Bekenntnis, daß die weltliche Obrigkeit von Gott verordnet ist. Diejenigen, die „die ganze Einrichtung staatlicher politischer Maßnahmen abschaffen oder verwirren" wollen, werden ebenso als Feinde der Menschheit wie Gottes gebrandmarkt. Könige, Fürsten, Herrscher und Magistrate sind von Gott nicht nur „zum Zwecke staatlicher Politik" eingesetzt, „sondern auch, um die wahre Religion zu erhalten und Abgötterei sowie Aberglaube zu unterdrücken ..." (Art. 24). An einem Punkt ist die Schottische Konfession jedoch radikaler als andere reformierte Dokumente. Artikel 14 (Welche Werke vor Gott als gut gelten) macht deutlich, daß unter gewissen Umständen aktiver Widerstand gegen die Staatsgewalt nicht nur erlaubt, sondern im Zusammenhang mit der Verantwortung des Christen für seinen Nächsten und den Staat geboten ist. Es gibt zwei Arten guter Werke: „Die einen werden zur Ehre Gottes getan, die anderen zum Nutzen unseres Nächsten, und beide haben den geoffenbarten Willen Gottes als ihre Zusage." Die Werke der ersten Tafel bestehen darin, „*einen* Gott zu haben, ihn anzubeten und zu ehren ...". Die Werke der zweiten Tafel bestehen darin,

„Vater, Mutter, Fürsten, Herrscher und Obrigkeiten zu ehren, . . . ihren
Befehlen (wenn sie mit dem Gebot Gottes nicht unvereinbar sind) zu
gehorchen, das Leben Unschuldiger zu bewahren, Tyrannei zu unterdrücken, die Bedrängten zu verteidigen, jedes Verlangen, unserem
Nächsten zu schaden, zu unterdrücken . . . Dessen Gegenteil widerwär-
tige Sünde ist . . . wie Ihn nicht anzurufen . . . irgend jemandem Ungehorsam oder Widerstand zu leisten, den Gott in sein Amt eingesetzt hat
(wenn sie die Grenzen ihres Amtes nicht überschreiten), zu morden . . .
oder das Vergießen unschuldigen Blutes zu dulden . . .". Mit anderen
Worten, wenn staatliche Macht zur Tyrannei wird, ist es die von Gott
bestimmte Pflicht des Christen, aktiven Widerstand zu leisten und
solche Tyrannei um seines Nächsten willen zu unterdrücken. Wir haben hier die Anfänge einer „Theologie der Revolution".

Die Verfasser beanspruchen keine Absolutheit für das Schottische Bekenntnis, sondern unterwerfen es der höchsten und einzigartigen Autorität der Heiligen Schrift: „. . . falls jemand in diesem unserem Bekenntnis einen Artikel oder Satz bemerkt, der im Widerspruch steht zu
Gottes Heiligem Wort, daß es ihm aus Freundlichkeit und um der
christlichen Liebe willen gefallen möge, uns schriftlich in derselben
Sache zu ermahnen, und wir ihm bei unserer Ehre und Treue Genugtuung aus dem Munde Gottes (das heißt aus Seinen Heiligen Schriften)
oder aber Erneuerung dessen versprechen, was er als verkehrt nach-
weisen wird" (Vorwort).

Ohne Parallele in der gesamten Literatur der Reformation ist das Erste
Buch der Kirchenzucht (First Book of Discipline). Was Johannes Calvin
in einem kleinen Stadtstaat durchzuführen versucht hatte, das versuchten die schottischen Reformatoren kühn für eine ganze Nation zu erreichen. Das Erste Buch der Kirchenzucht ist nicht weniger als ein Plan
und Programm zur Errichtung der Gottesstadt in Schottland.

Das Erste Buch der Kirchenzucht versteht die Kirchenpolitik „als eine
Amtsausübung der Kirche in solchen Dingen, die die Ungebildeten und
Unwissenden zum Wissen führen oder auch die Gebildeten zu größe-
rem Eifer anspornen können, oder um die Kirche in guter Ordnung zu
erhalten". Dies sollte durch die Pfarrer in Gemeinschaft mit den Ältesten geschehen, die den örtlichen Pfarrer in allen öffentlichen Angelegenheiten der Kirche sowie in der Beurteilung und Entscheidung von
Disziplinarfällen unterstützen. Hier liegen die Anfänge dessen, was als
die Kirchensession (Kirk Session) bekannt wurde, die die Jurisdiktion
über die Ortsgemeinde hat. Weitere Unterstützung wird dem Dienst an
Wort und Sakramenten durch die Diakone zuteil, die die Einkünfte
der Kirche einsammeln und verteilen. Superintendenten sollen ausge-

wählt werden, „die beauftragt … sein sollen, Kirchen zu gründen, Ordnung zu stiften und Pfarrer zu berufen …“. Obwohl auf die „Diözese“ des Superintendenten Bezug genommen wird, so war er doch kein Bischof im römisch-katholischen oder anglikanischen Sinn. Er sollte für den begrenzten Zeitraum von drei Jahren ernannt werden und erhielt für sein Amt keine bischöfliche Weihe. Wendungen wie „der Superintendent und sein Rat“ oder „der Rat der Gesamtkirche“ weisen auf die zukünftigen Jurisdiktionsinstanzen der Kirche von Schottland, nämlich Presbyterien, Synoden und Generalversammlungen voraus. Auf jeden Fall trat 1560 die Generalversammlung zusammen, die als die erste betrachtet wird. Sie sollte bald für das schottische Volk repräsentativer werden als das Parlament.

Die wahre Größe der schottischen Reformatoren zeigt sich, wenn man erkennt, daß sie schon vor vierhundert Jahren die Kirche als für die Wohlfahrt der ganzen Nation verantwortlich verstanden. Die Kirche sollte nicht nur für sich selber existieren, sie sollte auch „die Kirche für andere“ sein. Im Ersten Buch der Kirchenzucht schlagen sie darum vor, daß der Reichtum der römischen Kirche und die Weiterzahlung des Zehnten nicht nur für die Unterhaltung des Pfarrdienstes, sondern auch für die Erziehung des Volkes (in jeder Gemeinde einen Schulmeister ernennen) und die Unterstützung der Armen verwendet werden solle.

Kein Parlament hat die Vorschläge des Ersten Buches der Kirchenzucht jemals angenommen oder ratifiziert. John Knox war der Meinung, daß „Habsucht diese verderbte Generation nicht werde zustimmen lassen“ (der Adel behielt das Land, das er der römischen Kirche entrissen hatte). Doch war es nur die Habgier einer verderbten Generation, die das Parlament davon abhielt, das Erste Buch der Kirchenzucht anzunehmen? Eine Kirche, die sich durch vom Volk gewählte Pfarrer, Älteste und Diakone selbst regierte, ein Volk, für das Ausbildung in Schule, College und Universität bereitgestellt werden sollte, eine Nation, in der sogar die Unterprivilegierten ein Recht auf Unterstützung hatten — das war ein Kirchen- und Gesellschaftsbegriff, der dem 16. Jahrhundert so fremd war, daß man dem schottischen Parlament seine Ablehnung nicht im geringsten vorwerfen kann. Der bleibende Wert des Ersten Buches der Kirchenzucht besteht darin, daß es Ideen und Ideale vorwegnahm, die das 19. und 20. Jahrhundert hochmütig für sich beanspruchen.

Das *Book of Common Order* oder die Liturgie von Knox (1643 durch das *Westminster Directory* ersetzt) ist keine vorgeschriebene Liturgie, sondern vielmehr eine Anleitung, der die Pfarrer im öffentlichen Gottesdienst, bei der Sakramentsverwaltung usw. folgen sollen. Es umfaßt außerdem Formulare für die Wahl von Pfarrern, Ältesten usw., für Trauung und Begräbnis, für Kirchenzucht (Exkommunikation) und für ein allgemeines Fasten.

Es ist wichtig zu beachten, daß das Formular für den öffentlichen Gottesdienst das Apostolische Glaubensbekenntnis (in Verbindung mit dem Vater-Unser) enthält, das bei jedem Gottesdienst zu wiederholen war. Dies zeigt, wie sehr sich die Reformierte Kirche in Schottland in geschichtlicher Kontinuität mit der Alten Kirche wußte.

Das Herrenmahl sollte einmal im Monat gefeiert werden. Taufe sollte nach der Predigt „an dem für gemeinsames Gebet und Predigt bestimmten Tag" vor der Gemeinde vollzogen werden. Sie sollte öffentlich sein, da „es offenbar ist, daß die Sakramente nicht dazu von Gott verordnet sind, um in privaten Ecken als Zaubereien oder Hexereien angewendet, sondern der Gemeinde überlassen und notwendig an Gottes Wort als Siegel desselben angefügt zu werden".

Obwohl das schottische *Book of Common Order* vom literarischen Standpunkt dem englischen Gebetbuch vielleicht unterlegen ist, so zeugt es in seinem ständigen Schriftverweis doch von der schroffen Festigkeit der schottischen Reformatoren, deren Glaube vom Wort Gottes getragen und immer neu gespeist wurde.

Im August 1561 kehrte die verwitwete Maria Stuart nach Schottland zurück. Als überzeugte römische Katholikin betrachtete sie den reformierten Glauben als Häresie und ihre schottischen Untertanen, die ihn angenommen hatten, als Rebellen. Aber obwohl sie weder den Vertrag von Edinburgh noch die Akten des Ersten Reformationsparlamentes jemals ratifizierte, tat sie es doch Mary Tudor von England nicht gleich und verfolgte die reformierte Kirche nicht. Der reformierte Glaube war zumindest indirekt von mehreren Seiten bedroht. Politische Zweckmäßigkeit veranlaßte viele Vertreter des schottischen Adels, Marias Anspruch auf den Thron von England zu unterstützen, was die Zukunft der reformierten Kirche in Schottland gefährdete. Wieder waren Politik und Religion miteinander verflochten. Es kam zu Kompromissen, Intrigen, Anschlägen und sogar Mord. In diesem schäumenden Meer widerstreitender, oft von Ehrgeiz, Eifersucht oder Neid ausgelöster Interessen stand John Knox wie ein Felsen da. Er unterlag weder dem Charme und politischen Geschick einer jungen und schönen Königin, noch ließ er sich auf politische Zweckmäßigkeit ein. Sein eines und alleiniges Anliegen war „Sein Heiliges Evangelium von Jesus Christus".

Das 20. Jahrhundert, geneigt, seine eigenen Fehler zu vergessen, mag John Knox wegen blinden Eifertums und Intoleranz verurteilen, seine maßlose Sprache kritisieren, seinen Mangel an diplomatischem Geschick und Widerwillen gegen gütliches Übereinkommen beklagen. Doch weder dieses noch ein anderes Jahrhundert kann seinen Mut bestreiten oder wird es jemals können. Wie groß die Schwierigkeiten auch waren, er sprach aus, was er für die Wahrheit hielt, komme was wolle. Als Maria Stuart im Juli 1567 zugunsten ihres minderjährigen Sohnes Jakob VI. (1566—1625) abdankte, war die reformierte Kirche, wenn auch schwer geprüft, immer noch am Leben.

Obwohl die Schottische Konfession ratifiziert worden war, war die Frage der Kirchenverfassung noch nicht gelöst. Der folgende Konflikt zwischen Kirche und Krone kreiste um die Frage nach der Form der Kirchenregierung: Presbyterial- oder Episkopalverfassung?

II. Presbyterianismus

Man hat schottischen Kirchenführern vorgeworfen, sie würden der Form der Kirche mehr Bedeutung beimessen als ihrem Bekenntnis. Dies ist ein völliges Mißverständnis des schottischen Standpunktes, besonders im 16. und 17. Jahrhundert. In Schottland war die Form des Kirchenregiments eine Lehr- und Bekenntnisfrage, die die echt reformierte Lehre von der ausschließlichen Königsherrschaft Christi in seiner Kirche einschloß. Die grundlegende Behauptung des schottischen Presbyterianismus lautete: 1. „Die Politik der Kirche ... ist eine Ordnung oder Form geistlicher Herrschaft, die von den dazu vom Wort Gottes beauftragten Mitgliedern ausgeübt wird und deshalb den Amtsträgern, durch die sie ausgeübt wird, unmittelbar übergeben ist ...". 2. „Diese kirchliche Macht und Politik ist abweichend und verschieden ... von jener Macht und Politik, die man staatliche Macht nennt, ... obwohl beide von Gott sind ...". 3. „... diese kirchliche Macht fließt unmittelbar von Gott und dem Mittler Christus Jesus her und ist geistlich, so daß sie kein zeitliches Haupt auf Erden hat, sondern allein Christus, den einzigen geistlichen König und Regenten Seiner Kirche" (Zweites Buch der Kirchenzucht).

Im 16. und 17. Jahrhundert wurde die Episkopalverfassung in Schottland zum unglücklichen Opfer politischer Umstände. Die Krone konnte keine freie und unabhängige Kirche dulden. Deshalb wurde der Versuch unternommen, der schottischen Kirche nach dem Modell des englischen Staatskirchentums ein Regierungssystem aufzuerlegen, die Episkopalverfassung, in dem der König den Papst als Oberhaupt der Kirche ersetzt hatte. Schottische Kirchenführer leisteten Widerstand und wendeten sich gegen die Einführung einer bischöflichen Verfassung (und

alle damit verbundenen Implikationen für das königliche Hoheitsrecht),
weil sie — wie sie wußten und es damals erfuhren — das alleinige Herr-
sein Christi in Seiner Kirche gefährdete.

1575 wurde die schicksalsschwere Frage aufgeworfen, ob Bischöfe,
deren Ernennung die Kirche 1572 („Konkordat von Leith") unter
Zwang hatte zustimmen müssen, ihr Amt schriftgemäß innehaben oder
nicht. Ein Komitee, dem Andrew Melville als Mitglied angehörte,
prüfte die Frage und berichtete, daß der Bischofstitel jedem Pfarrer zu-
komme, dem eine Gemeinde anvertraut sei, daß aber einige aus dem
Pfarrdienst heraus gewählt werden könnten, um ihnen übertragene
Distrikte zu beaufsichtigen, Pfarrer, Älteste und Diakone zu ernennen
und zusammen mit den übrigen Pfarrern Kirchenzucht zu üben.

Die presbyteriale Form der kirchlichen Verfassung wurde im *Second
Book of Discipline* ausgearbeitet, das 1578 von der Kirche gebilligt
wurde und dessen Hauptverfasser Andrew Melville war. Abgesehen
von dem, was schon erwähnt wurde, trägt die kirchliche Politik folgende Züge von höchster Wichtigkeit: 1. Wie Pfarrer und andere Angehörige des Klerikerstandes in öffentlichen Angelegenheiten den staatlichen Beamten unterstehen, so sind die Staatsbeamten in geistlichen
Dingen der Kirche unterworfen. 2. Innerhalb des kirchlichen Dienstes
gibt es vier Ämter: Pastoren oder Pfarrer, Doktoren oder Lehrer, Presbyter oder Älteste sowie Diakone (alle werden in Übereinstimmung
mit der Gemeinde gewählt). 3. Die Kirche wird durch vier verschiedene
Versammlungen regiert: „. . . entweder sind sie aus besonderen Gemeinden gebildet . . ., einer einzigen oder mehreren, oder aus einer Provinz,
oder aus einer ganzen Nation oder aus allen und verschiedenen Nationen, die den einen Jesus Christus bekennen" (praktisch haben wir hier
die vier Jurisdiktionsgremien der Kirche von Schottland: Kirchenversammlung, Presbyterium, Synode und Generalversammlung. Die Möglichkeit eines Weltrates ist ins Auge gefaßt). 4. Die verschiedenen Versammlungen, die aus Pfarrern und Ältesten bestehen, haben die Aufgabe, „Religion und Lehre in Reinheit, ohne Irrtum und Verfälschung"
sowie „Anstand und gute Ordnung in der Kirche zu erhalten". 5. Die
Generalversammlung, die sich frei versammeln kann, entscheidet kirchliche Angelegenheiten ohne Appellation an einen staatlichen oder kirchlichen Richter. 6. Bischöfe (gemeint sind solche, die schon im Amt sind)
sollen Pfarrer von Einzelgemeinden werden und keine anderen Funktionen, die über die von Pfarrern hinausgehen, an sich reißen, wenn sie
dazu von der Kirche nicht authorisiert sind.

Jakob VI. betrachtete die von Generalversammlungen eingeschlagene
unabhängige Richtung als eine ernste Herausforderung seiner Macht.

1584 verabschiedete das Parlament die sogenannten „Schwarzen Akten": das Episkopalsystem wurde wieder eingeführt, kirchliche Autorität und Jurisdiktion wurde den Bischöfen übertragen, die zugleich Parlamentsmitglieder waren, der König wurde zum obersten Herrn in allen Streitfragen und über alle Personen gemacht. Die politischen Unruhen, die darauf folgten, verbesserten das Verhältnis zwischen Kirche und Krone nicht.

1592 entschied Jakob, es sei weise, mit der Kirche zu einer Übereinstimmung zu kommen. Das Parlament verabschiedete das Gesetz, das als Charta der Presbyterialverfassung gilt: die Freiheiten und Privilegien der Kirche wurden bestätigt und ratifiziert, kirchliche Autorität und Jurisdiktion den Gremien der Kirche übertragen. Die Kirche schien frei und ihre presbyterianische Verfassung sicher zu sein.

Unglücklicherweise hatte die Akte von 1592 einen Fehler: die Generalversammlung konnte nur in Anwesenheit des Königs oder seines Kommissars tagen, der Zeit und Ort für die nächste Zusammenkunft der Versammlung bestimmte.

III. Die Covenants

Nach 1637 begann sich Widerstand gegen die Politik des Königs (Karl I. 1600—1649) zu organisieren. Wieder kam die alte schottische Praktik von „Banden" (die Mitglieder einer „Bande" gelobten gegenseitige Unterstützung), derer man sich in der Reformationszeit bedient hatte, zu ihrem Recht. Am 28. Februar 1638 wurde der *National Covenant* in Greyfriars, Edinburgh, unterzeichnet: „Wir unterzeichnende Adlige, Barone, Herren, Bürger, Pfarrer und gemeine Leute, die wir uns Gedanken machen ... über die Gefahr für die wahre, reformierte Religion, für die Ehre des Königs und den öffentlichen Frieden des Königreiches durch die mannigfachen Neuerungen und Übel ... bekennen hiermit, ... der vorgenannten wahren Religion anzuhängen, sie zu verteidigen und ... mit allen legalen Mitteln für die Wiederherstellung der Reinheit und Freiheit des Evangeliums, wie es vor den genannten Neuerungen feststand und bekannt wurde, zu arbeiten ...".

Nach monatelangen Verhandlungen, während derer die Unterstützung für die „*Covenanters*" wuchs, willigte Karl in die Einberufung einer Generalversammlung (und des Parlamentes) ein, die (im November 1638) in Glasgow zusammentrat. Ihr Moderator war Alexander Henderson (1583—1646), der als der Führer der presbyterianischen Partei angesehen werden kann. Als der königliche Kommissar sah, daß die

Versammlung entschlossen war, gegen die Bischöfe vorzugehen, löste er sie im Namen des Königs auf. Doch die Versammlung tagte weiter und dauerte bis Dezember an. Neben ihrer Absage an alle früher verfügte antipresbyterianische Gesetzgebung setzte die Versammlung 14 Bischöfe ab, von denen acht außerdem exkommuniziert wurden. Die Arbeit und Entscheidungen dieser Versammlung werden gewöhnlich als die Zweite Schottische Reformation bezeichnet.

Karl versuchte erfolglos, die *Covenant*-Mitglieder gefügig zu machen (Erster und Zweiter Bischöfekrieg). Unterdessen hatte sich seine Lage gegenüber dem englischen Parlament so sehr verschlechtert, daß in England Bürgerkrieg drohte. Als das englische Parlament Hilfe gegen den König benötigte, wendete es sich nach Schottland. Die Schotten bestanden darauf, daß das englische Parlament die *„Solemn League and Covenant"* unterzeichne, die im Entwurf von Alexander Henderson von der Generalversammlung im August 1643 gebilligt worden war. Politische Notwendigkeit veranlaßte die Mitglieder beider Häuser des englischen Parlaments, zu unterschreiben und zu geloben, mit den schottischen Presbyterianern „die reformierte Religion in der Kirche von Schottland in Lehre, Gottesdienst, Ordnung und Verfassung gegen unsere gemeinsamen Feinde, die religiöse Reformation in den Königreichen von England und Irland ... dem Worte Gottes und dem Beispiel der besten reformierten Kirchen gemäß" zu erhalten und demgemäß bestrebt zu sein, „die Kirchen Gottes in den drei Königreichen in engste Verbindung und Uniformität in Religion, Glaubensbekenntnis, Form des Kirchenregiments, Gottesdienst und Unterrichtsanweisung zu bringen ...". Mit anderen Worten, während der Presbyterianismus in Schottland erhalten, sollte in England die Bischofsverfassung und in Irland die „Papisterei" ausgerottet werden. Es scheint den *Covenant*-Mitgliedern entgangen zu sein, daß ihr Ziel — Uniformität — sich in keiner Weise von dem Karls unterschied. Sie scheiterten ebenso wie Karl gescheitert war. In unseren Tagen sollte man sich daran erinnern, daß Einheit nicht notwendig Uniformität im Kirchenregiment zur Grundlage haben muß.

Nach der Unterzeichnung der *Solemn League and Covenant* marschierte eine schottische Armee nach England ein und trug zur Niederlage des Königs bei Marston Moor (Juli 1644) bei. Für Karl war dies der Anfang des Endes.

Noch vor der *Solemn League and Covenant* hatte das englische Parlament die Reformation der Kirche von England beschlossen. 121 Pfarrer und 30 Laien (Parlamentsmitglieder) wurden nominiert, um die notwendigen Schritte zu empfehlen. Endgültige Entscheidungen sollten vom Parlament getroffen werden. Am 1. Juli 1643 trat die *Assembly of Divines at Westminster* zum ersten Mal zusammen. Schottische Kommissare, unter ihnen Alexander Henderson, wurden zur Teilnahme eingeladen. Obwohl sie keine Stimme hatten, übten sie einen großen Einfluß aus.

Die *Westminster Assembly* erarbeitete die folgenden Dokumente: 1. das *Directory for the Publik Worship of God* (1644), 2. die *Form of Presbyterial Church government* (1645), 3. die *Confession of Faith* (1647), 4. den Größeren Katechismus (1647) und 5. den Kleineren Katechismus (1647).

Die Westminster Dokumente sind der klassische Ausdruck des angelsächsischen Calvinismus. In 33 Kapiteln gibt das Bekenntnis einen systematischen Aufriß der christlichen Lehre. Strenger als Johannes Calvin ist die Westminster Systematisierung des christlichen Glaubens manchmal zu abschließend und endgültig formuliert. Das läßt sich an einem Vergleich der Lehraussagen von Westminster über Prädestination mit denen über Erwählung in der Schottischen Konfession zeigen. In der Schottischen Konfession ist Erwählung (Art. 8) ein wesentlicher Teil der Christologie (Art. 6–11). „Denn derselbe ewige Gott und Vater, der uns in Jesus Christus, Seinem Sohn, aus bloßer Gnade erwählte, bestimmte ihn vor Grundlegung der Welt dazu, unser Haupt, unser Bruder, unser Hirte und großer Bischof unserer Seelen zu sein". Die Tatsache, daß die Erwählung nicht universal ist, ist lediglich impliziert: „... wir fürchten uns nicht davor, Gott unseren Vater zu nennen, nicht so sehr darum, daß er uns geschaffen hat (was wir mit den Verworfenen gemeinsam haben) als darum, daß er uns seinen einzigen Sohn gegeben hat, damit er unser Bruder sei ...". Die Westminster Konfession andererseits trennt Erwählung und Christologie (Kap. 8). Erwählung und Verwerfung werden unter der Überschrift „Gottes Ewiger Ratschluß" (Kap. 3) behandelt, aus dem beide explizit hergeleitet werden. „Durch den Ratschluß Gottes, zur Manifestation Seiner Ehre, sind einige Menschen und Engel zu ewigem Leben prädestiniert und andere zu ewigem Tod vorherbestimmt ... ihre Zahl ist so gewiß und bestimmt, daß sie weder erhöht noch vermindert werden kann."

In Schottland wurden die Westminster Dokumente von der Generalversammlung (1647) gebilligt. Sie lösten die Schottische Konfession usw. ab und wurden die Hauptbekenntnisschriften der Kirche von Schottland. Trotz heutiger Einwände gegen einige Aspekte ihrer Scholastik und Bundestheologie haben das Glaubensbekenntnis und insbesondere der Kleinere Katechismus einen bleibenden Beitrag zum Leben und zur Lehre der presbyterianischen Kirchen nicht nur in Schottland und auf den Britischen Inseln, sondern auch in der Neuen Welt geleistet.

Die Westminster Dokumente brachten weder kirchliche Uniformität zustande noch lösten sie die politischen sowie kirchlichen Probleme, mit denen England und Schottland konfrontiert waren. Die Ereignisse, die sich nun zutrugen, formten nicht nur die Szene in Schottland im 18. und 19. Jahrhundert, sondern erklären auch einige der Spannungen, die noch heute in der Kirche von Schottland vorherrschen.

IV. Das zweite Episkopalsystem

Es stellte sich bald heraus, daß die Bischofsverfassung noch einmal angewendet werden sollte, um den König instand zu setzen, das Königtum von Gottes Gnaden auszuüben. Es wurde erklärt, daß der Presbyterianismus für die Monarchie ungeeignet sei. Der König nominierte Bischöfe, die nach London bestellt wurden, um in der Westminster Abtei die Weihe zu empfangen. Aber dieses Mal mußten sich zwei von ihnen, der zukünftige Primas von Schottland, James Sharp, und Robert Leighton, die beide nur presbyterianisch ordiniert waren, vor ihrer Weihe privat der anglikanischen Wiederordination unterziehen. Das Gesetz „zur Wiederherstellung und Wiedereinrichtung des alten Kirchenregiments durch Erzbischöfe und Bischöfe" (Mai 1662) verlieh der neuen Ordnung *de iure* Anerkennung. Während in Bekenntnis und Liturgie keine wichtigen Veränderungen eingeführt wurden, glich die Restaurationskirche in Schottland sich dem englischen Staatskirchentum an: Karl II. war das sichtbare Haupt der Kirche und als ihr oberster Herrscher regierte er die Kirche durch Bischöfe, denen Diözesansynoden unterstellt waren.

Weitere Unruhe entstand, als 1662 das Patronatswesen wieder eingeführt wurde. Alle Pfarrer, die seit 1649 in ihren Pfarrbezirk eingesetzt worden waren, wurden angewiesen, sich zweck Einführung an den Patron und zwecks Pfründenverleihung an den Bischof zu wenden. Nahezu dreihundert Pfarrer weigerten sich einzuwilligen und wurden ihres Amtes enthoben. Viele der abgesetzten Pfarrer predigten zu Versammlungen unter freiem Himmel weiter, obwohl denen grausame Strafe zugemessen wurde, die bei der Teilnahme an solchen Zusammenkünften angetroffen wurden.

Durch die Vorgänge betrübt schlug der fromme Bischof Leighton von Dublane eine „Schlichtung" vor: die Kirche solle durch Presbyterien und Synoden regiert und die Bischöfe ständige Moderatoren werden. Das Recht, Pfarrer zu ordinieren, sollte Presbyterien übertragen werden und die Bischöfe nur als Hauptpresbyter agieren. Leightons Bemühungen schlugen wegen der Opposition sowohl seiner bischöflichen Kollegen als auch der presbyterianischen Partei fehl. Fast dreihundert Jahre später teilte der „Bischofsbericht" von 1957 (*Joint Report on Relations between Anglican and Presbyterian Churches*), der für die Kirche von Schottland „Bischöfe in Presbyterien" vorschlug, mit Leightons „Schlichtung" dasselbe Schicksal. Nicht einmal eine modifizierte Bischofsverfassung, die durch die Jurisdiktionsgremien der Kirche überwacht würde, scheint die presbyterianischen Befürchtungen in Schottland zu beschwichtigen.

V. Gemäßigte und Evangelikale

Die Schismen, die sich innerhalb des Presbyterianismus in Schottland ereigneten, wurden durch tiefe theologische Spaltungen hervorgerufen. Diese führten zur Bildung zweier verschiedener Parteien in der Kirche von Schottland, den Gemäßigten und den Evangelikalen. Im 18. Jahrhundert erreichte das kulturelle und intellektuelle Leben Schottlands, zum Teil unter dem Einfluß der Aufklärung, seinen höchsten Stand. Abgesehen von weltberühmten Gestalten nahmen auch der Partei der Moderierten angehörende, gewöhnliche Gemeindepfarrer führend an der kulturellen Entwicklung ihres Landes teil. Während sie formal an den Bekenntnisschriften der Kirche festhielten, neigten die Moderierten unter dem Einfluß der Aufklärung, des Deismus und Unitariertums radikaler englischer Denker zum Rationalismus oder sogar zum Freidenkertum. Infolgedessen ersetzte in ihrer Lehre und Predigt Moral oft das Evangelium und Vernunft trat an Stelle von Offenbarung. Die Evangelikalen auf der anderen Seite waren die Erben der reformierten Orthodoxie. Ihr strenger Calvinismus war jedoch hin und wieder durch eine Engstirnigkeit gestört, die alle kulturellen Bestrebungen mit Weltlichkeit gleichsetzte. In ihrer auf die Schrift gegründeten Lehre und Predigt priesen sie Gottes Gerechtigkeit und seine in Jesus Christus geoffenbarte Gnade. Der „evangelische" Beitrag zur schottischen Theologie rettete sie vor Stagnation. Wie tief die Kirche von Schottland gespalten war, zeigte sich, als mehrere Häresieverfahren vor die Generalversammlung kamen.

VI. Die Sezessionen

Der unmittelbare Anlaß der Sezessionen war die Frage des Verhältnisses von Kirche und Staat.

Die im Unionsvertrag enthaltene Sicherheitsakte garantierte die Verfassung der Kirche von Schottland, „ohne sie irgendwie abzuändern oder sie jemals irgendwie zu schmälern". Trotzdem verabschiedete das britische Parlament 1712 zwei Gesetze, von denen man meinte, sie verletzten die verfassungsmäßigen Rechte der Kirche von Schottland: 1. Die Toleranzakte, die jenen Episkopalen Gottesdienstfreiheit und das Recht zu Gemeindegründungen gewährte, die dem Stewart Thronprätendenten abschworen. Außerdem nahm sie den episkopalen Klerus von der Jurisdiktion der Staatskirche aus. 2. Das Gesetz zur Wiederherstellung des Patronatswesens, das 1690 abgeschafft worden war. In beiden Fällen blieben die Proteste der Generalversammlung unbeachtet.

Vom theologischen Gesichtspunkt war die „Erste Sezession" unvermeidlich, denn die moderierte und die evangelische Position der Schismatiker konnten nicht auf längere Zeit in derselben Kirche nebeneinander bestehen. Obwohl die Theologie der Schismatiker christozentrisch war und so den wahren Geist des Calvinismus widerspiegelte, „wichen" auch sie „von der Wahrheit ab". Ihr Individualismus und Subjektivismus hinderte sie oft, zwischen der Wahrheit selber und ihrer eigenen Interpretation der Wahrheit zu unterscheiden. So gab es offensichtlich Widersprüche in ihrer Anschauung und Haltung: sie erhoben Einspruch gegen erzwungene Konformität, wo es sie selber betraf, beklagten aber die Toleranzakte, die bestimmten Episkopalen das Recht zur Nonkonformität gewährte; sie waren damit unzufrieden, daß die Kirche ihre Einsetzung durch den Staat (1690) akzeptierte, aber sehnten sich zurück nach den *Covenants,* die — wenn auch in anderer Weise — eine enge Verbindung zwischen der Kirche und der Krone befürworteten. Die individualistische Einstellung der Schismatiker hatte weitere Trennungen und Abspaltungen zur Folge. Die Ursprüngliche Sezessionskirche wurde 1956 mit der Kirche von Schottland wiedervereinigt. 1820 kamen die „Neu Licht Bürger" und die „Neu Licht Anti-Bürger" zusammen und bildeten die Vereinigte Sezessionskirche. Die andauernden Spannungen in der Kirche von Schottland führten zu einem weiteren Schisma, dem „Bruch".

VII. *Die evangelikale Erweckung*

Zu Ausgang des 18. und Beginn des 19. Jahrhunderts erlebte Schottland eine evangelikale Erweckung, deren Ursachen zahlreich und vielfältig waren. Die Vertiefung persönlicher Glaubensfrömmigkeit führte
zur Wiederentdeckung der biblischen Wahrheiten von Erlösung, Vergebung und Errettung in Christus. In England wurde die anglikanische
Kirche erschüttert und schließlich durch die methodistische Erweckung
gespalten. In Schottland kam es zu einer Parallelbewegung, die schließlich die Staatskirche zerriß.

Die sozialen und wirtschaftlichen Entwicklungen, die sich aus der in-
dustriellen Revolution ergaben, verhalfen außerdem der evangelikalen
Erweckung zum Erfolg. Die industrielle Expansion zog eine ständig
wachsende Arbeitskraft zu den Handels- und Herstellungszentren hin,
die in Schottland in und um Glasgow sowie dem Clyde lagen. In diesen
Gegenden lebten die arbeitenden Klassen oft in Schmutz und Armut.
Evangelische Kirchenmänner entdeckten ihre und ihrer Kirche Verantwortung für die unterprivilegierten Massen wieder, die den Kontakt
zur Kirche verloren hatten. In der Kirche von Schottland forderten die
Evangelikalen ein Programm für kirchliche Ausbreitung, um diese In-
dustriegebiete zu erfassen. Evangelikale Laien begannen die Sonntags-
schulbewegung, die anfänglich von der Kirche ebenso heftig abgelehnt
wurde wie das Unternehmen der Äußeren Mission, deren Anfänge
ebenfalls in diese Periode gehören.

Handel und Industrie brachten Schottland neuen Wohlstand, der die
Evangelikalen begünstigte. Mehr und mehr Reichtum fiel den Han-
dels- und Fabrikantenklassen zu, deren Großzügigkeit ihn den Kirchen
zugänglich machte. Als die Evangelikalen aus der Staatskirche aus-
schwärmten, stellte die Freigebigkeit ihrer Anhänger die Fonds zum
Bau neuer Gottesdienststätten, Pfarrhäuser, Colleges usw. bereit.

In einer Hinsicht hatte die neue intellektuelle, auf den Prinzipien der
Französischen Revolution basierende Einstellung jedoch ungünstige
Auswirkungen auf die Evangelikalen. Das Freidenkertum und der mit
der Französischen Revolution verbundene Rationalismus wurden von
ihnen als die Quelle der von so vielen Moderierten bekannten „ratio-
nalen" Religion betrachtet. Doch in ihrer Reaktion gegen das Moderier-
tentum drangen die Evangelikalen unglücklicherweise nicht zu einer
biblisch begründeten Neubewertung der Lehre vor, sondern zogen sich
auf die Position einer starren Westminster Orthodoxie zurück.

VIII. Der Bruch

Die Auseinandersetzung zwischen „Evangelikalen" und „Moderierten"
in der Kirche von Schottland erreichte ihren Höhepunkt während des
„Zehnjährigen Konfliktes", der 1843 mit dem Bruch endete.
Es ist wesentlich zu berücksichtigen, daß die Evangelikalen weder das
Freiwilligkeitsprinzip noch die Lösung der Kirche vom Staat befürworteten. Indem sie für die „Kronrechte des Erlösers" kämpften, leisteten
sie Widerstand gegen und verließen später ein „verderbtes Staatskirchentum", das heißt ein solches, das ihrer Meinung nach auf die geistliche Freiheit und Jurisdiktion der Kirche übergriff.
1842 verabschiedete die Generalversammlung einen Gesetzesantrag, der
die Abschaffung des Patronatswesens forderte, und nahm das „Claim
of Rights" an, das unter Hinweis auf die alleinige Oberhoheit Christi
auf der geistlichen Unabhängigkeit der Kirche bestand. Bei einer privaten Zusammenkunft der Evangelikalen wurde beschlossen, sich abzu-
spalten, falls der Staat dem „Claim of Rights" nicht zustimme, was
nicht erwartet wurde. Chalmers legte deshalb Pläne für eine von jeglicher Bindung an den Staat freien Kirche vor.
Die Wege trennten sich auf der Generalversammlung von 1843. Bevor
die Versammlung sich konstituierte, verlas der abtretende Moderator
Dr. Welsh einen Protest, der die Mißstände des Zwanges beim Namen
nannte, der den kirchlichen Jurisdiktionsgremien gegenüber geübt
wurde. Danach verließen die *Non-Intrusionists* die Versammlung und
zogen in feierlicher Prozession unter Begleitung einer großen Anhän-
gerschar zu einer eigens hergerichteten Halle. Dort konstituierten sie
die erste Generalversammlung der Freien Kirche Schottlands mit
Chalmers als ihrem ersten Moderator. Schließlich schlossen sich etwa
474 von insgesamt 1203 Pfarrern sowie rund ein Drittel aller Mitglieder der Staatskirche zu der Freien Kirche von Schottland zusammen.
Wenige Tage nach der „Bruchakte" wurde die „Trennungsakte und
Rücktrittsurkunde" unterzeichnet, mit der die sich abspaltenden Pfarrer
„sich von dem gegenwärtig bestehenden Staatskirchentum in Schottland trennten und es aufgaben und auf alle Rechte sowie Nebenein-
künfte verzichteten, die ihnen aufgrund dessen zustanden".
Im 20. Jahrhundert mag es unmöglich sein, alles das zu billigen, wofür
die Evangelikalen 1843 eintraten. Doch auch heute verlangen ihre Begeisterung und Bereitschaft, für die Freiheit der Kirche Opfer zu bringen, Respekt ab. Die neu konstituierte Freikirche besaß weder Gottesdienststätten noch Pfarrhäuser, und ihre Pfarrer hatten keine Stipendien. Doch innerhalb von zwei Jahren nach dem Bruch waren 500 Kir-

chengebäude errichtet, Pfarrhäuser erworben und Colleges gebaut. Die Arbeit der Äußeren Mission ging weiter, und ein zentraler Unterstützungsfond stellte Stipendien für Pfarrer bereit.

IX. *Entwicklungen im Gottesdienst*

Der Bruch schwächte die Staatskirche, zerstörte sie aber nicht. Es ist bedeutsam, daß die „*Auld Kirk*" in der Erweckung und Gottesdienstreform führend wurde.

Der Pionier in der Gottesdienstreform war Robert Lee (1804—1868), der 1843 Pfarrer von Old Greyfriars' wurde und später auch Professor für Bibelkritik und Altertumskunde in Edinburgh. Er glaubte, daß „eine nationale Kirche, zumindest in ihrem Gottesdienst, sich nicht zu einer Sekte zusammenziehen und alle diejenigen ausschließen dürfe, die in einer theologischen Kontroverse auf einer Seite stehen, sondern danach trachten solle, in einem guten christlichen Sinn ‚katholisch' zu sein, nämlich umfassend und allen Meinungsverschiedenheiten gegenüber tolerant, sofern sie nicht die Grundlagen der christlichen Religion, wie sie im Neuen Testament niedergelegt ist, antasten". Lees Haupteinwand gegen den schottischen Gottesdienst richtete sich gegen die Gebete. Er bezieht sich auf „ihre ermüdende Länge, ihre Widersprüchlichkeit, ihre ständigen Wiederholungen, ihren belehrenden und Moral predigenden Charakter, darauf, daß sie aus wenig mehr bestehen als einem Bündel unzusammenhängender Schriftzitate, ihren Mangel an Feierlichkeit, Schönheit, Frömmigkeit oder irgendeiner anderen Qualität oder Qualitäten, die ein Gebet besonders auszeichnen sollten". Lee plädierte nicht für verordnete statt „freier" Gebete, sondern lediglich für ihre besonnene Vorbereitung und sorgfältige Komposition.

Gegen Ende des 19. Jahrhunderts kam auch die Musik mehr zu ihrem Recht. Die Einwände gegen den Gebrauch von Orgeln schwanden allmählich. 1870 wurde das erste schottische Gesangbuch autorisiert, das den metrischen Psalmen und Paraphrasen Gesänge hinzufügte. Sogar das Interesse an Kirchenbau und Inneneinrichtungen lebte wieder auf.

X. *Neubewertung der Westminster Konfession*

In der zweiten Hälfte des 19. Jahrhunderts war die theologische Einstellung in Schottland, insbesondere auf dem Gebiet der biblischen und historischen Kritik, durch die deutsche Theologie beeinflußt, ferner durch den Darwinismus und die Evolutionstheorie. Infolgedessen wurden bestimmte Artikel der Westminster Konfession in den drei großen presbyterianischen Kirchen in Frage gestellt. Pfarrer und Älteste (bis 1853 auch Universitätsprofessoren) mußten die Westminster Konfession offiziell als ihr eigenes Glaubensbekenntnis unterschreiben. Vor allem wurde die Westminster Lehre über die doppelte Prädestination für viele zu einer Sache ernsten und quälenden Zweifels.

Die Vereinigte Presbyterianische Kirche machte den Anfang mit der Neubewertung ihres Verhältnisses zum Glaubensbekenntnis. 1879 verabschiedete ihre Synode ein erläuterndes Gesetz, das „Meinungsfreiheit ... in solchen Punkten in den Bekenntnisschriften" gewährte, „die nicht in die Substanz des Glaubens eingehen ... wobei die Kirche den Mißbrauch dieser Freiheit zur Verletzung ihrer Einheit und ihres Friedens verhütet". Das Gesetz erklärt ausdrücklich, daß die Lehre von der Erwählung zum ewigen Leben in Verbindung und Übereinstimmung mit der Wahrheit behauptet wird, daß Gott „ein Heil bereitet hat, das allen Genüge tut ... und im Evangelium allen angeboten wird ...".

1892 wurde das erklärende Gesetz der Freikirche verabschiedet. Zwei Pfarrer und rund 4000 Laien protestierten gegen die Lockerung der Bekenntnisschriften und verließen die Kirche, um die Freie Presbyterianische Kirche zu bilden. Das Gesetz erklärt, daß „während Meinungsverschiedenheit ... an solchen Punkten des Bekenntnisses anerkannt wird, die nicht in die in ihm dargelegte Substanz des reformierten Glaubens eingehen, behält die Kirche sich volle Amtsgewalt vor, um zu bestimmen, ... welche Punkte unter diese Beschreibung fallen ...". Die Akte erklärt ferner, daß „... im Falle solcher Personen, die nicht glauben, sondern in ihren Sünden umkommen, die Folge auf ihre eigene Ablehnung der Berufung durch das Evangelium zurückzuführen ist ...".

In der Kirche von Schottland waren die Dinge wegen der gesetzlichen Verbindung der Kirche mit dem Staat komplizierter. Weil eine parlamentarische Bestätigung notwendig gewesen wäre, wurde der Weg über ein erklärendes Gesetz zunächst nicht beschritten. Statt dessen entschied man, die Formel zu verbessern, mit der Pfarrer und Amtsträger das Glaubensbekenntnis unterschreiben sollten. Ein Gesetz der Regierung gewährte die Befugnis zur Verbesserung, und 1910 erzielte man Einigung über die neue Formel: „Ich unterschreibe hiermit das Glaubensbekenntnis und erkläre, daß ich es als Bekenntnis dieser Kirche annehme und daß ich die darin enthaltenen grundlegenden Lehraussagen des christlichen Glaubens für wahr halte".

Die Formel war insofern unbefriedigend, als sie den Eindruck erweckte, daß der einzelne Unterzeichner selber bestimme, was eine grundlegende Lehraussage ist und was nicht. Sie muß jetzt im Zusammenhang mit den *Articles Declaratory of the Constitution of the Church of Scotland in Matters Spiritual* (1926) verstanden werden. Artikel V gewährt Meinungsfreiheit „in Punkten, die die Substanz des Glaubens nicht berühren". Dennoch ist es die Kirche, die „erklärt, in welchem Sinn sie ihr Glaubensbekenntnis versteht" und die „weitere Lehräußerungen formuliert" und „das Verhältnis ihrer Amtsträger und Glieder dazu bestimmt, jedoch immer in Übereinstimmung mit dem Wort Gottes und den grundlegenden Lehraussagen des christlichen Glaubens, die in dem genannten Bekenntnis enthalten sind". Letzten Endes bestimmt die Kirche, was grundlegend für den christlichen Glauben ist oder nicht, jedoch immer in Übereinstimmung mit dem Wort Gottes.

XI. Der Wiedervereinigung entgegen

Die unmittelbare Ursache der Sezessionen und des Bruches wurde 1874 aufgehoben: in Beantwortung einer Petition der Generalversammlung hob eine Parlamentsakte das Patronatswesen in der Kirche von Schottland auf.

Dennoch vereinigten die Freie und die Vereinigte Presbyterianische Kirche nach 1874 ihre Kräfte in der lebhaften, jedoch fruchtlosen Kampagne für die Entstaatlichung der Kirche von Schottland. Ihr gemeinsamer Antagonismus gegen die Staatskirche brachte sie wieder näher zusammen. Doch wurden Verhandlungen im Hinblick auf eine korporative Union erst 1897 aufgenommen. 1900 wurde die Union vollzogen, und die beiden Kirchen wurden zur Vereinigten Freikirche von Schottland.

Die Union von 1900 war eine bemerkenswerte Leistung, weil zwei presbyterianische Gruppen zusammengeführt wurden, obwohl sie über das Wesen der Kirche weit auseinandergehende Ansichten hegten. In der Vereinigten Presbyterianischen Kirche herrschte die Vorstellung von der „versammelten" Kirche vor, was eine einigermaßen „kongregationalistische" Verfassung zur Folge hatte; das Eigentum war Besitz der Ortsgemeinde. Die Freikirche dagegen war in ihrer Anschauung auf die große Zahl ausgerichtet und im Hinblick auf Finanzen und Eigentum zentralisiert. Eines der zweckdienlichen Mittel, dessen man sich bediente, um die Union von 1900 (und später die Union von 1929) zu erreichen, bestand darin, jeder Gemeinde das Festhalten an ihrer ursprünglichen örtlichen Verfassung zuzugestehen. Einheit wurde somit weder von Uniformität noch von der Annahme der vergangenen Positionen der einen Gruppe durch die andere abhängig gemacht.

Die Union von 1900 hatte gesetzliche Folgen, die klar zeigten, daß eine Kirche, die „frei [ist] von den Versuchungen einer gesetzlichen Verbindung mit dem Staat", unter bestimmten Umständen den Gefahren eines nicht gesetzlich geregelten Verhältnisses zum Staat ausgesetzt ist.

1908 lud die Generalversammlung der Kirche von Schottland die Vereinigte Freikirche ein, „in einem freundschaftlichen und großmütigen Geist miteinander zu konferieren ..., um den Weg zur Union zu bereiten ...". Diese Einladung wurde unter der Bedingung angenommen, daß die Diskussion nicht beschränkt, mit anderen Worten, daß auch das „Prinzip des Staatskirchentums" einbezogen werde. Ein Jahr später ernannten die Versammlungen beider Kirchen Komitees, die in eine unbeschränkte Konferenz eintraten.

Die Unionsverhandlungen zogen sich zwanzig Jahre hin. Gegenseitige Verdächtigung sowie Mißtrauen mußten überwunden werden. Der Erste Weltkrieg setzte den offiziellen Konferenzen ein Ende, aber er brachte die schottischen Christen auf andere Weise näher zusammen. Am Ende trat eine kleine Minderheit, die meinte, die geistliche Freiheit der Vereinigten Kirche sei nicht genügend gesichert, der Union von 1929 nicht bei und blieb als die Vereinigte Freikirche von Schottland bestehen.

Von Anfang an war klar, daß die Union der beiden Kirchen nur dann vollzogen werden konnte, wenn Änderungen in der Verfassung der Kirche von Schottland ihre geistliche Freiheit sicherstellten und garantierten. Mit anderen Worten, die Kirche von Schottland war gezwungen, mit der Frage ihres Verhältnisses zum Staat zu ringen und sie zu lösen.

Als 1929 eine Unionsgrundlage ausgearbeitet worden war, wurde die Union zwischen der Kirche von Schottland und der Vereinigten Freikirche von Schottland vollzogen. Die beiden Kirchen wurden, was jede stets zu sein beansprucht hatte: die Kirche von Schottland.

XII. Die Erklärenden Artikel

Die Erklärenden Artikel sind sowohl für die Verfassung als auch für das Bekenntnis von Bedeutung.

Die Kirche von Schottland beansprucht, „Teil der heiligen katholischen oder universalen Kirche" zu sein. In Übereinstimmung mit den altkirchlichen ökumenischen Glaubensbekenntnissen vertritt sie die Lehren von der Trinität und der Inkarnation „und rühmt sich Seines Kreuzes und Seiner Auferstehung". „Die Kirche von Schottland hält an der schottischen Reformation fest; sie empfängt das Wort Gottes, das in den Schriften des Alten und Neuen Testaments enthalten ist, als ihre höchste Glaubens- und Lebensregel". Ihre Hauptbekenntnisschrift ist das Westminster Glaubensbekenntnis. Ihre Regierung ist presbyterianisch. Sie hat vom Herrn Jesus Christus, „ihrem göttlichen König und Haupt, und von ihm allein, das Recht und die Macht [empfangen], ohne Unterordnung unter irgendeine weltliche Behörde in allen Angelegenheiten der Lehre, des Gottesdienstes, der Verfassung und Zucht in der Kirche Gesetze zu erlassen und rechtsgültige Entscheidungen zu treffen ...". Sie „erkennt die göttliche Einsetzung und Autorität der staatlichen Obrigkeit innerhalb ihres eigenen Bereiches an und führt ihr geschichtliches Zeugnis von der Verpflichtung der Völker fort, ... Gott die Ehre zu erweisen, den Herrn Jesus Christus als König über die Völker anzuerkennen ... und Seine Kirche zu ehren ...". „Die Kirche hat das Recht, diese Artikel zu interpretieren und, den von der Kirche selber besorgten Sicherheitsklauseln für vorsätzliche Aktion und Gesetzgebung unterworfen, sie abzuändern oder mit Zusätzen zu versehen, jedoch immer im Einklang mit den Verordnungen des ersten dieser Artikel (vgl. Text auf S. 116 f.), an dem in der Form festzuhalten, wie die Kirche ihn interpretiert, für ihre Kontinuität und ihr korporatives Leben wesentlich ist".

So weit es möglich ist, in dieser Veränderungen unterworfenen und vergänglichen Welt überhaupt ein Problem zu lösen, hat die Annahme der Erklärenden Artikel sowohl durch die Kirche als auch durch den Staat in der Tat das Problem ihres beiderseitigen Verhältnisses in Schottland gelöst.

XIII. Das missionarische Unternehmen

Im 19. Jahrhundert wurde Britannien die führende Kolonialmacht. Viele Christen begannen jetzt in den Kategorien der Missionierung der ganzen Welt zu denken. Die Generalversammlung der Kirche von Schottland, die 1796 einen Antrag auf Missionen im Ausland abgelehnt hatte, ernannte 1824 ihr erstes Komitee für Äußere Mission und sandte 1829 ihren ersten Missionar, Alexander Duff, zur Arbeit in Indien aus. Missionsarbeit unter britischen Siedlern in den Vereinigten Staaten, Kanada, Australien usw. hatte bereits früher begonnen.

Die Schismen und Spaltungen der Kirche in Schottland spiegelten sich
auf den Missionsfeldern wider. In der zweiten Hälfte des 19. Jahrhunderts eröffneten und unterhielten die drei großen presbyterianischen
Kirchen ihre eigenen Missionen, hauptsächlich in Asien und Afrika.
Die Weltmissionskonferenz, die 1910 in Edinburgh abgehalten wurde,
führte zu größerer Zusammenarbeit zwischen den verschiedenen Gemeinschaften und Gesellschaften auf dem Missionsfeld. Nach dem
Zweiten Weltkrieg lief diese Zusammenarbeit in vielen Fällen auf Kirchenunionen hinaus. Das britische Imperium wurde in ein Commonwealth freier Nationen verwandelt. Souveräne Länder entstanden, in
denen die früheren Missionsfelder unabhängige Kirchen wurden. Einige
Tochterkirchen der wiedervereinigten Kirche von Schottland haben
sich mit anglikanischen, methodistischen und kongregationalistischen
Gemeinschaften zusammengeschlossen und sind vereinigte Kirchen geworden.
Die Kirche von Schottland ist ihrem missionarischen Unternehmen,
heute Überseemission genannt, immer noch tief verpflichtet, obwohl
wegen politischer Konstellationen der Kontakt mit einigen der früheren Missionsfelder, z. B. in China, nicht mehr möglich ist. 262 Missionare der Kirche von Schottland tun gegenwärtig im Ausland ihren
Dienst und sind mit evangelistischer, pädagogischer oder medizinischer
Arbeit beschäftigt. In einigen Fällen sind Missionare, die ihre theologische Ausbildung in Schottland erhalten haben, von einer asiatischen
oder afrikanischen Kirche ordiniert worden und ihre Pfarrer geworden.
Die Bande zwischen Mutter- und Tochterkirchen werden durch Studenten und Pfarrer von Asien und Afrika, die zur Vervollständigung ihrer
Ausbildung nach Schottland kommen, weiter gestärkt.

XIV. Die Ökumene

Die Kirche von Schottland, die dem Reformierten Weltbund, dem
Weltrat der Kirchen, dem Britischen Rat der Kirchen und dem Schottischen Rat der Kirchen als Mitglied angehört, „erkennt die Verpflichtung an, mit anderen Kirchen, in denen sie das Wort rein gepredigt,
die Sakramente nach der Verordnung Christi verwaltet und Kirchenzucht in rechter Weise geübt findet, Vereinigung zu suchen und zu fördern" (Erklärende Artikel VII).
Die Kirchenunionen, die bislang in Schottland stattgefunden haben,
sind ausschließlich Wiedervereinigungen innerhalb der presbyteriani-

schen Familie gewesen. Doch werden gegenwärtig mit der Kongregationalistischen Union von Schottland (30 000 kommunizierende Mitglieder) und der Methodistenkirche (11 500 kommunizierende Mitglieder in Schottland) Gespräche geführt.

Das Klima in der Beziehung zwischen der Kirche von Schottland und
der Kirche von Rom, deren Hierarchie 1878 in Schottland wiederauf-
gerichtet wurde, hat sich in den letzten Jahren sehr gebessert. Die
römische Kirche behauptet, sie habe 800 000 getaufte Mitglieder
(15 Prozent der Gesamtbevölkerung) in Schottland, von denen die
meisten irische Einwanderer oder irischer Abstammung sind. Die Isolierung der römischen Kirche erklärt sich zum Teil dadurch, daß
römisch-katholische Kinder in ihren eigenen Schulen, die seit 1918 vom
Staat unterhalten werden, eine Sonderstellung erhalten, während die
Kirche von Schottland ihre Schulen dem Staat übergeben hat. Emotio-
nale und psychologische Schranken werden jedoch abgebaut. Inoffizielle
Zusammenkünfte und Diskussionen zwischen Pfarrern und Mitgliedern der beiden Kirchen sind seit einiger Zeit im Gange. Während der
Gebetswoche für die Einheit sind auch gemeinsame Gottesdienste gehalten worden. Die Generalversammlung von 1968 beschloß, die römi-
sche Hierarchie einzuladen, zu der Versammlung 1969 einen offiziellen
„Gast" zu entsenden.

Seit der Union von 1929 hat das bedeutendste, jedoch in vieler Hinsicht
fruchtloseste ökumenische Unternehmen in den presbyterianisch-angli-
kanischen Gesprächen bestanden. Die Unterredungen und Berichte von
1932—1934 sowie von 1949—1951 führten nicht weiter. 1953 ernannten die Kirche von England, die Kirche von Schottland, die Presbyterianische Kirche von England sowie die Episkopalkirche in Schottland
noch einmal Vertreter, die 1957 einen gemeinsamen Bericht mit dem
Titel *Relations between Anglican and Presbyterian Churches*, volks-
tümlich als der *Bishops-Report* bekannt, vorlegten. Dieser Bericht ent-
fachte in Schottland Aufregung, denn er schlug grundlegende Veränderungen in der Verfassung der Kirche von Schottland vor, beispielsweise: „Bischöfe, die durch jedes Presbyterium gewählt werden, . . . würden ihre erste Weihe . . . von Bischöfen aus einer oder mehreren Epis-
kopalkirchen und durch das Presbyterium, das durch ernannte Vertreter handelt, empfangen". Die Generalversammlung von 1959 erklärte,
daß die Vorschläge des Bischofsberichtes unannehmbar seien, weil „sie
eine Verneinung der Katholizität der Kirche von Schottland und der
Gültigkeit ihres Pfarrdienstes innerhalb der einen katholischen Kirche
implizieren". Eine weitere Reihe von Gesprächen wurde geführt, um
die Bedeutung von Einheit im Unterschied zu Uniformität in der Kir-

chenordnung, von ‚Gültigkeit' in bezug auf Pfarrordnungen, um die
Lehre vom Heiligen Abendmahl sowie die Bedeutung der apostolischen
Sukzession in bezug auf alle diese Sachverhalte zu klären. Der 1966
verfaßte gemeinsame Bericht wurde ohne Begeisterung entgegengenom-
men, denn er bot in keiner Weise eine Lösung für das Problem von
Episkopal- und Presbyterialverfassung.

Gegenwärtig finden in England Gespräche zwischen der Kirche von
England und der Presbyterianischen Kirche von England und in Schottland zwischen der Kirche von Schottland und der Episkopalkirche in
Schottland (53 000 kommunizierende Mitglieder) statt. Welchen Fortschritt diese Gespräche bringen werden, ist nicht vorauszusagen.

XV. *Die Kirche von Schottland heute*

Die Kirche von Schottland steht im wesentlichen vor denselben Problemen wie alle anderen Kirchen.

Vom praktischen Gesichtspunkt muß die Kirche von Schottland ihre
Mittel reorganisieren und neu aufstellen, und das bedeutet zugleich
einen Kürzungs- und Erweiterungsprozeß. Da die drei großen presbyterianischen Kirchen zu einer geworden sind, werden besonders in den
älteren Bezirken der Klein- und Großstädte weniger Gebäude und
Pfarrer benötigt. Angleichungen und Zusammenschlüsse von Gemeinden sind deshalb notwendig geworden. Andererseits hat die Massen-
auswanderung der Bevölkerung in Neubaugebiete und völlig neue
Städte ein Programm für die Ausdehnung der Kirche erforderlich gemacht, denn die Kirche muß hingehen und sein, wo die Menschen leben.
Da die festgesetzten Abgaben für die mannigfaltige Arbeit der Kirche
völlig unzureichend sind, bilden die freiwilligen Abgaben der Mitglieder jetzt ihre Haupteinnahmequelle. Während der parochiale Pfarrdienst für das Ethos der Kirche von Schottland grundlegend bleibt,
wird der Gedanke von Teampfarrämtern erwogen, und diese müssen
zusammen mit völlig neuartigen Pfarrdiensten (z. B. Industriepfarrern
usw.) in die Gesamtmission der Kirche eingegliedert werden.

Vom theologischen Standpunkt aus betrachtet, haben die Schulen von
Barth und Bultmann ihren Einfluß geltend gemacht. Bonhoeffer hat das
theologische Denken ebenfalls stark angeregt. Der Bischof von Woolwich
(John Robinson) und die amerikanische „Gott-ist-tot-Theologie" haben
Widerhall gefunden. Doch die enge Bindung zwischen theologischem
Denken und kirchlichem Leben hat spekulativen Extremismus verhin-

dert. Trotzdem gibt es vielerorts Zweifel, und die Kirche von Schottland überdenkt wieder einmal ihr Verhältnis zu ihrem Glaubensbekenntnis. 1968 wies die Generalversammlung deshalb ihren Lehrausschuß an, „den Ort des Glaubensbekenntnisses von Westminster als Bekenntnisnorm für den Glauben der Kirche und die darauf bezüglichen Aussagen in der Präambel und den bei Ordinationen verwendeten Fragen im Hinblick darauf zu bedenken, daß sie der Kirche Orientierungshilfe bieten".

Die unruhige Geschichte der Kirche von Schottland läßt erkennen, daß sie niemals versucht hat, in Isolierung von der Welt zu leben. Sie hat ihre Verantwortung für die Welt stets akzeptiert. Der Säkularisationsprozeß, der vom Standpunkt der Kirche die Erkenntnis ist, daß die Welt nicht Gott, sondern Gottes Schöpfung ist, hat die Sorge der Kirche für die Ganzheit des menschlichen Lebens nicht verändert, sie hat das Problem faktisch erhellt. Die Experimente der Iona-Gemeinschaft in Schottland, die 1938 von (Pfarrer) George McLeod (heute Lord McLeod) mit dem Ziel gegründet wurde, die Kirche durch das „Mittel brüderlicher Gemeinschaft" in diesen Gesamtlebensbezug des Menschen hineinzubringen, liegen mit der schottischen Tradition auf einer Linie. In den vergangenen Jahren hat die Kirche von Schottland ihre Sorge für die Welt in verschiedener Weise zum Ausdruck gebracht: 1. Erziehung und Sozialdienste: Alters- und Kinderheime, Herbergen für junge Arbeiter, Fürsorge für unverheiratete Mütter, anerkannte Schulen, Fürsorge für Alkoholiker und Rauschgiftsüchtige usw.; 2. ihre Stellungnahmen zu Ehe und Ehescheidung, Familienplanung, Homosexualität, Gammeln, Wohnungsnot, Atomkrieg, die Verantwortung Britanniens für die Entwicklungsländer, den Gemeinsamen Markt usw.; 3. ihre Teilnahme an dem weitverzweigten Christlichen Hilfsprogramm, das von der weltweiten Kirche organisiert wird, „um zu allen Zeiten und an allen Orten Hilfe dort verfügbar zu machen, wo sie am dringendsten benötigt wird".

Es besteht kein Zweifel, daß auch die Kirche von Schottland in dieser sich verändernden Welt bereit ist, sich zu verändern, um ihr Zeugnis von Jesus Christus wirksamer zu machen: *ecclesia reformata semper reformanda est.* Dieser Prozeß der Reformation wird zuzeiten schmerzvoll sein, aber solange die Kirche von Schottland ihrem alleinigen König und Haupt treu ist, wird ihr Motto wahr bleiben: *nec tamen consumebatur.*

Anhang

A. *Auszüge aus dem Kürzeren Katechismus*

Frage 1 Was ist das höchste Ziel des Menschen?
Antwort Des Menschen höchstes Ziel ist es, Gott zu verherrlichen und sich für immer an Ihm zu freuen.

Frage 4 Was ist Gott?
Antwort Gott ist ein Geist, unendlich, ewig und unveränderlich in seinem Sein, seiner Weisheit, Macht, Heiligkeit, Gerechtigkeit, Güte und Wahrheit.

Frage 21 Wer ist der Erlöser der Erwählten Gottes?
Antwort Der einzige Erlöser der Erwählten Gottes ist der Herr Jesus Christus, der als der ewige Sohn Gottes Mensch wurde und somit Gott und Mensch in zwei verschiedenen Naturen, aber eine Person war und für immer fortfährt zu sein.

Frage 22 Wie wurde Christus als der Sohn Gottes Mensch?
Antwort Christus, der Sohn Gottes, wurde dadurch Mensch, daß er im Schoß der Jungfrau Maria, indem er durch die Kraft des Heiligen Geistes empfangen wurde, einen wahrhaftigen Leib und eine vernünftige Seele annahm und von ihr, jedoch ohne Sünde, geboren wurde.

Frage 92 Was ist ein Sakrament?
Antwort Ein Sakrament ist eine heilige, von Christus eingesetzte Verordnung, worin Christus und die Gnadengaben des neuen Bundes durch wahrnehmbare Zeichen repräsentiert, versiegelt und den Glaubenden mitgeteilt werden.

Frage 98 Was ist ein Gebet?
Antwort Gebet ist ein Darbringen unserer Wünsche nach Dingen, die Seinem Willen entsprechen, vor Gott im Namen Christi, zusammen mit dem Bekenntnis unserer Sünden und dankbarer Anerkennung Seiner Gnadenerweise.

B. *Erklärende Artikel zu der Verfassung der Kirche von Schottland in geistlichen Angelegenheiten*

I. Die Kirche von Schottland ist Teil der heiligen katholischen oder universalen Kirche darin, daß sie einen allmächtigen, allweisen und alliebenden Gott in der Dreieinigkeit des Vaters, des Sohnes und des Heiligen Geistes, denselben dem Wesen nach, gleich an Macht und Herr-

lichkeit anbetet, daß sie den Vater, unendlich an Majestät, von dem
alle Dinge sind, verehrt, daß sie unseren Herrn Jesus Christus, den
ewigen Sohn, der zu unserer Rettung zum wahrhaftigen Menschen gemacht wurde, bekennt, daß sie sich Seines Kreuzes und Seiner Auferstehung rühmt und Ihm als dem über alle Dinge gesetzten Haupt
Seiner Kirche Gehorsam bekennt, daß sie auf die verheißene Erneuerung und Führung des Heiligen Geistes vertraut, daß sie die Sünden-
vergebung und Annahme bei Gott durch Glauben an Christus sowie
die Gabe des ewigen Lebens verkündigt und daß sie für die Ausbreitung des Königreiches Gottes über die ganze Welt arbeitet. Die Kirche
von Schottland hält an der schottischen Reformation fest, nimmt das in
den Schriften des Alten und Neuen Testaments enthaltene Wort Gottes als ihre oberste Glaubens- und Lebensregel an und erkennt die
grundlegenden Lehren des darauf gegründeten katholischen Glaubens an.

5. Kapitel

DIE REFORMIERTEN KIRCHEN DEUTSCHLANDS

Geschichte und Gegenwart

PAUL JACOBS

I. Geschichte und gegenwärtige Gestalt

Die reformierten Gemeinden und Kirchen verstehen sich als Kirche und Gemeinde der Reformation, in denen die Reformation eine besondere Ausprägung erfahren hat. Sie wollen also im geschichtlichen wie im grundsätzlichen Sinne nicht als eine isolierte Größe neben anderen Reformationskirchen, sondern in gegenseitiger Ergänzung wie befruchtender Kontroverse mit den anderen Reformationskirchen zusammen leben. Der reformatorische Prozeß der Wiedergewinnung neutestamentlicher Erkenntnis und Gestaltung ist ein immerwährender Prozeß: *„ecclesia, quia reformata, semper reformanda"*.

Dieses Wort entstand wahrscheinlich bei den Hugenotten und wurde dann im niederländischen Pietismus zur Parole. Dementsprechend ist auch der Anfang der Geschichte der reformierten Kirche, in die Gegenreformation eingebettet, bereits ein Prozeß innerhalb der ganzen Reformationsgeschichte. Der Beginn der reformierten Kirche ist ein Werdegang, der sich über Jahrzehnte erstreckt und neben Zürich und Straßburg in Genf seinen Mittelpunkt hat. Er liegt in der Gestaltung des Gemeindelebens, wie es in Genf erwuchs, von Genf aus befruchtend auf andere Städte und Länder, vor allem Westeuropas gewirkt und sich so als kirchengründende Kraft erwiesen hat.

Es gab in der Frühzeit der Reformation mehrere Reformatoren reformierter Prägung — nicht nur Zwingli, sondern Bucer in Straßburg und England, Ökolampad in Basel, Farel in Genf, Bullinger in Zürich, a Lasco in Emden —, aber der unter allen Gestalten hervorragende Reformator der reformierten Kirchen in aller Welt war unangefochten und zweifelsfrei Johannes Calvin. Calvin hat es von der Tiefenerkenntnis des Wortes Gottes her und in der Gestaltungskraft des Heiligen Geistes vermocht, daß die nebeneinander laufenden reformatorischen

Bewegungen, sofern sie sich nicht ausschließlich nach Wittenberg orientierten, zu einer reformierten Gruppe zusammenfanden und sich bis zum heutigen Tage — bei allen Unterschieden — einer weltumspannenden Gemeinschaft erfreuen.

Was den Begriff „reformiert" angeht, so war er im katholischen Gebrauch wie im Selbstverständnis der westeuropäischen Reformation identisch mit dem Begriff „lutherisch". Er ist zum ersten Male geprägt worden für die Lutheraner in Frankreich im Unterschied zu den Katholischen und stellte also ursprünglich gar keine Kirchenbezeichnung im Sinne einer Sonderkonfession dar. Das galt bis zum Jahre 1577 der Konkordienformel. Hier wurde der Begriff lutherisch im exklusiven Sinne für die lutherischen Kirchen, die sich der Konkordienformel anschlossen, beansprucht. Damit wurde der Begriff reformiert frei für die anderen und von diesen anderen selbst gebraucht. Staatlicherseits wurden die reformierten Kirchen besonders in Deutschland ausdrücklich erst durch den Westfälischen Frieden von Osnabrück (1648) anerkannt. In dieser nunmehr gültigen Rechtsbezeichnung „reformiert" sollte sowohl zum Ausdruck kommen, daß die Kirche sich nicht auf einen Menschen berufen darf, wie daß die das Wort Gottes verkündende Kirche ihre Weite in der Katholizität des Evangeliums hat. Im Raum der angelsächsischen Sprache hat sich der Begriff reformiert nicht durchgesetzt, sondern ist im Gegensatz zur episkopalen Verfassung durch den Begriff „presbyterianisch" ersetzt worden. Diese Kirchen bringen damit zum Ausdruck, daß sie weniger auf ein reformiertes Lehrbekenntnis als auf die Gestaltung der Kirche Wert legen. In der Ökumene haben die reformierten Kirchen dann beide Begriffe aufgenommen, indem sich der Weltbund reformierter Kirchen 1954 die Bezeichnung gab *„Alliance of Reformed Churches throughout the World holding the Presbyterian Order"*. — Als sich 1970 während der 20. Generalversammlung des Reformierten Weltbundes der Internationale Kongregationalistische Rat mit dem Reformierten Weltbund vereinigte, wurde der Name der neuen Organisation geändert in „Reformierter Weltbund (presbyterianisch und kongregationalistisch)" (Anm. d. Hrg.).

Die Lehre des reformierten Zweiges der Reformation ist in einer großen Zahl (etwa 60) reformierter Bekenntnisschriften niedergelegt, die aber grundsätzlich wie geschichtlich nicht den Rang eines Konkordienbuches beanspruchen und darum auch nicht als abgeschlossen gelten dürfen. Zu den maßgeblichen Bekenntnisschriften zählen für die deutschen Gebiete der „Heidelberger Katechismus", für die deutsch-schweizerischen, österreichischen und ungarischen Gebiete der „Heidelberger Katechismus" und das „2. Schweizerische (Helvetische) Bekenntnis", für Frank-

reich das „Hugenottische Bekenntnis", für die holländischen Sprachgebiete der „Heidelberger Katechismus" und das „Niederländische Bekenntnis" *(Confessio Belgica)*, für die angelsächsischen Sprachgebiete
die *Westminster-Confession*, die *Confessio Scotica* — alle verschieden in Lehrausprägung und doch miteinander verwandt, ja gleich in
dem Bekenntnis der alleinigen Bindung an die Heilige Schrift. Diese
Beschränkung auf das Wort Gottes selbst hat zur Folge, daß sich die
reformierten Kirchen in Bekenntnisfragen einer relativ großen Einheit
und Gemeinschaft erfreuten und erfreuen. Die Frage nach dem Verhältnis von Schrift und Bekenntnis wirkt hier durchgängig nicht trennend,
sondern um des Schriftbezuges willen einigend. Einig ist man sich in
dem Willen, auf das Wort Gottes Heiliger Schrift zu hören. In anderer
Beziehung wird gar keine Einigkeit erstrebt, sondern der mannigfachen Entfaltung Raum gegeben. Es gehört von jeher zum Wesen der
reformierten Kirchen, besonders in Deutschland, daß sie eigentlich gar
keine Konfession sein wollen und jeden Konfessionalismus ablehnen.
In der Zeit der späten Orthodoxie bzw. des beginnenden Rationalismus
gewann die reformierte Theologie in der Gestalt der Föderaltheologie,
speziell des Johannes Coccejus (1603—1669), von den Niederlanden
ausgehend, in der gesamten Geisteswelt befruchtende Bedeutung. Der
Begriff des Bundes, zum ersten Mal schon von Irenäus gebraucht, war
seit Zwingli, aber auch bei Melanchthon und dann bei Calvin, Bullinger und Ursin zum theologischen Begriff erhoben worden. Die Föderaltheologie hat von ihm her die ganze Heilsgeschichte von dem Schöp-
fungsratschluß Gottes bis zum Jüngsten Gericht zu begreifen und durch
Coccejus in Epochen zu fassen versucht. Die theologische Bedeutung
dieser Schau besteht in einem Doppelten: Einmal in der neuen Wertung
des Verhältnisses von Altem und Neuem Testament unter dem umgrei-
fenden Heilsbogen des gnädigen Gottes in Christus, und zum anderen
in dem Versuch, das Handeln Gottes in einem heilsgeschichtlichen Prozeß zu erkennen. Von da aus hat diese Theologie auf nahezu alle Gebiete des Geistes befruchtend gewirkt und das moderne Interesse an der
Geschichte und ihrer Entwicklung wachgerufen.
So zeigen sich in der Theologie und Kirchengeschichte der folgenden
Jahrhunderte weiter reformierte Kräfte in einer verbrämten, der Reformation entfremdeten Gestalt. Doch ist ihre Einflußkraft darum nicht
gering gewesen. So sehr zum Beispiel Schleiermacher ein Theologe und
Kirchengestalter romantischer Geschichtskonzeption war, so ist doch
seine reformierte Herkunft in seiner Theologie und Kirchengestaltung
nicht zu verkennen. Und so sehr die Gründung der Altpreußischen
Union von 1817 weithin unter pseudokirchlichen — zum Teil politi-

schen, zum Teil romantischen — Gesichtspunkten verlief, so verrät sich
doch in dieser Gründung tief verborgen das immerwährende Verlangen
nach interkonfessioneller Gemeinschaft im Sinne der Einheit des Leibes
Christi.

Die Rückbesinnung auf die reformierten Quellen geschah in späterer
Zeit, und zwar in zwei voneinander unabhängigen Epochen: Zum ersten
Male um 1900 im exklusiv reformierten Raum der Niederlande unter
Abraham Kuyper (1837—1920) im Kampf gegen den herrschenden
Liberalismus seines Landes und seiner Kirche, und das andere Mal nach
dem Ersten Weltkrieg im gesamten reformatorischen Raum durch die
dialektische Theologie (Karl Barth). Reformierterseits ist der Rückgriff
der dialektischen Theologie auf die Reformation durch eine besondere
Gestalt aus der Mitte des 19. Jahrhunderts vorbereitet gewesen, durch
den „niederländisch-reformierten Theologen Hermann Friedrich Kohlbrügge (1803—1875). Von Haus aus — als Holländer (!) — war er
Lutheraner; er wandte sich dem reformierten Bekenntnis zu, entzog sich
in der reformierten Gemeinde Elberfeld dem staatlichen Zugriff in
Sachen der Kirchenordnung und rief eine staatsfreie „niederländisch-
reformierte Gemeinde" ins Leben. Dieser Theologe ist in der Zeit des
spekulativen Idealismus, der Romantik und des Neukantianismus eine
einzigartige und fast einsame Erscheinung, die das Ohr wieder direkt
an die Botschaft der Reformation zu legen vermochte und als Reformierter eine Theologie vom Rechtfertigungsverständnis Luthers aus
entwarf — der Gnadentheologe des 19. Jahrhunderts, ein lutherischer
Reformierter, ein reformierter Lutheraner und insofern eine nicht zufällige Erscheinung in der reformierten Theologie- und Kirchengeschichte! Er kämpft gegen das Glaubensverständnis des religiösen Menschen, gegen die ethische wie geschichtspositivistische Wertung des Christentums. Glaube ist der Glaube des Sünders, der zwischen Gesetz und
Evangelium aus der Gnade lebt. „Glauben heißt: Ja sagen mit einem
Schrei des Bangens, der Not und der Freude — Amen darauf sagen, daß
Gott unsere Seligkeit außer uns und ohne uns in Christo hat dargestellt" (Fragen und Antworten, 129). — Im Gefolge dieser theologischen
Bewegung wurde der Kampf gegen das „Dritte Reich" und die „Deutschen Christen" und die Gründung der „Bekennenden Kirche" möglich,
wobei das reformierte Element in Gemeinschaft mit den anderen reformierten Kirchen bis hin zu den Barmer Thesen in der reformierten Gemeinde von Barmen-Gemarke (1934) entscheidend mitgewirkt hat.

In Deutschland bietet das statistische Bild durch das Phänomen der
Union besondere Schwierigkeiten. Unter den etwa 40 Millionen Evangelischen in Deutschland leben eine Million Reformierte, aber unter den

20 Millionen Unierten, das heißt Evangelischen in unierten Landeskirchen, wie zum Beispiel und besonders im Rheinland, in Westfalen, Hessen, Baden und in der Pfalz leben etwa 3 Millionen Reformierte oder Unierte reformierter Prägung, so daß sich eine Gesamtstichzahl von 4 Millionen Reformierten ergäbe. Neben den mit reformierten Gemeinden durchsetzten Landeskirchen von Rheinland, Westfalen, Hessen, Baden und der Pfalz gibt es eine rein reformierte Kirche, die Evangelisch-reformierte Kirche Nordwestdeutschlands, und eine Kirche, die außer einer lutherischen Klasse (Kirchenkreis) nur reformierte Gemeinden zählt und in ihrer Prägung als reformiert zu gelten hat, die Lippische Landeskirche. Daneben besteht einer freier Bund reformierter Kirchengemeinden (nicht zu verwechseln mit dem „Reformierten Bund"), zu dem einzelne Gemeinden verschiedener deutscher Länder gehören, und die „Altreformierte Kirche" in der Grafschaft Bentheim, eine sogenannte Freikirche. Reformierte Gemeinden und Kirchen schließen sich in freiwilliger Weise zusammen im „Reformierten Bund" (gegründet 1884), durch den die Reformierten Deutschlands im Reformierten Weltbund vertreten sind.

Die beiden reformierten Kirchen (die reformierte Kirche Nordwestdeutschlands und die Lippische Landeskirche) wie auch die unierten („evangelischen") Landeskirchen mit reformierten und uniert-reformierten Gemeinden und die lutherischen Landeskirchen sind seit 1945 in der „Evangelischen Kirche in Deutschland" (EKD) zusammengeschlossen. Diese EKD ist ein Kirchenbund, der nach der Auffassung der einen (meist unierten) Gruppe immer mehr auf dem Wege zu einer Kirche verstanden werden, nach der Auffassung der anderen (meist lutherischen) Gruppe mehr Kirchenbund bleiben soll. Die Entwicklung der reformatorischen Kirchen Deutschlands zur EKD ist nur möglich geworden nach dem Widerfahrnis des Dritten Reiches und dem Wagnis des Kirchenkampfes gegenüber dem Programm der Deutschen Christen zur „Vollendung der Reformation", zur „Entjudung des Evangeliums und der Kirche", zur „Entfernung alles Undeutschen aus Gottesdienst und Bekenntnis" und zur Gewinnung einer „nordisch-heldischen Jesusgestalt". Gegenüber diesem Programm kam es 1934 zur ersten Bekenntnissynode in der reformierten Gemeinde Barmen-Gemarke. Indessen, dieses synodale Ereignis ist nur zu erklären durch die voraufgegangene dialektische Theologie, speziell durch Karl Barth, der dann auch als der Vater der Barmer Erklärung anzusehen ist, der die Berner Thesen aus der Schweizer Reformation zugrunde liegen.

Aber auch diese direkte Vorgeschichte des Kirchenkampfes für die Entwicklung zur EKD hat eine lange indirekte Vorgeschichte, die in die

Mitte des 19. Jahrhunderts zurückreicht. Es handelt sich hier um die Evangelische Konferenz von 1846, zu der sich 26 Landeskirchen zusammenfanden (Lutheraner, Reformierte und Unierte), um den Wittenberger Kirchentag von 1848, auf dem Wichern das Programm der Inneren Mission entwickelte („die Liebe gehört mir wie der Glaube"), um die Eisenacher Konferenz von 1852, um die Gründung der „Deutschen Evangelischen Kirche" (DEK) von 1903 und um das mit dem Ausgang des Ersten Weltkrieges verbundene Ende der landesherrlichen Kirchenregimenter und den Zusammenschluß der Landeskirchen im Deutschen Evangelischen Kirchentag von 1919 in Dresden und um die Gründung des Evangelischen Kirchenbundes von 1921 in Stuttgart und dessen Bestätigung 1922 in Wittenberg. Diese organische Entwicklung zum Kirchenbund wurde dann durch die Ereignisse des Dritten Reiches 1933 jäh abgebrochen, indem von den Deutschen Christen die Einheit der DEK einfach proklamiert wurde. In Wirklichkeit verlief der Weg zur weiteren Einheit nicht in der DEK, sondern im Notprogramm der Bekenntnissynode, dem Bruderrat und der vorläufigen Leitung der EKD.

Aus dieser Bekenntnisbewegung erfolgte dann nach dem Zweiten Weltkrieg und dem Ende des Dritten Reiches 1945 in Treysa die Konstituierung der EKD, des Rates der EKD und 1948 die Grundordnung der EKD, worin die Entscheidung der Ersten Bekenntnissynode von Barmen-Gemarke bejaht wurde. In dieser offiziellen Umstellung der DEK zur EKD kommt das gänzlich neue Verständnis der Kirche zum Ausdruck: Kirche Christi kann sich nicht als deutsche Kirche, sondern nur als Kirche in Deutschland verstehen.

In diesem Kirchenbund, der sich nach dem Verständnis der reformierten Kirchen und Gemeinden in Deutschland auf dem Wege zur Einheit der Evangelischen Kirche in Deutschland wissen soll, ist es inzwischen zu mehreren Gemeinschafts-, ja Einheitsbildungen gekommen, zu den sogenannten „Werken" der EKD: Zur Betreuung der Auslandsgemeinden durch das Kirchliche Außenamt in Frankfurt am Main, zur Mitgliedschaft in der ökumenischen Bewegung, zur Männerarbeit, Jugendarbeit, Diakonie, Äußeren und Inneren Mission, zum Hilfswerk und zum „Deutschen Evangelischen Kirchentag". Dazu kommt, daß die beiden reformierten Landeskirchen in Deutschland sich in ihrem Willen zur Gewinnung und Vertiefung weiterer Gemeinschaft und Einheit in der EKD den Kirchen der Arnoldshainer Konferenz angeschlossen haben.

II. *Bekenntnis und gegenwärtige theologische Fragen*

Die Frage nach den besonderen Kennzeichen der reformierten Kirchen führt notwendigerweise zur Unterscheidung von äußeren und inneren Ausprägungen, die einerseits nicht zu verwechseln, zu vermischen oder gleichzuwerten sind, die andererseits aber doch in einem inneren Verhältnis zueinander entstanden sind und auch so weiterleben. Wer nur um die äußeren Merkmale weiß, zählt gewöhnlich folgende, meist im Gottesdienst auftretende vier Merkmale: 1. den liturgiearmen Predigtgottesdienst; 2. die oft zu Tisch sitzende oder stehende, nie kniende Abendmahlsgemeinde, die das gebrochene Brot (im Unterschied zu Oblaten) in die Hand nimmt und sich nicht in den Mund geben läßt; 3. die Zählung der Zehn Gebote nach dem alttestamentlichen Selbstverständnis, das heißt die Aufteilung des nach mittelalterlicher und sonst üblicher Zählung 1. Gebotes in 1. und 2. Gebot und die Zusammenfassung des 9. und 10. Begehrensverbotes in das eine 10. Gebot, und endlich 4. den Verzicht auf den Bischofstitel — abgesehen von Kirchen der ungarischen Reformation — wie den Verzicht auf die Betonung des geistlichen Sonderamtes gegenüber den Laienämtern.

Diese äußeren Umstände sind weder Gründe für ein Sonderdasein der reformierten Kirche noch für irgendeine andere Kirchensonderung oder -trennung; sie könnten, um der Einheit des Leibes Christi willen, morgen fallengelassen werden, wie sie auch in den reformierten Kirchen nicht überall gleich in Geltung stehen. Sie sind vielmehr von zweitrangiger, zum Teil geschichtlicher Bedeutung, aber als solche nicht zufälliger Art, sondern auf Grund eines besonderen Schriftverständnisses erwachsen. Von hier aus und also in sekundärer Instanz sind sie ernst zu nehmen und noch besonders zu behandeln.

Neben und hinter diesen äußeren vier Merkmalen zeigen sich dem tieferen Blick etwa folgende fünf Hauptpunkte von lehr- und bekenntnismäßiger Bedeutung: 1. das Verständnis des Wortes Gottes im Verhältnis von Gesetz und Evangelium wie von Schrift und Bekenntnis; 2. die Konzeption der Christologie, wie sie im *Extracalvinisticum* (s. u.) zum Ausdruck gekommen ist und sich in der Lehre von der Höllenfahrt auswirkt; 3. die Ausprägung der Heilslehre in der Betonung der Prädestination; 4. die Fassung der Ethik im *syllogismus practicus* (s. u.) und im Bilderverbot, und 5. das Verständnis der Sakramente im allgemeinen, die Begründung der Kindertaufe und die Abendmahlslehre. — Von hier aus haben die Reformierten in Geschichte und Gegenwart besondere Kräfte in der Gestaltung des Gemeindelebens, in ihrem Willen zur synodalen wie zur ökumenischen Gemeinschaft, aber auch in ihrem Verhältnis zum Staat und zur Welt im allgemeinen entfaltet.

1. Die reformatorische Wertung der Heiligen Schrift hat sowohl in der Kanonfrage wie in der Bestimmung des Verhältnisses von Altem und Neuem Testament, von Gesetz und Evangelium, in der reformierten Theologie eine besondere Ausprägung erfahren. Schon in den frühen Bekenntnisschriften *(Confessio Belgica)* wird die Heilige Schrift in ihrem kanonischen Umfang (also ohne die Apokryphen des Alten Testaments) als Wort Gottes gewertet — ohne daß man sich einem Auswahlprinzip nach dem, was „Christum treibet", öffnete. Das hat eine doppelte Folge bis in die gottesdienstliche Gestaltung hinein: a) In den reformierten Kirchen wird bis zum heutigen Tage nicht nur und nicht einmal vornehmlich über die Perikopen und andere Auswahltexte gepredigt, sondern immer wieder werden fortlaufende ganze Bücher der Heiligen Schrift einschließlich des Alten Testamentes als Predigttext zugrunde gelegt. b) Das Alte Testament erfreut sich in den reformierten Kirchen einer besonderen, dem Neuen Testament ähnlichen Wertung, die sich darin auswirkt, daß man sich der alttestamentlichen Exegese und der hebräischen Sprache in einer Weise zugewandt hat, die nicht nur der Kirche, sondern auch der Orientalistik (z. B. Buxtorf Vater, Sohn und Enkel in Basel) entscheidend zugute gekommen ist. Nur von dieser Wertung des Alten Testamentes her ist es verständlich, daß der Psalmengesang im reformierten Gottesdienst wie im häuslichen Leben zum unveräußerlichen Bestandteil geworden ist. Alle 150 Psalmen sind — zum Teil mehrfach — übersetzt und vertont und leben in reformierten Gemeinden und Häusern wie die anderen Lieder der Reformation und Paul Gerhardts — eine Erscheinung, die unter der Frage der reformierten Liturgie noch zu behandeln sein wird.

Nun ist aber die reformierte Hochschätzung des Alten Testamentes nicht nur begründet in der geschlossenen Wertung der Heiligen Schrift, sondern in dem besonderen Gesetzesverständnis, das die reformierte Kirche in ihrer Theologie seit jeher entwickelt hat. Die Größen „Gesetz" und „Evangelium" stehen weder im ausschließlichen Verhältnis von Vergangenheit und Gegenwart noch im Verhältnis der je fälligen Vorbereitung und Hauptsache, von Buße und Gnade, sondern in einem echt dialektischen Verhältnis zueinander: das Evangelium versteht sich als Antwort auf das Gesetz, und das Gesetz ist nur noch zu verstehen vom Evangelium her — es ist das Gottesgebot im Evangelium. Die Formel „Gesetz und Evangelium" gehört also genauso zur reformierten Theologie wie die umgekehrte Formel „Evangelium und Gesetz". Erst beide zusammen geben das Verhältnis von Gesetz und Evangelium in reformierter Sicht zutreffend wieder. Die lutherische Verhältnissetzung von Gesetz und Evangelium ist also keineswegs in die neuerdings beliebt gewordene Antithese von Evangelium und Gesetz umzukehren, vielmehr durch die Rangordnung von Evangelium und Gesetz ständig zu begleiten. Das kam zum Beispiel früh darin zum Ausdruck, daß der Genfer Katechismus von 1542 nicht Gesetz und Evangelium, sondern Evangelium und Gesetz disponiert, aber nicht im Sinne einer einfachen Verhältnisumstellung, sondern im Sinne einer dialektischen Verhältnissetzung.

Dieses dialektische Verhältnis hat der Heidelberger Katechismus in geradezu meisterhafter Weise gestaltet, indem er im ersten Teil von Gesetz (Frage 3 und 4) und dann im zweiten und dritten Teil vom Evangelium handelt, doch so, daß er das Gesetz im ersten Teil in der neutestamentlichen Zusammenfassung des Doppelgebotes der Liebe bietet, also das Gesetz als Evangelium, und dann, nach Christologie, Soteriologie und Ekklesiologie (Lehre von Christus, von der Erlösung und von der Kirche), mitten in der evangelischen Ethik (Frage 92 f.) die Zehn Gebote behandelt, also das Evangelium in seinem Gebotscharakter.

So ist es zwar nicht von ungefähr, daß heute gerade von reformierter Seite (K. Barth) aus die Umstellung von Gesetz und Evangelium in Evangelium und Gesetz vorgenommen wurde. Allein, diese Umstellung, absolut verstanden, würde nun wiederum nicht die eigentliche reformierte Schau sinngemäß wiedergeben. Auch im reformierten Sinne heißt es klassischerweise „Altes und Neues Testament", „Gesetz und Evangelium", „Buße und Gnade"; aber die Buße ist bereits eine Wirkung der Gnade und keine Voraussetzung der Gnade. Eine Buße, die nicht zum Heil führt, ist nach Calvin keine Buße gewesen.

Die reformierten Kirchen haben weder eine Konkordienformel noch ein Konkordienbuch. Als man während der nachreformatorischen Orthodoxie in Dordrecht zu einer solchen abschließenden Bekenntnisformel kommen wollte, konnte man das vorgesetzte Ziel typischerweise nicht erreichen. Die Sammlung reformierter Bekenntnisschriften ist weder grundsätzlich noch geschichtlich als abgeschlossen zu werten. Sie umfaßt auch gar nicht alle reformierten Bekenntnisschriften, sondern stellt jeweils nur eine größere oder kleinere Auswahl dar. So ist auch der Heidelberger Katechismus nicht das Bekenntnisbuch der reformierten Kirche. Daß nach ihm in den meisten Kirchen und Gemeinden Deutschlands gelehrt und mit ihm bekannt wird, hat seinen Grund mehr in dem einzigartigen Werte dieses Buches, in seiner hohen Tradition. Dennoch gibt es Kirchen und Gemeinden, die nicht nach ihm lehren oder sich an seinen Wortlaut binden würden. Dazu kommt, daß die sich dem Heidelberger Katechismus verpflichtet fühlenden Kirchen diesen ihren Katechismus immer kritisch handhaben und den einzelnen Fragen gegenüber eine jeweils mehr oder weniger bejahende Haltung einnehmen. Kritik an Fragen des Heidelberger Katechismus kann grundsätzlich dauernd geübt werden und wird faktisch gerade in den lebendigen Gemeinden geübt. Auch liegt eine Änderung des Heidelberger Katechismus durchaus nicht außerhalb des Möglichen.

Es wäre nun falsch, dies als eine Schwäche der reformierten Kirchen zu werten. Im Gegenteil, es wird als Kraft empfunden und dient sogar der Gemeinschaftsbildung im reformierten Raum. Die reformierten Kirchen wollen sich an nichts binden als an die Heilige Schrift und benutzen ihr in Geltung stehendes Bekenntnisbuch als eine Relationsgröße zur Heiligen Schrift, das heißt, als Bekenntnis, das geschichtlich gesehen, von der Heiligen Schrift herkommt und als einen Wegweiser, der, grundsätzlich gesehen, zur Heiligen Schrift hinführt. Der Heidelberger Katechismus wird also inhaltlich weder als der konzentrierte Gehalt oder das Rückgrat der Heiligen Schrift verstanden und so mit ihr gleichgesetzt noch als kirchliche Traditionsgröße der Heiligen Schrift nebengeordnet, sondern hat nur die Funktion, zur Heiligen Schrift hinzuführen.

Wie der Katechismus in den einzelnen Fragen sehr sorgfältig auf das Wort Gottes gehorcht hat, so war er auch bemüht, seinen Aufbau schriftgemäß zu gestalten. Er gliedert sich — offenkundig nach dem Paulusbekenntnis: „Ich elender Mensch! Wer wird mich erlösen von dem Leibe dieses Todes? Ich danke Gott durch Jesus Christus, unsern Herrn" (Röm. 7, 24 f.) — in die drei „nötigen Stücke": „Von des Menschen Elend", „Von des Menschen Erlösung" und „Von der Dankbarkeit". In diese drei Teile sind die bekannten klassischen Hauptstücke hineinverwoben.

2. Das Verhältnis der sogenannten objektiven Christuswahrheit zum persönlichen Christusglauben wird an einer, nämlich der entscheidenden Stelle, die für unsere heutigen Fragen geradezu modern anmutet, in eins zusammengezogen (Frage 31): „Warum ist er Christus, das ist ein Gesalbter, genannt?" — Die Antwort nennt das dreifache Amt des Propheten, Hohenpriesters und Königs. Und dann folgt die Frage 32: „Warum aber wirst du ein Christ genannt?" mit der ebenfalls dreigliedrigen Antwort: „Weil ich durch den Glauben ein Glied Christi und also seiner Salbung teilhaftig bin, auf daß auch ich seinen Namen bekenne, mich ihm zu einem lebendigen Dankopfer darstelle und mit freiem Gewissen in diesem Leben wider die Sünde und den Teu-

fel streite und hernach in Ewigkeit mit ihm über alle Kreaturen
herrsche."

Die reformatorische Theologie hat sich aus erklärlichen Gründen bekanntlich weniger den Fragen der Christologie als der Soteriologie zugewandt. Nur an wenigen Stellen ist eine speziell christologische Frage
gestellt und durchdacht worden, und auch das nur um eines sakramentalen oder die Lehre von der Kirche betreffenden Problems willen. Das
Extracalvinisticum ist eines der wenigen Ergebnisse einer strengen
Durchdenkung der christologischen Frage innerhalb der reformatorischen Theologie. Hier hat die reformierte Theologie die klassischen
Formeln der Christologie des 5. Jahrhunderts erneut durchdacht und in
zeitgenössischer Sprache des 16. Jahrhunderts für ihre Zeit gegenwärtig gemacht.

Die Frage nach dem Verhältnis der göttlichen und der menschlichen
Natur in Jesus Christus, welche die alte Kirche sehr stark bewegt hat,
war auf dem Konzil zu Chalcedon (451 n. Chr.) dahin entschieden
worden, daß die beiden Naturen „unvermischt und unzertrennt" in
ihm vereinigt seien. Mit dieser dialektischen Formel wollte man das
Geheimnis der wahren Gottheit und der wahren Menschheit des Erlösers unverletzt bewahren. Für Luther, dem daran lag, Christus möglichst „tief ins Fleisch zu ziehen", war diese Lehre, derzufolge Christi
Menschheit an den Eigenschaften der Gottheit und Christi Gottheit an
den Eigenschaften der Menschheit Anteil hat, im Blick auf das Abendmahl besonders wichtig. Wenn nämlich die menschliche Natur des Erlösers von der Majestät der göttlichen Natur durchdrungen ist, so folgt
daraus, daß Christus auch mit dieser seiner angenommenen menschlichen Natur überall gegenwärtig sein kann und auch gegenwärtig ist,
wo er nur will („*Ubiquität*" des Leibes Christi). Wohl ist Gott in allen
Kreaturen gegenwärtig, aber in Christus ist er leibhaftig gegenwärtig:
kraft dieser *Ubiquität* vermag Christus im Abendmahl seinen Leib und
sein Blut mitzuteilen.

Nun haben sich Calvin wie auch der Heidelberger Katechismus zu der
Lehre von der *Ubiquität* und der *communicatio idiomatum* durchaus
positiv gestellt, doch so, daß sie auf die Gefahren dieser Lehre aufmerksam machten, weil sie den Glauben vor allem vor dem Abgleiten
in die Magie bewahren wollten. Dies glaubte Calvin zu erreichen, indem er das Anliegen der *Ubiquität*slehre und der Lehre von der *communicatio idiomatum* in der dialektischen Formel des „unvermischt und
ungeteilt" von Chalcedon faßte. Der Heidelberger Katechismus bietet
den calvinischen Satz in seiner 48. Frage: „Werden aber mit der Weise
die zwei Naturen in Christo nicht voneinander getrennt?" — „Mitnich-

ten; denn weil die Gottheit unbegreiflich und allenthalben gegenwärtig ist, so muß folgen, daß sie sowohl außerhalb ihrer angenommenen Menschheit und dennoch nichtsdestoweniger auch in derselben ist und persönlich mit ihr vereinigt bleibt." Die Frage 48 ist eine typisch kontroverstheologische Frage, die nur als solche, das heißt im Gegenüber zur *Ubiquität*slehre Luthers, Bedeutung hat und eine zugespitzte Konsequenz darstellen will ("muß folgen"). Dazu kommt, daß sie mitsamt der *Ubiquität*slehre nicht um ihrer selbst willen, sondern um des Geheimnisses Christi im Abendmahl willen entwickelt worden ist. Was ist ihr Gehalt? Auch hier wird die *Realpräsenz* Christi, ja das „allenthalben gegenwärtig" bekannt. Der Satz „Den aller Welt Kreis nie beschloß, der liegt in Marien Schoß" ist hier nicht verneint, sondern bestätigt und in eigener Sprache unterstrichen. Gott ist zugleich im Raum und außerhalb des Raumes. Das *Extracalvinisticum* meint also gerade nicht ein schlechthinniges „*Extra*" („Außerhalb") und stellt das Gegenteil einer philosophisch-dualistischen Aussage dar. Es will vielmehr ein zentral reformatorisches Bekenntnis, eine reformatorische Erneuerung des Chalcedonense sein.

Allein, diese Erneuerung des Chalcedonense ist in der Sprache der Raumphilosophie Platos erfolgt, wie Luthers *„ubique"* („überall") in der Sprache des Aristoteles. Hier aburteilen wollen, heißt ungeschichtlich denken. Das ausgehende Mittelalter hatte keine andere Sprache als die des Plato und des Aristoteles. In ihr allein konnte man sich ausdrücken und verständlich machen. Das *Extracalvinisticum* war kein „theologischer Betriebsunfall", wenn man geschichtlich gerecht urteilt. Wir können aber heute aus doppeltem Grunde diese Sprache unter gar keinen Umständen mehr übernehmen: Einmal, weil unser Weltbild ein anderes geworden ist, und zum anderen, weil wir erkannt haben, wie wenig eine philosophische Sprache das theologische Geheimnis zu fassen, vielmehr nur, wie sehr sie es zu entstellen vermag. Was wir aber ernst zu nehmen haben, ist das Anliegen, das zugleich das Anliegen des Chalcedonense war: Das gottselige Geheimnis der Person Jesu Christi, Gottheit und Menschheit in innigster Gemeinschaft („unvermischt und ungeteilt"), zu bezeichnen und zu bewahren.

3. Seit über hundert Jahren wird neben dem *Extracalvinisticum* und der darauf fußenden Abendmahlslehre die Prädestinationslehre als Wahrzeichen reformierter Theologie angesehen. Indessen ist die Prädestinationslehre im 16. und 17. Jahrhundert noch gar nicht als reformierte Besonderheit gewertet worden. Die Reformatoren haben von der Rechtfertigung her grundsätzlich zur vollen Prädestination gestanden. Erst im 19. Jahrhundert, als man aus illegitimen Gründen

die Prädestination verdächtigte, wurde sie reformierter — wie lutheri-
scherseits als altreformierte Besonderheit herausgestellt, um sie aus
Gründen humanistischer oder romantischer Geisteshaltung abzulehnen.

Indessen ist das gleich große Interesse der Reformatoren an der Prädestination verschieden akzentuiert. Während Luther in der Prädestination die Unfreiheit des menschlichen Willens in besonderer Tiefe
ausgedrückt fand, sah Calvin und sehen die reformierten Kirchen seither in der Prädestination den höchsten Ausdruck für die Gnade Gottes und in der Prädestinationslehre die reinste Formel, um die Glau-
bensrechtfertigung unmißverständlich zu bekennen: Aus Glauben gerecht — nicht um der Werke willen! Aus Glauben gerecht — auch nicht
um der Glaubensleistung willen! Aus Glauben gerecht — erst recht
nicht um des Glaubenserlebnisses willen! Aus Glauben gerecht — allein
um der Erwählung willen, vor Grundlegung der Welt, aus Gnaden
allein! Aus Glauben gerecht — um Christi willen!

So kann es nicht anders sein, als daß die Prädestinationslehre bei Calvin in Ansatz und Ausführung, und zwar durch alle fünf Institutio-
Ausgaben in zunehmendem Maße, christozentrisch verläuft und nicht
philosophisch, vielmehr im Kampf gegen die Philosophie eines liberalen Humanismus ausgebildet worden ist.

So sehr nun bei Calvin die Prädestinationslehre in Ansatz und Ausführung christozentrischen Charakter hat, so sehr ist ein Doppeltes
kritisch festzustellen: Einmal, daß Calvin selbst unbiblische Motive in
der negativen Prädestinationslehre von der Verwerfung, der *Reprobatio*-Lehre unterlaufen sind, und zum andern, daß die gesamte Prädestinationslehre bei den Epigonen Calvins und zuerst schon bei seinem Schüler und Nachfolger Beza in ein theologisches und philosophi-
sches System umgewandelt worden ist. Diese Fehlentwicklung ist dann
innerhalb der reformierten Theologie und Kirche durch die Bundestheologie namentlich des Coccejus aufgefangen und umgebogen worden. Und was die *Reprobatio*-Lehre angeht, so hat sich hier Calvin in
der Kampfsituation zu extremen Lehrfolgerungen verleiten lassen,
um die Absolutheit der Gnade zu betonen und lehrmäßig zu sichern.
Die biblischen Aussagen über Verwerfung zielen in die Richtung des
göttlichen Auftrages zu einem heilsgeschichtlichen Ziel, das dann von
der verworfenen Person verfehlt worden ist. Im Sinne der Prädestination spricht das Wort Gottes von Erwählung und nicht von Verwerfung, und Aussagen der Bibel über ewige Verdammnis sind keine Prä-
destinationsaussagen, sondern Strafaussagen und als solche Warnungen, nicht Aussagen über Tatbestände. Man darf aus den positiven

Erwählungsaussagen der Heiligen Schrift nicht die logische Folgerung der Verwerfung ziehen, wie es zum ersten Male Augustin getan hat. Die negative Seite der Prädestination Gottes ist ein Geheimnis, und das Geheimnis in seiner Offenbarung heißt Gnadenwahl. Es gehört zur unaufgebbaren reformierten Freiheit, gerade dieser Seite der reformierten Prädestinationslehre gegenüber kritisch zu bleiben und gegenüber der *Reprobatio*-Lehre Distanz zu wahren.

4. In unmittelbarer Nähe zur reformierten Prädestinationslehre steht die reformierte Lehre vom *syllogismus practicus*, nämlich in dem Verhältnis, in dem immer Prädestination und Ethik, Erwählung und Verantwortung rangieren. Der reformierte *syllogismus practicus* gehört unter den großen Bogen des reformatorischen Gesprächs über Determinismus (Willensbestimmtheit) und Willensfreiheit, das zuerst zwischen Luther und Erasmus geführt wurde.

Erasmus lehrte den freien Willen, das *liberum arbitrium*, in dem Sinne, daß Gott *causa principalis universalis* und daß der Mensch *causa principalis unius* sei, das heißt, daß Gott das Heil im allgemeinen in Christo geschaffen habe und daß der Mensch es für sich im besonderen zu erringen und zu gestalten habe. Das traf Luther ins Herz. Nach seiner Meinung ist hier jede Aufteilung unmöglich. Gott tut alles in allem, und der Mensch ist in der Sünde Knecht, aber im Glauben frei. Er handelt nicht neben Gott und ergänzt Gottes Taten, sondern in Gottes Handeln ist des Menschen Tun eingeschlossen. Dann steht der Mensch nicht in Knechtschaft, sondern in Freiheit des Glaubens. Berufung, Bekehrung, Glaube, Wandel und die guten Werke des Menschen sind Gottes gute Werke im Menschen und durch den Menschen, Früchte des Heiligen Geistes und Zeichen für Erwählung und Kindschaft. So weit die allgemeine reformatorische Ethik.

Welche Bedeutung haben nun diese Zeichen? Dieser Frage nimmt sich der *syllogismus practicus* an, zu dem Zwingli und Bucer den Anstoß gegeben haben und der in der Frage 86 des Heidelberger Katechismus seine klassische Formel fand: „Dieweil wir denn aus unserm Elend ohne all unser Verdienst aus Gnaden durch Christum erlöst sind, warum sollen wir gute Werke tun?" — „Darum, daß Christus, nachdem er uns mit seinem Blut erkauft hat, uns auch durch seinen Heiligen Geist erneuert zu seinem Ebenbild, daß wir mit unserm ganzen Leben uns dankbar gegen Gott für seine Wohltat erzeigen und er durch uns gepriesen werde. Darnach auch, daß wir bei uns selbst unseres Glaubens aus seinen Früchten gewiß seien und mit unserem gottseligen Wandel unseren Nächsten auch Christo gewinnen."

Ein Schlußverfahren, aber kein Beweisverfahren! Ein Schlußverfahren von einer Glaubensgröße auf eine andere Glaubensgröße, nämlich von den guten Werken Gottes im Menschen auf den Glauben und eventuell auf die Erwählung des Menschen, aber kein Schluß von einer innerweltlichen Größe auf den Glauben. Ein solches Verfahren wäre aus philosophisch-logischen Gründen, wie sie Kant gegen die Gottesbeweise entwickelt hat, abzulehnen. Ein solches Verfahren wäre aber auch aus theologischen Glaubensgründen abzulehnen, weil Gott nicht bewiesen, sondern im Glauben und Vertrauen erfaßt und bezeugt werden will.

Allein, im *syllogismus practicus* ist ein gefährliches Gebiet betreten. Der Fuß muß hier nicht abgleiten, wenn man im Glauben festgegründet und mit allem theologischen Rüstzeug versehen ist. Erfahrungsgemäß ist aber ein Abgleiten von der Glaubenslinie im Handumdrehen fällig. So geschah es beispielsweise und beispielhaft im späteren Puritanismus, wo man von den innerweltlichen Erfolgen auf die eigene Erwählung zurückgeschlossen hat.

Warum stellt aber auch der ursprüngliche *syllogismus practicus* ein gefährliches Unternehmen dar? Weil hier von der Lebenswirklichkeit des erlösten Menschen aus auf Glauben und Erwählung geschlossen wird, anstatt umgekehrt von der rettenden Gnadentat Gottes (z. B. der Erwählung) aus auf den Wandel zu schließen.

Die reformierte Ethik bietet noch ein besonderes Kennzeichen in der Haltung zur Bilderfrage. Nach reformierter Zählung der Zehn Gebote erscheint das Bilderverbot als besonderes Verbot. Diese Zählung entspricht zweifellos dem alttestamentlichen Selbstverständnis und ist aus diesem Grunde erfolgt. Sie hat sich aber in der reformierten Kirche nicht nur aus diesem Grunde durchgesetzt, sondern hängt zusammen mit der inhaltlichen Betonung und Wertung, die man auf reformierter Seite diesem Gebot gewidmet hat. Hier soll die doppelte Inadäquatheit (Ungleichheit) von Schöpfer und Geschöpf einerseits und dem Heiligen und dem Sünder andererseits zum Ausdruck kommen. Bereits Calvin horchte in dieser Frage sehr genau auf das Zeugnis des Alten Testaments. Demzufolge ist in den reformierten Kirchen immer eine Abneigung gegen die Gott-Vater-Darstellung lebendig gewesen.

5. Vom reformierten Verständnis der Christologie her, wie sie im *Extracalvinisticum* Ausdruck gefunden hat, ist die reformierte Sakramentslehre von Taufe und Abendmahl gebildet worden. Sie ist sozusagen das Spiegelbild des *Extracalvinisticums* (vgl. dazu den Wortlaut der Fragen 47 und 48 des Heidelberger Katechismus mit Frage 73, 75 und 78—79). Ja, das *Extracalvinisticum* ist eigentlich mit allen christo-

logischen Fragen der Reformation in der Abendmahlslehre entwickelt worden. In drei Punkten treten die besonderen Kennzeichen der reformierten Sakramentslehre hervor. Erstens: Die reformierte Sakramentslehre, die weder einer Rationalisierung des Sakramentsgeheimnisses das Wort redet noch sich mit einer Erinnerungsfeier zufrieden gibt, bezeugt mit der gesamten Reformation die *Realpräsenz* Christi und unterscheidet sich von der lutherischen Fassung dieser Lehre nur dadurch, daß sie betont: Christus ist im Heiligen Geist gegenwärtig. Dabei sind die Elemente (Brot und Wein) als solche Wahrzeichen für diese *Realpräsenz*. Man darf diese reformierte Betonung der pneumatischen *Realpräsenz* nicht als das Bekenntnis zu einer geringeren Intensität der Vergegenwärtigung deuten und umdeuten. Auch diese reformierte Abendmahlsauffassung hält an der personenhaften Gegenwart Christi im Abendmahl fest. Wenn gesagt wird: Christus ist im Heiligen Geist gegenwärtig, so will seine Gegenwart genauso personal und intensiv verstanden werden, wie dies die lutherische Lehre mit der leiblichen *Realpräsenz* Christi im Abendmahl unterstreichen möchte.

Das zweite besondere Kennzeichen der reformierten Sakramentslehre besteht darin, daß sie die *Realpräsenz* Christi nicht nur auf das Sakrament und speziell auf das Abendmahl beschränkt, sondern in gleicher Weise die *Realpräsenz* in der Wortverkündigung betont. Das Wort Gottes ist das verkündigte Wort, und das verkündigte Wort ist das Wort Gottes (vgl. hier besonders das 2. Helvetische Bekenntnis). Von daher haben in der reformierten Kirche der Predigtgottesdienst und die aufgeschlagene Heilige Schrift in der Mitte der Kirche, in der versammelten Gemeinde, ihre Bedeutung gewonnen.

Das dritte besondere Kennzeichen der reformierten Sakramentslehre besteht in der Art, wie das Verhältnis der Person Christi zu dem sakramentalen Geschehen verstanden wird. Während die lutherischen Bekenntnisse zur Bezeichnung dieses Verhältnisses sich der spätmittelalterlichen Formel „in, mit und unter" bedienten, formulierte der Heidelberger Katechismus „so gewiß — so gewiß": „Daß sein Leib so gewiß für mich am Kreuz geopfert und gebrochen und sein Blut für mich vergossen sei, so gewiß ich mit Augen sehe, daß das Brot des Herrn mir gebrochen und der Kelch mir mitgeteilt wird; und zum andern, daß er selbst meine Seele mit seinem gekreuzigten Leibe und vergossenen Blute so gewiß zum ewigen Leibe speise und tränke, als ich aus der Hand des Dieners empfange und leiblich genieße das Brot und den Kelch des Herrn, welche mir als gewisse Wahrzeichen des Leibes und Blutes Christi gegeben werden" (Frage 75; vgl. auch Frage 79 und 73). Ist damit ein sogenannter Parallelismus im Sakramentsvollzug gemeint? Diese Formulierungen sind für ein Verständnis im parallelisierenden Sinne zweifellos anfällig. Indessen lehnen die reformierten Kirchen in Deutschland ein solches Verständnis selbstkritisch ab. Vielmehr wird der Akzent von den Elementen als solchen auf das Handeln mit den Elementen, zum Beispiel auf das Brechen des Brotes, verlegt. Christus bindet seine aktuale Gegenwart an die Akte des Sakramentsvollzuges in der versammelten Gemeinde.

Dieses dritte Kennzeichen hat nun seine Folgen in der Tauflehre. Das reformierte Taufbekenntnis, belehrt durch die alttestamentliche Beschneidung, bezeugt, daß das Heil nicht durch die Taufe, sondern durch den Gnadenbund Gottes, durch die ewige Erwählung gegeben ist. Und so wird auch die Kindertaufe nicht durch den Taufakt selbst begründet, sondern durch den Gnadenbund und die Erwählung (Frage 74): „Soll man auch die jungen Kinder taufen?" — „Ja; denn dieweil sie sowohl als die Alten in den Bund Gottes und seine Gemeinde gehören und ihnen in dem Blut Christi die Erlösung von Sünden und der Heilige Geist, welcher den Glauben wirket, nicht weniger denn den Alten zugesagt wird: so sollen sie auch durch die Taufe, als des Bundes Zeichen, der christlichen Kirche eingeleibt und von den Kindern der Ungläubigen unterschieden werden, wie im Alten Testament durch die Beschneidung geschehen ist."

Von dieser Taufbegründung aus ist es in reformierter Theologie und Kirche zu einer besonderen Haltung gegenüber der Nottaufe gekommen. Wegen des mit der Not- und Hebammentaufe verbundenen Aberglaubens wurde die Nottaufe in einigen reformierten Bekenntnisschriften untersagt. Den nach einem magisch wirkenden Taufakt verlangenden Eltern ist zu bezeugen: Auch das ungetaufte, vom Tode bedrohte Kind gehört in den Bund Gottes. Wird allerdings aus Glaubensgründen von den Eltern eines sterbenden Kindes die Taufe erbeten, so wird man reformierterseits diesem Taufbegehren entsprechen, jedoch durch einen Diener am Wort und nicht durch eine Hebamme. Man pflegt dann von einer „Eiltaufe" zu sprechen.

Diese vielfältigen Lehrausprägungen in der Theologiegeschichte finden in der Gegenwart ihre Resonanz vor allem in der Kritik an der Säuglingstaufe und im Willen zur vollen Abendmahlsgemeinschaft mit allen Kirchen der EKD, das heißt zur Abendmahlsgemeinschaft in der Austeilung (Zelebration) wie im Empfang. — Die Kritik an der Säuglingstaufe wurde ausgelöst durch die Tauflehre Karl Barths, der die Taufe im Neuen Testament grundsätzlich als Erwachsenentaufe versteht und die Säuglingstaufe weniger als ein Zeichen am Leib Christi als vielmehr am *Corpus Constantinum*, das heißt der Staats-

und Volkskirche, wertet. Diese Tauflehre Karl Barths hat nicht nur
eine Rückbesinnung auf die Taufe im Neuen Testament, sondern auch
eine Kritik an der gegenwärtigen Säuglingstaufpraxis ausgelöst, indem die Taufe zu wenig auf das Glaubenszeugnis der Eltern und Paten
abzielt. Glaube und Taufe gehören auf das innigste zusammen. Ja im
Sinne des Neuen Testamentes kann man zugespitzt sagen: Taufe und
Glaube sind synonym, beide Worte bezeugen das Leben in Christus,
wobei Taufe nicht nur den Taufakt, sondern das Taufleben meint.
Aufgrund dieser Erkenntnis wünschen die einen eine Rückkehr zur
neutestamentlich geübten Erwachsenentaufe, die anderen eine Reformation der Säuglingstaufpraxis und die dritten eine Freigabe von
Säuglings- oder Erwachsenentaufe.

So sehr diese Diskussionen über Taufe und Abendmahl zum Teil von
Karl Barth, dem von Hause aus reformierten Theologen, ausgelöst
worden sind, so sehr laufen sie doch durch alle Konfessionen und Landeskirchen der EKD quer hindurch und durchbrechen damit ihrerseits bisherige Schranken. Dasselbe gilt von der mit dieser Frage verbundenen Kritik an der theologischen Wissenschaft als historisch- kritischer Forschung und in deren Gefolge der Entmythologisierung und
existentialen Interpretation. Vor allem das von Bultmann aufgestellte
Programm der Entmythologisierung und existentialen Interpretation
des Evangeliums hat innerhalb der Gemeinden unter Führung einiger Pastoren eine Gegenbewegung hervorgerufen, die sich unter der
Parole „Kein anderes Evangelium" zur Kampfgruppe entwickelt hat.
Diese Bewegung beruft sich auf die Dogmen und Bekenntnisse wie auf
das Liedgut der Kirche und den „schlichten" Gemeindeglauben. Sie
sieht das Evangelium von vornherein in den Kategorien der Lehr-
tradition, wie sie zum Beispiel und vor allem im Dogma von der Jung-
frauengeburt und der leiblichen Auferstehung Jesu und vom leeren
Grab zum Ausdruck kommt.

Je länger je mehr setzt sich in der evangelischen Kirche die Erkenntnis
durch, daß solche Spannung von der Kirche wie eh und je durchge-
standen werden muß und nicht dazu führen darf, daß die eine Seite
die andere verketzert, vielmehr als Ausdruck des Lebens zu werten
ist. Dazu kommt, daß alle diese theologischen Richtungen nicht mehr
konfessionell gebunden sind, sondern offenbar machen, wie relativ
konfessionell bestimmte Fragen der Geschichte in der Gegenwart zum
Allgemeingut geworden sind und zur Überwindung früherer Grenzen herausfordern.

Dies tritt innerhalb der kurzen Geschichte der EKD zum ersten Mal
zutage in der Arbeit um das Abendmahl, die zu den Arnoldshainer

Thesen führte. Um der Klärung und eventuellen Überwindung früherer Grenzfragen willen, hatte der Rat der EKD Theologen aus allen Konfessionen und theologischen Disziplinen, vor allem aus der neutestamentlichen, dogmengeschichtlichen, systematischen und praktisch-theologischen Wissenschaft, berufen mit dem Auftrag, vom Neuen Testament her zu einem möglichst eindeutigen Abendmahlszeugnis zu gelangen. Nach zehnjähriger Arbeit lag das Ergebnis in den Arnoldshainer Thesen vor. Das Charakteristikum dieser Thesen besteht in den folgenden Momenten: 1. Im Neuen Testament kann nicht mehr von einer Einsetzung des Abendmahls durch den historischen Jesus von Nazareth die Rede sein. Andererseits ist das Abendmahl des Neuen Testamentes auch nicht nur als ein kultgeschichtliches Produkt der christlichen Gemeinde anzusehen, vielmehr geht das Abendmahl des Neuen Testamentes sowohl auf Jesus wie auf die österliche Gemeinde zurück. Das „Subjekt" im Abendmahl ist immer der „Herr", nämlich Jesus von Nazareth, der lebendige Herr seiner Gemeinde. 2. Dieser Herr ist der Stifter und der real gegenwärtige Geber wie die Gabe des Abendmahls selbst. 3. Leib und Blut sind dabei als Deuteworte für diesen Herrn und nicht als Elementenbegriff im Sinne der mittelalterlichen aristotelischen Begrifflichkeit gemeint. 4. Die Kritik an den dogmengeschichtlichen Begriffen, einschließlich ihrer Verwendung in der Reformation, wird von Lutheranern und Reformierten in der Weise gemeinsam geübt, daß nicht nur die Lutheraner gegen die Reformierten und die Reformierten gegen die Lutheraner, sondern beide jeweils gemeinsam in der Selbstkritik zur eigenen Lehrentwicklung stehen. Dies bedeutet zum Beispiel für die Kritik an der reformierten Lehrentwicklung, speziell des Heidelberger Katechismus, daß ein Parallelismus der göttlichen und menschlichen Handlung im Sakramentsvollzug, wie sie besonders von Zwingli ausgesprochen wurde, abzulehnen ist. — Aufgrund dieser Ergebnisse wird nicht nur von den reformierten und unierten Kirchen her, vor allem aber von ihnen, der Weg zur vollen Abendmahlsgemeinschaft beschritten. Es geht nunmehr um die Gestaltung, um das Leben des Leibes Christi in der Gemeinde.

III. Stellung zur Ökumene, zu den jungen Kirchen, zum Staat und zur modernen Welt

Wirkt sich die vielfältige Lehrausprägung in der Gestaltung des kirchlichen Lebens, im Leben der Gemeinde Christi aus? Die Erkenntnis von der Notwendigkeit der Gestaltung — eine der brennenden Fragen unserer Gegenwart — ist seit Calvins Tagen ein besonderes Kennzeichen reformierten Kirchen- und Gemeindelebens geworden. Was die praktische Kirchengestaltung, das Leben der Kirche in der Welt betrifft, so hat sich ein Vierfaches als typisch für die reformierten Kirchen im Laufe der vierhundertjährigen Geschichte herausgestellt: Die Gestaltung des gottesdienstlichen Lebens, die Gestaltung des Kirchen- und Gemeindelebens in der Gliederung der Ämter, der Wille zur Gemeinschaft mit anderen Gemeinden wie der Wille zur Gemeinschaft mit anderen Kirchen, das besondere Verhältnis zum Staat wie der Wille zur Weltdurchdringung.

So sehr sich der reformierte Gottesdienst an der kürzeren Liturgie zu erkennen gibt, so ist doch diese Eigenart mehr geschichtlich als grundsätzlich bedingt. Seit dem Mittelalter hat es bekanntlich Liturgie- und Predigtgottesdienste gegeben. Der mittelalterliche Predigtgottesdienst, wie er namentlich in den oberdeutschen Landen zu Hause war, ist von den oberdeutschen Reformatoren wegen der reformatorischen Wertung des Wortes Gottes und wegen der Ablehnung der Meßliturgie als der der Reformation gemäße Gottesdienst angesehen, übernommen und gestaltet worden.

Entscheidend für die Frage, ob und wieweit eine Liturgie zulässig ist, ist die Voraussetzung, daß die Gemeinde Gemeinde des Wortes ist, die Liturgie vom Worte Gottes her gestaltet wird und der Verkündigung des Wortes Gottes dient. Unter dieser allerdings ernst zu nehmenden und unumgänglichen Voraussetzung ist bekanntlich Calvin in allen gottesdienstlichen Gestaltungsfragen überraschend großzügig gewesen und hat die Gemeinschaft mit anderen Kirchen gesucht, auch wenn sie in einer anderen Ordnung lebten. Es gehört mit zum Wesen der reformierten Kirchen, daß sie — in strengster Bindung an das Wort Gottes — in allen diesen Fragen von jeher weitherzig waren.

Das Wort Gottes als Dekalog (Zehn Gebote) wird eventuell von einem Ältesten gelesen. Das Wort Gottes wird im fortlaufenden Text vom „Diener am Wort", vom *„verbi divini minister"* ausgelegt und verkündigt. Und das Wort Gottes wird von der gesamten Gemeinde in den gereimten und vertonten 150 Psalmen gesungen. Einen unschätzbaren Reichtum birgt der reformierte Psalter: meist wörtliche und beste Übersetzungen des alttestamentlichen Textes, meist kraftvolle und musikalisch wertvolle Melodien, Liedgut aus dem 16. Jahrhundert, das nur mit dem besten Liedgut der Reformationszeit zu vergleichen ist.

Eine reformierte Gemeinde versteht sich als reformierte Kirche, und die reformierte Kirche sieht ihr Leben in der reformierten Gemeinde, der Gemeinde Jesu Christi. Eine Gemeinde ist Gemeinde in ihrer Ge-

samtheit, das statistische, geographische wie das juristische und das
finanzielle Moment mit eingeschlossen. Für die Gestaltung reformierten Kirchen- und Gemeindelebens in Geschichte und Gegenwart ist
nicht so sehr der Wunsch nach der Kerngemeinde gegenüber dem
„Haufen" in die Augen springend als vielmehr die Zusammenschau
von Gemeinde Jesu und Ortsgemeinde. Die Ortsgemeinde in ihrem
ganzen Umfang gilt als die Gemeinde Jesu. Dementsprechend tritt
auch das landeskirchliche Interesse zurück. In dieser Sicht und Wertung sind von jeher besonders Bucer und der ostfriesische Reformator
und polnische Graf a Lasco Wegweiser gewesen, während Calvin zugleich im umfassenden Sinn kirchengestaltend gewirkt hat.

Es gehört dabei mit zu den Kennzeichen reformierten Kirchenver-
ständnisses, daß der sichtbaren Gestaltung größte Aufmerksamkeit ge-
zollt werde, und zwar deswegen, weil die irdische Gestalt mit zur
göttlichen Gestalt gehört. Die Dinge der Kirchenordnung und der
Kirchenzucht haben Bekenntnisrang. Zu den entscheidenden *„notae
ecclesiae"* (Kennzeichen der Kirche) gehört neben Wort und Sakrament
die Kirchenzucht im weitesten Sinne des Wortes, das heißt die Frage
der Kirchenordnung einbeziehend. Der Heidelberger Katechismus ist
ein Teil der Pfälzer Kirchenordnung, und die Gesamtpfälzer Kirchenordnung gilt als Bekenntnisbuch. Dabei sollte die Kirchenordnung nicht
an ihrem jeweiligen wie in ihrer je verschiedenen Art und Weise, die
von Raum und Zeit abhängig ist, *Nota*-Charakter haben, aber die
notae Wort und Sakrament können nur in einer Ordnung ihr Leben
haben. So haben auch die reformierten Gemeinden während des Kirchenkampfes im „Dritten Reich" erfahren, daß sie in dem Maße Kraft
zum Widerstand besaßen, als sie in der Ordnung festgefügt waren,
und daß sie dem Zugriff des Staates gegenüber gerade in ihren Ordnungen Christus zu bekennen hatten. Das Bekenntnis in Wort und
Sakrament ließ der Staat ja zunächst ausdrücklich „unangetastet".

Die ganze Gemeinde in ihren verschiedenen Lebensfunktionen ist als
solche die Gemeinde Jesu Christi. Das Gemeindeleben kann nicht vom
Pastor allein getragen werden, sondern nur von der ganzen Gemeinde, und das äußert sich in allen Funktionen und Ämtern. Das
Amt des Pastors ist, grundsätzlich gesehen, den anderen Ämtern, die
von den sogenannten Laien getragen werden, gleich gewertet. Das
eine Amt Christi gabelt sich in der Gemeinde in etwa drei Ämter: das
Amt der Wortverkündigung, das Amt der Ältesten, das Amt des
Nächstendienstes. Das eine Amt in Personalunion gebührt Christus
allein. In Genf zählte man ursprünglich vier Ämter von Pastoren,
Lehrern, Ältesten und Diakonen. Diese drei oder vier Ämter sind für

das Gemeindeleben konstitutiv. Kein Amt hat das andere zu bevormunden, alle zusammen machen die Leitung der Kirche aus, das heißt jedes Amt ist an das andere gebunden, weil ja alle Ämter aus der Einheit des Amtes Jesu Christi ihr Leben erhalten.

Das hatte Calvin in wahrhaft genialer Konzeption so entworfen und in Genf gestaltet, daß je zwei Ämter untereinander eine Leitungsgruppe bildeten, nämlich die Pastoren und die Lehrer die *„vénérable compagnie"* und die Pastoren und die Ältesten das *„Consistorium"*. Beide Gruppen zusammen stellten die Gesamtleitung der Gemeinde dar. Der Pastor stand also in beiden Leitungsgruppen, war aber in seiner Leitungsfunktion an Lehrer und Älteste doppelt gebunden. So besteht das erste und vornehmste Amt im Dienst des Pastors, des Dieners am Wort, in Verkündigung und Seelsorge. In der Kirche ist alles diesem Dienst untergeordnet beziehungsweise hat dieser Aufgabe zu dienen. Auch das Amt des Lehrers der Kirche ist Dienst für das Pfarramt; und erst recht hat die Kirchenleitung hier nur nachgeordnete Bedeutung. Haupt kann und darf auch im abgeleiteten Sinne nie der Pastor sein. Haupt ist Christus allein, ohne hier ein Abbild zuzulassen. Bekanntlich kam das symbolisch wie grundsätzlich gelegentlich darin zum Ausdruck, daß in reformierten Versammlungen der Kirchenleitung der oberste Stuhl leer blieb — die *Realpräsenz* Christi auch in der Leitung!

In der Geschichte der Synode wie in der Geschichte der ökumenischen Bewegung haben die reformierten Kirchen bis zur Gegenwart überall maßgebende Initiative entwickelt. Dadurch, daß die reformierten Kirchen sich nicht nach den landesherrlichen, politischen Gebieten ordnen und begrenzen ließen, haben sie den Zusammenschluß mit anderen Kirchen gleichen oder verwandten Bekenntnisses um so mehr gesucht, das presbyterial-synodale Prinzip innerhalb der gesamten evangelischen Kirche begründet und am synodalen Aufbau der Kirche bis hin zu den Bekenntnissynoden maßgeblich mitgearbeitet. Aber darüber hinaus ist die Gemeinschaft mit allen reformierten Kirchen gerade von reformierter Seite aus immer angestrebt worden. Nicht nur Bucer, sondern auch gerade Calvin ist eine ausgesprochen ökumenische Gestalt. Das hängt sowohl mit der persönlichen Lebensgeschichte dieses Reformators zusammen als auch mit der geographischen Bedeutung Genfs für Westeuropa. Die Gemeinde Jesu Christi ist ganz in der Einzelgemeinde lebendig und dort Kirche und zugleich in der ganzen Kirche des Erdenrundes — entsprechend der neutestamentlichen *„Ekklesia"*.

Zu den Strukturmomenten der Kirche im Neuen Testament gehört neben der Ökumenizität die Mission. Die Kirche, die sich grundsätzlich als Ökumene zu verstehen hat, hat ebenso grundsätzlich als Missionskirche zu leben. Die Mission ist eine Lebensfunktion der Kirche schlechthin. Bekanntlich ist dieses Missionsmoment in der Reformation verhältnismäßig stiefmütterlich gesehen. Immerhin ist es aber die Reformierte Kirche in der Reformationszeit gewesen, die den Missionsauftrag wenigstens versuchsweise in Südamerika in Angriff genommen hat. Die eigentliche Wiederentwicklung des Missionsauftrages ist dann im 19. Jahrhundert, weniger von den Kirchen als von den Vereinen her, erfolgt und durch die Gründung von Missionsgesellschaften wahrgenommen worden. Erst in diesem unserem Jahrhundert ist dann der Anschluß der Mission in Verbindung mit der Verselbständigung der Missionskirchen zu den „Jungen Kirchen“ an die Kirchen erfolgt, so daß sich nun auch die Jungen Kirchen als Missionskirchen verstehen.

Vor dieser Wende in der Missionsgeschichte hatten die Missionsgesellschaften ihr sogenanntes Hinterland in den Landeskirchen: Was die den reformierten Kirchen benachbarten Missionsgesellschaften angeht, hat die Barmer Mission (jetzt: „Evangelische Mission“) ihr Hinterland in der rheinischen und westfälischen Kirche, die Baseler Mission in den Gemeinden der schweizerischen, württembergischen und badischen Kirche und die Bremer Mission (jetzt „Norddeutsche Mission“) in den Gemeinden der Evangelisch-reformierten Kirche von Nordwestdeutschland und der Lippischen Landeskirche. Heute sind diese Kirchen mit den Jungen Kirchen vor allem in Indien, Indonesien, Zentralafrika und Vorderasien verbunden und dienen den Jungen Kirchen durch theologische Beratung, durch Ausbildung in deutschen Missionsschulen und theologischen Fakultäten, wie durch finanzielle Hilfe und durch Ärzte und diakonische Lehrkräfte, wenn sie von den Jungen Kirchen angefordert werden.

Die reformierten Kirchen sind zur Zeit ihrer Entstehung und in manchen Ländern noch über hundert Jahre danach Widerstandskirche gewesen. Am Niederrhein zum Beispiel lebte sie als „Kirche unter dem Kreuz“. Das hat ihr bis zum heutigen Tage ein unverkennbares Gepräge gegeben. So hat sie im Vergleich zu anderen Kirchen nicht nur einen großen Widerstandswillen gegenüber christusfeindlicher Obrigkeit entwickelt, sondern überhaupt das Verhältnis von Kirche und Staat immer wieder von Grund auf durchdacht und dieses Verhältnis in der Kirchenordnung bekannt und gelebt. Danach ist die Kirche in ihrem eigenen Kreis souverän. Staatskirchentum und Fürstenregierung in der Kirche sind als unsachgemäß auszuschließen.

Andererseits ist klar erkannt, daß die Kirche sich keine Staatsgewalt anzueignen hat. Auch im Genf Calvins hat die Kirche als solche keine Staatsgewalt ausgeübt. Wenn es dennoch praktisch zu Grenzüberschreitungen (Servet) gekommen ist, so liegt das einerseits in der auch für Genfer Verhältnisse überragenden Persönlichkeit Calvins begründet, andererseits aber darin, daß die Gebiete von Kirche und Staat in den Anfängen der Genfer Reformation nicht genügend weit voneinander distanziert waren. Es ist noch nicht mit einer scharfen Trennung der Ämter getan; auch die Amtsbereiche müssen voneinander isoliert sein, und das um so mehr, als die Personen ja in beiden Bereichen zu leben haben.

Kirche und Staat haben je ihre eigene Souveränität. Der Staat ist eine Ordnungsgröße, von Gott gesetzt. Er besteht nicht nur wegen der Sünde, sondern auf Grund der Schöpfung und hat unter anderem die Aufgabe, die Kirche zu schützen. Wenn der Staat diese seine Aufgabe verrät und die Kirche unterdrücken will, hat die Kirche nicht nur zu leiden und im übrigen zu schweigen, sondern Recht und Pflicht zum Widerstand. Wie weit der Widerstand gehen darf, ist auch in der Reformationszeit nicht einheitlich zum Ausdruck gebracht worden. Aber keine Bekenntnisschrift wagt den Satz von der Möglichkeit, den Tyrannen zu beseitigen, auch nicht die *Confessio Scotica!*

In der EKD hat es in den letzten Jahren ein intensives Nachdenken über das Verhältnis der Kirche zur Öffentlichkeit gegeben. Am deutlichsten tritt dies darin zutage, daß sie seit kurzem nicht mehr in den mahnenden, beschwörenden, aufrufenden „Worten" der ersten Nachkriegsjahre zur Öffentlichkeit spricht, sondern sich nunmehr bemüht, zu speziellen Problemen sich von zuständigen Laien Gutachten zu erbitten, diese theologisch zu durchdenken und dann als detaillierte Denk- und Entscheidungshilfe der Öffentlichkeit anzubieten. Die wichtigste „Denkschrift" dieser Art war die zur „Lage der Vertriebenen und zum Verhältnis des deutschen Volkes zu seinen östlichen Nachbarn" von 1965. Hier hat die Kirche sachkundig und nüchtern ein von den Politikern gescheutes Tabu gebrochen und eine — auch in politischer Hinsicht — heilsame Unruhe ausgelöst.

Die reformierten Kirchen haben so ihre Gemeinden und Glieder von jeher zur Selbständigkeit in der Beurteilung politischer Zusammenhänge wie auch zur Gestaltung politischen Lebens erzogen. Indessen ist die abendländische Demokratie keine reformierte Erfindung, sondern hat wie der Kapitalismus ihre Wurzeln in der Renaissancezeit und ist unter anderem schon von den Hanseaten ausgebildet worden. Aber die neuzeitliche Demokratie ist reformierterseits mitgestaltet

worden, namentlich von den angelsächsischen Puritanern. Auch hier
ist nicht zu vereinerleien, sondern zu unterscheiden und der Zusammenhang zu erkennen.

Charakteristisch für die reformierten Kirchen ist aber nicht nur die
Durchdenkung des Verhältnisses von Kirche und Staat und von daher das Interesse am staatlichen Leben, sondern überhaupt das Verhältnis zur Welt, zur Welt der Wissenschaft, zur Welt der Wirtschaft,
zur Welt der sozialen Fragen. Keine Beherrschung der Welt und keine
Unterdrückung durch die Welt, aber auch keine Distanzierung von
der Welt im Sinne eines Quietismus (geruhsamer Nichteinmischung),
sondern bei aller grundsätzlichen Trennung der Gebiete und Ämter
Durchdringung der Welt nach dem Wort Jesu: „Ihr seid das Salz der
Erde" (Matth. 5, 13).

Wie sich das Verhältnis von Kirche und Staat seit Calvins Tagen
grundlegend gewandelt hat, so wandelt sich in unseren Tagen auch
das Verhältnis von Kirche und Welt. In zunehmendem Maße wird
auch und gerade in den reformierten Kirchen in Deutschland die
Säkularisation als eine typische Erscheinung des christlichen Abend-
landes gewertet, an der der christliche Glaube maßgeblich und legitim
beteiligt ist, nämlich der Glaube, daß die Welt Schöpfung und nicht
ein Teil der Gottheit ist, und der Glaube, daß diese Welt der Schöpfung in der Verlorenheit der Sünde lebt und in den Tod gegeben ist,
und der Glaube, daß diese Welt von Sünde und Tod dennoch zu Leben
und Heil berufen ist, und der Glaube, daß diese Welt dem Menschen
zur Herrschaft anvertraut ist, und der Glaube, daß Christus auch der
Herr der Welt ist.

Was hat das für die Kirche zu bedeuten? Christus der Herr wirkt auch
über den Rahmen der Kirche und schon gar über den Rahmen der
konfessionell bestimmten Kirche hinaus. Christus ist der Herr der
Welt und so auch der Herr über die Staaten, aber nicht im Sinne der
Herrschaft der Kirche, sondern im Sinne der Durchdringungskraft
des Evangeliums. Im Erbe Calvins geht es hier um die Aufgabe, das
Verhältnis von Vernunft und Offenbarung, von Menschenwort und
Gotteswort, von Menschengeist und Gottesgeist neu zu sehen und neu
zu gestalten. Dieses Verhältnis darf nicht identisch gesehen werden im
Sinne des Idealismus; dieses Verhältnis darf nicht als neutral gesehen
werden im Sinne des Quietismus; und dieses Verhältnis darf nicht als
gegensätzlich gesehen werden. Wenn es hier zum Gegensatz kommt,
dann nicht durch die Christen, sondern durch die Feinde des christlichen Glaubens. Christus, der in der Kirche der Herr ist und durch
die Christen in der Welt wirkt und wirken will, wirkt, zumal wenn

die Christen ihren Auftrag verfehlen, auch durch atheistische Werkzeuge, durch Menschen, die sich vom Christentum abgewandt haben. So wirkte Christus z. B. 1848 durch seinen Zeugen Wichern, als er die Innere Mission ins Leben rief, und so wirkte Christus in denselben Tagen durch den Atheisten Karl Marx, der die Umordnung der Gesellschaft forderte, um der Unterdrückten und der verelendeten Arbeiterschaft willen. Wenn die Kirche heute im Dienst ihres Herrn steht, so hat sie an der Lösung der großen Existenzaufgaben der Menschheit mitzuarbeiten, damit sich die Menschheit nicht selbst zugrunde richtet, sondern erkennt, daß sie zu Leben und Heil berufen ist: in der Geburtenregelung, in der Bannung der atomaren Gifte und Kräfte, in der Lösung der Rassenfrage und in der Bemühung um den Frieden in der Welt. Auch aus diesem Grunde gehört die Bejahung der Ökumene zu den Strukturmomenten der Kirche von heute – ganz abgesehen davon, daß wir wiederentdeckt haben, daß die Kirche des Neuen Testamentes immer strukturell als Kirche der Ökumene, strukturell immer als Relationsgröße von Israel her und zu Israel hin, strukturell immer als Missionskirche, strukturell immer für die Welt ihr Leben hat.

In den letzten Generalversammlungen des Reformierten Weltbundes ist es an den Tag gekommen, daß die reformierten Kirchen in Deutschland mit den meisten anderen Kirchen des Reformierten Weltbundes zusammen aufgrund ihres Erbes ihre besonderen Aufgaben für heute und morgen, und das heißt ihren besonderen Beitrag zum Leben der Ökumene sehen: in der Verkündigung des Wortes Gottes in dieser unserer veränderten Welt, in der Belebung und Sinngestaltung des Laiendienstes, in der Einwirkung auf die Probleme des pluralistischen gesellschaftlichen Lebens – nicht im Sinne der Herrschaft der Kirche, sondern im Sinne der Durchdringung – und in dem Willen zur Gemeinschaft der christlichen Kirchen in aller Welt.

Nachtrag des Herausgebers

Paul Jacobs hätte, so darf der Herausgeber mit guten Gründen vermuten, seinen eigenen Beitrag vor Erscheinen dieses Bandes noch einmal überarbeitet und dazu, wie er es auch in anderen Fällen zu tun pflegte, Rat und Kritik der Freunde gesucht und beachtet. Es sei dem Herausgeber deshalb gestattet, dem Jacobschen Artikel einige Ergänzungen anzufügen.

1. Da Jacobs darum bemüht ist, aus seiner Sicht einen Grundriß reformiert geprägter Theologie zu entwickeln, wird nicht deutlich genug,
daß die deutschen Reformierten nicht einfach als „Calvinisten" zu ver-
einnahmen sind. Das früh aufkommende Kampfwort von den „Calvinisten", denen sich alsbald die „Cryptocalvinisten" beigesellten, verhindert immer wieder, die Eigenständigkeit reformierter Theologie
und Kirchlichkeit in den deutschen Landen zu erkennen. Schon von
ihrer Entstehungsgeschichte her bieten die reformierten Kirchen in
Deutschland ein recht vielschichtiges Bild, dem man mit den Leitbildern,
wie sie durch die lutherische Reformation in Deutschland entwickelt
worden sind, nur schwer klare Konturen abgewinnen kann.

Daß angesichts der drei großen Erzväter unter den Reformatoren immer wieder versucht wurde, die Strömungen der Theologie wie die Ausprägung der Kirchentypen nach Luther, Zwingli und Calvin einzuord-
nen, ist gar zu verständlich. Verständlich auch, daß angesichts derart
profilierter Urgestalten wenig Interesse an den Theorien und Praktiken der kleineren unter ihren Schülern und Nachfolgern besteht.

Dennoch ist zunächst einmal für die Entwicklung theologischer Arbeit
bei den Reformierten in Deutschland und bald auch weit über den
europäischen Kontinent hinaus die Wirkung des Heidelberger Katechismus nicht nur, sondern zumindest eben dessen theologische Eigenständigkeit zu beachten. Seine Christozentrik, seine behutsame Erwähnung der Prädestinationslehre, sein Versuch, eine eigene Abendmahlslehre darzubieten, die gleichsam einen neuen Weg beschreitet
und seine umfassende biblische Orientierung haben für die theologische Arbeit Maßstäbe gesetzt und zugleich dazu geholfen, daß reformierte Theologie bei uns weniger als konfessionell bestimmte, sondern schlechthin als christliche betrieben wurde. Die konfessionelle
Auseinandersetzung innerhalb des Protestantismus hat deshalb für die
reformierten Theologen eine verhältnismäßig untergeordnete Rolle
gespielt. Doch soll nicht beschönigt werden, daß es ausgesprochen
reformierte Streithähne gegeben hat.

2. Eine Reihe reformierter Kirchen in Deutschland entstanden, wie
es den zeitbedingten Umständen entsprach, auf Anordnung von Lan-
desherren. Die erste derartige Landeskirche, wenn man diesen Begriff
für diese Zeit bereits verwenden darf, wurde die Kurpfalz. Das Besondere dieser Reformation freilich bestand darin, daß der Kurfürst,
Friedrich III., „der Fromme", die Reformation selbst in die Hand
nahm, sich zwar von Theologen beraten, aber nicht ausschließlich bestimmen ließ. Seine eigene Bibelkenntnis wie sein Glaube führten
dazu, daß er sich in das Fachgespräch seiner Theologen als wirklicher

Partner einlassen konnte. Durch die Landesherrn wurden ebenso die ausgedehnten Gebiete der Dillenburger bis hin nach Kurhessen, der Wittgensteiner, der Bentheim-Tecklenburger, der Lipper und der Anhaltiner reformiert.

Am Niederrhein entstand die „Kirche unter dem Kreuz", gewiß unter dem Einfluß des benachbarten Holland und der Kurpfalz, gewiß auch unter dem Einfluß Calvins, aber das Kennzeichen dieser Reformation in den nördlichen Rheinlanden war die Reformation von unten. Kleinadel, Bürger und auch Bauern bildeten hier unter dem Druck der römisch-katholischen Bistümer ein eigenes Kirchenwesen, das dann nach der Grundlegung durch den Weseler Konvent von 1568 in der Kirchenordnung der christlich-reformierten Gemeinden von Jülich und Berg von 1671 seine klare presbyterial-synodale Verfassung erhielt.

Eine Sonderentwicklung nahmen die Gemeinden in Ostfriesland. Hier hatte die Gräfin Anna 1542 den aus Polen kommenden Johannes a Lasko mit der Reformation beauftragt. Die Nachbarschaft zu den Niederlanden, gemeinsame Sprache und Kultur haben gefördert, daß in diesem Gebiet reformierte Kirche sich über die Herrschaftsgrenzen als eine Einheit verstand. Die Emder Synode von 1571 verdient deshalb besondere Beachtung, weil sie zum ersten Male nach der Reformation Delegierte verschiedener Kirchengebiete zusammenführte und so nach der Kirchenspaltung Kircheneinheit synodal darstellte.

Bereits seit dem Mittelalter hatten sich kleine Gruppen der Waldenser in Deutschland ansiedeln können, sie wurden durch Flüchtlinge verstärkt, und da die Waldenser sich der reformierten Reformation angeschlossen hatten, entstanden kleine Inseln ihrer Gemeinden, deren Reste noch heute zu erkennen sind. Der große Hugenottenstrom, der sich nach den Wirren in Frankreich nach Deutschland ergoß, schuf in den Städten eine neue Art reformierter Gemeinden. Unter Duldung, aber auch mit Förderung der Obrigkeit entstanden unabhängige Kirchen, wie sie schon im 16. Jahrhundert von geflohenen Niederländern und Wallonen, aber auch von Engländern gegründet worden waren.

Gesondert genannt werden müssen die Hofgemeinden, die insbesondere dort entstanden, wo das offizielle Bekenntnis eines Gebietes von dem des Landesherrn oder eines — zumindest angeheirateten — Gliedes seines Hauses abwich.

Als kleine selbständige Freikirche entstand im Kampf gegen den Rationalismus die „Altreformierte Kirche". Sie ist als Klassis verbunden mit der Generalsynode der *Gereformeerden* Kirchen in den Niederlanden.

Als zu Beginn des 19. Jahrhunderts unierte Gemeinden gegründet wurden, geschah dies zumeist auf Kosten der reformierten Kirchen in Deutschland. Einerseits wurden in der Pfalz und in Baden konsensunierte Kirchen gebildet, in denen das reformierte Erbe mit dem des Luthertums volkskirchlich verschmolzen wurde, andererseits ebnete die Altpreußische Union mit ihrer provinzial-zentralen Verwaltung die reformierten Gemeinden derart in das Gesamtgefüge ein, daß in vielen Gemeinden die reformierte Herkunft vergessen wurde.

Trotzdem entstanden neue reformierte Gemeinden an einigen Orten. In Bayern z. B. wurden von den katholischen Königen Pfälzer Siedler angeworben, die in ihren Gemeinden dem alten Bekenntnis folgten. Zudem wurde in Bayern eine kleine reformierte Kirche gebildet, die bis heute ihre Selbständigkeit behalten konnte. An einigen Orten wurden vor allem durch zuziehende Kurhessen neue reformierte Gemeinden gegründet oder kleinere, die bereits bestanden, erheblich verstärkt.

3. Ist also die Geschichte der reformierten Kirchen in Deutschland auf vielfältige Weise mit der des deutschen Protestantismus verwoben, so darf es auch nicht wundernehmen, daß reformierte Theologie sich nicht lupenrein von lutherischer und später unierter trennen läßt. Nachdem die für die Reformationszeit historisch verständliche Konfrontation in der Aufklärung überwunden zu sein schien, kam es im 19. Jahrhundert zur theologischen Neuorientierung und der Sammlung durch jene Reformierten, die frühzeitig erkannten, daß mit dem Ende bekenntnisgebundener Kirchen entweder eine völlige Lutheranisierung oder die volkskirchlich indifferente Nivellierung kommen müßte. Die Herausgabe einer „Reformierten Kirchenzeitung" seit 1851 und die Gründung des „Reformierten Bundes" 1884 wollten dem entgegenwirken.

Paul Jacobs hat in seinem Beitrag den Anteil der Reformierten am Kirchenkampf gewürdigt. Als nach Ende der Kampfhandlungen im Jahre 1945 die evangelischen Kirchen an eine Neuordnung denken konnten, hatten führende Lutheraner den Plan, eine Lutherische Kirche in Deutschland unter Auflösung der unierten Kirchen und eine kleine, reformierte Minderheitenkirche zu bilden. Abgesehen von der diesen Kirchenführern unbekannten Kraft der unierten Kirchen, die sich nicht aufgeben konnten und wollten, kommt in dieser Epoche noch einmal reformiertes Kirchenverständnis deutlich zum Ausdruck. Es dürfte insbesondere das Verdienst Wilhelm Niesels gewesen sein, daß die Reformierten auf Grund der Erfahrungen des Kirchenkampfes wie der in ihm wiedergewonnenen Erkenntnisse zur Ekklesiologie sich nicht dazu bereitfanden, neben der Vereinigten Evangelisch-Lutherischen Kirche in Deutschland eine gleichartige reformierte zu bilden, sondern daß statt dessen der Reformierte Bund in der Gestalt eines „eingetragenen Vereins" ohne kirchenleitende, institutionelle Funktionen seine Arbeit fortsetzte.

4. Paul Jacobs hat wahrscheinlich seinen Beitrag vor dem Jahre 1967 geschrieben, sonst hätte er wohl darauf hingewiesen, daß das europäische Gebiet des Reformierten Weltbundes unter seiner Mitarbeit im Jahre 1967 anläßlich des Reformationsjubiläums einen Brief an die lutherischen Schwesterkirchen in Europa geschrieben hat, in dem die Frage nach der Kircheneinheit innerhalb beider Zweige der Reformation gestellt wurde. Der damalige Leitende Bischof der VELKD, Hanns Lilje, regte daraufhin gemeinsame Gespräche an, zu denen auch die unierten Kirchen herangezogen werden sollten. Als Ergebnis dieser Gespräche wurden 1970 die „Thesen zur Kirchengemeinschaft" veröffentlicht, die zugleich zu einer bedeutsamen Voraussetzung für die Leuenberger Gespräche wurden, die ihrerseits wieder zur „Leuenberger Konkordie" führten.

Anhang

Auszüge aus dem Heidelberger Katechismus

Frage 1 Was ist dein einiger Trost im Leben und im Sterben?

Daß ich mit Leib und Seele, beides, im Leben und im Sterben nicht mein, sondern meines getreuen Heilandes Jesu Christi eigen bin,
der mit seinem treuen Blut für alle meine Sünden vollkömmlich bezahlet und mich aus aller Gewalt des Teufels erlöset hat und also bewahret,
daß ohne Willen meines Vaters im Himmel kein Haar von meinem Haupt kann fallen, ja auch mir alles zu meiner Seligkeit dienen muß.
Darum er mich auch durch seinen Heiligen Geist des ewigen Lebens versichert und ihm forthin zu leben von Herzen willig und bereit macht.

Frage 21 Was ist wahrer Glaube?

Es ist nicht allein eine gewisse Erkenntnis, dadurch ich alles
für wahr halte, was uns Gott in seinem Wort hat geoffen-
bart,
sondern auch ein herzliches Vertrauen, welches der Heilige
Geist durch das Evangelium in mir wirkt,
daß nicht allein andern, sondern auch mir Vergebung der
Sünden, ewige Gerechtigkeit und Seligkeit von Gott geschenkt sei, aus lauter Gnaden, allein um des Verdienstes
Christi willen.

Frage 31 Warum ist er Christus, das ist ein Gesalbter, genannt?

Weil er von Gott dem Vater verordnet und mit dem Heiligen Geist gesalbet ist zu unserm obersten Propheten und
Lehrer, der uns den heimlichen Rat und Willen Gottes von
unserer Erlösung vollkömmlich geoffenbaret; und zu unserm einigen Hohenpriester, der uns mit dem einigen
Opfer seines Leibes erlöset hat und immerdar mit seiner
Fürbitte vor dem Vater vertritt; und zu unserm ewigen
König, der uns mit seinem Wort und Geist regiert, und bei
der erworbenen Erlösung schützet und erhält.

Frage 32 Warum wirst aber du ein Christ genannt?

Weil ich durch den Glauben ein Glied Christi und also seiner Salbung teilhaftig bin, auf daß auch ich seinen Namen
bekenne, mich ihm zu einem lebendigen Dankopfer darstelle und mit freiem Gewissen in diesem Leben wider die
Sünde und den Teufel streite und hernach in Ewigkeit mit
ihm über alle Kreaturen herrsche.

Frage 45 Was nützet uns die Auferstehung Christi?

Erstlich hat er durch seine Auferstehung den Tod überwunden, daß er uns der Gerechtigkeit, die er uns durch
seinen Tod erworben hat, könnte teilhaftig machen.
Zum andern werden wir auch jetzt durch seine Kraft erweckt zu einem neuen Leben.
Zum dritten ist uns die Auferstehung Christi ein gewisses
Pfand unserer seligen Auferstehung.

Frage 54 Was glaubst du von der heiligen, allgemeinen, christlichen Kirche?

Daß der Sohn Gottes aus dem ganzen menschlichen Geschlecht sich eine auserwählte Gemeinde zum ewigen Leben durch seinen Geist und sein Wort, in Einigkeit des wahren Glaubens von Anbeginn der Welt bis ans Ende versammle, schütze und erhalte, und daß ich derselben ein lebendiges Glied bin und ewig bleiben werde.

Frage 60 Wie bist du gerecht vor Gott?

Allein durch wahren Glauben an Jesum Christum also: daß, ob mich schon mein Gewissen anklagt, daß ich wider alle Gebote Gottes schwerlich gesündigt und derselben keines nie gehalten habe, auch noch immerdar zu allem Bösen geneigt bin,

doch Gott, ohne all mein Verdienst, aus lauter Gnaden, mir die vollkommene Genugtuung, Gerechtigkeit und Heiligkeit Christi schenket und zurechnet, als hätte ich nie eine Sünde begangen noch gehabt und selbst all den Gehorsam vollbracht, den Christus für mich hat geleistet, wenn ich allein solche Wohltat mit gläubigem Herzen annehme.

6. Kapitel

DIE REFORMIERTE KIRCHE
VON FRANKREICH

Roger Mehl

I. Geschichtlicher Überblick

1. Von den Anfängen bis zur Revolution

Die Reformierte Kirche von Frankreich *(L'Eglise Réformée de France)* — früher war der Plural gebräuchlich — hat mit dem Jahre 1559 ein unbestrittenes Geburtsdatum. In diesem Jahr, mitten in einer Zeit schlimmster Verfolgungen, trat in Paris die erste Nationale Synode zusammen. Diese stellte in wenigen Tagen ein Glaubensbekenntnis, *„la Confession de la Rochelle"* [1] auf — später durchgesehen und offensichtlich mit einigen Bedenken von Calvin genehmigt — und verabschiedete eine Gemeindeordnung *(„Discipline"),* die lange in Kraft blieb.
Der Zusammentritt einer Synode wäre nicht möglich gewesen, wenn nicht seit langem im Land Glaubensgemeinschaften bestanden hätten *(Eglises dressées).* (Der Begriff „Gemeinde" [*paroisse*] wurde erst im 19. Jahrhundert gebräuchlich.) In der Tat bestanden damals etwa 2000 Glaubensgemeinschaften, die über das ganze Land verteilt waren und etwa ein Drittel der Bevölkerung erfaßten. Diese Angaben machen deutlich, mit welcher Kraft sich die Reformation in gut 30 Jahren verbreitet hatte. Der Begriff „Reformation" wurde erst relativ spät verwendet und sollte die Absicht der Erneuerer belegen: Durchführung einer Reform innerhalb der einen Kirche. Die Anhänger des reformierten Bekenntnisses haben lange verschiedene Namen getragen, die ihnen der Volksmund gegeben hatte: Biblische (in Erinnerung an die Bewegung zurück zur Bibel, die sich um den Bischof von Meaux und um Lefèvre d'Etaples gebildet hatte), Evangelische und insbesondere Lutherische. Verdanken die reformierten Kirchen von Frankreich Calvin die Lehre und den presbyterial-synodalen Gemeindeaufbau, der sie immer gekennzeichnet hat, so haben sie nicht weniger auch lutherische Wurzeln [2]. Schon sehr früh dringen die lutherischen Schriften mit einer Geschwindigkeit und Wirkkraft, die wir uns heute nur noch schwer vorstellen können, in Frankreich ein, werden gelesen und heimlich von Hand zu Hand weitergereicht [3]. Ohne die besondere Autorität, die

Calvin mit der Veröffentlichung seiner *Institution chrétienne* und dem Aufbau der Kirche von Genf zuwuchs, wären die reformierten Kirchen von Frankreich sicherlich lutherisch geworden. Vielleicht ist es das fortdauernde Bewußtsein von diesen Ursprüngen, die sie zu einer Zeit, da der Ausdruck noch nicht geboren war, zu einem Ökumenismus geführt haben. Denn schon 1614 öffnet die Synode von Tonneins den Lutheranern den Zugang zum Abendmahl[4].

Während dieser ersten Zeit ihrer Existenz ist die aus spontanen Gemeinden *(Eglises plantées)* und schon mehr verfaßten, mit einem Pastor und einem Konsistorium versehenen Gemeinden *(Eglises dressées)* bestehende Reformierte Kirche vielen Verfolgungen ausgesetzt gewesen. Diese beginnen schon 1523 mit der Verurteilung der Schriften Luthers durch die Theologische Fakultät von Paris, der bald die ersten Ketzerverbrennungen folgen (1523, 1525, 1526). Die Verfolgungen werden härter und bekommen einen kollektiven Charakter nach der Affäre mit den Plakaten, die im Jahre 1534 an die Tür des königlichen Schlafzimmers in Amboise geklebt wurden, und der Konstituierung der „Scheiterhaufenkammer" *(chambre ardente)* durch Heinrich II. im Jahre 1547. Dazwischen lagen Zeiten relativer Ruhe. Auch hatten die Reformierten die Hoffnung, mit der Thronbesteigung Franz I., dem Feinde Karls V., würde das Ende ihrer Verfolgung eintreten, da dieser bemüht war, sich das Wohlwollen der protestantischen deutschen Fürsten zu sichern. Ähnliche Hoffnungen hegten sie auch gegenüber Catharina von Medici. Jedoch vergeblich. Um 1560, mitten in einer Zeit mächtiger Ausbreitung des Protestantismus, brachen die Verfolgungen seine Stoßkraft. Die Unterdrückung zeitigte noch eine andere Folge: Entgegen den Warnungen der Synoden sahen die Reformierten sich gezwungen, sich in einer protestantischen Partei zu organisieren. Es ist hier nicht der Platz, Einzelheiten der Religionskriege nachzuzeichnen, die nach 1562 Frankreich in Blut und Asche stürzten, nachdem zuvor letzte Versuche der Versöhnung zwischen Katholiken und Reformierten *(Colloquium* von Poissy 1561) oder schlicht der Toleranz (Königliches Edikt vom Januar 1562) gescheitert waren[5]. Catharina von Medici nahm nach einigem unentschlossenen Schwanken Partei für den Führer der katholischen Partei, den Herzog von Guise, gegen Condé, den Führer der protestantischen Partei. In diesen Kriegen waren den Protestanten Erfolge und Rückschläge beschieden. Den Höhepunkt stellte das Blutbad der Bartholomäusnacht (24. August 1572) dar, dem auch das weiseste Haupt der reformierten Partei, der Admiral Coligny, ein Staatsmann von beträchtlichem Format, zum Opfer fiel. Zeigte die Bartholomäusnacht zwar, was die Stunde ge-

schlagen hatte, so wurde von ihr in der Substanz nur der Pariser Protestantismus betroffen. Im übrigen Lande erfreuten sich die Reformierten eines beträchtlichen Rückhalts. Der Religionskrieg entflammte insbesondere nach der Bildung der Liga noch heftiger. Siege
und Niederlagen lösten sich mit fruchtlosen Versuchen ab, den Bür-
gerfrieden in der Verpflichtung zu gegenseitiger Toleranz und in der
Gewährung einer, wenn auch eng begrenzten Religionsfreiheit für die
Reformierten wiederherzustellen. Schließlich bereiteten diese Bemühungen jedoch die Politik Heinrichs IV. vor, der, ein protestantischer Prinz, König von Frankreich wurde, nachdem er seinem Glauben abgeschworen hatte. Das 1598 erlassene Edikt von Nantes leitet
eine Epoche relativen Friedens für die Reformierten ein, die ihnen
eine Reorganisation ermöglichte. Seine erstaunlichen Bestimmungen
machten aus dem französischen Protestantismus „ein benachteiligtes
religiöses Bekenntnis, aber eine sozial- und politisch privilegierte
Schicht" [6].

Zum Ersten: die Reformierten können ihre Gottesdienste nur in je
zwei Ortschaften pro Landvogtei feiern und in solchen Städten und
Dörfern, wo Gottesdienste bereits in den Jahren 1596/97 stattfanden.
Dieses Stichjahr war offensichtlich wenig günstig. Keine protestantischen Gottesdienste durften in Paris und an solchen Orten stattfinden,
an denen sich der königliche Hof aufhielt. Staatlich subventionierte
Schulen konnten eröffnet werden, aber nur in Ortschaften, in denen
auch die Feier von Gottesdiensten erlaubt war. Die Reformierten
konnten gleichberechtigt am Rechtsverkehr teilnehmen: Kauf, Ver-
kauf, Vererben, Erben, Heirat vor einem Pastor, freie Bestimmung
der Religion der Kinder. Aber sie mußten den Zehnten der Katholischen Kirche entrichten und deren Feiertage einhalten.

Zum Zweiten: Für die Dauer von acht Jahren wurden den Reformierten hundert befestigte Plätze gewährt, darunter Montpellier, Montauban und La Rochelle, deren Garnison vom Staat unterhalten wird.
Sie erhalten sogar das Recht auf Beibehaltung ihrer politischen Körperschaften und sind bei Hof durch Generaldelegierte vertreten. Die
Gewährung solcher Privilegien vertrug sich wenig mit dem nationalen
Einigungsprozeß, der bereits begonnen hatte und sich im 17. Jahrhundert vollenden sollte. Mit Raoul Stephan [7] ist trotzdem festzuhalten:
Das Edikt von Nantes beinhaltet für Europa einen völlig neuen Gedanken: Es bricht mit dem Prinzip *„cuius regio, eius religio"*. Es deutet die Möglichkeit eines mehrkonfessionellen Staates an.

Aus den Verfolgungen geht der Protestantismus erheblich dezimiert
hervor. Daran ändert sich auch im Laufe der Jahre wenig. 1663 schätzt

die Synode von Poitier die Zahl der Reformierten in Frankreich auf 1 250 000 Seelen mit 951 Kirchen — um 1560 waren es noch 2000 —, 800 Pastoren und 400 Pfarramtskandidaten. Unter Heinrich IV. wurde das Edikt von Nantes korrekt eingehalten, ja der König erlaubte sogar den Pariser Reformierten den Bau eines Tempels in Charenton. Aber unter seinem Nachfolger, Ludwig XIII., verschlechterte sich die Lage. Die Überlassung von befestigten Plätzen wurde 1616 zwar um sechs Jahre verlängert. Der nach mehreren protestantischen Aufständen 1622 geschlossene Frieden von Montpellier ließ den Reformierten schließlich aber nur noch zwei befestigte Plätze. Die Politik Richelieus konnte sich auch mit diesem Zustand nicht abfinden. Er belagerte La Rochelle, das nach einem Jahr im Oktober 1628 kapitulierte. Der neu entflammte Krieg endete 1629 mit dem Gnadenedikt von Alès, das den Protestanten die letzten Stadtbefestigungen und Burgen nahm, ihnen aber weiterhin die religiösen und bürgerrechtlichen Garantien des Edikts von Nantes beließ. Aber auch hierbei handelte es sich nur um vorläufige Zugeständnisse in der Erwartung der Rückkehr der Protestanten in den Schoß der katholischen Kirche. Wenn es auch unter der Herrschaft Ludwigs XIII. Zeiten der Beruhigung, ja selbst der Verbrüderung zwischen Katholiken und Protestanten gab [8], so darf das doch nicht darüber hinwegtäuschen, daß das eigentliche Ziel die Beseitigung der reformierten Kirchen blieb. Diese Entwicklung wurde begünstigt durch das Verschwinden der führerlos gewordenen hugenottischen Partei und das Wiedererwachen des Katholizismus, das seinen Ausdruck in der großen Aktivität der Jesuiten und der Gesellschaft des Heiligen Sakraments sowie in immer rigoroseren Forderungen der Versammlungen des Klerus fand. 1659 schließlich kündigt der königliche Kommissar auf der Generalsynode von Loudun an, diese Synode sei die letzte. Ludwig XIV. arbeitete systematisch an der Auslöschung des Protestantismus in Frankreich. Begnügte er sich zunächst mit einer einschränkenden Anwendung des Edikts von Nantes, so verbot er später den Protestanten den Zugang zu gehobenen Stellungen im Staat und zu solchen Berufen, in denen sie besonders erfolgreich waren. Daneben versuchte er, durch die Gewährung besonderer Vergünstigungen möglichst viele Konversionen zu bewirken. Nach dem Frieden von Nimwegen (1678) wurde seine Politik der Einschränkungen brutaler: Die Kinder konnten jetzt aus eigenem Entschluß schon im Alter von sieben Jahren konvertieren, Soldaten wurden in protestantischen Häusern einquartiert, Strafexpeditionen *(dragonnades)* gegen die Reformierten und die Zerstörung von Gotteshäusern häuften sich. In der irrigen Annahme, der Protestantismus sei praktisch nicht mehr vorhanden, wird 1685 schließlich das Edikt von Nantes aufgehoben. Die Pastoren werden ausgewiesen, die letzten Kirchen zerstört. Der Katholizismus wird zur einzigen Religion der Franzosen erklärt. Für die reformierten Gemeinden hatte die Aufhebung des Edikts katastrophale Folgen. Mehr als 200 000 Reformierte verließen heimlich das Königreich und fanden Zuflucht in der Schweiz, den Niederlanden, Großbritannien und Brandenburg[9]. Zu diesen Auswanderern gehörte nicht nur das einfache Volk, insbesondere viele Handwerker, sondern auch eine intellektuelle Elite. Zwischen den Flüchtlingen und den in Frankreich verbliebenen Reformierten, die zumindest in den Städten für neue Katholiken gehalten wurden, brachen die Beziehungen nicht völlig ab. Die ausgewanderten Reformierten schickten ihren Glaubensgenossen Bibeln und andere religiöse Literatur, förderten die Ausbildung von Pastoren, die gelegentlich heimlich nach Frankreich zurückkehren konnten.

Die Reformierten waren gewappnet, um widerstehen zu können. Im Laufe des 17. Jahrhunderts waren die Konsistorien gut organisiert und eine beträchtliche Anzahl von Akademien zur Ausbildung des Pastorennachwuchses gegründet worden. Deren bekannteste waren die von Montauban, Sedan und Saumur. Diese Akademien waren sehr aktive Zentren des theologischen Lebens. Aber sie waren auch die Orte, an denen die teilweise heftigen Auseinandersetzungen zwischen orthodoxen Calvinisten und Anhängern eines oft gemäßigten Arminianismus ausgetragen wurden. Unter den vielen, die in diesen Kontroversen eine herausgehobene Rolle spielten, sind besonders Pierre du Moulin und Amyrault zu nennen. Oft mußten die Synoden in diese Debatten eingreifen. Aber auch die Auseinandersetzungen zwischen katholischen und protestantischen Theologen spielten eine wichtige Rolle. Auf der Ebene der Notablen standen gesellschaftlicher Verkehr und geschäftliche Beziehungen zwischen Katholiken und Protestanten in Blüte. Trotz der Aufhebung des Edikts von Nantes verschwand dies nicht vollends.

Die Durchführung der Aufhebung des Edikts von Nantes stieß auf nicht unbeträchtliche Schwierigkeiten, die die Behauptung Lügen strafte, der Protestantismus sei in Frankreich schon verschwunden. Durch Gewalt, entsprechend der sozialen Klasse unterschiedlich gehandhabt, weniger durch den Versuch der Überredung wurden die Konversionen und Glaubensabschwörungen bewirkt. Alle Berichte aus dieser Zeit erwähnen Hartnäckige, die dem Druck widerstanden. Ausgewiesene Pfarrer kehrten zurück, Laienprediger traten in Erscheinung, von denen einige, wie der ehemalige Advokat Brousson, von beträchtlichem Niveau waren. Die „Kirche in der Wüste" *(église du désert)* entsteht mit ihren geheimen Zusammenkünften, besonders in den Cevennen. Vom Friedensschluß von Ryswick (1697) hatten sich die Reformierten die religiöse Bekenntnisfreiheit erhofft. Ihre Enttäuschung, die Maßlosigkeit der Unterdrückung, deren sie besonders im Languedoc ausgesetzt waren, und schließlich die immer wiederholten Aufforderungen zum Widerstand, die von den ausgewanderten Glaubensbrüdern kamen, führten zu dem breiten Aufstand im Süden Frankreichs (1702–1704), der als Krieg der Camisarden (Cevennenkrieg) bekannt wurde. Wenn auch von kurzer Dauer, hat die Grausamkeit der Auseinandersetzungen in der Seele des französischen Protestantismus tiefe Spuren hinterlassen. Charismatische Führungspersönlichkeiten traten in Erscheinung, wie Laporte und Cavalier, die über die königlichen Truppen beträchtliche Erfolge errangen, bevor der endgültige Zusammenbruch kam. Eine besondere Rolle in der Vorbereitung und im Laufe der Erhebung spielten junge Männer und Mädchen, die die Gabe der Prophetie hatten *(les petits prophètes cèvenols)*. Ihre Inspiration kam oft aus dem Alten Testament. Ihre Anweisungen erhielten sie direkt vom Heiligen Geist. Sie haben einen beträchtlichen Einfluß auf die Aufrechterhaltung des reformierten Protestantismus ausgeübt und stehen auch für eine gewisse charismatische Ausrichtung seines Denkens.

Das halbe Jahrhundert nach dem Ende der Cevennenkriege kannte Perioden grausamer Verfolgungen und relativer Toleranz. Mehr und mehr mußte die katholische Kirche erkennen, daß die meisten Konversionen nur Scheinkonversionen waren, daß ihre Politik ein Fehlschlag gewesen war. Trotzdem blieben die reformierten Gemeinden völlig desorganisiert. Aus den Städten, wo das protestantische Bürgertum scheinbar abgeschworen hatte, waren sie vollständig verschwunden. Aber die wirtschaftliche Vorherrschaft schützte das protestantische Bürgertum vor Schikanen und bewirkte, daß es eine geschlossene soziologische Gruppe bildete[10]. Anders stellte sich die Situation auf dem Lande dar: Hier bestand die reformierte Kirche fort. In einigen Regionen Frankreichs wurden für die gehobeneren Schichten Gottesdienste in Salons oder auf Schlössern gefeiert. Was sich aber am meisten änderte, war die öffentliche Meinung. Die Idee der Toleranz beginnt sich zu verbreiten. Die Reformierten sind die Nutznießer. Zur Jahrhundertmitte sind alle Bedingungen wieder vorhanden, die eine Reorganisation der reformierten Kirche erlauben. Diese vollzieht sich aber nur sehr langsam, da insbesondere die führende Schicht des Protestantismus eine geradezu furchtsame Vorsicht walten läßt. Trotz-

dem entsteht wieder eine Pastorenschaft, wird in entlegenen Orten
regelmäßig Gottesdienst gefeiert, werden Synoden abgehalten; zunächst in den Cevennen, dann langsam fortschreitend von der Basis
reorganisierter Regionen fast ganz Frankreich erfassend[11]. 1787
schließlich gewährt das Toleranzedikt den Reformierten das Bürgerrecht. Bei dem allem darf nicht vergessen werden, daß noch 1762 und
1771 in Toulouse und in Meaux zwei Pastoren hingerichtet wurden.

2. Revolution und Restauration

Die Zahl der Reformierten in Frankreich vor Beginn der Revolution
läßt sich nur schwer schätzen. Einige zeitgenössische Beobachter sprechen von einer Million. Wie dem auch sei, der französische Protestantismus, verstreut über das ganze Land, war zu gebrechlich, um den
Stürmen der Revolution gewachsen zu sein. Einige Pastoren und
Laien spielen zu Beginn der Revolution eine bedeutende Rolle. Aber
da sie fast alle zur Gironde gehören, wurden sie schnell hinweggefegt.
Die Erschütterungen der Revolution trafen die reformierte Kirche um
so härter, als in ihr eine große lehrmäßige Unsicherheit herrschte. Der
französische Protestantismus hatte mehr als ein Jahrhundert abgeschnitten von der eigenen Tradition leben müssen und nicht wenige
seiner Pastoren waren dem Einfluß des herrschenden Deismus des
Jahrhunderts der Aufklärung erlegen.
Nach 250 Jahren eines Lebens in der Illegalität oder zumindest in Verborgenheit begrüßten die Reformierten wie auch die Lutheraner mit
Genugtuung die Rückkehr in die Legalität des öffentlichen Lebens
und der offiziellen Organisation, die ihnen die vom Ersten Konsul
1802 erlassenen „Organischen Artikel" — gleichsam ein Anhang zu
dem mit Rom 1801 geschlossenen Konkordat — eröffneten. Die Reformierte Kirche von Frankreich wurde offiziell anerkannt. Ihre Pastoren bezahlte der Staat. Später wurden auch die Theologischen Fakultäten im organisatorischen Rahmen der Universitäten wieder errichtet. Die Verpflichtung, sich in Konsistorien für je 6000 Gemeindeglieder zu organisieren, hatte allerdings die Aufhebung von vielen
Ortsgemeinden zur Folge, insbesondere auf dem Lande. Zu Mitgliedern der Konsistorien wurden die Bürger gewählt, die die höchsten
Steuern zahlten, wodurch für das Kirchenregiment ein Notablen-
privileg geschaffen wurde. Diese plutokratische Herrschaftsform hat
die Kirche mehr als ein Jahrhundert geprägt. Die Zusammenkunft
regionaler Synoden wurde zwar erlaubt, sie fanden aber nie statt. Von

der Einberufung einer nationalen Synode wollte der Erste Konsul
nichts wissen. Trotz allem, für die Reformierte Kirche von Frankreich war eine neue Lebensmöglichkeit geschaffen worden, die sie
während des ganzen 19. Jahrhunderts nutzte, um sich zu reorganisieren und eine teilweise beträchtliche Anziehungskraft zu entwickeln [12].
Trotz mancher administrativer Nadelstiche während der Restauration
und der Julimonarchie gelang es der reformierten Kirche, eine nicht
unbeträchtliche Zahl neuer Pfarrstellen zu erhalten. Der quantitativ
erfreuliche Pfarrernachwuchs wurde in den Fakultäten von Straßburg
und Montauban ausgebildet. Eine breite Erweckungsbewegung, vor
allem aus der Schweiz, aber auch vom angelsächsischen Methodismus
beeinflußt, kennzeichnete dieses Jahrhundert. Eine einfache, bibli-
zistische und gerade deswegen sehr volkstümliche Orthodoxie war ihr
eigen, Bußfertigkeit, Umkehr und Heiligung waren ihre Hauptanlie-
gen. Getragen wurde diese Erweckungsbewegung von brennendem
Eifer, der auch prophetische Züge kannte (Félix Neff). Gerade in
den Erweckungskreisen entstand auch ein neuer missionarischer Elan.
1822 wurde die Pariser Gesellschaft für Evangelische Mission *(Société
des Missions Evangéliques de Paris)* gegründet, die am Anfang eines
frankophonen Protestantismus in Afrika, Madagaskar und Ozeanien
steht, der rein zahlenmäßig bald bedeutender sein sollte als der Protestantismus im Mutterland. Die Missionsgesellschaft war mehr am
Rande der offiziellen Kirche ins Leben gerufen worden. Wenn sie auch
nicht eigentlich reformiert war, so spielten die Reformierten in ihr
doch eine herausragende Rolle. Die aus der Missionsarbeit hervorge-
gangenen Kirchen gehören heute zum Reformierten Weltbund.

3. Die Evangelisationsbewegung

Parallel zur Missionsarbeit gab es in Frankreich selbst eine große
Evangelisationsbewegung. Aber auch diese ressortierte nicht nur bei
der reformierten Kirche. Insbesondere nach 1848 wurde diese Evangelisationsbewegung auch von kirchenunabhängigen Gesellschaften
oder von Freikirchen getragen, die sich um der Staatsfreiheit willen
von der reformierten Kirche gelöst hatten und den Akzent auf Be-
kenntnisgemeinschaften legten. Oft begünstigt durch Wellen des Anti-
klerikalismus und der Romfeindschaft war den Evangelisationen ein
überraschender Erfolg beschieden, der sich aber als nicht sehr dauer-
haft erwies. Innerhalb eines Jahrhunderts, von 1815 bis 1914, entstanden infolge der Evangelisation in ganz Frankreich mehrere hundert

neuer Gemeinden. In zahlreichen Dörfern kam es sogar zu Massen-
konversionen[13]. Aber die meisten dieser Gemeinden bestehen heute
nicht mehr oder sind Bestandteile anderer Gemeinden geworden.
Neben der Landflucht kann als Ursache für diese Entwicklung auch
die Tatsache angesehen werden, daß die Evangelisation zu sehr ge-
fühlsbezogen und individualistisch gearbeitet hatte, was nicht gerade
den Aufbau dauerhafter Gemeindestrukturen begünstigte.
Im letzten Viertel des 19. Jahrhunderts trat ein tiefes Interesse intel-
lektueller und politischer Kreise am Protestantismus und besonders
seiner reformierten Ausprägung zutage. Zahlreiche Intellektuelle
wurden Mitglieder der reformierten Kirche, andere hielten sich sym-
pathisierend mehr am Rande. Der Philosoph Renouvier hielt die Zeit
für eine neue Reformation Frankreichs für gekommen. Es ist verständlich, daß die protestantische Elite in Erinnerung an die schrecklichen Zeiten, die der Kirche der Reformation unter der Monarchie
beschieden gewesen waren, Stützen des republikanischen Staates
waren. Um den Ministerpräsidenten Jules Ferry hatte sich eine ganze
protestantische Regierungsmannschaft gebildet. Der Einfluß der Protestanten war um so bedeutender, als sich die katholischen Gläubigen
in Befolgung römischer Weisungen sehr distanziert zur Republik ver-
hielten. Es war allgemeine Überzeugung, daß das presbyterial-synodale Gemeindeprinzip als Modell für eine demokratische und republi-
kanische Herrschaftsstruktur des Staates dienen könnte. Um die
Jahrhundertwende schwächte sich der politische Einfluß der Protestanten ab oder stieß auf Widerstand. Im Gefolge von Streitigkeiten
zwischen französischen Siedlern und englischen Missionaren auf Madagaskar entwickelte sich eine regelrechte antiprotestantische Kampagne. Man warf den französischen Protestanten vor, aus religiösen
Gründen Anliegen zu vertreten, die den Nationalinteressen Frankreichs zuwider seien[14]. Die Affäre Dreyfus, die zahlreiche Reformierte
am Kampf um die Rehabilitierung dieses zu Unrecht verurteilten
jüdischen Offiziers beteiligt sah, trug das ihre dazu bei, die Protestanten als Parteigänger der politischen Linken erscheinen zu lassen. Dieser Eindruck wurde bestärkt anläßlich der Trennungsgesetzgebung
Kirche/Staat (1905), die die Unterstützung der meisten Reformierten
fand. (Schon seit 1848 war die Trennung von Kirche und Staat von
bestimmten reformierten Kreisen gefordert worden.) Hauptsächlicher
Mitarbeiter des Einbringers der Trennungsgesetzgebung, Aristide
Briand, war Louis Méjan, Bruder eines reformierten Pastors. Er trug
viel dazu bei, daß dieses Gesetzeswerk einen liberaleren Charakter
erhielt, als seine Urheber gewünscht hatten[15].

4. Auf dem Weg zur einen Kirche

Nach ihrer offiziellen Wiedergeburt im Jahre 1802 nahm die reformierte Kirche Beziehungen zu anderen Kirchen der Reformation auf,
insbesondere zur lutherischen Kirche. Diese bestand aus den elsässischen
Lutheranern (das Elsaß war 1681 zu Frankreich gekommen), den Lutheranern aus dem Gebiet um Montbéliard, das während der Revolution Frankreich angegliedert wurde, und den Pariser Lutheranern, die
sich als eigene Kirche um eine Botschaftskirche konstituiert hatten. Obwohl eigenartigerweise die „Organischen Artikel" der lutherischen
Kirche eine sehr viel zentralisiertere Verfassung gegeben hatten als der
reformierten Kirche, gestaltete sich die Zusammenarbeit zwischen
Lutheranern und Reformierten sehr lebendig. Schon 1848 wurde der
Wunsch nach einer Kirchenunion laut. Obwohl dieser Wunsch in der
Folgezeit immer wieder ertönte, kam es nicht zur Vereinigung der beiden Kirchen. Haupthindernis waren die Streitereien, die in beiden
Kirchen Orthodoxe und Liberale miteinander austrugen. Diese Aus-
einandersetzungen verschärften sich in der zweiten Hälfte des
19. Jahrhunderts. Als schließlich 1872 die erste Nationale reformierte
Synode einberufen werden konnte und ein gemeinsames Glaubensbekenntnis erarbeitete, kam die Trennung. Bis 1938 trat keine Generalsynode der Reformierten Kirche von Frankreich mehr zusammen. Beide
Fraktionen organisierten sich in voneinander getrennten Kirchen:
Die (orthodoxe) Reformierte evangelische Kirche *(Eglise réformée
évangélique)* und die (liberalere) Reformierte Kirche *(Eglise réformée),*
die ihre eigenen Synoden abhielten. Die Verbindungslinien zwischen
beiden waren aber nicht vollständig zerstört. 1906 rief eine Versammlung, die sich in Jarnac zusammengefunden hatte, eindringlich zur Einheit auf.

Eine ganze Reihe von Faktoren begünstigten in der Folgezeit die Suche
nach neuer Einheit der Reformierten: 1905 wurde der Bund protestantischer Kirchen in Frankreich *(Fédération Protestante de France)* gegründet, dem alle reformatorischen Kirchen zum Zweck der Verteidigung der Allgemeininteressen des Protestantismus angehörten; das Entstehen der ökumenischen Bewegung; die Erfahrung des Ersten Weltkrieges; die Überwindung des alten Gegensatzes zwischen Orthodoxen
und Liberalen in solchen Bewegungen wie „*Christianisme social*" oder
theologische Schulen wie der Barthianismus. Dieses Streben nach Einheit verstärkt sich und wird geradezu offiziell nach 1928 und führt
1938 zur Neugründung der reformierten Kirche. In ihr wird eine
größere Einheit verwirklicht, als sie 1872 verlorenging. Denn ihr ge-

hören nun auch die meisten Freikirchen und methodistischen Kirchen an. Eine vollständige Einheit wurde dennoch nicht erreicht, denn eine orthodoxe Minderheit, etwa 30 Gemeinden, besonders im Süden Frankreichs, verweigerte den Beitritt und fand sich in der Unabhängigen Evangelisch-Reformierten Kirche *(Eglise réformée évangélique indépendante)* zusammen. Die Namen zweier Männer sind in besonderer Weise mit diesem Einigungswerk verbunden, Pastor Marc Boegner und Pastor A. N. Bertrand. Vor Ausbruch des Zweiten Weltkrieges fiel Marc Boegner als erstem Präsidenten des Nationalrates der Reformierten Kirche von Frankreich (zuvor war er schon Präsident des Bundes protestantischer Kirchen in Frankreich) die schwere Aufgabe zu, die Gemeinden und Synoden auf den Weg einer wirklich gelebten neuen Einheit zu führen.

II. Die gegenwärtige Situation

1. Stagnation oder Rückgang

Wie stellt sich heute die demographische Situation der Reformierten Kirche von Frankreich dar?
Ihr gehören etwa 350 000 Mitglieder an. Die Familie der Reformierten insgesamt ist jedoch größer: In den Departements Niederrhein, Hochrhein und Mosel, in denen nach wie vor die „Organischen Artikel" von 1802 in Kraft sind, leben etwa 50 000 Reformierte, die in der Reformierten Kirche von Elsaß und Lothringen *(Eglise réformée d'Alsace et de Lorraine)* zusammengefaßt sind. Lebt diese Kirche verwaltungsmäßig auch unabhängig von der Reformierten Kirche von Frankreich, so gibt es bezüglich des Bekenntnisses und auch der inneren Gestaltung keinerlei Unterschiede, bis auf die kleine Besonderheit, daß in der elsässischen und lothringischen Kirche die Konsistorien eine größere Rolle spielen. Die Nähe beider Kirchen findet auch darin ihren Ausdruck, daß die Reformierte Kirche von Elsaß und Lothringen wie die Regionen der Reformierten Kirche von Frankreich zu deren Nationalen Synode eine Delegation entsendet, die nach denselben Kriterien gewählt wird, wie die Delegationen der Schwesterkirche. Ihre Mitglieder haben auf der Nationalen Synode beratende Stimme. Ein Mitglied der Reformierten Kirche von Elsaß und Lothringen wird regelmäßig von der Nationalen Synode in den Nationalrat

der Reformierten Kirche von Frankreich gewählt. Mehr als die kleinen Unterschiede der Kirchenordnung hat die Notwendigkeit, besondere Beziehungen mit der Kirche Augsburgischen Bekenntnisses zu
pflegen, die in den Mosel- und Rheindepartements weit verbreitet
und stärker ist, die Reformierte Kirche von Elsaß und Lothringen
veranlaßt, nicht völlig in der Reformierten Kirche von Frankreich
aufzugehen. Zu erwähnen sind weiterhin die etwa 25 000 Reformierten, die seit 1938 zur Unabhängigen Evangelisch-Reformierten Kirche
gehören. Zwischen dieser und der Reformierten Kirche von Frankreich bestehen aber nur sehr schwache Beziehungen. Einige Gemeinden haben sie verlassen und sich der Reformierten Kirche von Frankreich angeschlossen. Der Rest hat sich mehr und mehr in eine fundamentalistisch-bekenntnistreue Richtung orientiert. Einige neue Gemeindegründungen in Gegenden, wo sie bisher nicht präsent war,
insbesondere in Paris, sind dieser Kirche zwar gelungen. Insgesamt
erweckt sie aber den Eindruck einer großen Selbstgenügsamkeit.
Die genannten Zahlen ergeben eine Summe, die weit unter einer Million liegt, so daß von einer demographischen Krise der französischen
Reformierten gesprochen werden kann. Seit der Jahrhundertwende
hat die Reformierte Kirche von Frankreich sicherlich keinen großen
Mitgliederschwund erlitten. Aber sie hat auch nicht an der demographischen Entwicklung des Landes teilgehabt. So stellt sich die
Stagnation als Rückgang dar. Ursächlich dafür ist sicherlich zunächst
die Landflucht, die seit dem 19. Jahrhundert die traditionell reformierten Regionen um die Hälfte bis zu drei Viertel der Bewohner
entvölkert hat[16]. Der Rückgang wird aber auch durch die Verluste
erklärt, die der Erste Weltkrieg in den Reihen der Reformierten verursacht hat. Soweit sich aus den Dokumenten erkennen läßt, sind die
Protestanten und insbesondere die Reformierten durch den Krieg
stärker betroffen worden als die übrige Bevölkerung Frankreichs.
Diese Besonderheit läßt sich leicht aus der soziologischen Struktur des
französischen Protestantismus erklären, der sich zu seinen größeren
Teilen aus Bauern und Mitgliedern der oberen Schicht zusammensetzt. Stellte die Landbevölkerung vor allem die Infanterie, so rekrutierte sich besonders das junge Offizierskorps aus Angehörigen der
oberen Schichten. Die Infanterie und das junge Offizierskorps haben
im Ersten Weltkrieg den höchsten Blutzoll entrichtet.
Der Rückgang hat schließlich eine schwer einzuschätzende, aber trotzdem reelle Ursache in der Krise der protestantischen Jugendbewegungen, deren Mitglieder vornehmlich reformiert waren. Diese Krise setzt
1955 ein und hat zur Entvölkerung der Gemeinden beigetragen. Der

Französische Bund Christlicher Studentenvereinigungen, aus dem
früher die meisten hautpamtlichen Mitarbeiter der Reformierten
Kirche von Frankreich kamen, hat praktisch aufgehört zu bestehen.
Man muß sich fragen, wer diese Funktion übernehmen soll.

2. Neue Unternehmungen

Die Reformierte Kirche von Frankreich evangelisiert wenig – wie
auch die meisten anderen Kirchen der Reformation in Westeuropa.
Viele Pastoren unterrichten zwar erwachsene Katechumenen, die Mitglieder der Kirche werden; unter denjenigen, die das Kirchenregiment
in Gemeindekirchenräten, Synoden, regionalen Räten und in der
Nationalen Synode ausüben, findet man Männer und Frauen, die nicht
in diese Kirche hineingeboren wurden. Aber trotz mannigfacher Versuche gibt es keine tiefgreifende Evangelisationsbewegung in der
Reformierten Kirche von Frankreich. Die alte Zentralgesellschaft für
Evangelisation hat nach einem Jahrhundert Existenz aufgehört zu
bestehen. Sie hatte der Kirche manche neue Gemeinde geschenkt, war
dann aber ohne Kraft und Schwung geblieben. Sie wurde durch eine
von der Synode gewählte Generalkommission für Evangelisation
(Commission générale d'évangélisation) abgelöst. Diese versuchte zunächst, die Arbeit ihrer Vorgängerin fortzusetzen, wandte sich dann
aber der Gründung „Neue Unternehmungen" *(entreprises nouvelles)*
zu. Damit leistete sie sicherlich eine fruchtbare Arbeit. Aber diese
„Neuen Unternehmungen" waren eher Orte kultureller Veranstaltungen oder des freien Gespräches, wo Reformierte und Nichtchristen zu-
sammenkamen. Evangelisation wurde hier höchstens in einer sehr in-
direkten Form getrieben. Den Geist dieser Arbeit hat die Kommission
selbst beschrieben: „Die Zielsetzung der ‚Neuen Unternehmungen'
heißt zunächst Dienst am Menschen. Die Erneuerung oder Belebung der
Gemeinde steht dahinter zurück, was nicht heißen soll, daß nicht beide
Ansichten nebeneinander verfolgt werden können, ja, daß sich das eine
oft nicht vom anderen trennen läßt. Ist es das Ziel der Evangelisation,
das Evangelium denen zu verkündigen, die es nicht kennen, so orientieren sich die ‚Neuen Unternehmungen' an den Bedürfnissen von bestimmten Gruppen und Schichten, denen zu dienen sie sich vorgenommen haben. Die so verstandene und geleistete Arbeit hat sicherlich
auch Evangelisierungseffekte, indem durch sie bezeugt wird, daß das
Evangelium mit den Menschen dort zu teilen ist, wo sie leben, hoffen

und in Verzweiflung sind"[17]. Dieses Zitat zeigt deutlich, daß die
Evangelisation zugunsten eines Dienstbegriffs zurücktritt. Aber das
bedeutet noch nicht den Verzicht der Reformierten Kirche von Frankreich auf Evangelisation. Sie ist vielmehr auf der Suche nach neuen
Formen der Evangelisation, wohl wissend, daß eine Evangelisation
à la Billy Graham, die in bestimmten Kreisen der Kirche durchaus ihre
Anhänger hat, keinen dauerhaften, tiefwurzelnden Erfolg zeitigt. Die
Nationale Synode 1975 hat sich mit den Problemen der Weitergabe
des Evangeliums beschäftigt, ein Thema, das 1974 schon auf der
Tagesordnung aller regionalen Synoden stand; dies soll der Evangelisation einen neuen Anstoß geben.

3. Gemeinden und Pastoren

Auch das Gemeindeleben stellt für die Reformierte Kirche von Frankreich ein schwieriges Problem dar. Die Zahl der Reformierten ist nicht
nur sehr klein, sondern sie leben, bis auf wenige Gebiete, insbesondere
die Gard-Region und die großen Städte, in einer weitverstreuten Diaspora. Die Landflucht hatte zur Folge, daß die Protestanten über das
ganze Territorium Frankreichs verstreut wurden. War zu Beginn des
19. Jahrhunderts die reformierte Kirche noch weit davon entfernt,
im ganzen Land präsent zu sein, so gibt es heute keine Stadt, sei sie
kleiner oder größer, ohne reformierte Gemeinde. Einerseits sind diese
Gemeinden klein, andererseits sind die Reformierten auf dem umlie-
genden Land sehr rar gesät. So kommt es vor, besonders im Zentrum
Frankreichs, daß in einem Department nur noch ein oder zwei Pastoren tätig sind. Unter solchen Bedingungen kann sich ein reguläres Gemeindeleben kaum entfalten. Die Pastoren reiben sich auf, indem sie
für Gruppen von fünf bis zehn Personen Gottesdienste halten und
ebenso kleine Kindergruppen in Christenlehre unterweisen. Als Aus-
wege bieten sich die Organisation von Ferienlagern für Kinder und
die Durchführung von Bibelrüsten an. Aber beide können nicht be-
liebig wiederholt werden oder sich auch nur auf längere Zeiträume erstrecken. Allgemein ist mit 250 die Zahl der durchschnittlich einem
Pastor anvertrauten Gemeindeglieder ziemlich gering. Andererseits
ist mit 450 die Zahl der Pastoren beträchtlich. Um diese Situation in
den Griff zu bekommen, haben einige Regionen ein Experiment gemacht: Die konsistoriale Kirche. In dieser sind all die kleinen Gemeinden einer Region, der eine gewisse geographische, wirtschaftliche und

landsmannschaftliche Einheit eignet, zu einer einzigen Gemeinde zusammengefaßt, deren Pfarrer je besonders für die verschiedenen Arten des Pfarrdienstes spezialisiert sind. Diese Form der Gemeindeorganisation hat den weiteren Vorteil, daß sich in all den Orten, in denen kein Pastor mehr wohnt, eine Gruppe von Laien zusammengefunden hat, um dort die Kirche gegenwärtig zu halten.

Eines der wesentlichsten Merkmale der Reformierten Kirche von Frankreich ist die den Laien eingeräumte Stellung nicht nur in der Leitung der Kirche, entsprechend der presbyterial-synodalen Struktur, sondern auch in der Wahrnehmung des pfarramtlichen Dienstes. Obwohl die Kirche keine Schwierigkeiten kennt, ihren Pastorennachwuchs zu gewinnen, ist die Zahl der Laienprediger beträchtlich. Die Fakultäten von Paris—Montpellier[18] und von Straßburg entlassen jährlich eine reichliche Zahl von Pfarramtskandidaten. Sicher, einige Theologiestudenten haben insbesondere nach 1968 sich geweigert, in den Pfarrdienst zu treten. Aber diese Tendenz hat sich seitdem erheblich abgeschwächt. Wenn auch das Theologiestudium eine relativ bedeutende Zahl von reformierten Studenten anzieht, so haben sich mehr in der Reformierten Kirche von Frankreich als in anderen protestantischen Kirchen Frankreichs die Rücktritte vom Pfarramt nach einigen Jahren des Dienstes gehäuft. In den vergangenen 15 Jahren sind mindestens 80 solcher Fälle gezählt worden. Diese Rücktritte bezeugen das Vorhandensein eines Unbehagens, für das es sicherlich mehrere Ursachen gibt. Eine besteht zweifelsohne in der Verdrossenheit, die der seelsorgerliche Dienst in einer zu kleinen Pfarrgemeinde hervorruft, die zu wenig dynamische Kräfte umfaßt und mehr auf das Überleben als auf Ausstrahlung bedacht ist. Viele der jüngeren und auch nicht mehr so jungen Pastoren betonen immer wieder, die alte Pfarrgemeinde sei tot oder doch ohne Zukunft. Die Kirche müsse ihren Schwerpunkt verlagern auf andere Aufgabenfelder, wie zum Beispiel spontane Gruppen aus Gläubigen und Ungläubigen oder Zentren der Begegnung und Besinnung, die sich übrigens innerhalb der Reformierten Kirche von Frankreich vervielfacht haben, oder kulturelle Zentren in den großen Wohngebieten usw. Diese Unternehmungen sind sicherlich notwendig. Sie können aber die traditionelle Gemeinde nicht ersetzen, die zumindest den Vorteil der Weitergabe der christlichen Unterweisung und der Formung der Generation von morgen hat. Dieses Unbehagen, das auf der Nationalen Synode 1973 deutlich wurde, äußert sich aber auch in einer Art Unfähigkeit zu sagen, was der pastorale Dienst heute leisten müßte. Zugrunde lag die Verweigerung der Ordination und der mit ihr verbundenen Verpflichtung auf Lebenszeit durch eine Reihe von Pastoren. Angesichts der Zahl der nichtordinierten Pastoren sah sich die Synode 1974 zu einer Ordnungsänderung genötigt und stellte die Rechtsgleichheit zwischen den ordinierten und den nichtordinierten Pastoren her. Ein weiteres Anzeichen dieses Unbehagens macht sich schließlich in der Ablehnung des Pastorenamtes als einer Vollzeitbeschäftigung bemerkbar. Viele Pastoren würden vorziehen, mit der Wahrnehmung pastoraler Funktionen beauftragte Laien zu sein. In dem einen oder anderen Fall sind entsprechende Genehmigungen bereits erteilt worden. Viele glauben, daß mit dem weiteren Rückgang der Reformierten diesem Modell die Zukunft gehört.

Es gibt in der Reformierten Kirche von Frankreich eine sehr starke Strömung gegen jede Art von Klerikalismus, von Vermengung des Glaubens und der Religion, gegen jede Ritualisierung und für die Freiheit der Gestaltung. Obwohl die Reformierte Kirche von Frankreich eine eindrückliche offizielle Liturgie noch jungen Datums besitzt [19], sind doch zahlreiche liturgische Experimente im Gang, die mit mehr oder weniger Erfolg versuchen, neue Wege zu beschreiten. Das Tragen des Talars ist weitgehend aufgegeben worden, Spezialgottesdienste (gemeinsame Bibeltextmeditationen, von Jugendlichen veranstaltete Gottesdienste, Diskussionen über aktuelle Themen) ersetzen gelegentlich den gewohnten Gottesdienst. Den Gemeinden wurde die Möglichkeit eingeräumt, dort auf die Konfirmation zu verzichten, wo diese zu einer gewohnheitsmäßigen und zu feierlichen Übung geworden war, um statt dessen im Rahmen eines Gottesdienstes eine erste Kommunion zu feiern, deren Zeitpunkt von den Jugendlichen selbst bestimmt wird. Im Kampf gegen alle gesellschaftliche oder religiöse Konvention im Leben der Kirche hat eine regionale Synode sogar die Abschaffung des kirchlichen Trauergottesdienstes beschlossen und statt der Ansprache des Pastors bei der Bestattung eine Feier der Verkündigung der Auferstehung eingeführt. Alle diese Beispiele, die sich vermehren ließen, sind sicherlich Anzeichen für einen Willen zur Erneuerung und Lauterkeit. Aber es kann auch nicht geleugnet werden, daß ihnen ein Stück Naivität eigen ist. Bonhoeffer hat bei vielen Pastoren einen beträchtlichen Widerhall gefunden. Der Begriff eines areligiösen Christentums wird vielfach aufgenommen. Wenn es auch richtig ist, daß Glauben und Religion nicht miteinander verwechselt werden dürfen, so vergißt man doch, daß gelebter Glaube sich nicht ausdrückt und verkörpert, ohne daß eine religiöse Sphäre geschaffen wird.

4. Theologische Strömungen

Auch unabhängig von den gegenwärtigen theologischen Strömungen
hat die Reformierte Kirche von Frankreich eine Vergangenheit be-
erbt, die in der Tat die Ablehnung jedes „hochkirchlichen" Stils förderte und allem Zeremoniell abgeneigt war. Ein, ja, sehr liberaler
reformierter Theologe, Auguste Sabatier, bemerkte vor etwa 80 Jahren zu Recht: „Gott gab mir eine Mutter . . ., die ohne Priestertum
und Sakrament, ohne Unfehlbarkeit und selbst ohne Pastor allein mit
der Bibel im Kreise der Familie und dem Zeugnis des Heiligen Geistes
im Herzen lebte" [20]. Diese Bemerkung Sabatiers ist sicherlich durch
den theologischen Liberalismus seines Autors geprägt. Aber sie weist
noch auf etwas anderes hin. Die Härte der im Laufe der Geschichte
erlittenen Heimsuchungen richtete den Blick der französischen Reformierten auf das Wesentliche, bewahrte ihnen den Sinn für Nüchtern-
heit und den profanen Rahmen der Kirche. Hier liegt auch die Ursache dafür, daß die liturgische Erneuerungsbewegung, die in den Jahren nach 1930 viele Kirchen erfaßte, die Reformierten Frankreichs
weniger tief berührte als die Lutheraner.

Der theologische Liberalismus aber, der einst die reformierte Kirche
auseinanderbrechen ließ, charakterisiert sie heute nicht mehr. Obwohl
seine Hauptwerke schon um die Jahrhundertwende erschienen, blieb
er doch bis nach dem Ersten Weltkrieg lebendig. Zwischen 1925 und
1950 hat der Barthianismus eine große Zahl reformierter Pastoren in
seinen Bann gezogen. Er stellte so etwas wie eine Grundwelle dar, die
die Predigt der Kirche beträchtlich veränderte. Dieser Wandel erfolgte, noch bevor sich die Theologischen Fakultäten dem Einfluß
Barths öffneten. Heute läßt sich ein Rückgang des Barthianismus
beobachten, dem gern die Vorwürfe des theologischen Positivismus,
des Supranaturalismus und der Gleichgültigkeit gegenüber den Problemen der Sprache und der Hermeneutik gemacht werden. Der Liberalismus hat sicherlich wieder einige Geländegewinne erzielt, was sich
an den Erfolgen von Veranstaltungen liberaler Pastoren und den
jährlich durchgeführten Tagen des Liberalen Christentums, die auch
Nicht-Reformierten offenstehen, ablesen läßt. Aber der heutige Liberalismus unterscheidet sich doch erheblich von dem früherer Tage: Er
ist entweder sehr viel mehr christus- und evangeliumsbezogen oder
stark durch die Theologie Bultmanns beeinflußt [21]. Das gegenwärtige
theologische Klima in der Reformierten Kirche von Frankreich scheint
von einem gewissen Eklektizismus geprägt zu sein. Die Barthianer
sind nicht völlig verschwunden. Einige von ihnen haben in den ver-

gangenen Jahrzehnten das kirchliche Leben sehr entscheidend geprägt. Hier sind zu nennen Pierre Maury (gest. 1956), Jean Bosc (gest. 1969), Charles Westphal (gest. 1972) und André Dumas, der zugleich auch einer der besten Bonhoeffer-Interpreten ist[22]. Die Pastorengeneration, die das 40. Lebensjahr noch nicht erreicht hat, reagiert indessen im allgemeinen eher allergisch auf Barth. Sie fühlt sich in ganz anderer Weise angesprochen durch die theologischen Möglichkeiten, die sie in der Linguistik, in strukturalistischer Exegese und psychoanalytischer Interpretation zu entdecken meint. Dabei muß aber die Autorität erwähnt werden, deren sich der reformierte Philosoph Paul Ricoeur erfreut. Trotz des beträchtlichen Platzes, den er den „Meistern des Zweifels" Marx, Freud und Nietzsche einräumt, und trotz der Anwendung strukturalistischer Analysen gelingt es ihm doch, deutlich zu machen, welcher Rang dem sinngebenden Wort Gottes zukommt.

5. Politische Verantwortung

Eine der Auseinandersetzungen, die die Reformierte Kirche von Frankreich am meisten erschüttert, wird über die Fragen der politischen Verantwortung der Kirche und der Christen geführt. Von allen protestantischen Kirchen Frankreichs hat sicherlich die reformierte Kirche auf der Ebene ihres Nationalrates und der Synoden der Behandlung politischer Probleme den meisten Platz eingeräumt. Dieses Interesse für das Gemeinwesen entspricht der calvinistischen Tradition. Aber darüber hinaus haben eine ganze Reihe von Erfahrungen und Problemen die reformierte Kirche trotz ihrer geringen Seelenzahl veranlaßt, ihre politische Verantwortung sehr ernst zu nehmen: Die Erfahrungen des Zweiten Weltkrieges, der langen Besatzungszeit, des Widerstandes gegen den Nazismus, des Algerienkrieges mit seinen vielen ethischen Problemen (vor allem die Anwendung der Tortur), die dringlichen Fragen, die in Frankreich durch die nuklearen Tests aufgeworfen werden, die Waffenlieferungen (vor allem in Länder, wo ein Regime der Rassentrennung herrscht), die Situation der ausländischen Gast- und Wanderarbeiter. In der Wahrnehmung dieser Verantwortung wird die Kirche durch den Rat des Bundes protestantischer Kirchen in Frankreich unterstützt. Oft ist sie aber das im Rat eigentlich vorantreibende Element. Es muß aber auch festgestellt werden, daß ziemlich oft die auf dem politischen Feld ergriffenen Initiativen die alleinige Tat kirchenleitender Organe bleiben, nicht immer verstanden und getragen durch die Masse der Gläubigen. Zahlreiche

Gläubige beschuldigen die Kirchenleitung und die Pastoren der Politisierung der Kirche. Vielfache Spannungen werden durch dieses Problem des politischen Engagements der Kirche verursacht. Die Reformierte Kirche von Frankreich wäre sicherlich gut beraten, auf allen Ebenen eine breit angelegte Debatte über die Bedeutung des Begriffs der Politisierung auszulösen. Es ist klar, daß der Zwischenraum zwischen einer mißbräuchlichen Politisierung und der normalen Wahrnehmung des der Kirche zweifelsohne zukommenden politischen Auftrages oft sehr eng ist. Diese Enge erklärt sicherlich die zahlreichen Mißverständnisse, die im Laufe der letzten Jahre in der Kirche entstanden sind. Diese Krisen haben erkennen lassen, daß bei den Gläubigen sehr tiefe pietistische Tendenzen fortleben. Die Maßlosigkeit mancher Pastoren und Theologen, überzeugt, daß die Politik die alleinige Dimension der Dinge sei und daß daher das alleinmögliche Verständnis des Evangeliums das politische sei, hat sie dazu geführt, die Probleme des innerlichen Lebens zu vergessen oder nur zu leicht das Problem des Heils mit dem der sozio-politischen und kulturellen Befreiung zu verwechseln.

Genau dieser Konflikt trat mit einer gewissen Heftigkeit zutage, als 1972 der Rat des Bundes protestantischer Kirchen die nicht als Manifest verstandene Studie „Die Kirche und die Mächte" veröffentlichte, deren wichtigste Autoren Reformierte waren. Diese Studie verficht mit viel zu großer Einseitigkeit die These, daß der wirkliche Christ nur Revolutionär oder doch zumindest verwegener Reformer sein könne. Darüber hinaus klagt sie auf der Basis einer wenig überzeugenden Beweisführung die reformierte Kirche des schändlichen Zusammenspiels mit den etablierten Mächten der kapitalistischen Gesellschaft an. Dieser Studie, die trotz aller Vorsichtsmaßnahmen wie eine protestantische Enzyklika aufgenommen wurde, kommt das Verdienst zu, in den Gemeinden und den verschiedenen nebengemeindlichen und ökumenischen Gruppen eine offene Diskussion ausgelöst zu haben. Die durch sie entfesselten gegensätzlichen Leidenschaften haben gezeigt, wie sehr auch nach 35 Jahren des gemeinsamen Lebens die Einheit der Reformierten Kirche von Frankreich noch gefährdet ist, wie schwer es den Gläubigen mit unterschiedlichen theologischen und politischen Überzeugungen fällt, sich gegenseitig brüderlich anzunehmen. Die Politisierung der Kirche ist jedenfalls dann erreicht, wenn die ideologischen Auseinandersetzungen die Einheit der Kirche gefährden[23]. Diese Debatten berühren sich mit einem anderen Problemfeld, das schon erwähnt wurde: Die Unzulänglichkeit der Evangelisation. Dabei ist symptomatisch, daß es die gleichen Kreise sind, die je-

des politische Engagement der Kirche ablehnen und zugleich mit
Nachdruck verstärkte Anstrengungen auf dem Gebiet der Evangelisation fordern. Diese Kreise haben sich innerhalb der Kirche zu Evan-
gelisationsgruppen in pietistischem, fundamentalistischem und inte-
gristischem Stil zusammengefunden. Die faktisch eingetretene Trennung zwischen dem Bemühen um ein politisches Engagement und dem
Bemühen um Evangelisation stellt heute ebenso wie die faktisch vor-
handene Scheidung zwischen dem Engagement für Mission und dem
für Entwicklung eines der ernstesten Probleme dar, die der Reformierten Kirche von Frankreich aufgegeben sind.

6. Suche nach Einheit

Als 1938 die Einheit wiederhergestellt wurde, war die Reformierte
Kirche von Frankreich der Ansicht, diese rein reformierte Einheit
dürfe nur eine Etappe auf dem Weg zu einem verwegeneren Ziel sein:
Die Einheit des französischen Protestantismus. Unter ihren verschiedenen Präsidenten Marc Boegner, Pierre Maury, Pierre Bourguet und
Jacques Maury hat sie keine Anstrengungen gescheut, um diese Einheit zu verwirklichen, der keinerlei ernsthafte dogmatische Hindernisse entgegenstehen. Diesen Kampf um die Einheit hat diese Kirche
lange Zeit innerhalb des Rates des Bundes protestantischer Kirchen in
Frankreich geführt. Gerechterweise muß man zugeben, daß einige
Fortschritte erzielt wurden. Seit langem wird die Interkommunion
zwischen den Mitgliedskirchen des Bundes praktiziert. Der Bund
setzte zwei Kommissionen nacheinander ein, die das Einheitsproblem
zu untersuchen hatten. Allgemein war die Bereitschaft gerade der
reformierten Mitglieder der Kommissionen am größten, bis zur organisatorischen Einheit vorzudringen[24]. Ein konkretes Resultat ist
nach einigen Jahren erzielt worden: 1962 wurde von den vier Kir-
chenämtern der reformierten und lutherischen Kirchen Frankreichs
ein Rat gegründet. Nachdem die Kirchen die Thesen von Lyon über
das Wort Gottes und die Schrift, die Taufe und das heilige Abendmahl — die Thesen über die Ekklesiologie wurden leider nicht abgeschlossen — angenommen hatten, wurde der Rat in einen „Permanenten Rat der lutherischen und reformierten Kirchen" umgewandelt
(*Conseil permanent des Eglises luthériennes et réformées*), der alle drei
Jahre zu gemeinsamen Vollversammlungen einlädt. Die Reformierte
Kirche von Frankreich hatte gehofft, noch mehr erreichen zu können.
Ein Entwurf für Einheit ohne Uniformität wurde erarbeitet, den die

Lutheraner aber nicht akzeptieren konnten. Neue, langsame Schritte auf dem Weg der Einheit können heute mehr von diesem Permanenten Rat als vom Rat des Bundes protestantischer Kirchen erwartet werden. Denn der Bund protestantischer Kirchen in Frankreich zählt Kirchen zu seinen Mitgliedern, die nicht dem Weltrat der Kirchen angehören (Bund der Baptistenkirchen, Unabhängige Evangelisch-Reformierte Kirche) oder ihm sogar entschieden feindlich gesinnt sind. Darüber hinaus lehnen diese Kirchen auch die Aufnahme eines Dialogs mit der katholischen Kirche ab, während die lutherischen und reformierten Kirchen diesen Dialog in vielfachen Formen praktizieren.

Die Reformierte Kirche von Frankreich und die Reformierte Kirche von Elsaß und Lothringen haben beide der „Leuenberger Konkordie" zugestimmt. Die Reformierte Kirche von Frankreich tat dies als eine Selbstverständlichkeit, wenn auch ohne großen Enthusiasmus. Sie betrachtet die Übereinkünfte, die diese Konkordie schafft, als in Frankreich seit langem realisiert und bedauert, daß nur eine Verständigung über Streitigkeiten der Vergangenheit getroffen wurde, und daß die Konkordie keine in die Zukunft weisende Perspektive eröffnet. Diese Kirche würde gerne sehen, wenn die ganze reformierte Gemeinschaft das Wagnis einer für das Heute konzipierten Wortverkündigung einginge, wie Pastor Jacques Maury in seinem Bericht vor der Nationalen Synode 1972 forderte.

Einer der Gründe, nicht der einzige, der dem halben Mißerfolg der Versuche zugrunde liegt, eine Einigung des gesamten französischen Protestantismus zu erreichen, besteht sicherlich in der Furcht der lutherischen Kirchen Frankreichs gegenüber der reformierten Kirche, die die größte, bestorganisierte, offenste und dynamischste der Kirchen ist. Man befürchtet — zu Unrecht —, die Einheit könnte schlicht das Aufgehen in der reformierten Kirche bedeuten. Man hegt auch Vorbehalte gegenüber den gewagten Initiativen auf politischem Gebiet. Noch mehr stimmten allerdings bedenklich die Vielfalt der in ihr herrschenden und sie teilweise beunruhigenden theologischen Strömungen.

Das Glaubensbekenntnis von 1872 war die Basis für die reformierte Einheit von 1938. Dieses Bekenntnis macht die Heilige Schrift zur Grundlage des Glaubens und des Lebens. Juristisch wird damit ganz und gar nicht eine pluralistische Kirche definiert. In der Wirklichkeit von heute ist die Reformierte Kirche von Frankreich aber eine pluralistische Kirche. Nur ist es schwierig, in der Einheit eine Vielheit theologischer Standpunkte zu leben. Viele Krisen in den Gemeinden und manche Aufgabe des Pfarrdienstes, was seit 1960 relativ häufig vorkam, bringen diese Schwierigkeiten an den Tag. Dabei ist offenkundig, daß diese Mannigfaltigkeit auch Reichtum bedeuten kann und daß sie in keinem Fall durch autoritäre Entscheidungen eingeschränkt werden darf. Aber sie darf auch nicht die Einheit der Kirche gefährden. Nur ist diese nicht so sehr durch die Pluralität der theologischen Standpunkte gefährdet als durch die manchmal mit ihr einhergehende Intoleranz, die mit Heftigkeit die Anhänger eines individualistischen Pietismus und die Parteigänger einer weltzugewandten Theologie einander gegenüberstellt.

7. Biblische Erneuerung

Die Reformierte Kirche von Frankreich betont immer wieder die Notwendigkeit einer biblischen Erneuerung. Sie hat daher eine Reihe jüngerer Theologen besonders ausgebildet, damit sie die Bibelarbeit in den Gemeinden mit neuem Leben erfüllen. Am liebsten wäre ihr, daß jede der acht Regionen und, wenn möglich, jedes Konsistorium einen hauptamtlichen Bibelfachmann *("bibliste")* hätte. Von allen Spezialdiensten, die die Kirche eingerichtet hat, ist dieser sicherlich der originellste. Meistens versieht der *"Biblist"* seine Arbeit in Verbindung mit den Bibelarbeitsgruppen *("Equipes bibliques"),* einer Einrichtung des Bundes protestantischer Kirchen in Frankreich, die besonders von der Reformierten Kirche von Frankreich benutzt und auch weitgehend finanziert wird. Diese Bibelarbeitsgruppen leisten eine beträchtliche Arbeit, die aber vor allem die gebildeten Schichten erreicht. Dafür werden aber nicht nur Protestanten, sondern auch Katholiken und Agnostiker erfaßt. Große Bedeutung wird einer wissenschaftlichen Erarbeitung der biblischen Texte zugemessen, die auch den Urtext berücksichtigt. Andererseits kann dieser Gruppenarbeit die zu vorrangige Anwendung der strukturalistischen Methode zum Vorwurf gemacht werden. Erlaubt diese dem Leser zwar, sich von überkommenen Anschauungen freizumachen, und läßt sie bekannte Texte wie neue erscheinen, so hält sie für den persönlichen Glauben nicht unmittelbar Nahrung bereit[25]. Die Reformierte Kirche von Frankreich kennt zur gegenwärtigen Stunde ebenso viele Zeichen der Lebendigkeit und der Erneuerung wie des Substanzverlustes und bedrohter Einheit. Ihre acht Regionen sind alle durch eine gewisse Ursprünglichkeit gekennzeichnet, obwohl sie erst in jüngerer Zeit geschaffen wurden. Die Gebefreudigkeit ihrer Mitglieder hat sie bisher vor einschneidenden Finanzkrisen bewahrt. Ihre

Pastorenschaft erneuert sich ohne große Schwierigkeiten. Ihre Pastoren und Theologen sind die bevorzugten Gesprächspartner der katholischen Priester und Theologen. Sie unterhält eine große Zahl kirchlicher Werke und überkommener Einrichtungen und gründet andere neuen Stils, sei es im intellektuellen Milieu, sei es im breiten Volk. Sie stellt oft den vorwärtsschreitenden Teil des französischen Protestantismus dar. Vielen Gemeinden, die in ländlichen Gebieten aufgelöst werden mußten, stehen andere gegenüber, die in den Städten und den städtischen Randzonen neu gegründet wurden. Aber diese Kirche weiß auch von schrecklichen inneren Spannungen: Zwischen Pietisten und politisch engagierten Christen, zwischen der traditionellen Gemeinde und den zahlreichen Gruppen, die sich außerhalb der Gemeinde eingerichtet haben, zwischen entgegengesetzten, wenn nicht gar unvereinbaren Ekklesiologien und Amtsverständnissen. Sie verfügt nicht über ausreichende Mittel, um ihre eigene Jugend zu erfassen. In mancher Hinsicht könnte man glauben, daß sie schwierigen Zeiten entgegengeht [26]. Aber diese Besonderheit teilt sie mit anderen. Alle Kirchen wissen heute, daß die Zukunft große Schwierigkeiten bereithalten wird. Die Reformierte Kirche von Frankreich schätzt diese Gefahren mit klarem Kopf ein, und diese Hellsichtigkeit scheint ein gutes Zeichen zu sein.

ANMERKUNGEN

1 Die Bezeichnung „*Confession de la Rochelle*" geht darauf zurück, daß die Synode von La Rochelle (1569) die Gültigkeit des Textes bestätigt hat. Außerhalb Frankreichs wurde das Bekenntnis unter dem Namen „*Confessio gallicana*" bekannt.

2 Siehe: R. J. Lovy, *Les Origines de la Réforme française. Meaux 1518 bis 1546*, 1959.

3 Siehe: W. G. Moore, *La Réforme allemande et la littérature française*, 1930.

4 Die französischen Delegierten waren an der Teilnahme an der Synode von Dordrecht (1618–1619), die den Beginn der strengen calvinistischen Orthodoxie markiert, verhindert.

5 Näheres bei Georges Livet, *Les Guerres de Religion (1559–1598)*, 1962.

6 E. G. Léonard, *Le Protestant français*, 1953, S. 32.

7 Raoul Stephan, *Histoire du Protestantisme français*, 1961, S. 140.

8 Raoul Stephan, a.a.O., S. 149.

9 Zu den Konsequenzen der Aufhebung des Edikts besonders E. G. Léonard, *Histoire Générale du Protestantisme*, 1961, Bd. II, S. 375 ff.

10 Siehe die Studie von Francis Balestié, *Montauban des Dragonnades au Réveil*, 1971.
11 F. Delteil und D. Robert in dem Sammelwerk: *Le Protestantisme Hier, Demain*, 1974, S. 73.
12 Für die Zeit des Kaiserreichs und der Restauration besonders: Daniel Robert, *Les Eglises Réformées en France*, 1961.
13 Siehe: Samuel Nours, *Un Siècle d'Evangélisation en France (1815–1914)*, 2 Bde. 1963.
14 Siehe: J. Baubérot, *L'antiprotestantisme politique à la fin du XIXe siècle*, 1972/4 und 1973/2 der R. H. P. R.
15 Siehe: Violette Méjan, *La Séparation des Eglises et de l'Etat. L'oeuvre de Louis Méjan*, 1959.
16 Speziell zu diesem Problem: Pierre Lestringant, *Visage du Protestantisme français; Les Cahiers du Réveil*, 1959.
17 *Information-Evangélisation* Nr. 6/1971 (eine von der Reformierten Kirche von Frankreich herausgegebene Zeitschrift). Die gleiche Nummer enthält auch eine Gesamtdarstellung der „Neuen Unternehmungen".
18 Seit der Reform von 1972 sind die Fakultäten von Paris und Montpellier zu einer einzigen Ausbildungsstätte vereinigt worden: Protestantisches Institut für Theologie *(Institut protestant de Théologie)*. Die Fakultät von Paris führt den 1. Zyklus, Montpellier den 2. und beide Fakultäten führen den 3. Zyklus durch.
19 Paris 1962.
20 In: *Revue chrétienne* 1, 1, 1896.
21 Einer der Wortführer des gegenwärtigen Liberalismus ist der vom Katholizismus herkommende Theologe und Philosoph André Malet *(Mythos et Logos*, 1962). Aus der liberalen Richtung stammt auch die weitverbreitete Wochenschrift: *Evangile et Liberté* und die kleine Buchreihe: *Alethina*, die auch Werke anderer Richtungen aufnimmt (Berger-Levrault, Paris).
22 Siehe sein Werk: *Une Théologie de la Réalité*, Dietrich Bonhoeffer, 1968.
23 Ein gutes Beispiel für die Überbewertung der politischen Dimension in der Kirche bietet die bemerkenswerte Sammlung von Predigten des reformierten Theologen Georges Casalis: *Prédication, acte politique*, 1970. In ganz entgegengesetzter Richtung: Jacques Ellul, *Fausse Présence au monde moderne*, 1963 und ders., *L'Illusion politique*, 1965.
24 Siehe das von der 2. dieser Kommissionen veröffentlichte Weißbuch: *Luthériens et Réformés*, *Revue Foi et Vie*, 1958/6.
25 Die hauptsächlichen Arbeiten dieser *Equipes bibliques* wurden in den *Cahiers bibliques* der Zeitschrift *Foi et Vie* veröffentlicht.
26 Als ein Zeichen für diese Ungewißheit ist auch die unlängst außerhalb der verfaßten Reformierten Kirche von Frankreich erfolgte Gründung (1973) einer Theologischen Fakultät in Aix-en-Provence zu werten. Diese Fakultät versteht sich als streng reformiert auf der Basis der ersten 38 Artikel der *Confession de La Rochelle*. Zu ihrem Lehrkörper gehören auch einige Mitglieder der Reformierten Kirche von Frankreich.

7. Kapitel

DIE WALDENSERKIRCHE

Vergangenheit und Zukunft

Giorgio Tourn

I. Einsicht in die Vergangenheit

1. Die „Internationale der Armen"

Die Waldenserbewegung entstand im 12. Jahrhundert, in einer sehr unruhigen, aber auch sehr lebendigen Periode der Geschichte der abendländischen Christenheit. Nach den Quellen, die in unserem Besitz sind, liegt der Ursprung des Waldenser Protestes in der Entscheidung eines Kaufmannes aus Lyon, eines gewissen Valdes oder Vaudes, künftig in der Volkssprache zu predigen und mit dieser Tätigkeit unter der Bevölkerung seiner eigenen Stadt zu beginnen. Dies geschah in dem Jahrzehnt zwischen 1170 und 1180. Valdes verband dieses Missionsprogramm mit dem Gelübde der Armut, und er verteilte seine Güter an die Bedürftigen entsprechend dem Wort des Evangeliums aus Markus 10, Vers 21.

Die Jünger, die sich um ihn sammelten, nannten sich ganz programmatisch die „Armen Christi". Aus den vorhandenen Unterlagen geht eindeutig hervor, daß weder Valdes noch seine Freunde die Absicht hatten, die Kirche selbst infrage zu stellen oder gar zu zerstören. Sie hatten lediglich den Wunsch, an ihrer Erneuerung mitzuarbeiten. Nach ihrer Ansicht war ein ganz entscheidender Gesichtspunkt des christlichen Lebens vernachlässigt worden, nämlich die Predigt. Zu dieser Aufgabe fühlten sie sich im Interesse aller Menschen verpflichtet. Es handelte sich also aufs Ganze gesehen um eine Art Erweckungsbewegung, die durchaus in den traditionellen Bahnen der allgemein anerkannten mönchischen Frömmigkeit verlief. Trotzdem gerieten die „Armen Christi" mit ihrer Haltung in einen sehr heftigen Gegensatz zu der Christenheit ihrer Zeit, deren besonderes Kennzeichen die absolute päpstliche Herrschaft Innozenz III. und das mehr als zweideutige Abenteuer der Kreuzzüge darstellte. Weil die Waldenser sich alle auf die evangelische Armut und auf den wörtlichen Gehorsam

gegenüber den Geboten Christi beriefen, machten sie damit die besondere Frömmigkeit des Mönchtums überflüssig. Denn die bisher übliche Unterscheidung zwischen „Geboten" und „evangelischen Räten" wurde damit aufgehoben. Bei den Waldensern war jeder Gläubige zum Gehorsam der vollen Jüngerschaft verpflichtet.
Noch radikaler und umstürzender im Bewußtsein der mittelalterlichen Frömmigkeit war die Forderung nach dem Recht der freien Predigt (*„libere predicare"* sagt ein alter waldensischer Text) für alle Gläubigen, die Frauen inbegriffen.
Die amtliche Kirche, in der Person ihrer Bischöfe und Päpste, erkannte nach anfänglicher Sympathie für die Waldenserbewegung ihren Protestcharakter und die darin liegende Bestreitung der gegenwärtigen Kirche. Ihre Antwort bestand darin, daß sie die Waldenserbewegung schon 1184 zusammen mit anderen als häretisch erklärten Bewegungen exkommunizierte.
Durch diese Entscheidung wurden die Waldenser an den Rand der mittelalterlichen Gesellschaft gedrängt, sowohl in religiöser wie in bürgerlicher Hinsicht. Zunächst waren sie gezwungen, sich in die Verborgenheit zu flüchten; die natürliche Folge war, daß sie den Charakter einer selbständigen religiösen Gemeinschaft annehmen mußten, die im Gegensatz zur römischen Kirche lebte. Es entstand eine heimliche Kirche, mit ihren eigenen Amtsträgern (Bischöfen, Priestern, Diakonen), in den Hauptstädten auch mit eigenen Häusern, besonders in Italien, für die Ausbildung ihres Nachwuchses. Die Wanderpredigt wurde den sogenannten „Barben" anvertraut (vom lateinischen *barbanus,* d. h. „Onkel"), die Europa durchzogen und dabei die Zentren der außerordentlich großen waldensischen Diaspora besuchten, die von Spanien bis zum Baltikum reichte. Im 12. und 13. Jahrhundert lag das Zentrum der Bewegung in der Lombardei; dementsprechend wurden die Waldenser auch „die Armen der Lombardei" genannt. Im 15. Jahrhundert verlagerte sich der Schwerpunkt nach Süddeutschland.
Nicht nur der Kirchenbann trieb das Waldensertum dazu, offen antirömische Stellungen einzunehmen; denn dieser Kirchenbann war wenige Jahrzehnte hindurch kaum wirksam, da das Volk auf der Seite der Waldenser stand. Viel stärker wirkten sich in dieser Hinsicht die offenen Verfolgungen aus. Regelrechte Kreuzzüge wurden gegen die Waldenser in der Dauphiné geführt in der Zeit von 1376 bis 1393, und auch gegen die Bewohner auf der italienischen Seite im Jahre 1488. Weniger sichtbar, aber um so erbarmungsloser war die Tätigkeit der Inquisitoren, die jahrzehntelang alle Mühe darauf verwendeten, den waldensischen Protest in Europa auszurotten.

In dieser besonderen Situation zwischen heimlicher Existenz und öffentlicher Verurteilung mußten die Waldenser mit anderen Bewegungen, die ähnliche Ziele verfolgten und unter den gleichen Bevölkerungsschichten arbeiteten, in Verbindung treten. Dabei übernahmen die Waldenser oft einige Elemente von deren Organisation sowie bestimmte Wesenszüge und Charaktereigenschaften. Von größter Bedeutung aber war, gerade in theologischer Hinsicht, die Begegnung mit der Hussitischen Bewegung im 15. Jahrhundert. Einige Jahre hindurch bildeten sie eine gemeinsame Front des Protestes gegen die offizielle Kirche. Die deutschen Waldenser verschmolzen schließlich mit der *Unitas Fratrum,* deren deutschen Zweig sie in Zukunft bildeten.

Der Erfolg der Waldenserbewegung lag zum größten Teil in der Einsatzbereitschaft ihrer Missionare. Dabei darf man nicht unterschätzen, welches weitreichende Echo ihre grundsätzliche Einstellung im Bereich der mittelalterlichen Gesellschaft gefunden hat. Es spielten aber auch gewisse Bedingungen der gesellschaftlichen Struktur für das Waldensertum wie für viele andere mittelalterliche Erweckungs- und Protestbewegungen eine nicht unerhebliche Rolle.

Trotzdem waren in der Waldenserbewegung die geistlichen und die theologischen Gesichtspunkte letztlich die ausschlaggebenden. Die soziologischen und politischen Einsichten waren nur die Folgen, die sich aus ihrer Glaubenshaltung ergaben. Man könnte diese weitreichende Waldenserdiaspora des Mittelalters am besten durch einen zeitgemäßen politischen Begriff kennzeichnen: sie war eine „Internationale". Die Internationale der Armen von Lyon war allerdings niemals eine gleichförmige Gemeinschaft, dogmatisch einseitig, in eine feste Strukur hineingebunden, sie war vielmehr eine Bewegung von Menschen und Idealen, die unter einer bewußten Ausrichtung auf das Evangelium italienische Handwerker und deutsche Kleinbürger, Gebirgsbewohner der Alpen und Bauern aus Böhmen in einer gewissen inneren Einheit sammelte.

2. Jahrhunderte der Verfolgung

Am Anfang des 16. Jahrhunderts traten die wenigen Waldensergruppen, die den Verfolgungen und der Inquisition entgangen waren, in Verbindung mit der Reformation. Sofort standen sie vor der schwierigen Frage: sollten sie bei ihrer bisherigen, jahrhundertealten Tradition bleiben, oder sollten sie die neue Theologie annehmen, die von den Reformatoren formuliert worden war? Anfangs herrschte große

Unentschlossenheit, und es wurde lange über diese Frage verhandelt. Aber nachdem man Abordnungen in die Schweiz geschickt und einen intensiven Briefwechsel geführt hatte, entschied sich die Synode, die im Jahre 1532 in Chanforan (Piemont) versammelt war, für den offiziellen Anschluß an die reformatorische Bewegung.

Als die Waldenser in den Kreis der evangelischen Gemeinden eintraten, hatten sie die feste Absicht, ihre eigene Tradition weiterzuführen und den innersten Grundsätzen ihrer Bewegung treu zu bleiben, nämlich dem Willen zu einer Reform der Kirche und dem Grundsatz der Bibelautorität. In Wirklichkeit aber bedeutete dieser Schritt für sie eine entscheidende Revision ihrer bisherigen Stellung. Unter dem Einfluß ganz bestimmter dogmatischer Gedanken verschob sich das Zentrum ihrer geistlichen Einsicht; an die Stelle eines buchstäblichen Gehorsams, der sich auf die Bergpredigt gründete, wobei man die Bergpredigt als *„lex Christi"* verstand, trat die paulinische Theologie von der Rechtfertigung des Menschen allein durch den Glauben. Auf dem Gebiet der Ethik erkannten sie jetzt die Rechtmäßigkeit des Eides an, ferner die Autorität des Staates, und zwar auf der Grundlage jener theologischen Konzeption, die die Obrigkeit als „Diener Gottes" ansieht. Sie verzichteten auf die Ehelosigkeit ihrer Pfarrer und auf das Sakrament der Privatbeichte. Im Bereich der kirchlichen Ordnung ersetzten sie die Wanderpredigt der Barben durch das ortsgebundene Predigtamt, bei dem nun auch eine bestimmte theologische Ausbildung vorausgesetzt wurde. Eines der deutlichsten Zeichen für die Änderung ihres bisherigen Weges war der Bau der ersten Gotteshäuser im Jahre 1555 und die damit verbundene Öffentlichkeit der Predigt, die Ernennung von Presbytern und die Schaffung von Pfarrgemeinden. Die Anlehnung an die Reformation brachte also für die kleinen Waldensergruppen den Übergang von einer im Verborgenen lebenden Diaspora des Mittelalters zum evangelischen Gemeindetypus.

Als die katholische Gegenreformation über das Italien der Renaissance hereinbrach, waren die waldensischen Gruppen die ersten, auf die sich der Angriff konzentrierte. 1545 wurden die Gemeinden der Provence vernichtet, 1559 die in Kalabrien gelegenen. 1560 wurden die Gemeinden in der Markgrafschaft Saluzzo auseinandergesprengt, und nur die Gemeinden in den alten Gebieten überlebten, indem sie verzweifelten Widerstand leisteten. Diese Gruppe setzte es sogar durch, daß ihnen das Recht zum Bekenntnis ihres evangelischen Glaubens eingeräumt wurde, wenn auch nur in bestimmten Grenzen.

In der zweiten Hälfte des 16. Jahrhunderts sind die Waldenser bis auf einen unbedeutenden Rest zurückgedrängt, der an den piemontesi-

schen Hängen der kozischen Alpen lebt. Seine Existenz ist zwar durch
Verträge gestützt, seine Freiheit aber nur unter äußerst unsicheren
Bedingungen garantiert. Die Waldensergemeinden verbrachten auf
diese Weise über 150 Jahre im Alpengetto; sie waren unzähligen
steuerlichen Bedrückungen und moralischen Erpressungen ausgesetzt,
konnten nur unter äußerst kümmerlichen Verhältnissen ihr Leben
fristen und waren ständig in der Gefahr, durch entsetzliche Verfolgungen völlig ausgelöscht zu werden.

Der traurige Schlußakt dieses leiderfüllten Jahrhunderts war die gewaltsam durchgeführte Rekatholisierung des gesamten Pragelato-
Tales, das von Frankreich am Anfang des 18. Jahrhunderts an Piemont
verkauft wurde. Die meisten Waldenser dieses Gebietes zogen es vor,
auszuwandern und gründeten neue Gemeinden in Württemberg, wobei sie ihre Traditionen bis zum Anfang des 19. Jahrhunderts aufrechterhalten konnten (ihre Gemeinden hießen Groß- und Kleinvil-
lars, Pérouse, Pinache, Schönenberg usw.).

Daß die Waldensergemeinden während des 17. Jahrhunderts überleben konnten, verdanken sie nicht allein ihrem bewaffneten Widerstand, obwohl man ihre Fähigkeit nicht unterschätzen soll, mit der sie
eine recht wirksame Technik des Guerillakrieges entwickelt haben.
Es waren aber auch noch zwei äußere Fakten von entscheidender
Wichtigkeit. Vor allem war es die geographische und politische Lage
der Alpentäler, in denen sich die Waldenserbevölkerung angesiedelt
hatte. Es handelt sich um eine sehr gebirgige Gegend, in der damaligen Zeit schwer zugänglich für Truppen, und auf der anderen Seite
ausgesprochen günstig für einen Partisanenkrieg. Weiterhin muß man
sich vor Augen halten, daß dieses Gebiet an der Grenze zweier Staaten
lag, Savoyen und Frankreich, also in einer Zone, wo die Grenzziehung
häufig wechselte. Dabei konnten sich die Waldenser die zahllosen
Schwankungen der Politik Savoyens zunutze machen, das zwischen
Frankreich und dem kaiserlichen Machtbereich eingeengt war.

Ein zweiter bestimmender Grund war die Intervention protestantischer Mächte. Die Schweizer Kantone und das England Cromwells
sahen es als ihre Aufgabe an, mit dem ganzen Gewicht ihrer Diplomatie die Rechte der Waldenserminderheit zu schützen und sie in den
gefährlichsten Augenblicken vor der Vernichtung zu bewahren. Darüber hinaus aber fühlten sie sich verpflichtet, auch für ihre notwen-
digsten Bedürfnisse zu sorgen durch Kollekten, Stiftung von Studien-
freiplätzen und Zusendung religiösen Schrifttums.

Die Geschichte der Waldensergemeinden unterscheidet sich nicht
wesentlich von der anderer reformatorischer Gemeinden im Jahrhun-

dert der Religionskriege. Trotzdem haben die Waldenser etwas Besonderes und Einzigartiges, was sie aus dem übrigen europäischen Protestantismus heraushebt. Die Waldenser verkörpern in einer besonderen Weise zwei theologische Grundwahrheiten, die unlöslich mit dem evangelischen Glauben verbunden sind: das Bekenntnis des Glaubens und das Martyrium. Ganz sicher waren diese wenigen tausend Bauern treue Untertanen ihres Fürsten; es entsprach ja dem Grundsatz der Reformation, der bestehenden Obrigkeit den schuldigen Gehorsam zu leisten. Andererseits aber waren sie ungemein wachsam und unnachgiebig in der Verteidigung ihres evangelischen Glaubens. Es gab immer wieder Angebote für sie, in protestantische Länder auszuwandern und dort unter wirtschaftlich günstigen Bedingungen in einer Atmosphäre völliger Freiheit und in Gemeinschaft mit Gleichgesinnten zu leben; die Waldenser aber setzten dem jedesmal ein entschiedenes Nein entgegen. Der innerste Grund ihres Widerspruchs war also nicht der Anspruch auf bestimmte geistige und geistliche Rechte, sondern der Wille, die Predigt des Evangeliums im Land ihrer Väter durchzuhalten; denn dorthin wußten sie sich von Gott gerufen.

3. In Richtung auf eine neue Diaspora

Erst die Anfänge des 19. Jahrhunderts bringen eine wesentliche Veränderung im Leben der waldensischen Gemeinden, vor allem in ihrem geistlichen Charakter. Die Pfarrgemeinden in Piemont kommen unter dem Einfluß der schweizerischen Erweckung und der englischen Evangeliumsbewegung in eine tiefe Krise, durch die sie aus der Haltung eines aufgeklärten Liberalismus zu einem Frömmigkeitstypus geführt werden, der pietistisch-erwecklichen Charakter trägt. Die erste Frucht dieser neuen geistlichen Einstellung ist die Weckung eines starken missionarischen Bewußtseins.
Ebenso wichtig ist aber auch der Wechsel, der sich auf dem Felde der politischen Wirklichkeit abzeichnet: der König Karl Albert von Sardinien-Piemont gewährt im Jahre 1848 in seinem Staat Religionsfreiheit und damit verbunden gleiche bürgerliche Rechte für alle Untertanen, Waldenser und Juden eingeschlossen.
Das Zusammentreffen dieser beiden Ereignisse: missionarisches Bewußtsein der Kirche und bürgerliche Freiheit bestimmt die Geschichte der Waldensergemeinden im 19. Jahrhundert. In diesen Jahrzehnten übernehmen die Gemeinden Aufgaben, die weit über ihre Kraft hinausreichen.

1860 wurde eine Synodal-Kommission gegründet, die alle Initiative
im Blick auf dieses missionarische Unternehmen zusammenfassen
sollte; die tüchtigsten Männer wurden mit dieser Aufgabe betraut,
eine Theologische Fakultät in Torre Pellice gegründet, nach einiger
Zeit wurde sie nach Florenz verlegt. Ihr Ziel war, den künftigen
Pastoren eine angemessene Kenntnis der Nationalsprache zu vermitteln. Ein Verlagshaus, „*Claudiana*" mit Namen, begann seine Tätigkeit im gleichen Jahr und widmete sich der Veröffentlichung von Zeitungen und Zeitschriften.

Die Waldensermissionare trafen oft, besonders in den größeren Städten, evangelische Ausländer, die sich studienhalber oder aus geschäft-
lichen Gründen in Italien aufhielten. Sie bildeten meist die Urzelle
einer protestantischen Gemeinde. Zu ihnen stießen dann schnell diejenigen Waldenser, die aus den Tälern von Piemont kamen und sich
auf Arbeitssuche befanden. Jedoch der größte Teil der Gemeindeglieder in den neuen Gemeinden bestand aus ehemaligen Katholiken oder
Gleichgültigen, die den Übertritt zur Waldenserkirche vollzogen. Auf
dem Land, besonders in Süditalien, bildeten sich auch viele Gemeinde-
zellen durch die Tätigkeit reisender Bibelkolporteure. Gegen Ende
des Jahrhunderts war eine nicht unbeträchtliche Zahl von Leuten in
diesem Evangeliumswerk beschäftigt, die als Auswanderer in den Vereinigten Staaten konvertiert waren, in ihr Vaterland zurückkehrten
und sich nun der Aufgabe widmeten, Anhänger für den evangelischen
Glauben zu gewinnen.

Wenn man an diese Auswanderer denkt, muß man sich auch noch eine
andere Tatsache vor Augen halten, die für die waldensische Diaspora
in den Jahren 1865 bis 1880 von Bedeutung war. Stärkere Gruppen
von Waldensern mußten nach dem amerikanischen Kontinent aus-
wandern, um bessere Lebensbedingungen zu finden, als sie ihnen ihr
eigenes Vaterland bot. Einige Gruppen gingen in die Vereinigten
Staaten, am stärksten aber war doch der Auswandererzug in Richtung
auf das Gebiet des Rio de la Plata, in die Republiken Uruguay und Argentinien. Hier schuf man mit Hilfe von Lehrern und Pastoren die
gleichen kirchlichen Strukturen, wie man sie in den Heimatgemeinden
zurückgelassen hatte; auf diese Weise behielt die waldensische Bevölkerung ihre äußere und innere Geschlossenheit.

Allerdings muß man sehen, daß dieses Evangelisationswerk durch ein
Zusammentreffen verschiedener äußerer Umstände begünstigt war.
Nicht wenige Gläubige, besonders in den evangelischen Kreisen der
Angelsachsen und der Schweizer, sahen die Evangelisation Italiens als
ihre eigene Aufgabe an. Einige von ihnen fühlten sich unmittelbar

verpflichtet, die Entstehung von methodistischen und baptistischen Gemeinden zu fördern. Andere wiederum, und das waren die meisten, trugen indirekt dazu bei, indem sie Geldmittel zur Verfügung stellten.

An zweiter Stelle muß die unabhängige Haltung erwähnt werden, die die Regierung von Piemont und später die italienische Regierung gegenüber der Autorität der katholischen Kirche bewies. Es ist klar, daß die Waldenser unter diesen Umständen nicht nur über eine Freiheit verfügten, die sie bisher noch nie genossen hatten, sondern ihnen auch von vielen Seiten gewisse Sympathien entgegengebracht wurden.

Das Band, das die verschiedenen Zellen der neuen Waldenserdiaspora wesentlich zusammenhielt, war der erklärte Wille, einen eigenen Beitrag zur Erneuerung der Nation zu leisten. Die Waldenser waren reformatorische Christen und hatten klar erkannt, daß eine bloße Änderung politischer Formen niemals dazu führen würde, einen grundlegenden Wandel des nationalen Lebens zu bewirken, es sei denn, daß dieser Wandel von einer tiefgreifenden geistlichen Erneuerung begleitet würde. An dieser Erneuerung aber wollten sie gern durch ihr eigenes Zeugnis mitwirken. Sie taten es in der Überzeugung, daß allein die reine Predigt des Evangeliums von Jesus Christus die Kraft besäße, das Leben des Einzelnen wie auch die Gemeinschaft zu wandeln. Aus diesem Grunde beschränken sie sich nicht darauf, Kapellen zu eröffnen, sondern sie bauten Schulen, verbreiteten volkstümliches Schrifttum und schufen diakonische Einrichtungen. Die Gestalt des Lehrers, der zugleich Evangelist ist, des Schriftenkolporteurs, des Redners, der religiöse Wahrheiten vermittelt, wird zum Symbol für die neue Diaspora, so wie es einst der wandernde Barbe für die mittelalterliche Diaspora gewesen war.

In ihrer individualistischen und romantischen Frömmigkeit verstanden die Waldenser des 19. Jahrhunderts unter Erneuerung des Vaterlandes wesentlich eine persönliche Erneuerung; ihr Zeugnis war oft ein recht individueller und gefühlvoller Aufruf zur persönlichen Bekehrung; dafür sind viele Erscheinungen ihres kirchlichen und geistigen Lebens bezeichnend. Auf der anderen Seite hatte ihr Aufruf immer einen stark polemischen Charakter gegenüber dem römischen Katholizismus. Mit Leidenschaft wurden kompromittierte Politiker angegriffen, ihr Machtwille, die Entartung der Frömmigkeit zum Aberglauben, der mit evangelischem Wesen nichts mehr gemein hatte.

Trotz der neuen Freiheit war das Leben der Gläubigen recht schwierig; immer wieder erfuhren sie Verleumdungen und Widerstände von seiten des Klerus und des Volkes. Sie wurden oft bekämpft und ausgestoßen von der Familie und von der Gesellschaft, lebten vereinsamt in kleinen Dörfern und Provinzstädten und mußten sich viele materielle und moralische Nachteile gefallen lassen, wenn sie an ihrer Glaubensüberzeugung festhalten wollten. Darum hat es die Waldenserkirche nur ihrer Beharrlichkeit zu verdanken, wenn sie heute noch in Italien auf dem Plan ist. Sie mag zahlenmäßig keine besondere Bedeutung haben, aber der Waldensername bezeichnet nicht nur ein geographisches oder geschichtliches Datum für die Provinz Piemont, sondern ist ein Zeichen für die Wirklichkeit des Protestantismus südlich der Alpen.

4. Vom Widerstand zu einem positiven Gegenzeugnis

Der Wandel der politischen und sozialen Verhältnisse, in denen man bisher gelebt hatte, forderte auch eine nachdrückliche Änderung im inneren Leben der waldensischen Gemeinden. Für diesen Wechsel ist das Jahr 1905 bezeichnend, in dem man das große Komitee für die Evangelisation auflöste. Statt dessen schlossen sich die Waldensergemeinden in den Tälern mit denen der italienischen Diaspora zusammen, um eine einheitliche Organisation zu bilden unter dem gemeinsamen Namen *„Chiesa Evangelica Valdese"* (Evangelische Waldenserkirche).

Nach und nach waren Hoffnung und Schwung des 19. Jahrhunderts erlahmt, und das Interesse an dem Leben und der Verkündigung evangelischer Gemeinden hatte sich Zug um Zug abgekühlt. Einer mit großem Eifer betriebenen Evangelisation folgte nun eine Zeit kirchlicher Organisation; jetzt dachte man weniger an die Welt draußen als an das innere Leben der Gemeinden.

Das Aufkommen des Faschismus und das erneute Vordringen der katholischen Kräfte im politischen Leben Italiens änderten die Lage von Grund auf. Die Realpolitik des Faschismus und der Druck der katholischen Seite führten zum Abschluß des Konkordates zwischen dem italienischen Staat und dem Heiligen Stuhl im Jahre 1929. Das System Mussolinis erhielt auf diesem Wege eine wesentliche Unterstützung durch die katholischen Kräfte auf dem Felde der internationalen Politik, während der Vatikan seinerseits aus dem Vertrag einen Prestigegewinn hatte und außerdem nicht wenige wirtschaftliche Vorteile übernahm: die katholische Religion wurde wieder „die Religion des Staates", was die Wiedereinführung des katholischen Religionsunterrichtes in den Schulen, die Berufung von Militärpfarrern in der Armee und andere besondere Privilegien zur Folge hatte. Die nicht-katholischen Gemeinden wurden zwar im Bereich des Staates als „zugelassene Religionen" bezeichnet, aber in Wirklichkeit befanden sie sich jetzt in einer Verteidigungsstellung gegenüber den katholischen Angriffen und der faschistischen Polizei.

Die Haltung der Waldenserkirche, die sie in den 20 Jahren faschistischer Herrschaft einnahm, kann man mit dem Begriff *„resistenza"*, „Widerstand", bezeichnen. Es ging nicht mehr darum, wie in der Vergangenheit, in eine oft feindliche, aber doch auch immer wieder freie und offene Umwelt einzudringen; man mußte vielmehr dem Druck einer Umgebung standhalten, die sich gleichgültig, aber auch argwöhnisch gab, wie es ja immer bei Diktaturen der Fall zu sein pflegt, und feindselig, wie es für jeden politisch integrierten Katholizismus zutrifft. Die Kirche mußte sich im Blick auf alle evangelische Aktivität und auch mit der Errichtung von Neubauten große Selbstbeschränkung auferlegen; einige kirchliche Werke, die noch aus der Vergangenheit stammten, mußten geschlossen werden. Andererseits gab man sich große Mühe, die Jugend in einer stärkeren kirchlichen Bindung zu organisieren und die Jugendbewegung mehr als bisher an das Leben der Gemeinden zu binden.

Diese Art kirchlichen Widerstandes, so notwendig sie auch war, ließ natürlich das kirchliche Leben in gewisser Hinsicht verarmen, glücklicherweise aber kam es gerade in dieser Situation zu einer theologischen Neubesinnung. Die treibende Kraft war der Theologie-Professor Giovanni Miegge, und die Gruppe junger Pastoren und Laien, die sich um ihn sammelte, fand ihr Sprachrohr in der von ihm herausgegebenen Zeitschrift: *„Gioventù Cristiana"* („Christliche Jugend"). Miegge setzte alle Mühe daran, die Waldenserkirche für zwei wichtige Ereignisse empfänglich zu machen, die sich auf dem Feld der europäischen Theologie ereignet hatten: für das theologische Werk von Karl Barth und die Stellungnahme der Bekennenden Kirche in Deutschland. Sein Einfluß wirkte sich zwar nicht unmittelbar auf die Gemeinden aus, aber durch seine gründliche und ernsthafte Arbeit gelang es ihm, die inneren Voraussetzungen für eine Erneuerung der Kirche zu schaffen. Sie gab dem Widerstand in diesen 20 Jahren des Faschismus ständige Nahrung und schuf die Grundlage für eine wesentliche Neubesinnung innerhalb der Waldenserkirche.

Die Waldensergemeinden hatten während des Zweiten Weltkrieges allerlei Schäden erlitten und standen darum vor der drängenden Aufgabe des Wiederaufbaus, und zwar gerade in dem Augenblick, als sich eine grundlegende Änderung in der italienischen Gesellschaft vollzog. Darum blieb die Kirche im wesentlichen bei ihrer Widerstandshaltung, war zurückhaltend und vorsichtig gegenüber ihrer Umgebung, ob es sich nun um den gesellschaftlichen oder den religiösen Bereich handelte. Vielleicht hat sie dabei ihre inneren Probleme überbewertet, indem sie ihre Kraft mehr auf den inneren Zusammenhalt und die Aktivität in den Gemeinden konzentrierte, statt sich um eine Neugestaltung ihres missionarischen Auftrages zu bemühen im Angesicht einer neuen Zeit. Trotzdem hat es auch in diesen Jahren nicht an neuen Perspektiven gefehlt; das wurde vor allem sichtbar in der Errichtung des Jugendzentrums *„Agape"*. Entsprechend seiner Zielsetzung sollte dieses Werk dazu dienen, der italienischen Jugend zu einer neuen Lebensform zu helfen. Die Verbindungen mit dem europäischen Protestantismus sollten wieder angeknüpft werden, und schließlich wollte man im evangelischen Bereich einen neuen Typus gemeinschaftlichen Lebens finden. So trafen sich die restaurativen Gesichtspunkte, die vor allem in den Gemeinden wirksam waren, die sich mit ihrem Wiederaufbau beschäftigten, und neue Elemente, die einen Bruch mit der Vergangenheit darstellen: Gemeinsames Leben und freiwilliger Arbeitseinsatz, Verpflichtung für einen bestimmten Dienst, und das alles verstanden als eine Gestalt und ein Zeichen, als das Zeugnis des Glaubens, das wir zu geben haben.

Einige Jahre später wuchs aus den Bemühungen von Agape das Experiment des *„Servizio Cristiano"* („Christlicher Dienst") in Sizilien unter Führung desselben Pastors Tullio Vinay, der den Anstoß für das Unternehmen von Agape gegeben hatte. Die Linie dieser beiden Aktivitäten, die durch den Doppelnamen Agape-Riesi gekennzeichnet sind, tritt am stärksten im Bereich der heutigen Waldenserkirche zutage; trotzdem darf man sie nicht als die einzig maßgebliche ansehen. Die theologische Forschungsarbeit über das ökumenische Problem, wie sie im Raum der Waldenser-Fakultät betrieben wurde, die Organisation von Dienstgruppen und sozialen Unternehmungen, die Überprüfung der traditionellen Auffassung vom Pfarramt im Bereich der reformatorischen Theologie, machen ebenfalls sichtbar, daß man sich neu auf die missionarische Verantwortung in der heutigen Zeit besinnen wollte. Wenn man einen bestimmten Begriff für diese Neueinstellung finden will, so könnte man, wenn auch mit einer gewissen Vorsicht, von der Absicht sprechen, ein „Gegenzeugnis" (eine *contestazione")* [1] in dieser Welt abzulegen.

Es mag sein, daß dieser Begriff des Gegenzeugnisses als zu revolutionär erscheint; aber man darf nicht vergessen, daß er im Grunde nur die

Wirklichkeit, die den Reformatoren vor Augen stand, zum Ausdruck
bringt. Denn in der Vorstellung des „Protestanten" ist ja beides eingeschlossen: Der Gesichtspunkt der Kritik, der Aufdeckung, des Widerspruchs, wie auch der positive Gedanke, den Glauben zu bejahen und
Stellung zu nehmen zugunsten eines anderen.
Wir haben versucht, die Haltung der Waldenserkirche im Laufe der
letzten 50 Jahre durch diese beiden Begriffe des „Widerstandes" und
des „Gegenzeugnisses" zu charakterisieren, was natürlich nicht bedeutet, daß sie immer in dieser zeitlichen Folge zum Zuge gekommen sind.
Beide Haltungen bleiben in einer gewissen dialektischen Beziehung zueinander. In gewissen Bereichen ihrer Aktivität und ihres Gemeindelebens bleiben die Waldensergemeinden Widerstandsgruppen gegenüber
dem Druck der Umwelt, in anderen Bereichen und unter anderen Bedingungen kommt mehr die Absicht zum Ausdruck, ein positives Gegenzeugnis zu leisten. Das bedeutet aber, daß man nach Ausdrucksformen
sucht, die den Willen zu einer zeitgemäßen Reformation der Gemeinde
und ihres Zeugnisses sichtbar machen.

II. Die gegenwärtige Lage

1. Eine Minderheit von einem halben Prozent

Die Beurteilung der gegenwärtigen Lage und Arbeit der Waldenserkirche verlangt die Aufzählung einiger statistischer Angaben. Zuerst
die Daten, die die Kirche selbst betreffen:
Die letzten Zahlen sind folgende: 21 400 praktizierende Mitglieder in
Italien und 6 400 in Lateinamerika. Wenn man die Kinder hinzuzählt
und diejenigen, die nicht eingeschriebene Kirchenmitglieder sind, aber
am Leben der Kirche irgendwie teilnehmen, so kommt man auf die Zahl
von 28 000 in Italien und 16 400 in Amerika. Was die geographische
Verteilung dieser Gläubigen angeht, so macht man dabei eine äußerst
wichtige Feststellung: 11 000 Gemeindeglieder leben in den Waldensertälern, jenem kleinen Gebiet der Kozischen Alpen, wo die Waldenser
immer ein entscheidendes Zentrum gehabt haben. Mehr als 6 000 leben
in den größeren italienischen Städten und bilden so einige der wichtigsten Gemeinden, sowohl im Blick auf ihre Bedeutung für den Protestantismus wie auch in finanzieller Hinsicht; der Rest von 4 500 bildet
kleine Gemeinden, die über das gesamte Gebiet Italiens verstreut
sind.

Man zählt 19 Gemeinden in den Waldensertälern, ungefähr 50 im übrigen Italien, 20 im Gebiet von Südamerika[2] und 6 Gemeinden italienischer Sprache im Ausland. Dazu kommen noch zahlreiche Evangelisationszentren. Pfarrer im aktiven Dienst gibt es 98 (davon 13 in Südamerika), 17 Pensionäre und 3 Vikarinnen.

Diese wenigen Angaben geben einigen Aufschluß. Die Waldenserkirche ist eine ausgesprochene Minderheit im Gesamten der italienischen Nation, 28 000 Personen inmitten einer Bevölkerung von etwa 50 Millionen Einwohnern in Italien und 16 000 Gemeindegliedern innerhalb einer Bevölkerung von 25 Millionen in Südamerika.

Aus diesem Zahlenverhältnis wird eines deutlich: die waldensische Minderheit spielt nicht nur im Gesamten des nationalen Lebens kaum eine Rolle, sei es in kultureller, politischer oder sozialer Hinsicht, sondern sie ist auch ständig bedroht von dem Druck, den die Umgebung auf sie ausübt. Dies hat sich im Laufe der letzten zehn Jahre noch verschärft, weil die Neigung, alles zu nivellieren und einzuebnen in der heutigen Gesellschaft zugenommen hat.

Die zweite wichtige Tatsache ergab sich aus dem Diaspora-Charakter der Waldenserkirche. Ausgenommen einige Kerngebiete in den Waldensertälern und im Bereich der Waldenserkolonie in Uruguay leben die Mitglieder der Waldenserkirche weit verstreut im gesamten italienischen bzw. südamerikanischen Gebiet. Diese Zerstreuung hat ein doppeltes Gesicht: Einmal sind es die zahlenmäßig schwachen Gemeinden, die über das Land verstreut leben, und auf der anderen Seite sind es die wenigen einzelnen Gemeindeglieder, die in den großen Städten kaum Kontakt miteinander haben können. Hinzu kommen die mannigfachen Schwierigkeiten im Blick auf die Erziehung der Kinder, auf die Teilnahme am kirchlichen Leben und die eigene religiöse Bildung.

2. Die missionarische Berufung

Eine Reihe anderer Probleme ergeben sich, wenn man die Waldensergemeinden unter dem Gesichtspunkt ihres missionarischen Auftrages betrachtet. Beginnen wir mit einigen Daten, die das Gebiet der Unterweisung berühren. Bis zum 19. Jahrhundert besaßen die Waldensergemeinden eigene Schulen, und die jungen Waldenser hatten die Möglichkeit, an den europäischen Universitäten zu studieren. In beiden Fällen wurden die Mittel durch ein Komitee verteilt, das 1735 in Holland gegründet wurde, das sogenannte *Comitato Vallone*. Aus dem Geist der Erweckung und unter dem Einfluß englischer Freunde wurde dies Unterrichtswerk außerordentlich erweitert: alle Dörfer bekamen eigene Schulen, in Torre Pellice wurde eine höhere Schule errichtet entsprechend dem Typ des englischen *College* (es bekam auch den Namen *Trinity College*); das ganze Werk aber wurde gekrönt durch eine eigene Theologische Fakultät. Die Ausbreitung dieses Netzes von Unterrichtsanstalten ging Hand in Hand mit der Ausbildung des Evangelisationswerkes in Italien. Am Ende des 19. Jahrhunderts war die Waldenserkirche im Besitz einer großen Anzahl von Schulen mit Dutzenden von Gebäuden und vielen Lehrern. In dem Maße aber, wie die staatliche Schulbildung ein angemessenes Niveau erreichte, sowohl in den Tälern wie auch im übrigen Italien, verzichtete die Kirche auf ihre eigenen Schulen, lediglich die höhere Schule in Torre Pellice, das einzige evangelische Unternehmen dieser Art in ganz Italien, und die Theologische Fakultät in Rom wurden bis heute beibehalten.

Die Fakultät hat in den letzten Jahren eine besondere Entwicklung genommen: die Zahl der Dozenten wurde erhöht, die Bibliothek erweitert, Stipendien für Studenten eingerichtet, die daran interessiert waren, sowohl den römischen Katholizismus wie auch den italienischen Protestantismus aus eigener Anschauung zu studieren. Geschichtliche und dogmatische Studien wurden veröffentlicht und eine theologische Zeitschrift „*Protestantesimo*" herausgegeben. Die Theologische Fakultät betreibt ihre Forschungsarbeit natürlich im Rahmen ihrer bescheidenen Möglichkeiten und finanziellen Mittel, und zwar in doppelter Richtung: Einerseits möchte sie einen Stand gründlicher wissenschaftlicher Arbeit im Blick auf die Ausbildung künftiger Pastoren erreichen, wie er den anderen europäischen theologischen Fakultäten entspricht; auf der anderen Seite möchte sie ein Zentrum darstellen, das den evangelischen Gemeinden, aber auch vielen katholischen Kreisen, hilft, wichtige theologische Probleme der Gegenwart zu durchdenken.

Wenn man das Engagement der Waldenserkirche auf dem Gebiet der sozialen Tätigkeit ins Auge faßt, weisen die statistischen Angaben auf ein sehr weit gestecktes Tätigkeitsfeld.

Der älteste Kern aller Sozialeinrichtungen befindet sich natürlich in den Waldensertälern und umfaßt: 2 Krankenhäuser, 1 Heim für unheilbar Kranke, 2 Altersheime und 2 Waisenhäuser. Nach und nach ist dann noch hinzugekommen: 1 Krankenhaus in Turin, Altersheime in Florenz und Vittoria (Sizilien) sowie Waisenhäuser in Florenz. Eine besondere Entwicklung haben im Lauf der letzten Jahre Einrichtungen mit erzieherischem Charakter gehabt, so zum Beispiel Kinderheime und Kindergärten und Kinderhorte, besonders in den unterentwickelten und vernachlässigten Gebieten des italienischen Südens, oder auch Konvikte für Studenten in den Städten und in den Zentralorten, wo sie ihren Studien nachgehen. Einige dieser Unternehmungen sind finanziell von der Kirche abhängig, andere haben einen mehr lokalen Charakter; die Verantwortung für sie fällt dann der einzelnen Gemeinde zu.

Lange Jahre hindurch war es Aufgabe der Diakonissen, deren Mutterhaus sich bis heute in Torre Pellice befindet, sich um diese Werke zu kümmern; Leitung und Durchführung der Arbeit lag in ihren Händen. Zur Zeit sind aber kaum 5 Diakonissen tätig, und 7 sind im Ruhestand. Diese Zahlen zeigen deutlich, in welcher Krise sich der Diakonissenberuf zur Zeit befindet; damit stellt sich die Frage, wie die Aufgabe des diakonischen Dienstes in Zukunft anders gestaltet werden kann. So entsteht jetzt im alten Diakonissen-Mutterhaus ein „Diakonie-Zentrum", dessen Aufgabe es ist, Gemeindeglieder im Blick auf einen Dienst in ihren Gemeinden oder auch in der Welt auszubilden, wobei man lediglich den Grundgedanken der Dienstverpflichtung in der Kirche festhält.

Die Zahl der Verpflichtungen, die die Gemeinden auf dem Sektor der Diakonie übernommen haben, steht im starken Gegensatz zur Größe der Gemeinden. Was die Finanzen angeht, muß man sich eins vor Augen halten: Aufgrund ihres reformatorischen Verständnisses vom Staat hat die Waldenserkirche immer auf ihre volle Unabhängigkeit gegenüber dem Staat Wert gelegt; und das gerade auf finanziellem Gebiet. Sie erhält keinerlei Unterstützung für ihr gottesdienstliches Leben, für die Einrichtung der gottesdienstlichen Räume, die Gehälter ihrer Angestellten und ihre unterrichtliche oder soziale Tätigkeit. Ihre Einnahmen bestehen ausschließlich aus Beiträgen der Gemeindeglieder oder aus Gaben, die von Freunden zur Verfügung gestellt werden.

Was den Einsatz der Menschen angeht, so ist dies ebenfalls ein drückendes Problem, wenn auch nicht einfach mit dem finanziellen identisch. Ein diakonischer und missionarischer Einsatz verlangt Energie, Anstrengung, Versuche und Untersuchungen, denen sich ein großer Kreis von Menschen widmen muß. Die Zahlen, die erwähnt wurden, zeigen indessen, wie gering die Kräfte sind, auf die die Kirche bei dieser Aufgabe rechnen kann. Noch schwieriger aber wird das Problem, wenn man an die Vielzahl der Aufgaben denkt, die sich aus der Diaspora-Situation der Kirche ergeben. Neben den genannten diakonischen Verpflichtungen bestehen die eigenen pastoralen Aufgaben in den Gemeinden: die Jugendarbeit, die kirchliche Presse, die kirchliche Verwaltung, besondere Unternehmungen wie „*Agape*" und „*Servizio Cristiano*". Es ist klar, daß die geistlichen Kräfte zur Durchführung dieser Aufgabe niemals ausreichen.

3. Kirche oder Bewegung

Die Waldenserkirche steht immer wieder vor einer doppelten Aufgabe: einmal ihren reformatorischen Charakter in Bekenntnis und Ordnung zu erhalten, auf der anderen Seite Strukturen zu schaffen, die beweglich und elastisch genug sind, um sich neuen Situationen anzupassen. Anders ausgedrückt, sie muß ihren kirchlichen Charakter festhalten und dabei doch wie eine freie Bewegung dynamisch bleiben.

Schon das organisatorische Profil der Kirche läßt diese Dialektik sichtbar werden. Das Grundprinzip für die Kirchenordnung ergibt sich aus der Autorität der kirchlichen Leitungsgremien auf der einen und der missionarischen Verantwortlichkeit der einzelnen Gemeinden auf der anderen Seite. Jede Gemeinde wird von einer Gemeindeversammlung geleitet, an der alle praktizierenden Gemeindeglieder teilnehmen; Stimmrecht haben allerdings nur die wahlberechtigten Gemeindeglieder, das sind diejenigen, die aufgrund eines Antrages an den Gemeindekirchenrat sich zur aktiven Teilnahme am Leben der Kirche verpflichten und regelmäßig zu ihren Lasten beitragen. Diese Gemeindeversammlung wählt die Mitglieder des Gemeindekirchenrates (*„Consiglio"* oder auch *„Consistoro"* genannt): Älteste und Diakonen sowie die Abgeordneten für die Regionalversammlung und die Synode. Schließlich beruft sie auch den Pfarrer, wenn es sich um eine autonome Gemeinde handelt (autonom ist sie, wenn sie 150 Gemeindeglieder hat, für ihre Kosten selbst aufkommt und sich ihres evangelischen Auftrages bewußt ist). Der Gemeindeversammlung entspricht auf der nächst höheren Ebene die Regionalversammlung (in Italien *„Distretto"* genannt, in Südamerika *„Presbiterio"*). An ihr nehmen die Abgeordneten aller Bezirksgemeinden teil. Zu ihren Aufgaben gehört die Prüfung aller Fragen, die von lokalem Interesse sind. Die Synode, die jährlich zusammentritt, und zwar in zwei getrennten Sitzungen in Italien und in Südamerika, repräsentiert die oberste Autorität in Fragen der Lehre und der Kirchenzucht. Ihr gegenüber sind alle kirchlichen Einrichtungen verantwortlich. Mitglieder der Synode sind die Abgeordneten der autonomen Gemeinden und der Regionalversammlungen, je zur Hälfte Pfarrer und Nichttheologen. Innerhalb der Synode bilden die Pfarrer den *„Pastorenkonvent"* (italienisch *„corpo pastorale"*); er ist verantwortlich für die kirchliche Lehre, die Prüfung der Kandidaten der Theologie und für die endgültige Fassung der Katechismen und der Liturgie. Die örtliche Versammlung beruft die Mitglieder des Gemeindekirchenrates: Älteste und Diakone. Die Bezirksversammlung wählt eine Bezirkskommission und die Synode beruft die Kirchenleitung (*„Tavola"*) als Verwaltungs- und Exekutivorgan für die Beschlüsse der Synode. Diese setzt sich aus 7 Mitgliedern zusammen, die unter dem Vorsitz des Moderators tagen. Keine Beauftragung erfolgt auf Lebenszeit, weder auf Gemeindeebene noch bei den allgemeinen Versammlungen. Einige Vertreter können wiedergewählt werden (Älteste und Diakone alle 5 Jahre, Pastoren alle 7 Jahre; aber sie können nicht mehr als 14 Jahre in einer Pfarrstelle bleiben). Bei den anderen ist Wiederwahl nicht möglich (Mitgliedern der Kirchenleitung und beim Moderator).

4. Zwischen der ersten und der zweiten Reformation

Man kann sicher sagen, daß die Waldenserbewegung, die „Internationale der Armen", über einen breiten Zeitraum hin und mit besonderem Nachdruck über die konstantinischen Voraussetzungen der christlichen Kirche nachgedacht hat. Man darf vielleicht noch einen Schritt weitergehen und fragen, welche Bedeutung im Rahmen dieser „anti-konstantinischen Theologie" der besondere Ansatz für Glaube und Frömmigkeit gehabt hat, den wir als evangelischen Radikalismus gekennzeichnet haben. Dazu gehört auch der starke Nachdruck, der auf die Ethik des Evangeliums gelegt wird, auf die Bergpredigt als absolute Lebensnorm mit allen sich daraus ergebenden Folgen: Verweigerung des Eides, Verweigerung jeder Gewaltanwendung, Ablehnung des Staates, Ehelosigkeit der Barben und anderes. Ganz offensichtlich hat man in der mittelalterlichen Theologie das Problem der Beziehung von Gesetz und Evangelium nicht gesehen, das in den Überlegungen der Reformation schlechthin grundlegend war. Auch für die Waldenser ist das Evangelium noch ein Gesetz, eine Lebensnorm, und der Glaube ist also wesentlich Gehorsam, nicht so sehr Empfang der Gnade, als vielmehr *„imitatio Christi"* („Nachahmung Christi"). Giovanni Miegge hat bei der Beurteilung dieser geistlichen Einstellung der Waldenser gewagt, von einer „ersten Reformation" zu sprechen im Gegensatz zur zweiten, der klassischen Reformation des 16. Jahrhunderts, und hat auch für diese erste Reformation einen durchaus ursprünglichen Charakter in Anspruch genommen.

Das innertheologische Problem der Waldenserkirche besteht also wesentlich darin, die ekklesiologischen Themen der mittelalterlichen Waldenserbewegung innerhalb einer reformatorisch geprägten Dogmatik denkend neu zu erfassen. Sie muß über diese dialektische Spannung zwischen Kirche und Bewegung in Diskussion und Forschung nachdenken, da hier, wie wir gesehen haben, das Grundproblem im Leben der Waldensergemeinden sichtbar wird.

Bei einer ersten flüchtigen Durchsicht ihrer Geschichte fällt eine Besonderheit dieser Gemeinden sofort ins Auge: das ist der zutiefst biblische
Charakter ihrer Frömmigkeit, ihre ständige Berufung auf die Heilige
Schrift als alleinige Grundlage ihres Glaubens und ihres sittlichen Handelns. Gewiß ist es ein untheologischer und unkritischer Biblizismus,
wie wir ihn im mittelalterlichen Waldensertum finden, oder auch ursprünglich und voller Zuversicht in seiner fundamentalistischen Art, wie
er uns in der Evangeliumsbewegung des 19. Jahrhunderts begegnet.
Angefangen von der Bibelübersetzung in die Volkssprache, die Valdes
selbst in Auftrag gegeben hatte, bis zur französischen Übersetzung, die
die Waldenser bei der Synode von Chanforan Olivetan anvertrauten
und weiter bis hin zu der geduldigen und weit verzweigten Arbeit der
Bibelkolporteure im 19. Jahrhundert, immer ist es der gleiche Faden,
der alle diese Menschen miteinander verbindet, nämlich das feste Zutrauen in die erneuernde Kraft der Heiligen Schrift. Zu dieser biblischen Frömmigkeit gesellt sich eine außerordentliche Breite des ethischen
Denkens auf der Grundlage des christlichen Glaubens. Das gleiche Verantwortungsbewußtsein für die eigene Lebensführung begegnet uns
wieder im Ruf zur Heiligung bei den Gläubigen des 19. Jahrhunderts,
wenn auch mehr in einer individuell-pietistischen Färbung.
Ein besonders charakteristischer Zug der waldensischen Frömmigkeit ist
ihre Verwurzelung in der Geschichte; sie versteht sich selbst eher als geschichtliches denn als theologisches Faktum. Der Beitrag, den die Waldensergemeinden zur christlichen oder auch nur zur protestantischen
Theologie geleistet haben, ist unbedeutend. Die theologischen Formulierungen für den Glauben haben sie immer von ihren Glaubensbrüdern
übernommen. Man wird das begreifen, wenn man an ihren Minder-
heitencharakter und auch an ihren Leidensweg denkt. Aber dahinter
steht mehr als nur die Unfähigkeit, Glaubensfragen theologisch zu
durchdenken. Vielleicht muß man schon von einer anders gearteten
Denkweise sprechen, von einer Übersetzung der Probleme, die uns der
Glaube stellt, in Taten, Handlungen und Entscheidungen. Wenn man
es so ansieht, dann erscheint uns das wechselvolle Leben dieser wenigen
tausend Gläubigen wie eine ständige, auf den Grund der Dinge zielende
Meditation mitten in der Geschichte der abendländischen Christenheit.
Von daher versteht man, warum die waldensischen Glaubensbekenntnisse, mit Ausnahme des klassischen Bekenntnisses von 1655, so wenig
dogmatischen Charakter tragen und sich mehr mit konkreten Problemen befassen, Gedanken über die wichtigen Lebensfragen bringen und
ihre Entscheidungen in Handlungen umzusetzen suchen. Man versteht,
daß dann die Eidesformel eine besondere theologische Bedeutung be-

kommt, die die Waldensertruppen, nach dem Beispiel der *Covenant*-Puritaner, in entscheidenden Augenblicken ihres Kampfes schwören mußten. Man begreift, daß alle Werke, die auf waldensischem Gebiet geschrieben worden sind, Taten der Geschichte sind, Erzählung von Handlungen und Ereignissen, mit dem Auftrag, sie den Nachkommen zu überliefern, nicht als Erinnerung an die Ruhmestaten der Menschen, sondern als Zeugnis für das göttliche Handeln in dem wechselvollen Leben seines Volkes.

III. Das Problem des Ökumenismus und der Mission

Die ökumenische Frage hat zwei verschiedene Inhalte: Den Dialog und die Zusammenarbeit mit den anderen evangelischen Gruppen und den Dialog mit dem römischen Katholizismus. Beim ersteren handelt es sich um die unbedingt notwendige Zusammenarbeit mit Kirchen, die oft von der gleichen protestantischen Mutterkirche abstammen und ebenfalls als Minderheiten in katholischen Ländern leben. Die Waldenserkirche ist ja nicht einmal die zahlenmäßig stärkste unter den evangelischen Denominationen Italiens, sondern wird von den Pfingstgemeinden bei weitem überragt; sie ist aber die älteste, am stärksten in ihrer Struktur von theologischen Gesichtspunkten bestimmt, und was ihre Probleme und verschiedenen Situationen angeht, den größten Änderungen unterworfen gewesen. Darum ist ihr Beitrag von besonderer Bedeutung bei der Suche nach einem gemeinsamen Auftrag inmitten dieser Vielfalt von Meinungen und Gemeinden, die von der lutherischen Kirche bis zu den Versammlungen der Pfingstgemeinde reichen.

Der Sinn ökumenischer Bemühungen darf darum nicht in einer formalen Einheit gesucht werden, in der Bildung von überkirchlichen Organisationen und auch nicht in einer Gesamtfusion der Kirche, als vielmehr in der Feststellung der gemeinsamen evangelischen Berufung. Der Dialog und seine verschiedenen Etappen bedeuten also viel mehr als eine bloße Annäherung gleichartiger Kirchen. Es geht um den Aufbruch in Richtung auf ein gemeinsames Zeugnis. 1945 hat sich der Bundesrat der Evangelischen Kirchen gebildet, 1948 erschien eine gemeinsame Zeitschrift für die Jugend, und der zweite Evangelische Kongreß, der 1967 in Mailand tagte, hat zum ersten Mal in Italien einen Bund Evangelischer Kirchen geschaffen. Die erste Frucht dieses Zusammenschlusses ist die gemeinsam herausgegebene Zeitung „*Nuovi Tempi*" („Neue Zeiten") und der Sonntagsgottesdienst im Radio. Schwierigkeit und Bedeutung dieses Dialogs innerhalb der evangelischen Welt liegt zutage.

Im Unterschied zu dieser Begegnung zwischen konfessionell geprägten und organisierten evangelischen Kirchen spielt sich der evangelische Dialog oft zwischen solchen evangelischen Christen und Gemeinschaften ab, die keine klar formulierte dogmatische Grundlage haben. Hier liegen die kirchlichen Auffassungen oft recht weit voneinander entfernt und die geistliche Einstellung kann kaum noch auf einen gemeinsamen Nenner gebracht werden, obwohl sich alle irgendwie auf den Protestantismus berufen. Es gibt da große Unterschiede in der Auffassung vom Amt und der Auslegung der Heiligen Schrift, die bei den einen kritisch, bei den anderen ganz fundamentalistisch gehandhabt wird. Aber auch hier muß der Dialog geführt werden; deshalb befinden sich die Waldensergemeinden auf dieser Frontseite des Protestantismus im Kontakt mit Bewegungen, die oft gar keinen Anteil an der ökumenischen Bewegung haben, die man nur sehr schwer auf die klassischen Grundformeln der Reformation des 16. Jahrhunderts zurückführen kann, die es darum aber auch bei einem gemeinsamen Gespräch leichter haben, sich der Notwendigkeit einer tieferen theologischen Überlegung zu öffnen. Bei diesem oft recht mühsam geführten Dialog haben die Waldenser die Überzeugung, daß sie entsprechend ihrem besonderen Charisma eine wesentliche Hilfe für das gemeinsame Forschen und Suchen leisten können. Allerdings darf man diese Hilfe nicht in dem Sinne geben wollen, daß man einfach das reformierte Bekenntnis als fertiges Schema anbietet. Vielmehr geht es darum, zu einem reformatorischen Denken zu verhelfen, Mißverständnisse zu beseitigen, die sich in einer stark antikatholischen, aber nicht immer sehr klaren evangelischen Haltung zeigen, und schließlich in modernen Begriffen die Glaubenshaltung zu formulieren, ohne damit die Bindung, die Grundeinsicht der Reformation zu verlieren.

Der Dialog mit der römischen Kirche steht natürlich in einem engen Zusammenhang mit der geschichtlichen Situation, in der die Waldensergemeinden gelebt haben. Die christliche Gemeinde, mit der sie seit Jahrhunderten in unmittelbarer Verbindung standen, ist der Katholizismus in seiner italienischen oder lateinischen Form. Man muß sich vor Augen halten, daß die katholische Welt sowohl in ihrer Hierarchie als auch in ihrem Laientum immer sehr mißtrauisch und verschlossen gewesen ist gegenüber allem, was sie an die Ereignisse der Reformation und ihre eigene versäumte Reformation erinnern könnte. Italien hat jahrhundertelang das volle Gewicht der Gegenreformation erlebt und zugleich die politische Herrschaft des Papsttums in den Wechselfällen des eigenen nationalen Lebens. Italien ist die Nation, auf deren Gebiet Jahrhunderte hindurch ein Kirchenstaat existiert hat. Das Fehlen eines

echten konfessionellen Gegengewichtes hat den italienischen Katholizismus zu einer konformistischen Haltung geführt. Er ist mehr an
juristisch-politischen als an geistlichen oder theologischen Problemen
interessiert. Die mangelhafte, kaum feststellbare Verbreitung und
Kenntnis der Heiligen Schrift hat dazu beigetragen, daß sich geistiges
Leben und Frömmigkeit wesentlich in abergläubischen Formen bewegen. Es gibt Begegnungen zwischen Waldenserkreisen und Katholiken, vor allem auf der theologischen Ebene der Theologischen Fakultät oder in *„Agape"* unter den Jugendlichen. Sie sind aber erst neueren
Datums und bewegen sich im Augenblick noch auf dem Gebiet des ge-
genseitigen Kennenlernens und eines Austausches von Informationen.
In dieses gleiche Klima gehört aber auch die außerordentlich starke
Verbreitung protestantischer europäischer Literatur in italienischer
Übersetzung. Das ist ein ganz neuer Tatbestand in dieser bisher ab-
geschlossenen und kulturell isolierten Situation, in der Italien seit
Jahrhunderten gelebt hat.

Die Synode hat wiederholt und nach gründlicher Aussprache die Stellungnahme der Kirche zu dieser Grundfrage formuliert. Man kann
diese Stellung durch widersprechende Begriffe kennzeichnen, indem
man sie als eine „unnachgiebige Offenheit" *(„apertura intransigente")*
charakterisiert! Offenheit ist es in dem Sinne, als die Waldensergemeinden in der gegenwärtigen Situation des Dialogs nicht nur eine zufällige
geschichtliche Möglichkeit sehen, sondern einen deutlichen Anruf des
Heiligen Geistes zu erkennen meinen, dem man sich keinesfalls entziehen darf. Unnachgiebig aber bleibt ihre Einstellung, soweit sie sich
auf die Worte ihrer Erklärung von 1962 berufen, wonach „es sich nicht
darum handeln kann, daß wir uns, die eine Kirche auf die andere zu
bewegen, sondern beide in Richtung auf den Herrn der Kirche, den
lebendigen Christus".

Es gibt recht unterschiedliche Auffassungen über die Möglichkeit eines
echten Dialogs, der zu einer Erneuerung der Kirche führen kann, und
über die Frage, ob die gegenwärtige Erneuerung im Katholizismus das
Anzeichen für eine wirklich vom Evangelium her bestimmte Reform
sei. Keine Meinungsverschiedenheit aber besteht darüber, daß der Dialog seinem Wesen nach „Mission ist", das heißt ein Ruf zum Evangelium für alle, die diesen Dialog führen, und nicht so sehr eine Gegen-
überstellung konfessioneller Grundsätze. Trotz aller Unterschiede in
der Bewertung dieses Dialogs sind alle darin einig, daß mit diesem Dialog schon ein Element der Erneuerung gegeben ist, wenn man zum
Reden und auch zum Hören bereit wird vor dem Angesicht Jesu
Christi.

Die Frage des Dialogs mit dem Katholizismus entscheidet sich nicht allein an dessen innerer Erneuerung oder an seiner gelegentlichen Bereitschaft, auf protestantische Kreise zu hören, Erscheinungen, die ja in der nachkonziliaren Atmosphäre durchaus schon vorhanden sind. Entscheidend ist vielmehr sein Wille zu einer echten Reform. Reform aber bedeutet für die Waldenserkirche das Ende des kirchlichen Triumphalismus und einer „*theologia gloriae*" (einer Theologie, mit der die Kirche sich selbst verherrlicht), Absage an alle äußere Machtstellung und an jeden falschen Optimismus im Blick auf den Menschen, statt dessen aber Annahme einer Theologie des Kreuzes, der Einsamkeit unter den Menschen und der Armut.

In dieser Richtung muß man den ökumenischen Dialog sehen, den die Waldensergemeinden mit evangelischen und katholischen Brüdern führen sollen.

In den Zusammenhang mit der missionarischen Aufgabe gehört auch ein Bericht, der an einem anderen wichtigen Problem unserer heutigen Zeit die Grundzüge der waldensischen Haltung deutlich macht. Es handelt sich, wenn man es in der heutigen Sprache ausdrückt, um das Problem „Kirche und Gesellschaft". Die wenigen geschichtlichen Grundzüge, in denen das Zeugnis der Waldensergemeinden im Laufe der letzten 150 Jahre dargestellt wurde, machen eines deutlich: Voraussetzung für das Missionswerk in diesem Geschichtsabschnitt ist der unbedingte Wille, an der Erneuerung der Gesellschaft teilzuhaben. Es geht um das Verantwortungsbewußtsein gegenüber der Umwelt, eine Verantwortung, die man als „prophetische" Haltung bezeichnen könnte. Das soll natürlich nicht heißen, daß Wort und Handeln der Waldenserkirche und ihrer Glieder immer und überall auf der Höhe dieser Einsicht gestanden haben, aber irgendwie waren sie doch durch diese Grundeinsicht bestimmt. Das wirkte sich in doppelter Richtung aus: In der Verkündigung und in der Schaffung einer Vielfalt von Werken, die sich den Armen, den Bedürftigen und den Notleidenden zuwenden. Dieselbe Auffassung bleibt auch für die heutigen Unternehmungen der Waldenserkirche maßgebend und befruchtend. Dasjenige Unternehmen, das mehr als alle anderen diese Einstellung verdeutlicht, ist der „*Servizio Cristiano*", der seit fast 20 Jahren in Sizilien arbeitet. Schon die Wahl des Ortes war bezeichnend. Riesi ist eine Kleinstadt, in der es seit etwa hundert Jahren eine Waldensergemeinde gibt. Als man dort mit einem neuen Werk begann, konnte man, was Glaube und Verkündigung betrifft, an die Vergangenheit anknüpfen. Wirtschaftlich gesehen handelt es sich um ein Gebiet, in dem das Elend der süditalienischen Gesellschaft besonders kraß zutage

tritt: die Auswanderungsquote ist hoch, die Schließung der Schwefel-
bergwerke hat zu einer sozialen Krise geführt, und die Mafia regiert . . .
Zuerst hat man in der Stadt selbst mit verschiedenen Einrichtungen
begonnen: einem Kindergarten, einem handwerklichen Unternehmen
und mit Schulen. In einem zweiten Abschnitt ist aber der *„Servizio
Cristiano"* an die Peripherie der Ortschaft gegangen und hat versucht,
ein neues Lebenszentrum zu schaffen, das dem alten entgegengesetzt
ist als ein Beispiel für eine moderne, freie und offene Gemeinschaft im
Gegensatz zu der alten in sich geschlossenen Feudalgesellschaft, gewissermaßen als eine „neue Stadt" im Gegensatz zur alten. Die neuen Gebäude sind von einem berühmten Architekten entworfen und mit
Sorgfalt gebaut worden: die Schulen, die Mechanikerwerkstätten, das
Gemeinschaftshaus, das Landwirtschaftszentrum und die moderne
Hühnerfarm sind nur konkrete Beispiele, gewissermaßen Sinnbilder
für diese neue Art menschlicher Gemeinschaft. Eines ist jedenfalls bei
diesem Unternehmen deutlich: es handelt sich nicht um irgendein So-
zialwerk, um ein bloßes Hilfsprojekt für die Bevölkerung des unterentwickelten Südens; vielmehr will die Arbeit des *„Servizio Cristiano"*
die Predigt des Kreuzes Christi verdeutlichen, in gewissem Sinne eine
sichtbare Verwirklichung der Liebe Gottes darstellen. Wer diesen Versuch eines christlichen Zeugnisses richtig bewerten will, greift am besten zu dem Nachrichtenblatt, das regelmäßig von der Gruppe des
„Servizio Cristiano" herausgegeben wird. Dort finden wir immer wieder den Grundgedanken, daß das Reich Gottes, das Reich der Liebe
im Gegensatz steht zum Reich des Menschen und seiner Selbstsucht,
und daß die „neue Welt", die Christus auf seine Selbsthingabe begründet hat, im Widerspruch lebt zur „alten Welt", einer Welt, in der Menschen über andere Menschen herrschen wollen.
Das Werk, das in Riesi betrieben wird, macht in besonderer Weise
deutlich, was die Waldenserkirche will, wenn sie von „Evangelisation"
spricht. Dieses Konzept findet sich aber auch in all den anderen Unternehmungen, zu denen sie sich heute verpflichtet weiß. Die christliche
Gemeinde, so sagen die Waldenser, ist in die Gesellschaft eingefügt,
nicht um sie zu verwandeln, sondern um sie an das Kreuz Christi zu
erinnern. Diese Verkündigung kann sich, ja muß sich sogar in einer
doppelten Weise verwirklichen: in der Predigt und in sichtbaren Zeichen. Eine prophetische Gerichts- oder Gnadenpredigt über die Gesellschaft ist falsch, wenn sie nicht vom sichtbaren Zeichen des „Kreuzes", und das heißt des Dienstes begleitet wird. Andererseits ist das
Handeln in der Liebe nicht schon von selbst Verkündigung, es sei

denn, daß es durch die ausdrückliche Predigt des Wortes Gottes verdeutlicht wird.

Die Beziehung zwischen Kirche und Gesellschaft ist also wesentlich ein Dienstverhältnis, das die Gläubigen gegenüber der menschlichen Gesellschaft auf sich nehmen. Nach der Überzeugung und der Erfahrung der Waldenser-Diaspora besteht darin der größte Dienst, ja vielleicht der einzige, nach dem immer wieder ein Verlangen bestehen wird, das Kreuz Christi zu verkündigen im gepredigten Wort und in den Werken helfender Liebe.

NACHTRAG DES HERAUSGEBERS

Wie die meisten Beiträge wurde auch dieser vor längerer Zeit geschrieben und wie in allen Fällen sah sich der Herausgeber gezwungen, Kürzungen an den Manuskripten vorzunehmen. Der Übersetzer des Berichts über die Waldenserkirchen, Pastor D. Wolfgang Scherffig, macht uns nach Lektüre der Korrekturfahnen darauf aufmerksam, daß einige der Fragen, vor denen die Waldenser Italiens heute stehen, nicht mehr erwähnt werden und schreibt dazu: „Das Verhalten der Waldenserkirche heute (auch Riesi!) bleibt aber unverständlich, wenn nicht das Vorherrschen einer klerikal gesteuerten Politik seit 1945 zum Ausdruck kommt, bei dem eine sich christlich nennende Partei durch Korruption, Klientelsystem, Ämterschacher usw. den politischen Widerspruch aus christlicher Motivation immer stärker provoziert hat. Der Kampf für das Ehescheidungsgesetz, an dem die Waldenserkirche stark beteiligt war, war ein Kampf gegen die klerikale Bevormundung der Gesellschaft, und ebenso der Kampf gegen die Integration des Konkordates in die Verfassung (Art. 7), der jetzt im Gange ist."

ANMERKUNGEN

1 „*Contestazione*" ist im Zusammenhang mit den studentischen Unruhen ein gewisser Modebegriff geworden. Er bedeutet eigentlich Anfechtung, Bestreitung. Er hat einen positiveren Sinn als der reine Protest. Wir versuchen ihn hier durch den Begriff des „Gegenzeugnisses" wiederzugeben (Anm. d. Übers.).

2 In Argentinien und Uruguay sind die Waldenser eine eigenständige Organisation (Anm. d. Hrg.).

8. Kapitel

DIE EVANGELISCHE KIRCHE
DER BÖHMISCHEN BRÜDER

AMADEO MOLNAR

In ihrer heutigen Gestalt und ihrem Wirken innerhalb der Tschechischen Sozialistischen Republik ist die Evangelische Kirche der Böhmischen Brüder aus der Vereinigung hervorgegangen, zu der sich am 17. und 18. Dezember 1918 alle tschechischen Gemeinden der beiden früheren evangelischen Kirchen der böhmischen Länder, das heißt der Kirche Augsburgischen Bekenntnisses und der des Helvetischen, zusammenfanden. Die feierliche Vereinigungsdeklaration im Prager Smetanasaal erfolgte in einer Stimmung, die von Dankbarkeit erfüllt war für die Beendigung des Krieges, aus der nach dem Zerfall der habsburgischen Donaumonarchie vor einigen kurzen Wochen eine freie Tschechoslowakische Republik hervorgegangen war. Keine einzige der 89 tschechischen Gemeinden der reformierten, keine der 27 Gemeinden der lutherischen Kirche, die insgesamt 160 000 Evangelische zählten, wollte außerhalb der Vereinigungsentscheidung bleiben.

Das theologische Urteil über die Vereinigung der tschechischen Kirchen im Jahre 1918 darf nicht übersehen, daß der bewußt kirchliche Beschluß ganz und gar dem beschleunigten Pulsschlag des damaligen Nationallebens entsprach. Die Vereinigung kam unter der eingestandenen Überzeugung zustande, das Vermächtnis der heimischen böhmischen Reformation dränge mit seiner ganzen Wucht zur Vereinigung der beiden bisher gewaltsam getrennten Kirchen. Daher verwarfen die Vereinigungsenthusiasten die Bezeichnung „Union" für den Dezemberbeschluß, und auf den Vorwurf, er sei durch den politischen Nachkriegsopportunismus und Nationalismus diktiert, antworteten sie mit dem Hinweis auf spontane Äußerungen der Sehnsucht nach einer einheitlichen evangelischen tschechischen Kirche, die bereits in der Vergangenheit laut geworden waren. Die preußische Union diente keineswegs als Muster, sondern wurde öfters als abschreckendes Beispiel einer staatskirchlichen Lösung angeführt. Die Teilnehmer an der Generalversammlung bekannten sich zur Böhmischen (1575) und zur letzten Fassung der Brüderkonfession (1662, die Erstausgabe stammt vom Jahre 1535), indem sie diese Bekenntnisse im Lichte der kirchlichen Verhältnisse sahen, die in Böhmen und Mähren vor der Katastrophe vom Weißen Berg in den Jahren 1609 bis 1620 herrschten. Sie sagten dabei nicht ausdrücklich, daß sie ihre bisherigen Konfessionen, die augsburgische und helvetische, aufgeben.

Das Wachwerden des historischen Bewußtseins der tschechischen Evangelischen war damals jedoch nur teilweise identisch mit einem Bewußtsein für die bekennende Kraft in der Botschaft, die die Konfessionen der böhmischen Reformation zum Inhalt haben. Es wurde vielmehr weitgehend bedingt von dem bisherigen Weg, den die tschechischen Evangelischen seit der Toleranzzeit zurückgelegt hatten. Dieser Weg führte sie aus einer mehr als achtzig Jahre währenden dörflichen Abgeschlossenheit erst seit den sechziger Jahren des 19. Jahrhunderts in die Städte und verlief mehr als nur chronologisch parallel mit dem der Entfaltung der tschechischen und slowakischen nationalen Wiedergeburt, die, primär sprachlich und kulturell geprägt, dem unterdrückten Volke durch Rettung seiner Sprache und die Wiederentdeckung des Hussitentums als sinngebende Orientierungszeit seiner Geschichte, zur Gleichberechtigung verhelfen wollte.

I. Rückblick

Das „Toleranzpatent" von 1781 ist als Antwort der „aufgeklärten" Regierung Kaiser Josephs II. auf Unruhen in der Landbevölkerung zu betrachten, keineswegs jedoch als Erfüllung ihrer Wünsche. Der Josephinismus wollte ja den Niedergang des Katholizismus im habsburgischen Raum aufhalten. Frühere Anträge der tschechischen Landbevölkerung für das hussitische Erbe oder der alten Brüderunität wurden vom Kaiser schroff abgewiesen. Noch 1782 wurde offiziell zugegeben, daß „Hussiten zahlreicher als Protestanten zugegen sind". In der Absicht, das Zurückgreifen der ländlichen Bevölkerung auf böhmisch-reformatorische Reminiszenzen zu vereiteln, gestattete das „Toleranzpatent", nach dem Vorbild der konfessionellen Lage in deutschen Ländern, ausschließlich die augsburgische und helvetische Konfession. Das Wissen um ihre hussitischen und brüderischen Wurzeln spielte wohl mit, als sich damals etwa 66 000 Tschechen der reformierten Kirche anschlossen und nur 19 000 der lutherischen. Dem völligen Mangel an Predigern wurde dadurch abgeholfen, daß Theologen aus Ungarn, wo die Kontinuität mit der Reformationszeit nie ganz abgebrochen war, berufen wurden. Slowaken konnten ohne sprachliche Schwierigkeiten die neugebildeten Gemeinden A. B. besorgen. Ungarische Prediger für tschechische reformierte Gemeinden mußten mühsam die neue Sprache erlernen. Lange blieb der tschechische Protestantismus der Toleranzzeit auf das Land beschränkt, wo er seine Bethäuser ohne Turm und abseits der Hauptstraßen errichten durfte. Geographisch gesehen erstreckten sich die meisten neuentstandenen tschechischen Gemeinden, deren Zahl bis 1789 auf 73 anwuchs und für lange Zeit dann zum Stillstand kam, in zwei Zonen. Die eine hatte ihren Schwerpunkt in Ostmähren (Walachei), dem einzigen Gebiet, wo Lutheraner gegenüber den Reformierten überwogen, und Südmähren, die andere bedeckte das böhmisch-mährische Hügelland und drang durch die Elbeebene in das böhmische Innenland. Fast unberührt blieb hingegen Westböhmen. Gleichzeitig wurden auf staatliche Kosten neue katholische Pfarreien oder priesterlich bediente „*Lokalien*" errichtet, so zahlreich, daß auf jede evangelische Gemeinde im Durchschnitt fast acht katholische Neugründungen kamen. Wirtschaftlich wurden die Protestanten auch weiter verpflichtet, die katholischen Pfarrer durch Geldabgaben und den Zehnten zu unterstützen. Das Resultat war einerseits der endgültige Sieg der Gegenreformation durch die fast völlige Liquidierung des im Volke verwurzelten „Schwärmertums", andererseits die Einschränkung und soziale Abwertung der tolerierten Protestanten.

Unter diesen Bedingungen konnten in der Zeitspanne zwischen 1786 und 1848 nur weitere vier reformierte Gemeinden entstehen. Der natürliche Gesamtzuwachs der tschechischen Protestanten blieb hinter dem Bevölkerungszuwachs weit zurück. Die tschechischen evangelischen Gemeinden hatten in ihren Reihen weder Adlige noch Bürger, die sie vor der politischen Öffentlichkeit hätten vertreten können. Evangelische Männer, die sich ganz hervorragend im Vormärz am kulturellen Leben der Nation beteiligten, konnten von ihnen nicht getragen werden und verdanken ihre Bildung vielmehr der slowakischen lutherischen Kirche, die sich in Ungarn freier entfalten durfte. Dies gilt von dem tschechisch schreibenden slowakischen Pfarrer und Dichter Jan Kollár (1793—1852), dem Begründer der slawischen Kulturgeschichte Pavel Josef Safařík (1795—1861), wie auch von dem Mährer František Palacký (1798—1876), dem Schöpfer der kritischen böhmischen Historiographie. Den tschechischen evangelischen Gemeinden wurde zur selben Zeit der Charakter von ausgesprochenen Pastorenkirchen aufgedrängt. Organisatorisch wurden sie den Kirchen A. B. und H. B. der österreichischen Länder eingegliedert und 1784 zunächst

dem Konsistorium in Teschen, dann in Wien unterstellt, das unter
einem katholischen Präses amtierte. Die dem Konsistorium verantwortlichen Superintendenten wurden vom Kaiser, die Senioren vom
Landespräsidium ernannt. Theologiestudenten konnten nur in einer
fremden Sprache ausgebildet werden — in Ungarn —, seit 1821 in
Wien.
Eine Lockerung dieser Auflagen wurde vom Revolutionsjahr 1848 erhofft. Für eine Rückkehr zur einheimischen brüderischen Reformation erhoben damals ihre Stimme der Prager reformierte Pfarrer B. V.
Kosut und sein lutherischer Amtsbruder Josef Růzička. Mehr Gehör
fanden jedoch Forderungen nach Gleichberechtigung der Evangelischen mit der herrschenden katholischen Kirche und des Rechtes auf
eine presbyterial-synodale Kirchenverfassung. 1849 wurde die schimpf-
liche Bezeichnung „Akatholiken" für Angehörige der beiden evangelischen Kirchen aufgegeben und öffentliche Kultusausübung gestattet.
Absolutistische Maßnahmen der politisch-reaktionären Regierung und
das bald darauf geschlossene Konkordat mit dem Vatikan (1855) be-
einträchtigten jedoch stark diese erworbenen Rechte. Zwischen 1848 und
1861 entstand nur noch eine einzige evangelische Gemeinde tschechi-
scher Sprache. Eine Wende bedeutete erst das „Protestantenpatent"
vom 8. April 1861. Franz Joseph I. gewährte nun „Gleichberechtigung
aller anerkannten Konfessionen nach sämtlichen Richtungen des bürgerlichen und politischen Lebens bei unseren protestantischen Untertanen". Die presbyterial-synodale Struktur der evangelischen Kirchen
wurde zwar fernerhin respektiert, aber die Konsistorialverfassung
lebte weiter im k. u. k. Oberkirchenrat mit dem Sitz zu Wien.
Seit dieser Wende bis zum Ende des 19. Jahrhunderts erlebte der böhmische Protestantismus einen neuen Aufschwung. Er ist gleichzeitig
mit dem Anwachsen von Städten als Parallelerscheinung zur raschen
Industrialisierung der böhmischen Länder charakterisiert durch das
gegenseitige Wetteifern der deutschen und der tschechischen Unter-
nehmerbourgeoisie. In den Jahren 1862 bis 1913 entstanden in Böhmen und Mähren 33 neue deutsche Gemeinden A. B. und 37 tschechische, meistens reformierte Gemeinden. Von diesen 70 neuen Kirchengemeinden wirkten nicht weniger als 31 Gemeinden bereits in den
Städten. Was die tschechischen Protestanten betrifft, deuten diese Zahlen wohl an, wie sehr sie von nun an Anteil genommen haben an der
gesamtnationalen Entwicklung, aus der sie die Toleranzzeit mit Absicht und Erfolg ausgeschlossen hatte.

II. Werden, Ausbreitung, Struktur, Lebensformen

Die vereinigte Kirche nahm im Frühjahr 1919 den Namen „Evangelische Kirche der Böhmischen Brüder" an. Versuche, auch mit den kleineren Kirchengemeinschaften die Einheit einzugehen, scheiterten, wenn auch viele von diesen Kirchen an das Vermächtnis der alten *Unitas Fratrum* der Reformationszeit anzuknüpfen gewillt waren. So besonders die „Herrnhuter Brüdergemeine", die 1870 ihre erste Gemeinde in Böhmen gründete, aber auch die zehn Jahre später entstandene freireformierte Kirche, die in der Nachkriegszeit sich „Unität der Böhmischen Brüder" nannte, und sogar die Baptistenkirche, die vorübergehend „Baptistische Brüderunität des Peter Chelčicky" hieß. Diese historisierenden Namen bezeugen, wie lebendig das altbrüderische Erbe im Volk weiterlebte und den Willen, irgendwie an die „religiöse" Deutung der bisherigen böhmischen Geschichte anzuknüpfen, die der Prager Universitätsprofessor T. G. Masaryk, Mitglied der reformierten Kirche, der er 1880 beigetreten war, seit diesen Jahren den gebildeten Schichten nahebrachte. Als dann Masaryk zum ersten Präsidenten der 1919 neu entstandenen Republik gewählt wurde, bekam diese der liberalen Theologie nahestehende Orientierung freie Bahn. Doch fühlten sich die sogenannten Freikirchen von dieser liberalen Welle eingeschüchtert, und bekümmert beriefen sie bereits im Januar 1919 einen „Tag der Gläubigen", der als bekenntnishaftes Gegengewicht zur Generalversammlung der beiden ehemaligen Toleranzkirchen gedacht war. *Hominum confusione, Dei providentia* ging die weitere Entwicklung doch andere Wege, als man hüben und drüben zu erwarten geneigt gewesen ist.

Die ersten Nachkriegsjahre brachten mit der Erneuerung der politischen Freiheit eine allgemeine Abneigung dem römischen Katholizismus gegenüber, dem seine engste Verbundenheit mit dem alten Regime vorgeworfen wurde. Binnen einiger Jahre verließen ungefähr 18 Prozent Tschechen die römische Kirche. Ein Teil von ihnen bildete die neue, sogenannte „Tschechoslowakische Kirche", in der modernistische Tendenzen, verbunden mit starkem nationalem Bewußtsein, neue, dem Zeitgeist angepaßte Ausdrucksformen suchten. Rund 90 000 ehemalige Katholiken fanden den Weg in die Evangelische Kirche der Böhmischen Brüder, die dadurch ums Jahr 1923 auf 250 000 Mitglieder angewachsen war. In der ganzen Zeitspanne zwischen 1919 und 1939 entstanden 53 neue Gemeinden dieser Kirche. Nur vier von ihnen waren Landgemeinden. Besonders Westböhmen wurde von der nicht geringen Missionstätigkeit der Böhmischen Brüder berührt. Hat so von nun an das Stadtelement in der Kirche Übergewicht gewonnen, bedeutet dies doch nicht, daß die Arbeiterschaft einen bedeutenden Anteil in den Gemeinden stellte. Konnten zur Zeit der deutschen Besetzung (1939–1945) nur zwei neue Gemeinden gebildet werden, entstanden in der Nachkriegszeit bis 1954 weitere 36 Gemeinden. Dies hing damit zusammen, daß nach der Aussiedelung der meisten Deutschen aus den Grenzgebieten, evangelische Tschechen aus Wolhynien in der Ukraine und ein Teil der Emigranten aus Polen und Rumänien in die alte Heimat zurückkehrten und sich besonders in West- und Nordböhmen und in Nordmähren ansiedelten. Einige Tausend deutscher Protestanten, die in der Sozialistischen Republik geblieben sind, schlossen sich ebenfalls der Kirche der Böhmischen Brüder an und halten ihre deutschen Gottesdienste. Als 1956 weitere 23 Gemeinden aus früheren Predigtstationen gebildet wurden, entstanden sechs von ihnen an Stätten, wo vor dem Zweiten Weltkrieg eine deutsch-evangelische Gemeinde gelebt hatte. Während des fünfzigjährigen Bestehens der vereinigten Kirche der Böhmischen Brüder (bis 1968) entstanden insgesamt 158 ihrer neuen Pfarrgemeinden, deren Gesamtzahl auf 272 Gemeinden gestiegen ist. Hingegen ist die Zahl der Gläubigen in der Nachkriegszeit etwas gesunken auf rund 270 000 Seelen.

Haben die einzelnen Gemeinden eine presbyteriale Verfassung, wird die Gesamtkirche nach synodalen Grundsätzen verwaltet. An der Spitze der Gemeinden steht das Presbyterium mit dem Pfarrer oder der Pfarrerin. Diese Prediger sind laut der Kirchenverfassung „Kirchenälteste, die zu ihrem Amt fachgemäß geschult sind und das Predigt-, Lehr- und Hirtenamt als ihren ausschließlichen Lebensberuf ausüben und dazu ordiniert wurden". Vorsitzender des Presbyteriums ist entweder der Pfarrer oder der Gemeindekurator, das heißt der erste der Gemeindeältesten. Eine bestimmte Anzahl von Pfarrgemeinden, meistens etwas über 20, bildet das Seniorat. Die Gesamtkirche hat deren dreizehn. Delegierte der Gemeinden, darunter alle Prediger, treffen jedes zweite Jahr zum Senioratskonvent zusammen. Jährlich wird die Senioratsvertretung einberufen, die aus Pfarrern und Kuratoren aller Kirchengemeinden gebildet wird. An der Spitze des Seniorats steht der Senioratsausschuß (zwei Pfarrer und zwei Älteste), dessen Vorsitz der Senior führt. (Die Amtsbezeichnung „Senior" ist der Tradition der alten Brüderunität entnommen, die ihrerseits an die Praxis, zu der sich die Taboriten seit 1420 bekannten, anknüpfte. Die Senioren der Brüder wurden allerdings seit der Mitte des 16. Jahrhunderts öfters auch als Bischöfe bezeichnet. (Diese zweite Alternative er-

hielt das Übergewicht in der Brüdergemeine herrnhutischer Prägung.)
Die Synode als höchstes Kirchenorgan wird einmal in zwei Jahren einberufen. Ihre Mitglieder werden von den Senioratskonventen gewählt. Außerdem werden auch noch drei Vertreter der Theologischen
Fakultät berufen. Die Synode wählt den Synodalrat als Verwaltungs-
organ der Gesamtkirche (drei Pfarrer und drei Älteste), der vom Sy-
nodalsenior geleitet wird und in Prag seinen Sitz hat.
Im gegenseitigen Verhältnis von Kirche und Staat spiegelt sich natürlich auch die kulturelle Gesamtatmosphäre ab. In der Zeit zwischen
den beiden Weltkriegen profitierte die evangelische Kirche ganz besonders von der durch eine einzigartige Geschichtsphilosophie unter-
bauten Sympathie der führenden Kreise im neuen Staate für den hu-
manitären Gehalt der Hussiten- und Brüderreformation des 15. und
16. Jahrhunderts. So warm und dankbar diese Sympahie von den
tschechischen Protestanten erwidert wurde, hatte sie bei manchen als
Kehrseite eine gewisse theologische Abrüstung dem Zeitgeist gegenüber. Doch in die Periode der deutschen Besetzung ging die Kirche bereits innerlich gefestigt durch die vorangehende theologische Erneuerung, von der wir noch sprechen werden. Nach dem Zweiten
Weltkrieg und besonders 1948 wurde sie dann mit einer völligen sozialen Revolution konfrontiert. Unter der Leitung einer politischen
Partei, die zielbewußt von ihren marxistischen Voraussetzungen her
neue, das gesamte gesellschaftliche Leben umformende Strukturen her-
beiführte, nahm der volksdemokratische und später sozialistische Staat
eine in der Geschichte des böhmischen Raumes nie dagewesene Stellung zu Religion und Kirche. Die Kirchen und Religionsgemeinschaften wurden ohne Unterschied gleichberechtigt und ihre wirtschaftliche
Lage neu geregelt. Die Neuregelung wurde am 14. Oktober 1949 durch
die Nationalversammlung zum Gesetz erhoben. Der Staat sorgt weiterhin für die wirtschaftlichen Bedürfnisse der Kirchen und Religionsgemeinschaften. Die Gehälter werden den Pfarrern aus staatlichen
Mitteln gezahlt. Ebenso werden aus staatlichen Mitteln die theologischen Fakultäten erhalten und den Theologiestudenten Stipendien
gewährt. Der Umgang der Staatsverwaltung mit den Kirchen erfolgt
durch Kirchensekretäre der Volksräte der Kreise und Bezirke, in
höchster Instanz durch die Kirchenabteilung des Kultusministeriums.
Das Leben einer jeden Gemeinde findet seinen Höhepunkt im regelmäßigen Sonntagsgottesdienst mit Gebet, Gesang, Schriftlesung, Predigt und, weniger oft, dem Heiligen Abendmahl. Beim Herrenmahl
wird gewöhnliches Brot und der gemeinsame Kelch verwendet und das
Mahl meistens stehend empfangen. Im Rahmen der Gottesdienste

findet in den meisten Gemeinden auch die Kindertaufe statt, in Anwesenheit der Eltern. Sonntägliche Kindergottesdienste haben meistens einen liturgischen und einen lehrmäßigen Teil, der einer Sonntagsschule ähnelt, in dem freiwillige Helfer dem Pfarrer beistehen.
Der Konfirmandenunterricht dauert gewöhnlich zwei Jahre und soll
die vorangehende religiöse Erziehung und Schulung ergänzen. Die
konfirmierte Jugend kommt in Gruppen jüngerer und älterer Jugend
wöchentlich zusammen, um an ihrer christlichen Weiterbildung zu arbeiten. Das Programm der Kindergottesdienste wie auch der Weiterbildung der Jugend wird von besonderen Sekretären des Synodalrats
angeregt und behält somit einen gewissen Grad von Einheitlichkeit,
wenn auch die Kirchenjugend als solche auf nationaler Ebene nicht
organisiert ist. Bibelstunden, die während der Woche stattfinden, werden weniger zahlreich besucht, sind aber eine gute Gelegenheit, sich
in die Schrift zu vertiefen anhand der klassischen tschechischen Kra-
licerbibel der Brüder aus dem Zeitalter der Reformation und der
neuen Bibelübersetzung, deren einzelne Bände 1968 zu erscheinen begannen. Gemeinden, die Sängerchöre haben, benützen ihre Übungs-
stunden zur Förderung des Gesanges und schöpfen dabei weitgehend
aus dem reichen Schatz der Choräle der Hussiten und der alten Brüderunität. Über die Gemeindegrenze hinaus versammeln sich zahlreiche Kirchenmitglieder jährlich an kirchentagartigen, oft dreitägi-
gen Konferenzen des sogenannten Evangelischen Werkes unter der
Obhut des Synodalrates. Sie werden absichtlich jeweils in einer anderen
Kirchengemeinde organisiert und behandeln biblisch-theologisch, oft
unter Mitwirkung von Theologieprofessoren, aktuelle Themen des
Christenlebens oder auch bedeutendere kirchengeschichtliche Jubiläen.

III. Werdegang der theologischen Besinnung

Die charakteristischen Entwicklungszüge der Frömmigkeit und der
Glaubensreflexion der böhmischen Protestanten seit der Toleranzzeit
bis zum heutigen Tage darzustellen, kann hier nur skizzenhaft gewagt werden. Sie ist dadurch erschwert, daß bereits ihr Ansatzpunkt
im Zeitalter der Aufklärung einer gründlichen Erforschung bedarf,
die die bisherigen übereilt vereinfachenden Deutungsschemen überwinden würde. Jedenfalls lassen die immer zahlreicher aufgedeckten
Spuren vom Weiterleben hussitischer und brüderischer Reminiszenzen im Volk darauf schließen, daß die geheimen tschechischen Protestanten viele Jahrzehnte hindurch, bevor das josephinische „Toleranz-

patent" verkündet wurde, ein eigenständiges inneres Leben führten, nicht zuletzt genährt durch das Lesen von Überresten des alten hussitischen theologischen und erbaulichen Schrifttums und den geistlichen Liederschatz ihrer Väter.

Nicht zu vergessen ist ebenfalls die anregende Rückwirkung der dem deutschen Pietismus viel zu verdankenden böhmischen religiösen Emigration. Der Prozeß der Unterdrückung der Landbevölkerung der böhmischen Länder provozierte schon um 1680 einen großen Bauernaufstand, der dazu führte, daß die bisherige bürgerlich-bäuerische Emigration der Jahre 1650 bis 1680 durch eine weiterhin vorwiegend bäuerische abgelöst wurde. In seiner strategischen Sicht der Missionsaufgabe verfolgte der lutherische Pietismus besonders hallischer Prägung Möglichkeiten, die durch diese Situation innerhalb der Länder entstanden, die dem Habsburger-Kaiser unterworfen waren. Gern und zielbewußt knüpfen die hallischen Pietisten ihre Arbeit dort an, wo der Boden im voraus durch Traditionen der böhmischen Reformation vorbereitet war. Auch ein Christian David, der eigentliche Gründer Herrnhuts, von dem Teschener Pietismus stark beeindruckt, organisierte die Emigration deutscher Landbewohner aus der mährischen Umgebung Fulnecks, bei denen die Ehrfurcht für das Vermächtnis des tschechischen Brüderbischofs J. A. Comenius (1592—1670) wach geworden war. Der hallische Pietismus gestaltete, besonders in den Anfängen, selbst Zinzendorfs Versuche um die Erneuerung der alten Brüderunität in der Oberlausitz (1727). Über Teschen gelangten in die Hände der geheimen Protestanten in den böhmischen Ländern auch tschechische, in Deutschland hergestellte Druckschriften, vor allem die Bibel. In Halle fanden sich im *Collegium biblicum bohemicum* zur gemeinsamen Arbeit Schlesier, Slowaken und Tschechen zusammen. Die von ihnen 1722 publizierte tschechische Bibel erfreute sich einer so großen Nachfrage unter den Exulanten wie auch unter den tschechischen und slowakischen Protestanten in der Heimat, daß noch im Jahre 1766 eine dritte Auflage dieser Bibel in Halle erschien.

Es wäre naiv, nicht-theologische Faktoren zu übersehen, die an der Anziehungskraft der deutschen pietistischen Propaganda unter dem tschechischen Volk sicher auch beteiligt waren, oder die Tatsache unbeachtet zu lassen, daß die Ethik des Reiches Gottes bei den adeligen Pietisten nicht kräftig genug war, ihre Klasseninteressen entschieden zu überwinden. Aber in einem geschichtlichen Augenblick, da der tschechische Protestantismus nahe daran war auszusterben, hatte der deutsche Pietismus an seiner Wiederbelebung einen ganz bedeutenden Anteil. Ein besonderes Verständnis legte er an den Tag für die sprach-

liche Eigenart der tschechischen Emigration und stellte seinen Buch-
druck in den Dienst der tschechischen Bibel und des tschechischen geist-
lien Liedes. Dank seinem verhältnismäßig sachlichen Interesse für die
hussitische und brüderische Reformation, half er eine tatkräftige Verantwortung für die Bewahrung des reformatorischen Glaubenszeug-
nisses wachzurufen.

Von Haus aus konnten die ersten Pastoren der neuentstehenden Tole-
ranzgemeinden nur sehr bedingte Voraussetzungen mitbringen für
eine rasche und theologisch kritische Weiterentwicklung eines Erbes, das vor ihnen in kläglichen Trümmern brachlag. In den besseren
Fällen traten sie an ihre ungemein schwierige Arbeit von der reformierten oder lutherischen Spätorthodoxie heran, vereinzelt auch pie-
tistisch gefärbt, vielfach aber waren sie einem mäßigen oder stärkeren
Rationalismus der Aufklärungszeit ergeben, dem eine nützliche Tu-
gendausübung mehr galt als Christus-bezogene Glaubensentscheidung.
Zwar publizierte Johann Végh seit 1783 mit erstaunlicher Schlagfertig-
keit nicht nur eine tschechische Gottesdienstagende, eine Abendmahls-
vorbereitung und seine sehr lange Zeit dankbar gelesenen „Christlichen Gebete" (1799), sondern vor allem auch eine Übersetzung des
„II. Schweizer Bekenntnisses" und des „Heidelberger Katechismus";
zwar sind weitere Erbauungsschriften anderer Toleranzprediger op-
ferbereit geschrieben worden, aber mit ihrer den Erfordernissen der
Zeit nur angepaßten Predigtbotschaft konnten diese Theologen den
eigentlichen Aufklärern kaum imponieren.

Keine große Hilfe brachte zunächst die Wiener theologische Hochschule, auf die der tschechische theologische Nachwuchs seit 1821 angewiesen war und an der die rationalistische Richtung ebenso vorherr-
send war wie auch an dem bereits 1813 errichteten Teschener Gymna-
sium, der einzigen evangelischen höheren Schule unter österreichischer
Oberhoheit. Praktisch bemächtigte sich der Rationalismus der ganzen
zweiten Generation beider Toleranzkirchen, der so jedwede Freude
am Evangelium unter den Fingern zu zerrinnen drohte. Im Prinzip
hätte die Eingliederung der beiden Toleranzkirchen in die entsprechenden Konfessionsfamilien eine wohl nötige Hilfe sein können in der
Richtung eines Vordringens zum Kern der Schriftverkündigung, den
die Bekenntnisschriften im Blick haben. Da jedoch die Verordnungen
der Toleranzzeit jeden lebendigeren Gedankenaustausch mit ausländischen Glaubensbrüdern verhinderten, kam auch diese Möglichkeit erst
mit großer Verspätung zum Zuge.

Ehe dies geschah, machte sich, unbekümmert der Grenzen und Ent-
fernungen, auch die evangelischen Kirchen nicht verschonend, der Na-

tionalgeist spürbar. Denn vom deutschen Idealismus und den Romantikern hatten inzwischen tschechische Patrioten gelernt, die Religion sei der letzte und tiefste Ausdruck des Seelenlebens, darum habe auch ein jedes Volk seine eigene Religion. „Lenket alles auf das eine, was nottut, auf Volk und Vaterland", lehrte in Jena seit 1810 Heinrich Luden und sprach in seinen Geschichtsvorlesungen geradezu vom heiligen Kampf der Tschechen in der Hussitenzeit. Zurück zu der alten Brüderkirche, da sie den gediegensten Ausdruck tschechischen Wesens beinhaltet, predigten in Prag um das Revolutionsjahr 1848 die reformierten B. V. Kosut und Josef Procházka und der Lutheraner Josef Růžička. (Der feurige Rationalist und Nationalist Kosut, 1852 verhaftet, starb 1893 im Exil in Deutschland.)

Als aber 1869 in einer politisch viel freieren Zeit Procházka wiederum den Vorschlag einer Vereinigung beider Kirchen in Kosuts Geist machte, stieß er auf Bedenken, die von einer viel anspruchsvolleren theologischen Besinnung zeugten, als man nach den bisherigen Erfahrungen erwartet hätte. Das „Protestantenpatent" von 1861 hatte nämlich den tschechischen Protestanten endlich erlaubt, mit Glaubensgenossen in Britannien, Deutschland, der Schweiz und den Niederlanden Fühlung zu nehmen, und diese Öffnung hatte sie auch gelehrt, die kirchliche Funktion der Bekenntnisse zu schätzen. Die neue Zuneigung zum helvetischen oder augsburgischen Bekenntnis öffnete ihnen die Augen nun ebenfalls für die inhaltliche Seite der alten Brüderkonfession.

Besonders bei den Reformierten wurde diese neue Haltung durch den Einfluß des Wiener Professors Eduard Böhl (seit 1864) gestärkt, der ihnen die Freude an der alleinseligmachenden Gnade Gottes, wie sie H. F. Kohlbrügge in Elberfeld vorgelebt hatte, nahezubringen wußte. Frantisek Sebesta (1844—1896) gab dieser Richtung in den tschechischen reformierten Gemeinden ein festes Gerüst mit seiner gelungenen „Christlichen Glaubenslehre". Seine Amtsbrüder Čenek Dusek (1843—1918) und Ludvík B. Kaspar (1837—1901) befaßten sich sehr intensiv mit der Aufgabe, den theologischen Gehalt der Brüderreformation, von deren Konvergenz zum Calvinismus sie nicht unbegründet überzeugt waren, auch den Gebildeten einleuchtend zu machen und zu dokumentieren. Duseks Überzeugungskraft erstreckte sich übrigens weit über die Grenze seiner eigenen Gemeinde in Kolín. Dasselbe muß gesagt werden vom reformierten Pfarrer Jan Karafiát (1846 bis 1929). In vielem Einzelgänger, einer erweckten reformierten Christusfrömmigkeit tief ergeben, schuf er doch publizistisch wertvolle Voraussetzungen für die Erforschung der theologischen Eigenart der alten brüderischen Bibelübersetzung. Zu seinem übrigens anspruchsvollen Glaubens- und Gehorsamsverständnis öffnete er sogar den Weltkindern Zugang durch eine Kinderprosa, die noch zu seiner Lebenszeit zum Bestseller wurde.

Der parallele tschechische lutherische Konfessionalismus fand neben K. Ed. Lány (1838–1903) in G. Ad. Skalsky (1857–1926) einen hervorragenden Vertreter. Doch auch Skalsky, als er Professor der praktischen Theologie an der Wiener Fakultät wurde (1896), wendete seine forschende Aufmerksamkeit der Seelsorgepraxis der Böhmischen Brüder wie auch der ökumenischen Ausstrahlung des Hussitentums im 15. Jahrhundert zu.

Als um die Jahrhundertwende die Orthodoxie von Anhängern der liberalen Theologie wieder allgemein in Frage gestellt wurde, kam nunmehr das Interesse für das Anliegen der böhmischen Reformation doch nicht zum Stillstand. Der Lutheraner Ferdinand Hrejsa (1867 bis 1953) zeigte 1912 in einer sehr bemerkenswerten Monographie, wie sehr die *Confessio bohemica* von 1575 Ausdruck eines organischen und ökumenisch versöhnenden Ausgleichs der böhmischen Reformationsbewegung hussitischer und brüderischer Prägung mit dem klassischen Bekenntnisgut der europäischen Reformation repräsentiere. Der Weg zu einem gegenseitig gelehrigen Aufhorchen und Zwiegespräch der Konfessionen war so breit geöffnet und wirke um so lockender, als man ihn auch, wenn man wollte, im Namen der einheimischen Tradition betreten konnte. Ein Umstand, der viel bedeutete, sobald der Ausbruch des Ersten Weltkrieges (1914) den Zusammenbruch der habsburgischen Donaumonarchie voraussehen ließ und somit das Zutrauen zu der freigesetzten Kraft des böhmischen Kulturerbes in den Gemütern festigte.

Der Zusammenschluß der ehemaligen reformierten und lutherischen Kirchen von 1918 hatte zur Folge, daß bereits in der zweiten Generation das Wissen um die konfessionelle Herkunft fast völlig verschwunden war, und auch der Nationalgeist, der das Zustandebringen der Union gefördert hatte, ist nach zwei Generationen kaum mehr spürbar. Die Gründe dieser Erscheinung dürften vielfache sein. Hier wollen wir nur kurz andeuten, wie die theologische Arbeit der Böhmischen Brüder in der gegebenen Lage sich um das Hören des Wortes Gottes und um seine Auslegung bemühte.

Im Oktober 1918 konnte man in der evangelischen Zeitschrift„*Kalich*" lesen: „Der tschechische Protestantismus stellt eine religiöse Gesellschaft dar, die sich in ihrer innerlichen Entwicklung und äußeren Gestaltung wie eine plastische Masse ihre Eigenart vom Geiste der Zeit einprägen läßt. Das Nationale und Aktuelle ist hier nicht nur ein Zusatz oder ein Anhängsel, vielmehr ein gewaltiges Element seines religiösen und ethischen Wesens." So dachte man zur Zeit des Sturmes und Dranges der Vereinigung. Doch schon seit dem Anfang der zwanziger Jahre begannen einige Theologen, am schärfsten Josef L. Hromádka (1889—1969), zu betonen, daß man bei der Vereinigung die treibenden Motive der Reformation verkannte. „Wir befassen uns", schrieb Hromádka 1920, „mit unsern eigenen Gedanken, Einfällen und Programmen, und es bleibt uns keine Zeit, uns unserm Herrn zu unterwerfen." Als verführerischen Liberalismus bezeichnete er ein Jahr später den Versuch, sich sittlich die Frömmigkeit zu erleichtern und nach außerchristlichen Normen zu adaptieren. Er forderte, daß die völkische Eigenart der neuen Kirche sich der offenbarten Wahrheit unterwerfe. Dieser Kampf um „das theologische Herausfinden der letzten Gründe des Glaubens, die in der Welt und doch überweltlich und außerweltlich sind", wurde seit etwa 1922 durch den Einfluß der Theologie Karl Barths wesentlich gestärkt und vertieft. Noch 1927 konnte aber Hromádka beschuldigt werden, er kenne nur die deutsche Verfallstheologie von Barth, ohne zu ahnen, „was für einen geringen Widerhall diese theologische Richtung in der Welt haben wird". Die Kampfsituation war noch in einigen Diskussionen am Kirchentag anläßlich des zehnten Jubiläums der Brüderkirche (1928) zu spüren.

Unbeachtet der unfreundlichen Übertreibungen, die die Hitze des Gefechtes auch hervorbrachte, gelang es, die Diskussion um den rechten Sinn christlichen Zeugnisses der Gegenwart gegenüber auf ein relativ hohes Niveau zu bringen. Nicht zuletzt ist diese Tatsache dem Umstand zuzuschreiben, daß die 1919 gegründete evangelische theologische Fakultät zu Prag den tschechischen Protestanten endlich die Möglichkeit bot, auf Grund ihrer spezifischen Voraussetzungen auch fachmännische Theologie zu treiben.

Neben Skalsky als Dekan wurden zu den ersten Professoren für Kirchengeschichte Hrejsa, für das Neue Testament Frantisek Zilka (1871 bis 1944), für Systematik Hromádka, für das Alte Testament Slavomil Danek (1885—1946) ernannt. Überraschenderweise — bedenkt man den andauernden Einfluß eines gewissen Historismus in breiten Kreisen der evangelischen Öffentlichkeit — wurde an der jungen Anstalt zunächst das historische Interesse vom Interesse für systematisches und biblisches Studium abgelöst.

Sein energischer und bei der herankommenden Generation einflußreicher Ruf zur Rückkehr zum Zeugnis der Propheten und Apostel führte Hromádka selbst zum Versuch einer Läuterung des herkömmlichen Verhältnisses der tschechischen Protestanten zum römischen Katholizismus, einer neuen Formulierung des theologischen Erbes der Reformation Luthers und Calvins und der Grundtendenzen der Brüdertheologie. Sein Herz schlug bei der Auseinandersetzung mit den Aufgaben der Christen im öffentlichen Leben, ein Anliegen, das er mit dem Philosophen Emanuel Rádl (1873–1942) teilte. Mit ihm fand er sich seit 1927 zusammen bei der Herausgabe der „Christlichen Revue", im kritischen Weiterdenken der religiösen Problematik, die Masaryks Denken belebt hatte, in der Sorge um die Anerkennung des Natur und Geschichte in Frage stellenden Du-sollst-Imperatives, im Blick auf die soziale Frage oder das Verhältnis von Tschechen und Deutschen. Von der Biologie zur Philosophie bekehrt und an der Theologie nicht ganz verzweifelnd, konnte Rádl, für den die Wahrheit das Seinsollende war, die zum praktischen Einsatz verpflichtete, warnen: „Der viel zu einseitige Sinn für die Welt ist Grundursache des heutigen Verkennens der christlichen Ideale."

Seiner Neigung nach Systematiker, verkörperte der Neutestamentler Zilka die liberale, freiprotestantische Deutungsmöglichkeit des Christentums und forderte entschieden, wenn auch mit zurückhaltendem Edelmut, auch für den Liberalen das Heimatrecht in der Kirche. „Gewiß war die Brüderunität", so schrieb er, „vor allem auf das Reich Gottes ausgerichtet. Darin lag ja ihr Beitrag zur Volkskultur, zum Schulwesen, zur Literatur, zur Sittlichkeit. Der Reformation war es vorrangig um geistlich-religiöse Werte zu tun. Dabei und deshalb bereicherte sie die Völker und die Menschheit um kulturelle Güter wie Freiheit, Gerechtigkeit, National- und Sprachgefühl, Literatur."

Außer Hromádka übte Danek eine steigende Anziehungskraft aus auf junge Theologen durch seine sehr originelle Bibelforschung, konzentriert auf das Herausarbeiten der ursprünglich kultischen Bedeutung alttestamentlicher Stoffe und Überlieferungsschichten. „Dazu gibt es biblische Historie in der Kirche, daß beachtet werde, daß wir da nicht Mythologien, sondern Gesetze lesen, die auch in der Geschichte ihre Gültigkeit haben, und daß wir uns nicht mit Magie abgeben, sondern es mit der Wahrheit halten, die sich auch im Leben dokumentiert." Mit der ängstlichen Genauigkeit, mit der er die Bedeutung und Tragweite hebräischer Wörter erforschte, wurde er Urheber einer neuen, methodisch geschulten Hinwendung zur Schrift als der einzigen Grundlage christlichen Lebens, einer Bewegung, die auch eine gute Anzahl Laien in der Kirche mitriß. Die vereinigte Kirche lehrte Danek Wert und Ausmaß der biblischen Basis der hussitisch-brüderischen Reformation zu würdigen. Von ihrem soziologischen Vorfinden rief er sie zum Worte des Schöpfers zurück: „Erst was Gott aus einer religiösen Gesellschaft macht, wird, historisch gesprochen, zur Kirche, und nur in dem Maße, in dem eine religiöse Gesellschaft sich selbst aufzugeben gewillt ist, wird sie, soziologisch gesprochen, zur Kirche" (1931).

In den dreißiger Jahren wurde mit sorgfältiger Anteilnahme der Kampf der Bekennenden Kirche in Deutschland verfolgt. Im Blick auf die Bedrohung seitens des Faschismus mußten die theologischen Voraussetzungen kirchlicher Gestaltung und ihrer gesellschaftlichen Verantwortung neu bedacht werden. Dies war auch das Thema, zu dem vor der Pfarrerschaft in Mysliborice zu sprechen 1935 Karl Barth gebeten wurde.

Die Hitlerbesetzung (1939—1945) brachte mit der Schließung aller tschechischen Hochschulen auch die Professoren der Prager theologischen Fakultät zum Schweigen. Glücklicherweise konnten tüchtige Hromádkaschüler unter der Führung des Dozenten J. B. Souček (1902 bis 1972) ein intensives, wenn auch illegales theologisches Fernstudium organisieren. Souček, dem umsichtigen Neutestamentler, gelang es, weder die Fühlung mit der aktuellen theologischen Arbeit in ökumenischer Weite zu verlieren noch das heimische Forschungserbe zu vernachlässigen. Für Kirchengeschichte stand ihm Dozent Rudolf Říčan (1899—1975) bei, für Systematik Dozent F. M. Dobiáš (1907—1972). Eine regelmäßige Fakultätstätigkeit konnte erst nach Kriegsende im Sommer 1945 wieder aufgenommen werden. Zu den bisherigen Professoren und Dozenten gesellte sich tatfreudig Dozent Milos Bič (geboren 1910), der, aus dem Konzentrationslager in Deutschland zurückgekehrt, alttestamentliche Vorlesungen übernahm.

Seit 1948/49 war es unverkennbar, daß alle Kirchen der Tschechoslowakei ihre einstige gesellschaftliche Ehrenstellung eingebüßt hatten. Das Unbehagen derer, denen es um die Erhaltung alter Gewohnheitsrechte einer gesicherten Institution und eines herkömmlichen kirchlichen Betriebes zu tun war, ist zu begreifen. Daß dieses Unbehagen letzlich nicht das Übergewicht gewann, daß insbesondere die protestantischen Kirchen trotz des spürbaren zahlenmäßigen Zusammenschrumpfens zu einer Erneuerung ihres christlichen Zeugnisses gelangten, rührt sicher auch von der theologischen Neubesinnung her.

Hromádka, aus der Emigration während der Kriegsjahre zurückgekehrt, deutete nun die neue Lage als ein schweres Gericht über eine ungläubig gewordene Kirche. „Wenn wir nicht tatsächlich in das Wesen der Veränderungen eindringen, die über die ganze Welt gehen, werden wir nicht richtig vorbereitet sein, unsere prophetischen und apostolischen Verpflichtungen in entsprechender Weise zu erfüllen." Wenn auch die Geschichte nicht nach unserem persönlichen Geschmack verläuft, ist die sozialistische Revolution ernst zu nehmen. Die Kirche ist verpflichtet, ihr „Verständnis entgegenzubringen, nicht nach rückwärts zu schauen, sondern nach vorne zu sehen". Auf Grund seiner und seines Volkes Erfahrungen, kam Hromádka zu der Überzeugung, daß die liberale Demokratie westlicher Prägung abgewirtschaftet habe. Deshalb setzte er sich für die Teilnahme der Christen an der Gestaltung einer sozialistisch geplanten Gesellschaftsordnung ein.

Die theologische Erneuerung fand eine ihrer Stützen ebenfalls in der Neubesinnung auf die nie ganz vergessenen Motive des einheimischen reformatorischen Erbes. An der theologischen Comenius-Fakultät widmeten sich seiner Erforschung nach Hrejsa die Professoren Bartos, Ríčan und Molnár. F. M. Bartos' (1889–1972) unermüdliche Heuristik gab einer ganzen Reihe hussitischer Theologen und Kämpfer sozusagen das Leben zurück. In Palackys Spuren weitergehend, vervollständigte er das Gesamtbild „Böhmens zu Hussens Zeiten", der „Hussitischen Revolution" und der europäischen Auswirkung des Hussitentums, besonders auch im Zusammenhang mit den großen Reformatoren und dem linken Flügel der Reformation des 16. Jahrhunderts. Für Rudolf Ríčan war die kirchengeschichtliche Forschung eine bewußt theologische Disziplin. Mit der beunruhigenden Frage nach Treue und Untreue dem Worte Gottes gegenüber, trat er an die Schilderung des böhmischen protestantischen Konfessionalismus des 19. Jahrhunderts, an die Geschichte der Böhmischen Brüder, an die Gestalt des Comenius heran.

IV. Ökumenische Beziehungen

Trotz ihrer Schwächen und Mängel erwies die Evangelische Kirche der Böhmischen Brüder während ihres fünfzigjährigen vereinigten Bestehens stets Bereitschaft und Offenheit zu ökumenischen Gesprächen und Entscheidungen. Öfters war sie es, die initiativ das ökumenische Anliegen im Raume der Tschechoslowakischen Republik zur Geltung brachte. Behilflich war ihr in dieser Hinsicht die Art und Weise, in der sie sich selbst zu ihrem eigenen konfessionellen Erbe durchgearbeitet hatte und die 1953 in der Präambel zu ihrer Kirchenverfassung Ausdruck fand: „Die Evangelische Kirche der Böhmischen Brüder erkennt als alleinige Norm des Glaubens und Lebens das in Jesus Christus offenbarte, in der Heiligen Schrift des Alten und Neuen Testamentes bezeugte Wort Gottes an. Bei der Auslegung der Schrift lernt sie im Gehorsam und in der Freiheit des Glaubens sowohl von den altchristlichen Glaubensbekenntnissen (das heißt dem *Apostolicum, Nicaenoconstantinopolitanum* und *Athanasianum)* als auch von dem Zeugnis der Reformationsväter, wie es besonders in den vier Prager Artikeln, in der Konfession der Böhmischen Brüder nach der Ausgabe des J. A. Comenius von 1662, in der *Confessio Bohemica,* der *Augustana* und der *Helvetica posterior* ausgesprochen wurde." Wird so der relativ breite Fächer der reformatorischen Konfessionen der Aufgabe einer bekennenden Schriftauslegung dienstbar gemacht, impliziert dies Hören auf ungleiche Akzente des Schriftverständnisses der Väter eine analoge Hörbereitschaft andern Kirchen gegenüber.

Im heimischen Bereich bemühte sich um gegenseitigen Meinungsaustausch zwischen den böhmischen evangelischen Kirchen und um ihr einheitliches Zeugnis in der Öffentlichkeit der 1905 entstandene Bund der tschechischen Evangelischen, der auf Čenek Duseks Vorschlag sich den Namen „Konstanzer Verein" gab. Hervorgerufen wurde dieser Bund besonders aus dem Bedürfnis heraus, apologetisch dem Vorwurf standzuhalten, den die nationale Presse um die Jahrhundertwende in Umlauf gebracht hatte, nach welchem die Evangelischen durch ihre nun häufig gewordenen Kontakte mit ausländischen Glaubensbrüdern sich an der tschechischen nationalen Sache verschuldet hätten. Der „Konstanzer Verein" vereinigte freiwillige Mitglieder aller tschechischen protestantischen Denominationen auf gesellschaftlicher Basis zu kultureller Mitarbeit. In den *„Kostnické jiskry"* schuf er eine vielgelesene evangelische Wochenschrift, deren Vitalität auf die Dauer die des Bundes übertroffen hat. 1977 erscheint sie im 62. Jahrgang.

Außerhalb des Vereinigungsprozesses des Jahres 1918 blieb die Slowakische Evangelische Kirche A. B. wie auch die Reformierte Kirche der Slowakei. Eigene Wege ging ebenfalls die 1920 neu entstandene „Tschechoslowakische Kirche", die sich nicht als protestantisch empfindet. Der erste Kirchentag aller protestantischen Kirchen der Tschechoslowakei, der 1923 tagte, wurde noch weitgehend von Männern des „Konstanzer Vereins" getragen, führte jedoch zur Gründung einer Föderation der tschechoslowakischen Protestanten, die sich dann 1927 den Status eines Bundes gab. Diesem Bunde traten die Slowakische Evangelische Kirche A. B., die Evangelische Kirche der Böhmischen Brüder, die Evangelische Kirche A. B. in Schlesien, die Methodistenkirche, die Baptisten und die Herrnhuter Brüdergemeine bei. Außerhalb des Bundes blieben aber die Reformierte Kirche der Slowakei und die Deutsche Evangelische Kirche, während die Freireformierte Brüderkirche dem Bunde erst 1936 beitrat. Am zweiten Kirchentag der tschechoslowakischen

Evangelischen, der 1928 in Bratislava zusammenkam, nahm zwar auch der Präsident der „Deutschen evangelischen Kirche in Böhmen, Mähren und Schlesien", E. Wehrenpfennig, teil, beharrte aber auf seiner Erklärung vom vorigen Jahr, daß „noch eine gewisse Fremdheit vorliegt zwischen dem Kirchenvolk hier und dort" und daß also die deutschen Mitbrüder „nur als Gäste und Fremdlinge an dieser historischen Stunde teilnehmen können". Der für 1938 geplante weitere Kirchentag der tschechoslowakischen Evangelischen konnte wegen der Hitlerdrohung nicht mehr stattfinden. Immerhin konnte der Bund noch sein Ja sagen zum Plan einer internationalen ökumenischen Organisation, den das *Universal Christian Council for Life and Work* von Genf aus vorgeschlagen hatte, und Professor Frantisek Zilka für diese Arbeit bestimmen.

An der Arbeit des Reformierten Weltbundes nahm die Evangelische Kirche der Böhmischen Brüder seit ihrer Entstehung regen Anteil, indem sie frühere Kontakte der ehemaligen böhmischen Kirche H. B. weiterführte. Ihr Bestreben, eine engere Einheit mit der tschechischen Brüderunität (Herrnhuter) und den tschechischen Methodisten einzugehen, führte 1939 zu keinem sichtbaren Erfolg. In der Zeit nach dem Zweiten Weltkrieg forderte ihre ungewöhnlich bewußte Teilnahme an der Gründung des Ökumenischen Rates der Kirchen als Folge der Amsterdamer Vollversammlung (1948), wo Professor J. L. Hromádka einer der Hauptredner gewesen ist, die Bildung eines ökumenischen Kirchenrates aller protestantischen Denominationen in der Tschechoslowakei (1955). Durch die 1968 erfolgte Föderalisierung des Staates in zwei sozialistische Republiken wurde das Wirken dieses Rates auf die böhmischen Länder beschränkt.

Was die Evangelische Kirche der Böhmischen Brüder betrifft, kam ihre Gemeinschaft mit der „Christlichen reformierten Kirche in der Slowakei" auch dadurch zum Ausdruck, daß seit 1950 die Prager theologische Comenius-Fakultät die Ausbildung der Theologen dieser zumeist ungarisch sprechenden Kirche übernahm. Ein überaus breites Wirkungsfeld erlangte die 1957 begründete Christliche Friedenskonferenz, deren Ziel es war, den kalten Krieg der politischen Wirklichkeit der geteilten Welt zu bekämpfen, aber ebenfalls erstarrte Vorurteile und Mißtrauen aus dem Wege zu schaffen, die sich auch in zwischenkirchlichen Beziehungen hinter der offiziellen Höflichkeit und Korrektheit oft verbergen. An der Bewegung der Christlichen Friedenskonferenz, die rasch einen internationalen Widerhall gefunden hatte, beteiligten sich in ihrer Frühzeit sehr initiativ Mitglieder der Evangelischen Kirche der Böhmischen Brüder.

Eine gewisse ökumenische Tragweite hatten jedoch innerhalb des böhmischen Protestantismus auch manche der rein innerkirchlichen Bestrebungen und Entscheidungen der Evangelischen Kirche der Böhmischen Brüder. So zum Beispiel ihre 1953 getroffene, von einer breiten und lebhaften theologischen Diskussion vorbereitete Entscheidung, auch den Frauen die Ordination zum Dienst an Wort und Sakrament zu gewähren, so ihre Gruppenarbeit an einer neuen tschechischen Bibelübersetzung, die zu einer ökumenischen Zusammenarbeit auch mit Katholiken führte und 1979 zum Abschluß gelangen soll, so auch das Bestreben einiger ihrer Theologen und Wissenschaftler, das Anliegen der böhmischen Reformation zu erforschen und bei seiner Deutung die möglichen Verbindungen zur gegenwärtigen Kulturlage nicht außer acht zu lassen.

9. Kapitel

DIE REFORMIERTE KIRCHE
VON UNGARN

Geschichte und Gegenwart

TIBOR BARTHA

I. Geschichte und gegenwärtige Lage

1. Historische Grundzüge

Der Geist der Reformation berührte hauptsächlich durch Vermittlung
an westeuropäischen Universitäten Studien treibender Studenten auch
bald Ungarn. Dies wird durch die Tatsache bezeugt, daß der Erz-
bischof von Esztergom (Gran), György Szatmári, die gegen Martin
Luther und seine Lehren erlassenen päpstlichen Bullen schon 1521 in
sämtlichen größeren Städten des Landes verkünden ließ. Im gleichen
Jahre lehrten an der Schule der ungarischen Hauptstadt Buda bereits
von entschieden evangelischem Geiste durchdrungene Männer. Die
Landtage von 1523, 1524 und 1525 brachten zwar strenge Gesetze
gegen die Anhänger der neuen Richtung, doch es konnte nicht zu
ihrer Durchführung kommen, weil die zentrale Macht in Ungarn in
den ersten Jahrzehnten des 16. Jahrhunderts geschwächt war.
Die Geschichte Ungarns wurde durch die gegenüber den Türken 1526
bei Mohács verlorene Schlacht, in welcher auch der junge ungarische
König Lajos II. sein Leben einbüßte, für Jahrhunderte bestimmt. Die
nach der Niederlage von Mohács entbrannten Parteikämpfe führten
zu einer doppelten Königswahl; der westliche Teil des Landes entschied sich für das Haus Habsburg, der östliche wählte den Woiwoden von Siebenbürgen, János Zápolyai, zum König. So zerfiel das
Land vorerst in zwei und später, nachdem die Türken im Laufe von
wiederholten Feldzügen den mittleren Teil samt der Hauptstadt Buda
eroberten, in drei Teile.
Die nationale Tragödie erschütterte die Geister zutiefst, die dadurch
zur Aufnahme der Botschaft des Evangeliums vorbereitet wurden.
Mit überraschender Schnelligkeit verbreitet sich zuerst die lutherische
und von den vierziger Jahren des 16. Jahrhunderts an die helvetische
Richtung der Reformation. Die ungarischen Reformatoren haben er-

kannt und verkündet, daß die nationale Katastrophe in der moralischen Verderbnis der ganzen ungarischen Gesellschaft ihre Ursache gehabt habe. Sie haben die Ursachen des Niedergangs und das verdiente
Gericht Gottes mit dem Ernst der die gesellschaftlichen Sünden geißelnden Propheten aufgedeckt und verkündet. Der König, die Magna-
ten und Adeligen wetteiferten miteinander in der Zeit vor der Katastrophe von Mohács in Gewalttaten, im Ansichreißen der Güter dieser
Welt, in der Jagd nach Lust, ohne sich um die drohende Türken-
gefahr zu kümmern. Das Volk selbst wurde durch die unbarmherzige
Rache, mit der der Bauernaufstand von 1514 bestraft wurde, ins
Elend und in die Verzweiflung gestoßen. Die dem päpstlichen Hof
entströmende Verderbnis griff auch auf die römisch-katholische Kirche in Ungarn über, der hohe Klerus verweltlichte und lebte in Saus
und Braus. Seine verderbten Sitten griffen auch auf den unwissenden
und armen niederen Klerus und auf die Mönche und Nonnen der zer-
fallenden Klöster über. Die Kirche konnte ihre Sendung nicht mehr
erfüllen, ihre Glieder sehnten sich nach Erneuerung. Darin liegt die
Erklärung der schnellen Entfaltung und des raschen Umsichgreifens
der Reformation auf ungarischem Boden.
Die reformatorische Verkündigung stand vor der Aufgabe, eine Erklärung auf die Frage zu geben, weshalb Gott das ungarische Volk mit
der Türkenherrschaft schlug. Worin liegt der Grund dessen, daß der
starke und gesunde ungarische Staat des Mittelalters, das blühende,
wohlhabende Reich des Königs Matthias Corvinus zwei Generationen nach dem Tode des großen Königs (1490) zu einem unterjochten,
armen Land geworden war? Unsere Reformatoren haben die gesellschaftlichen und moralischen Ursachen des Zusammenbruchs in er-
schütternden, vom Alten Testament inspirierten Predigten an den
Tag gebracht. Sie riefen das Volk zur Buße, und sie brachten ihm in
den Jahrzehnten der tiefsten Verzweiflung den Trost einer Hoffnung
auf Vergebung.
Die charakteristischen Züge des ungarischen reformierten Christentums sind gleich am Anfang erkenntlich. Die Reformatoren verstanden und forderten die Buße wie die Propheten des Alten Testamentes,
und sie sahen, wie Johannes der Täufer, die Bekehrung in sozialethischen Kategorien. Sie trennten den christlichen Glauben keineswegs
vom alltäglichen Leben, ganz im Gegenteil, sie verknüpften ihn eng
mit diesem, mit dem Dienst in der Gesellschaft und im Leben der
Nation.
Die erste Generation der Reformatoren kam aus den Aulen und
Klöstern der gerichteten und gerade deswegen in tiefstem Herzens-

grund nach Erneuerung lechzenden römischen Kirche. Sie brachte selbstverständlich auch das Erbe der Kirchenväter in die Kirchen der Reformation mit sich. Sie bildete nicht nur einen das Alte und das Neue trennenden Grenzstein in der Geschichte des ungarischen Christentums, sondern zugleich auch die Brücke, die die Reformationskirchen Ungarns mit Augustin und den Kirchenvätern verbindet. Diese Kirchen haben dieses Erbe niemals verleugnet, sie trennten sich nicht einmal in der Zeit der blutigen Gegenreformation von den ältesten Wurzeln, sie bewahrten und pflegten getreu das Bewußtsein ihrer Zugehörigkeit zur einen, allgemeinen, heiligen christlichen Kirche.

2. Die Bahnbrecher der ungarischen Reformation

Drei prominente Vertreter der ersten Generation der ungarischen Reformation, deren Wirkung sich auf Jahrhunderte ausdehnte, kamen aus dem Franziskanerorden: Mihály Sztárai, András Szkhárosi Horváth und Mátyás Dévai Biró.

Auf dem unter türkischer Besetzung stehenden Gebiet war Mihály Sztárai (gestorben 1578) der Reformator von größtem Einfluß. Er nimmt an der Schlacht von Mohács noch als Franziskanermönch teil, ist aber kurz danach schon ein Verkünder der Lehren der Reformation. Er hat innerhalb von sechs Jahren an der Drau 120 ungarische und kroatische Gemeinden gegründet. Er rief mit seiner mutigen Verkündigung, mit seinem ergreifenden Gesang und volkstümlichem Humor im Gebiet von Baranya, zwischen der Donau und der Drau, eine Massenbewegung ins Leben. Seine polemischen Schauspiele sind die ersten Schöpfungen der ungarischen Dramenliteratur. Seine Psalmen gaben den ersten Anstoß zum reformierten Gemeindegesang.

András Szkhárosi Horváth, der Prediger Oberungarns, erhob seine Stimme in seinen die Zustände seiner Zeit geißelnden Liederdichtungen, die auch seither geschätzte Stücke der ungarischen Literatur sind, gegen die schwelgenden Mächtigen zum Schutz der unterdrückten und ausgebeuteten Armen. Diese Stimme, die für die Armen und Unterdrückten ein menschenwürdiges Leben und Gerechtigkeit gefordert hat, erklang auf unseren Kanzeln im Laufe unserer Geschichte selbst von den Lippen der Hofprediger der Fürsten Siebenbürgens immer wieder, und mag sie wohl manchmal an Kraft eingebüßt haben, sie kam dennoch nie ganz zum Schweigen.

Das an Leiden und Erfolgen reiche Leben von Mátyás Dévai Biró (gestorben um 1545) hat in der Geschichte der ungarischen Reformation außerordentliche Bedeutung. Er war unmittelbar vor der Katastrophe von Mohács noch Priester der alten Kirche. Aber er läßt sich schon im Dezember 1529 an der Universität Wittenberg, als erster Student ungarischer Nationalität dieser Hochschule, immatrikulieren. Zwei Jahre später, 1531, beginnt er, bereichert mit den hier erhaltenen Anregungen, sein Wirken als Reformator in Buda und später in Kaschau. Seinem mutigen Auftreten folgen mehrere Gefangenschaften; sein Leben ist ein endloses Wandern, man hat fast den Eindruck, daß er die gefährlichsten Orte zu suchen schien. Man hat ihn den „ungarischen Luther" genannt, obwohl er sich in seinen letzten Lebensjahren der helvetischen Richtung näherte. Er ist mit seiner „Orthographia Ungarica" Begründer der ungarischen Sprachwissenschaft. An seinem Fall wird es ersichtlich, wie schwierig und unfruchtbar es ist, die Bahnbrecher der ungarischen Reformation in die Kategorien der lutherischen und reformierten Kirchen von heute einreihen zu wollen.

Der einflußreiche Bahnbrecher der helvetischen Richtung war in Ungarn Márton Kálmáncsehi Sánta. Er war noch Kanonikus des Domkapitels von Gyulafehérvár in Siebenbürgen, als er von der Lehre Zwinglis ergriffen wurde. In den Gemeinden des Kirchendistriktes jenseits der Theiss kann man noch heute die Wirkung seiner radikalen Reformen, die Liturgie außerordentlich vereinfachenden Bestrebungen, seiner die apostolische Armut verkündenden Lehre verspüren. Er hat unter dem Patronat des Gouverneurs von Siebenbürgen, Péter Petrovics, die resten reformierten Synoden einberufen.

Die Fundamente der Ungarischen Reformierten Kirche legte István Szegedi Kis (1505–1572). Er wirkte, nachdem er an der Universität Wittenberg zum Doktor der Theologie promovierte, als Wanderprediger, Lehrer und Pfarrer inmitten ununterbrochener Verfolgungen zuerst in zahlreichen größeren Orten des Gebietes jenseits der Theiss und später in Westungarn jenseits der Donau, wo er auch das Amt eines Bischofs innehatte, als Reformator. Die Kirchengeschichte betrachtet ihn als den gelehrtesten ungarischen Reformator, der mit seinen vom schweizerischen reformierten Geist durchdrungenen Werken europäischen Ruf errang.

In Ungarn und in Siebenbürgen entfaltete und festigte sich die reformierte Lehre und Kirchenordnung im Kampf gegen die Antitrinitarier. Diese Welle bedrohte zuerst die junge ungarische reformierte Kirche mit der Vernichtung, sie wurde aber im Theissgebiet und Siebenbürgen von Péter Melius Juhász, in den Gebieten an der Donau von István Szegedi Kis zum Stillstand gebracht.

Jene Synode, die am 24. Februar 1567 in Debrecen zusammentrat, das „II. Helvetische Glaubensbekenntnis" annahm und die Ordnung des Kirchenregimentes und der Kirchendisziplin festlegte, wurde von Peter Melius Juhász einberufen. Sie schuf auch das erste und während Jahrhunderten gültige Gesetzbuch unserer Kirche „*Articuli Maiores*". Es wurde von ihr zwar keine auch in ihrer Organisation einheitliche ungarische reformierte Kirche geschaffen, da es dazu in dieser Zeit, wo die ungarischen Reformierten im Gebiet von drei einander feindlich gegenüberstehenden Staaten (Siebenbürgen, Türkisches Reich, Habsburger Herrschaft) lebten, gar keine Möglichkeit gab, aber sie hatte dennoch für alle Reformierten Ungarns eine grundlegende Bedeutung, da ihren Entscheidungen auch die sich unter der Leitung von Gáspár Károlyi organisierenden Kirchensprengel am rechten Ufer der Theiss und der im ganzen Land hochangesehene Bischof des Gebietes an der Donau, István Szegedi Kis, zustimmten. Jenseits der Donau und im oberen Donaugebiet wurden diese dann angenommen, als die Reformierten dort am Ende des 16. Jahrhunderts aus der gemeinsamen kirchlichen Organisation mit den Lutheranern ausschieden und sich in eigenen Kirchendistrikten organisierten. Die Synode von Debrecen brachte die Bekenntniseinheit: das „II. Helvetische Bekenntnis" ist zur gemeinsamen Konfession der Reformierten von Ungarn und Siebenbürgen geworden. Da es auch von der habsburgischen Staatsmacht anerkannt wurde, errang dieses Bekenntnis eine besondere Bedeutung im öffentlichen Recht und die Reformierte Kirche von Ungarn wurde jahrhundertelang „Evangelische Kirche Helvetischer Konfession" genannt.

Das Werk der Reformation findet darin seinen Abschluß, daß die reformierte Kirche auch im öffentlichen Recht aus dem Zustand der Außergesetzlichkeit heraustritt und der siebenbürgische Fürst István Bocskai 1606 im Wiener Frieden das Recht der freien Religionsausübung erringt. Als dann die Sache der Religionsfreiheit immer wieder neuen Gefahren ausgesetzt wird, führen die reformierten Fürsten Siebenbürgens Gábor Bethlen und György Rákóczi I. wiederholte Male siegreiche Feldzüge gegen die habsburgischen Herrscher zum Sichern der errungenen Freiheitsrechte.

3. Die Puritanerbewegung in Ungarn

Mitte des 17. Jahrhunderts begann sich gegenüber der mehr und mehr erstarrenden und sich entleerenden Orthodoxie die Puritanerbewegung zu entfalten. Ihre führenden Gestalten waren in Ungarn János

Tolnai Dali und Pál Medgyesi. Ersterer erhielt während seiner Studienreise im Ausland vom Calvinismus in Holland und besonders in England Anregungen fürs ganze Leben. Die Bewegung der Puritaner strebte nach einer Erneuerung der Kirche im Glauben, in der Moral und in der Organisation und sie legte einen besonderen Nachdruck darauf, daß in allen Gemeinden Presbyterien errichtet wurden. Obwohl sie in dieser Hinsicht in der Synode von Szatmárnémeti eine Niederlage erlitt, hat ihre Frömmigkeitsliteratur und besonders das aus dem Englischen übersetzte Werk „*Praxis Pietatis*" zu einer reformierten Frömmigkeit puritanischen Stils geführt, die der Ehre Gottes in der Welt des alltäglichen Lebens zu dienen bestrebt war. Sie war von einem Trachten nach Einfachheit und Schlichtheit, von einem wachen Gewissen und von einer Treue und Standhaftigkeit im Erfüllen der Aufgaben gekennzeichnet.

4. Die Gegenreformation

Während die reformierten Fürsten Siebenbürgens eine beträchtliche politische Macht vertraten, konnten sie, wenn es nötig war, den gewalttätigen Bestrebungen der Gegenreformation auch mit der Waffe Einhalt gebieten. Als aber das Fürstentum Siebenbürgen geschwächt wurde (1657), unternahm das Haus Habsburg unter Einfluß der römisch-katholischen Kirche den Versuch, den Protestantismus in den ungarischen Gebieten, die seiner Herrschaft unterworfen waren, auszurotten. „Die mit der Autorität des gekrönten Königs arbeitende Gegenreformation", deren Geist und Taktik von den Jesuiten gelenkt wurde und zu deren Verwirklichung die Armee den Machtapparat lieferte, war mit jener Bestrebung des habsburgischen Absolutismus eng verwoben, das Restkönigreich Ungarn vollkommen zu unterjochen und sich einzuverleiben. In dem sich zu dieser Zeit entfaltenden und auf vier Jahrzehnte erstreckenden Kampf um die Unabhängigkeit fiel den Reformierten ein Löwenanteil zu. Die aus ihren Gemeinden und Dörfern vertriebenen heimatlosen Prädikanten betrauerten das gemeinsame Leiden von Kirche und Vaterland in ergreifenden Jeremiaden.

Die protestantische Kirchengeschichtsschreibung von Ungarn nennt die Jahre von 1671 bis 1681 das „Trauerjahrzehnt". Das „Außerordentliche Gericht" (*Delegatum Judicium*) von Pozsony (Preßburg) wandte sich zuerst hauptsächlich gegen den mittleren Adel. 1673 und 1674 wurden fast alle protestantischen Pfarrer und Lehrer der habsburgischen Landesteile unter der Anklage von Hochverrat vor dieses Ge-

richt zitiert. 40 reformierte und lutherische Pfarrer und Schulmeister,
die weder zur Konversion noch zum Rücktritt von ihrem Seelsorger-
dienst oder zur Emigration zu bewegen waren, wurden zuerst zum
Tode verurteilt, dann aber zur Galeerensklaverei verdammt. Mehrere von ihnen starben schon infolge der Strapazen und der Grausam-
keiten des begleitenden Militärs auf dem Fußmarsch nach Süditalien.
Die am Leben gebliebenen 26 wurden in Neapel vom holländischen
Admiral De Ruyter von den spanischen Galeeren befreit. Der Prozeß
der Galeerensklaven übte nicht nur auf die damalige protestantische
Welt, sondern auch seither auf das Verhältnis vieler Generationen zu
den Katholiken einen besonders tiefen Eindruck aus.
Als die internationale Armee Leopold I. den Boden Ungarns von der
Türkenherrschaft befreite (1683—1699), begann die an Mitteln gar
nicht wählerische Gegenreformation auch auf dem früher von den
Türken besetzten Gebiet, das heißt im ganzen geschichtlichen Ungarn. Wir besitzen erschütternde Dokumente ihrer Unmenschlichkeit.
Unsere Vorfahren nannten diese Zeit die Zeit des Antichristen. Die
schwergeprüften Reformierten fanden nur in jenen Jahren Linde-
rung, in denen die Armeen des einen Freiheitskampf führenden,
lutherischen Imre Thökölys und des für die nationale Unabhängigkeit
und auch für die Religionsfreiheit kämpfenden Fürsten Ferenc
Rákóczi II., der zwar selbst ein Katholik war, siegreich waren.

5. Die Zeit der unblutigen Gegenreformation (1711—1718)

Die Geschichte der Reformierten Kirche von Ungarn im Zeitalter der
unblutigen Gegenreformation ist eine Geschichte von erlittenem Unrecht und Demütigungen. Die gemeinrechtliche Lage der protestantischen Kirchen erlitt eine ungünstige Wendung, der Wiener Hof wollte
von den die Religionsfreiheit sichernden Gesetzen überhaupt nichts
mehr wissen. Der Landtag von 1714 bis 1715 übertrug dem Herrscher
in der Religionsangelegenheit der Protestanten die Verordnungsge-
walt, und von dieser Zeit an waren beide protestantischen Kirchen
den Launen des Königs bzw. der Regierungsbehörden ausgeliefert.
Der Statthalterrat wurde nicht umsonst „Ketzergeißel" genannt, denn
er hat mit seinen nacheinander erlassenen Beschränkungsgesetzen das
Leben der protestantischen Kirchen sozusagen unterbunden. In dieser
traurigen Periode wuchs die Zahl der damals „verwaiste Kirchen" genannten Gemeinden, deren Kirchen beschlagnahmt und deren Pfarrer
vertrieben wurden, aber deren Glieder weder konvertieren noch emi-
grieren wollten. In diesen Gemeinden hielten sich eine Zeitlang einige

Schulmeister oder „Leviten" verborgen, und wenn auch diese vertrieben wurden, dann bestellte das Dorf einen protestantischen Gemeindeschreiber. Hatten die Gewalthaber auch diesen vertrieben, so gab es noch immer fromme alte Leute, die geistlichen Beistand leisteten. Viele Gemeinden konnten ihren Pfarrer und ihre Kirche nur mittels schwerer materieller Opfer und mittels Blutopfer zeitweilig beibehalten. In den Komitatsgefängnissen wurden die Ältesten von Gemeinden, deren Bewohner ihr ärmliches Bethaus gegen die Angriffe der katholischen Priester, der Gutsverwalter und des einquartierten Militärs zu verteidigen versuchten, mit Schlägen und Hunger gefoltert. In diesen kritischen Stunden war die Heldenhaftigkeit und Findigkeit der Frauen bewunderungswürdig. Am Hofe von Maria Theresia sah man oft Bauerndelegationen in Bundschuhen und Tracht, die mit unendlicher Geduld darauf warteten, vorgelassen zu werden, um von der Königin die Zurückgabe der entzogenen Religionsfreiheit ihres Dorfes zu erflehen. Die leidenden und verwaisten Gemeinden boten in der Geschichte der ungarischen reformierten Kirche die schönsten Beispiele der Standhaftigkeit im Glauben, der christlichen Hoffnung, der Treue zum Wort Gottes und der mutigen Haltung im Ertragen des Leidens.

6. Das Toleranzedikt Josefs II. und dessen Auswirkungen

Die ungarische reformierte Kirche, der am Ende des 16. Jahrhunderts noch die überwiegende Mehrheit des ungarischen Volkes angehörte, war eine in ihrer Seelenzahl stark reduzierte, hauptsächlich aus Mitgliedern des kleinen Adels und der Bauern bestehende Gemeinschaft, als der aufgeklärte habsburgische Herrscher Josef II. sein die Verfolgungen einstellendes Toleranzedikt (*Edictum Tolerantiae* 1781) erließ. Der Monarch gestattete darin den Protestanten, Bethäuser anstatt ihrer beschlagnahmten Kirchen zu bauen. In kurzer Zeit erwachten 1015 protestantische Mutter- und Filialgemeinden zu neuem Leben und beriefen Pfarrer und Schulmeister. Langsam konnten sich die Gemeinden von der jammervollen Armut und Verlassenheit erholen, in die sie von der Gegenreformation gestoßen wurden. Die im kaiserlichen Edikt noch erhaltenen nachteiligen, verletzenden Diskriminationen der Protestanten wurden vom XXVI. Gesetzesartikel des Landtages 1790/91, der zum Grundstein der gemeinrechtlichen Lage der ungarischen evangelischen Kirchen bis zum Jahre 1948 wurde, zum größten Teil ausgemerzt. Dieses Gesetz garantierte allen Bewohnern des Landes, ohne Ansehen ihres Standes, die freie und öffentliche Religionsausübung, an der sie weder der König noch die Grundbesitzer hindern konnten.

Die Synode der Reformierten, die im Herbst 1791 in Buda zusammentrat, versuchte auf der Grundlage dieses Gesetzes in Zusammenfassung der vier Kirchendistrikte Ungarns und der Reformierten Kirche Siebenbürgens die Reformierte Kirche von Ungarn und deren Verfassung ins Leben zu rufen. Leider ging aber die Erneuerung im Glauben und im moralischen Leben nicht immer Hand in Hand mit der Wiedererlangung der äußeren Freiheit und dem organisatorischen Erstarken. Doch gab es in dieser Zeit in der ungarischen reformierten Kirche eine große Anzahl sich ihrer geistlichen Freiheit erfreuenden, fröhlich singenden Gemeinden und auch viele fromme Leute, die sich nach Beendigung der Arbeit des Tages über die Bibel beugten.

Die Aufklärung, die den ungarischen Protestanten die freie Religionsausübung brachte, mündete in einen trockenen Rationalismus. Dieser überflutete auch das Denken unserer Pfarrer und Gemeinden, und zwar nicht nur aus den Quellen der französischen Aufklärung, sondern auch aus kirchlichen Quellen; der aus Holland eingeführte Arminianismus und die moralisierende, sich von den Bekenntnisschriften abwendende Richtung Ostervalds trugen das meiste dazu bei. Demzufolge begann nach dem Abschluß der langen Periode der Unterdrückung in der reformierten Kirche ein Niedergangsprozeß, dessen Hauptursache darin zu suchen ist, daß das Wort Gottes in der Lehre und im Lenken unserer Kirche seine vorherige zentrale Position zu verlieren begann.

7. Das Zeitalter des Liberalismus

Die Jahre von 1830 bis 1918 sind in der Geschichte der ungarischen reformierten Kirche das Zeitalter des Liberalismus. Die Ideen dieser Geistesrichtung begeisterten in der Zeit der politischen Reformen und im Freiheitskampf von 1848/49 nicht nur die ungarischen Staatsmänner, Gelehrten und Schriftsteller, sondern auch die Leiter der reformierten Kirche. Bald tritt aber eine schnelle Versandung der liberalistischen Strömung ein, und dieser dekadente Liberalismus ließ seinen schädlichen Einfluß auch im Kirchenregiment verspüren.

Das Parlament hat in den Jahren 1865 bis 1868 das Verhältnis der Denominationen zueinander aufgrund der vollständigen Gleichheit und Reziprozität, zum Beispiel auch bezüglich der Religion der aus einer Mischehe stammenden Kinder geregelt, und es gab wichtige Be-

schlüsse zur Frage der Staatssubvention der Kirche. Die teilweise Verwirklichung dieser Versprechen war die 1898 erfolgte Einführung der
zur Ergänzung der Pfarrergehälter dienenden Staatssubvention, der
sogenannten *Kongrua.*
In den neunziger Jahren entbrannte der Kampf zwischen der römisch-
katholischen und den protestantischen Kirchen, da erstere die Praxis
der durch die Taufe erfolgenden Katholisierung der aus Mischehen
stammenden Kinder einführte. Da verordnete die Staatsmacht zum
Schutz ihrer Autorität und des gesellschaftlichen Friedens die obligatorische zivile Eheschließung, die staatliche Rechtssprache in Ehe-
sachen auf dem Wege der Gesetzgebung. Dadurch hat sich aber der
Gegensatz zwischen den Denominationen noch verschärft, und es begann der in unserer Zeit noch nicht völlig beendete Reverskampf [1].
1881 wurde durch die Generalsynode von Debrecen die auch in ihrer
Organisation einheitliche Reformierte Kirche von Ungarn geschaffen und die bisher nur in einem Bund lebenden Kirchendistrikte der
Generalsynode unterstellt. Die einheitliche Administration wurde
dem Generalkonvent übertragen. Die Ergebnisse dieser und der folgenden Generalsynoden zeigen, ebenso wie die Bereiche der kirchlichen Administration, einen zum Schaden der evangelischen Lehre
überhandnehmenden juristischen Geist. Die Autorität der Bekenntnisschriften war im Sinken begriffen und die noch lebende, aber auch
schwächer werdende geschichtliche Tradition konnte den lebendigen
Glauben nicht ersetzen. Der Inhalt der Predigt verlor seine Tiefe,
nahm — von wenigen Ausnahmen abgesehen — liberal-nationalistische
Phrasen auf und entartete in seiner Form zur billigen Rhetorik.
Die sich seit Ende des letzten Jahrhunderts immer mehr verschär-
fende soziale Frage hatte auch auf das kirchliche Leben weitreichende
Auswirkungen. Die Dorfbewohner strömten — besonders aus den
durch riesige Latifundien verkrüppelten Orten — in die Städte, wo es
aber nicht überall gelang, sie in neue Gemeinden zu organisieren: ihre
Mehrzahl ging für die Kirche verloren. Infolge der stets zunehmenden
inländischen Bevölkerungsbewegung entstanden in reformierten
Städten, wo man einige Jahrzehnte früher die „Papisten" nur vom
Hörensagen kannte, katholische Gemeinden und Kirchen. Die gesellschaftliche Basis der reformierten Kirche hatte sich verengt. Diese unverständlich erscheinende Haltung findet ihre Erklärung in einer
kirchengeschichtlichen Eigenart. Die reformierte Kirche suchte in den
Jahrhunderten der Gegenreformation gegen den sie bedrohenden
römisch-katholischen Druck bei den im öffentlichen Leben einflußreichen, wohlhabenden mittleren Grundbesitzern Unterstützung.

Zahlreiche glaubenstreue Mitglieder dieser Schicht übernahmen und erfüllten auch die ihnen aufgetragenen Aufgaben, sie erhoben aber demgegenüber den Anspruch, in der Leitung der Kirche ein größeres Mitspracherecht zu erhalten. Dieser Stand der Dinge wurde für das soziale Zeugnis der Kirche zu einer Gefahr, als die Interessen der Grundbesitzerklasse und der unbemittelten Millionen der Bauern in der zweiten Hälfte des letzten Jahrhunderts offenbar wurden und aufeinanderprallten. Bedauerlicherweise stellte sich die reformierte Kirche in diesem Kampf für die soziale Gerechtigkeit gerade unter dem Einfluß der in den kirchlichen Leitungsgremien auf verschiedenen Ebenen vertretenen Mitglieder der mittleren Grundbesitzerklasse auf die Seite der Besitzer, gegenüber den besitzlosen und in einem unerhörten sozialen Elend lebenden Agrarproletarier.

Dies bedeutet selbstverständlich nicht, daß es keine Pfarrer gegeben hat, die ihre Stimme gegen die gesellschaftlichen Ungerechtigkeiten erhoben. In ihrer Reihe kommt dem Debreziner Pfarrer Zoltán Jánosi eine besondere Bedeutung zu, er sprach auch auf der Kanzel im Lichte der biblischen Botschaft mutig von den gesellschaftlichen Fragen und kämpfte für das Recht der Armen und für eine Veränderung der ungerechten Strukturen.

Wenn wir uns mit der Geschichte der Reformierten Kirche von Ungarn in den Jahren vor dem Ersten Weltkrieg befassen, so müssen wir außer der Verschärfung der gesellschaftlichen Fragen erwähnen, daß es in den letzten Jahrzehnten des vergangenen Jahrhunderts verschiedene Erweckungsbewegungen gab, die einen gesegneten, sich auch auf das gegenwärtige Leben der reformierten Kirche auswirkenden Dienst leisteten. Ihr Fehler bestand darin, daß sie die Verbindung zu den Frömmigkeitstraditionen der ungarischen reformierten Kirche oft nicht fanden und ausländische Vorbilder nachahmten. So hat ihre Wirkung die Gemeinden nicht tief ergreifen können.

8. Die Zeit der beiden Weltkriege

Am Ende des Ersten Weltkrieges brach in Ungarn eine bürgerliche Revolution aus, anschließend entstand eine Räterepublik. Viele Mitglieder der reformierten Kirche, Pfarrer, Gymnasiallehrer und Volksschullehrer der kirchlichen Schulen unterstützten die berechtigten Forderungen der Revolution, die Liquidation des feudalistischen Latifundiensystems und das Erfüllen der Ansprüche der Bauern und Arbeiter. Es konnte aber infolge der mittels ausländischer Interven-

tion erfolgten Niederschlagung der Revolution nicht zur Verwirklichung dieser Ziele kommen. Die zur Herrschaft gelangte politische
Leitung strebte nach einer Restauration der alten Ordnung und einem
Verhindern des gesellschaftlichen Fortschrittes.
In der Zeit zwischen den zwei Weltkriegen begann in der reformierten Kirche ein Prozeß der theologischen Neuorientierung. Diesen
Vorgang kennzeichnete eine Rückkehr aus dem Rationalismus zur
Theologie des Wortes. Neben dem Einfluß der dialektischen Theologie waren auch die Auswirkungen der konfessionellen Erneuerung
der holländischen reformierten Kirche zu verspüren. Die aus den
Schwesterkirchen kommenden theologischen geistlichen Einflüsse haben einerseits ein neues Bewußtsein der Werte des konfessionellen
Erbes in der ungarischen reformierten Kirche entstehen lassen, andrerseits gaben sie ihr die Anregung, ihre Antworten auf die großen
Fragen der Zeit in konfessionellem Geist zu verfassen. Besonders in
den Stadtgemeinden stieg das Niveau der Predigt und der äußeren
Ordnung der Kirche, und auch die Missionsarbeit nahm zu.
Das kirchliche Leben dieser Zeit weist aber neben dieser positiven
Entwicklung auch zahlreiche negative Züge auf. Auch die reformierte
Kirche hatte sich die durch die damalige politische Führung vertretene Konzeption von einem sogenannten „christlich-nationalen" Ungarn angeeignet. Sie sprach viel von der Forderung der nationalen
Einheit, der gesellschaftlichen Versöhnung, aber sie unterstützte nicht
die sozialen Reformbestrebungen.
Darum mußte sie den gleichen Weg einschlagen, wie die römisch-
katholische Kirche, die auch zwischen den zwei Weltkriegen den Protestanten gegenüber ihre intolerante und gewaltsame Haltung beibehielt. Der Reverskampf zerstörte nicht nur den Frieden der Familien, sondern auch den der Gesellschaft. Die unter die Leitung der
Jesuiten gelangte katholische Kirche suchte auf den Staat immer
größeren Einfluß auszuüben, forderte eine dem Zahlenverhältnis der
Denominationen entsprechende Besetzung der Stellen, was ihr auf
dem Gebiet der Pädagogik auch voll und ganz gelang. Die reformierte
Kirche hat sich gegen diese Angriffe dadurch gewehrt, daß sie selbst
nach Einfluß auf das öffentliche Leben trachtete und gewissermaßen
auch selbst zur Staatskirche werden wollte. Darum gab sie der sich
immer mehr nach rechts verschiebenden Staatsführung ihre Unterstützung. Die Kirchenleitung hat sich in der Frage der Bodenreform
nicht entschieden genug gegen jene abgegrenzt, die die als feudalistische Rudimente sich bis zur Mitte des 20. Jahrhunderts erhaltenen
privaten und kirchlichen Latifundien verteidigten. Sie wurde auch

dadurch nicht zum Handeln bewogen, daß des Elends wegen Hunderttausende den Wanderstab ergriffen und in fremden Landen ihr Glück suchten. Die Kirche hat einer Analyse der sozialen Lage und Erforderungen der stets wachsenden Arbeiterschaft in der Industrie keine genügende Sorgfalt zugewendet. Sie war der Meinung, daß die gesellschaftlichen Notstände und Sünden mit gelegentlicher Wohltätigkeit zu lindern seien. Sie ließ sich von der gefährlichen chauvinistischen Welle des Nationalismus dahintreiben, ja manchmal förderte und nährte sie selbst sogar diese. Beim Ausbruch des Zweiten Weltkrieges fand sie keine Protestworte gegen die zu einer nationalen Katastrophe treibende faschistenfreundliche Politik. Die reformierte Kirche hat sich auf dem Gebiet ihrer theologischen und praktischen Haltung in der Judenfrage ein großes Versäumnis aufgeladen. Sie sah die Sünde, doch ihr Protest war kümmerlich, und als er stärker wurde, war es bereits zu spät.

9. Die reformierte Kirche in der neuen Gesellschaft

Während des Zweiten Weltkrieges und des darauf folgenden nationalen und gesellschaftlichen Zusammenbruchs erkannte die reformierte Kirche Gottes gerechtes Gericht über ihren Ungehorsam, ihre Untreue und ihre Abwendung vom Wort Gottes. In den Predigten und in den Stellungnahmen der kirchlichen Körperschaften ertönte die Stimme der Buße. In immer weiteren Kreisen der Kirche drang die Erkenntnis durch, daß der Weg zu einem neuen Anfang mitten durch die Tiefen der Buße führt.

Nach dem Zweiten Weltkrieg vollzog sich in Ungarn in politischer und gesellschaftlicher Hinsicht eine radikale Wandlung. Es entstand eine auf marxistisch-leninistischen prinzipiellen Grundlagen stehende sozialistische Gesellschaftsordnung, von der die kirchlichen und privaten Latifundien liquidiert, die Banken, Fabriken, Produktionsmittel und Schulen in gesellschaftliches Eigentum überführt wurden.

Die reformierte Kirche wurde durch die rund um sie vor sich gehende radikale gesellschaftliche Wandlung dazu gezwungen, die Hauptfragen ihrer Sendung, ihres Zeugnisses und Dienstes, zur biblischen Botschaft zurückgekehrt, neu zu durchdenken. Diese Rückkehr zur Heiligen Schrift führte zu einer tiefgreifenden Erneuerung im kirchlichen Leben und sie ermöglichte es, daß die reformierte Kirche ihren Platz in der neuen Gesellschaftsordnung finden konnte. Die Kirche drang zu einem tieferen und vollständigeren Verständnis des Gotteswortes durch, sie erkannte, daß der die geschichtlichen Ereignisse regierende Gott der gleiche Herr ist, der uns in seiner Offenbarung anredet. Das Wort Gottes hat nicht nur für das individuelle Leben, sondern auch für das Leben der Gesellschaft eine Botschaft. Während die Erweckungsbewegungen von pietistischem Einschlag den Begriff der Bekehrung zu einem individuellen, geistlichen Erlebnis verflachten, ist es nunmehr klargeworden, daß die Heilige Schrift die Buße und die Bekehrung in sozialethischen Kategorien zum Ausdruck bringt und in engem Zusammenhang mit dem Verhältnis zum Nächsten sieht.

Die Orientierung an der Bibel führte zur Erkenntnis, daß die Existenz der Kirche an kein Gesellschaftssystem gebunden ist. Das hatte im Ausbau des Verhältnisses zur neuen Gesellschaft eine entscheidende Auswirkung. Die reformierte Kirche hat die sich in Ungarn vollzogene radikale gesellschaftliche Umwandlung als ein Ereignis beurteilt, das dem Wohl des ungarischen Volkes dient.

Die drei wichtigsten Pfeiler der Regelung des Verhältnisses zum sozialistischen Staat sind die Deklaration der Generalsynode vom 30. April 1948, die im gleichen Jahre geschlossene Vereinbarung zwischen der reformierten Kirche und dem Staat und schließlich der die Religionsfreiheit sichernde Paragraph der Verfassung der Ungarischen Volksrepublik.

Die Deklaration des Synodalrates stellt fest: „Die alten Lebensformen sind verschwunden, wir betrauern sie nicht, wir bekennen, daß die Lebensformen des neuen Ungarns unserem Herzen nicht fremd erscheinen, und daß wir in ihnen den von Gott verordneten Rahmen eines gerechteren und glücklicheren ungarischen Lebens entdecken." Die Kirche bietet ihre Bereitschaft zum in der neuen ungarischen staatlichen und gesellschaftlichen Ordnung mit ihren eigenen Mitteln erfüllbaren Dienst an, und sie anerkennt zugleich die größte Errungenschaft der neuen ungarischen Gesellschaft: die Liquidation des Latifundiensystems, die Bodenverteilung und die im Wiederaufbau des Landes erreichten Erfolge. Die Deklaration fordert alle Kirchenglieder auf, „in Vertrauen und Hoffnung nach vorn zu blicken, ihre Hand an den Pflug zu legen und nicht zurückzublicken".

In der 1948 geschlossenen Vereinbarung, deren prinzipieller Teil auch heute gültig ist, anerkennt die Reformierte Kirche von Ungarn den neuen ungarischen Staat als ihre von Gott verordnete Obrigkeit; der Staat aber erklärt, daß er sämtliche Bedingungen des freien Wirkens der Kirche garantiert. Die Vereinbarung spricht die Trennung von Staat und Kirche aus. Das Prinzip der Garantie der Religionsfreiheit wird mit Kraft des Gesetzes in der neuen Verfassung der Ungarischen Volksrepublik verankert: „Das Gesetz bestraft alle Arten von nachteiligen Diskriminationen der Bürger, nach Geschlecht, Denomination oder Nationalität schwer" (1949, Gesetzartikel 20).

Die Kirche hat ihr prophetisches Amt wahrgenommen, als sie den Gemeinden und Christen an einer Zeitwende den richtigen Weg wies. Dadurch bot sie eine Hilfe dazu, daß sie die notwendige gesellschaftliche Umwandlung mit möglichst wenig Erschütterungen vollziehen kann. Bei der Überführung der Landwirtschaft in die Großbetriebe stand sie ihren sich mit Landwirtschaft beschäftigenden Mitgliedern mit ihren Ratschlägen bei, daß sie aufgrund ihres zu einer Aufgeschlossenheit für die Zukunft befreienden christlichen Glaubens eine richtige Entscheidung trafen.

Die nach dem Zweiten Weltkrieg begonnene theologische Neubesinnung trachtete nicht danach, irgendein selbstzweckliches theologisches System aufzubauen, sondern sie diente den richtigen Entscheidungen in konkreten Fragen des kirchlichen Dienstes. Sie hat es aus dem Wort verstanden, daß es keine Aufgabe der Kirche sein kann, nach einer Herrschaft in der Gesellschaft zu streben, ihre Aufgabe besteht vielmehr darin, im Auftrag und Namen Christi, der von sich selbst sagte: „Des Menschen Sohn ist nicht gekommen, daß er sich dienen lasse, sondern daß er diene . . .", jedem zu dienen.

Diese Erkenntnis aus dem Wort Gottes hat unsere Kirche zu einer aufgeschlossenen Haltung gegenüber der auf einer marxistisch-leninistischen ideologischen Grundlage stehenden neuen Gesellschaftsordnung befreit. In Ungarn begann der Dialog zwischen dem Christentum und dem Marxismus bei den praktischen Fragen des Zusammenlebens, und er bewegt sich in Richtung einer Bereinigung der prinzipiellen Fragen. Die reformierte Kirche setzt dem Dialog ein doppeltes Ziel: der christlich-marxistische Dialog soll zu einem gegenseitigen besseren Kennenlernen und Verständnis beitragen und zur praktischen Zusammenarbeit führen. Der erste Teil dieser Forderung hat eine Korrektur der voneinander geschaffenen Zerrbilder notwendig gemacht, der zweite ein Betonen dessen, daß der Dialog nicht nur eine sich auf die Bereinigung prinzipieller Fragen ausrichtende Diskussion, sondern aufgrund des christlichen Glaubens ein Beitrag zur Lösung aller Fragen ist, die das Leben der Gesellschaft und Menschheit berühren. So nimmt die reformierte Kirche als Frucht des auf dem Forum des Lebens geführten Dialoges an den dem Wohl des ungarischen Volkes dienenden und zum Sichern des Friedens der Welt beitragenden Bemühungen teil.

II. Das Bekenntnis und die Organisation der Reformierten Kirche von Ungarn

1. Die Bekenntnisschriften und ihre heutige Bewertung

Die Reformierte Kirche von Ungarn hat, wie dies auch in ihrem unlängst in Kraft getretenen neuen Gesetzbuch verankert ist, neben dem Apostolischen Glaubensbekenntnis zwei offiziell rezipierte Glaubensbekenntnisse, und zwar den „Heidelberger Katechismus" und das „II. Helvetische Bekenntnis". Sie hatte zwar im Laufe der Geschichte auch andere konfessionsartige Dokumente, so zum Beispiel das Debrecen-Egervölgyer Glaubensbekenntnis, diesen kommt heute aber nur noch die Bedeutung kirchengeschichtlicher Dokumente zu. Der Heidelberger Katechismus und das II. Helvetische Bekenntnis dagegen konnten ihre Autorität durch die Jahrhunderte wahren, da sie einerseits inmitten der Irrungen und Versuchungen der römisch-katholischen Kirche, andrerseits der antitrinitarischen Richtungen den in der Reformation erkannten biblischen Glauben am reinsten aufwiesen und inmitten der Prüfungen der Gegenreformation Trost und Kraft zur Standhaftigkeit spendeten. Diese beiden Bekenntnisschriften sind wahrhaftig zu ungarischen Büchern geworden, sie werden in der ungarischen Literatur- und Kulturgeschichte als wichtige Denkmäler geschätzt. Ihre zahlreichen ungarischen Übersetzungen bewahren getreulich den Geschmack und die Eigenart der in verschiedenen Landesteilen beheimateten Dialekte und sind dadurch auch vorzügliche Dokumente der Geschichte der ungarischen Sprache. Das II. Helvetische Bekenntnis erschien außer den Ausgaben des lateinischen und deutschsprachigen Originals in der höchsten Auflagezahl — bisher in fünfundzwanzig Ausgaben — in ungarischer Sprache. Wir kennen gegenwärtig mehr als hundertfünfzig ungarische Ausgaben des Heidelberger Katechismus.

Diese zwei Bekenntnisschriften leisteten im Laufe der Jahrhunderte in der ungarischen reformierten Kirche im inneren Ringen um die Erneuerung unschätzbare Dienste. Sie überbrückten und glätteten die Gegensätze der einander im übrigen scharf bekämpfenden und fast mit einer Kirchenspaltung drohenden Richtungen von Orthodoxie und Puritanismus bzw. Presbyterianismus, und sie haben sich in der Zeit von Rationalismus, Pietismus und Liberalismus zum Filtern der theologischen Einflüsse des Auslands, zum Mäßigen ihrer Übertreibungen als geeignet erwiesen. Die ungarischen Reformierten haben sich bis zum Ende des letzten Jahrhunderts „Evangelische Helvetischen Bekenntnisses" genannt. Der Unterricht des Heidelberger Katechismus hat in Kirchen und Schulen niemals ganz aufgehört, und darin war auch in den Zeiten der größten Schwäche die Möglichkeit einer evangelischen Neubesinnung verborgen. Diese Tatsache läßt es auch erklären, weshalb die in der Zeit zwischen den beiden Weltkriegen in aller Welt aufkommende biblische neureformatorische Theologie in der Reformierten Kirche von Ungarn nicht nur ein Echo auslöste, sondern parallel zu dieser auch selbständig zur Entfaltung kam.

Die beiden Bekenntnisschriften hatten einen bedeutenden Anteil daran, daß die zu einem tätigen Christentum anregenden Lehren der Bibel die ungarische reformierte Kirche zum Fördern der Bildung des Schul- und Erziehungswesens, der Literatur und der Wissenschaften und zum Errichten von diakonischen Einrichtungen anregten. Der Heidelberger Katechismus und das II. Helvetische Bekenntnis leisteten auch dadurch einen großen Dienst, daß sie zur ökumenischen Aufgeschlossenheit gegenüber anderen Denominationen erzogen und auf diese Weise recht viel dazu beitrugen, daß unsere Kirche im Laufe ihrer vierhundertjährigen Geschichte mit anderen ungarischen Kirchen evangelischen Glaubens ein gutes brüderliches Verhältnis ausbauen konnte. Wir haben mit der lutherischen Kirche seit dem 18. Jahrhundert die Interkommunion. Gleichzeitig haben ihre Bekenntnisschriften die ungarischen Reformierten auch mit den in anderen Ländern lebenden reformierten Kirchen verbunden.

Zur Zeit der nach dem Zweiten Weltkrieg in Ungarn eingetretenen geschichtlichen Wende boten diese Bekenntnisschriften dadurch eine sehr bedeutende Hilfe, daß sie die Aufmerksamkeit auf die Heilige Schrift und auf die in der Reformation erkannten wesentlichsten biblischen Wahrheiten lenkten, und die heute lebende kirchliche Generation inmitten der epochalen Wandlungen zu Entscheidungen, die den Entscheidungen der reformierten Väter ähnlich waren, aufriefen.

Was die Autorität der Bekenntnisschriften anbelangt, stellt die Generalsynode der Reformierten Kirche von Ungarn in ihrer aus Anlaß ihres vierhundertjährigen Jubiläums 1967 erlassenen „Wegweisung" folgendes fest: „Wir nehmen ihre Hilfe darin, daß sie uns zu einem besseren und vollständigeren Bibelverständnis führen, dankbar an, ohne daß sie aber an die Stelle der Heiligen Schrift treten durften, was ja auch keineswegs ihrer Absicht entspräche. Ihr Licht kommt vom Wort Gottes her, ihre Autorität ist der Widerschein des Ansehens des von uns bekannten Wortes, und sie reicht nur bis zu jener Grenze, wo das Wort recht verkündigt wird. Sie sind als Menschenwerke nicht unfehlbar. Daher wollen sie uns nicht an sich selbst, sondern an das Wort Gottes binden. Wir bekennen also mit den Worten der Einleitung des II. Helvetischen Bekenntnisses: „. . . daß wir immer völlig bereit sind, denen, die uns aus dem Worte Gottes eines Besseren belehren, nicht ohne Danksagung nachzugeben und Folge zu leisten im Herrn, dem Lob und Ehre gebührt'."

2. Die Organisation der Kirche

Die Verfassung der Reformierten Kirche von Ungarn baut sich auf dem sogenannten synodal-presbyterialen Prinzip auf. Das die kirchliche Organisation regelnde neue Gesetzbuch der Kirche, das 1967 von der Generalsynode angenommen wurde, trat am 1. September 1968 in Kraft.

Die etwa zwei Millionen ungarischen Reformierten leben in 1250 Gemeinden. Die Zahl ihrer Pfarrer übersteigt 1500. Die Gemeinden bilden Seniorate, aus den Senioraten werden die Kirchendistrikte aufgebaut. Die reformierte Kirche hat gegenwärtig in vier Kirchendistrikten 27 Seniorate.

Die Kirchendistrikte sind: Kirchendistrikt an der Donau (administratives Zentrum Budapest), Kirchendistrikt jenseits der Donau (Zentrum Veszprém), Kirchendistrikt diesseits der Theiss (Zentrum Miskolc), Kirchendistrikt jenseits der Theiss (Zentrum Debrecen). Der größte Kirchendistrikt ist der letztere, der fast die Hälfte der ungarischen Reformierten umfaßt. Die geschichtliche Erklärung dieser Tatsache liegt darin, daß die Gegenreformationsbestrebungen auf diesem Gebiet den geringsten Erfolg hatten, weil es zum Teil unter türkischer Herrschaft stand, zum Teil aber den Schutz der protestantischen Fürsten Siebenbürgens genoß. Im Kirchendistrikt jenseits der Donau, in Westungarn, das während der Gegenreformation unter der Herrschaft der Habsburger stand, leben die Reformierten nur in der Minderheit, meistens in der Diaspora.

Das Führungsgremium der Kirchengemeinde, das die Leitung ihres geistlichen und materiellen Lebens innehat, ist das Presbyterium. Seine Sitzungen, bei denen der Pfarrer den Vorsitz führt, werden je nach Bedarf, aber mindestens in jedem Vierteljahr einmal abgehalten. Die Zahl der Presbyter einer jeden einzelnen Kirchengemeinde wird nach Einvernahme ihrer Vertreter von der Generalversammlung des Seniorates bestimmt. Auch die kleinste Gemeinde muß mindestens vier Presbyter haben.

Das Seniorat ist die Vereinigung mehrerer Kirchgemeinden zu einer höheren Instanz des Kirchenregimentes und der Administration. Seine Amtsträger, so vor allem der Senior und der Senioratskurator, werden mit den Stimmen der Presbyterien von den zum Seniorat gehörenden Kirchgemeinden gewählt. Der Senior muß ein Pfarrer des Seniorates, der Senioratskurator ein Presbyter des Seniorates sein. Die Generalversammlung des Seniorates, dessen Mitglieder sämtliche Pfarrer des Seniorates und durch die Presbyterien gewählte Laienvertreter sind — je Pfarrstelle der Gemeinden ein Laie, hält mindestens zweijährlich eine Tagung, sie kann aber, wenn nötig, vom Präsidium auch mehrmals einberufen werden.

Der Kirchendistrikt ist der Zusammenschluß mehrerer Seniorate zu einer höheren Instanz. Seine Amtsträger, darunter vor allem der Bischof und der Distriktsoberkurator, werden von den Gemeinden des Kirchendistriktes durch die Stimmen der Presbyterien gewählt. Es ist ein eigenartiger Zug der ungarischen reformierten Kirchenverfassung, daß sie eine in der Familie der reformierten Kirchen einzigartige Form des Bischofsamtes kennt: der Pfarrpräsident der Kirchendistrikte wird nämlich Bischof genannt. Dennoch hat die reformierte Auffassung des Bischofsamtes mit der römisch-katholischen oder anglikanischen Deutung dieses Wortes, mit dem Gedanken der apostolischen Sukzession nichts zu tun. Der Bischof ist einer unter den Pfarrern; er erhält bei seinem Amtsantritt keinerlei höhere Weihe. Den gegenwärtigen Kirchengesetzen gemäß wird der Bischof lebenslänglich gewählt. Die Generalversammlung des Kirchendistriktes führt den gewählten Bischof durch das Kollegium der Senioren mit Vereidigung in sein Amt ein. Es gehört zu seinen Aufgaben, gemeinsam mit seinem Mitpräsidenten, dem Distriktsoberkurator, die Aufsicht über die zum Kirchendistrikt gehörenden Gemeinden, Seniorate und kirchliche Amtsträger auszuüben und für die Durchführung der Beschlüsse der Generalversammlung des Kirchendistriktes und der höheren kirchlichen Behörde zu sorgen. Er führt den Vorsitz in den zumindest zweijährlich einmal zusammentretenden Generalversammlungen des Kirchendistriktes, die außer den Amtsträgern der Kirchendistrikte und Seniorate aus den von den einzelnen Senioraten in gleicher Zahl gewählten Pfarrer- und Laienabgeordneten besteht. Zu den Befugnissen der Generalversammlung des Kirchendistriktes gehören unter anderem das Wachen über die Reinheit der evangelischen Lehre, daß diese in den Kirchgemeinden treu, den Glaubensprinzipien der Kirche gemäß und in deren Geiste, verkündet und gelehrt wird, die Sorge um die Pflege des Glaubenslebens, die Aufsicht über

die Autonomierechte der Kirche, Anordnung und Durchführung der
den Regeln entsprechenden Ordination der Pfarrer sowie das Organisieren und Leiten der im Bereich des Kirchendistriktes vor sich gehenden, die Kirche fördernden und dem Wohl des Menschen dienenden
Arbeit.

Die höchste gesetzgebende, entscheidende und administrative Körperschaft der Reformierten Kirche von Ungarn ist die für zwölf Jahre
gewählte Generalsynode. Ihre Mitglieder sind außer den Bischöfen
und Distriktsoberkuratoren die von den Gemeinden durch die Stimmen der Presbyterien gewählten Synodalabgeordneten der Kirchendistrikte. Die Hälfte der Synodalen wird aus der Reihe der Pfarrer,
die andere Hälfte aus den zu Presbytern wählbaren Kirchengliedern
gewählt. Die Generalsynode bildet für die Zeit zwischen zwei Sit-
zungsperioden einen Synodalrat, der − mit Ausnahme der gesetz-
geberischen Funktionen − die Aufgaben der Generalsynode erfüllt.
Der Synodalrat besteht aus den Bischöfen und Oberkuratoren der
Kirchendistrikte, einigen anderen Amtsträgern und 22 Synodalen, die
in geheimer Wahl gewählt werden. Der Synodalrat tagt mindestens
jährlich zweimal, er berichtet über seine Tätigkeit der nächsten Sit-
zungsperiode der Generalsynode.

III. Die Reformierte Kirche von Ungarn und die Ökumene

Die Reformierte Kirche von Ungarn stand seit Beginn der ökumenischen Bewegung in Verbindung mit den ökumenischen Bestrebungen.
Sie erblickt in ihnen die Wirkung biblischer Wahrheiten.

Die Reformierte Kirche von Ungarn verwirft alle Ansichten, die das
Ziel der ökumenischen Bewegung im Schaffen einer weltumfassenden
superkirchlichen Organisation erblicken, gewissermaßen mit der Überlegung, daß auf diese Weise das Gewicht des Christentums in einer solchen Welt zunehmen könnte, zu deren charakteristischen Zügen auch
die Säkularisation gehört. Sie warnte in der Gemeinschaft der Ökumene
stets vor einer solchen falschen Interpretation der Einheit, und sie hört
nicht auf, zu betonen, daß die einzige Stärke der Kirche Christi darin
liegt, daß sie dem Gebot und dem Auftrag ihres Herrn gehorcht.

Die ungarische reformierte Kirche hält in ihrer Teilnahme an der
ökumenischen Bewegung hauptsächlich die folgenden zwei Ziele für
wesentlich: die ökumenische Tätigkeit der Kirchen soll vor allem dazu
beitragen, daß die in vielen Ländern lebenden, verschiedenen denominationellen Familien angehörenden Kirchen einander gegenseitig

immer besser kennenlernen. Sie sollen in ihren gemeinsamen Beratungen und in ihrer gemeinsamen Studienarbeit einander im Hören auf das Evangelium, in der möglichst klaren Erkenntnis und im tieferen Verstehen der zentralen Botschaft des Evangeliums fördern.

Unsere Kirche ist der Überzeugung, daß die organische Pflege der ökumenischen Beziehungen zunächst auf dem Wege der denominationellen Familien vor sich gehen kann, und darum erachtet sie die Teilnahme an der Arbeit des Reformierten Weltbundes als außerordentlich wichtig. Der Reformierte Weltbund spielte als Bahnbrecher der ökumenischen Arbeit eine einzigartige Rolle, und sein Dienst ist mit der Entfaltung der ökumenischen Bewegung nicht überflüssig geworden. Er kann in der Gemeinschaft der Ökumene durch das Aufweisen der gegenwärtigen Bedeutung des reformierten konfessionellen Erbes einen besonderen Beitrag leisten.

Die Reformierte Kirche von Ungarn schenkte in ihrem ökumenischen Dienst von Anfang an eine besondere Sorge dem Suchen des christlichen Beitrages zur Lösung der Schicksalsfragen der Menschheit. Sie mißt von den Bewegungen, die sich im Ökumenischen Rat der Kirchen vereinigten, dem Erbe von *„Life and Work"* eine besondere Bedeutung zu. Sie wurde durch die Erkenntnis, daß der richtig verstandene ökumenische Dienst der christlichen Kirchen mit der christlichen Verantwortung für das Bestehen und den Frieden der Menschheit, für das Schicksal der im weitesten Sinne genommenen Ökumene der ganzen bewohnten Erde zusammenhängt, dazu gedrängt, sich unter den ersten der 1958 entstandenen Bewegung der Christlichen Friedenskonferenz anzuschließen. Sie erblickt in dieser Bewegung ein besonders geeignetes Werkzeug dazu, daß die Kirchen eine gemeinsame Verantwortung und einen gemeinsamen Dienst für den Frieden der Menschheit übernehmen, die Fragen des menschlichen Zusammenlebens untersuchen und zur Lösung der Probleme beizutragen trachten. Die Teilnahme an der Christlichen Friedenskonferenz hat unsere Kirche in mancher Beziehung bereichert: sie befruchtete ihr theologisches Denken, sie brachte sie in eine enge Beziehung mit den jungen Kirchen Asiens, Afrikas und Lateinamerikas, mit denen sie vor dem Zweiten Weltkrieg sozusagen gar keine Beziehungen hatte.

Die ungarische reformierte Kirche hat während ihrer Mitarbeit an der Christlichen Friedenskonferenz die Wahrheit der Erkenntnis der Bewegung von *„Life and Work"* erfahren: „Die Lehre spaltet, der Dienst vereint". Sie kam in Fühlung mit den orthodoxen Kirchen der Sowjetunion, Rumäniens, Bulgariens, zu denen sie vorher im Laufe ihrer ganzen Geschichte kein brüderliches Verhältnis ausbauen konnte.

Eine Aussprache oder eine Diskussion über Fragen der Lehre hätten diese im Laufe der Geschichte einander vollkommen entfremdet nebeneinander lebenden Kirchen niemals so nahe gebracht.

Der Ausbau ökumenischer Beziehungen zur römisch-katholischen Kirche stieß und stößt auf sehr große Schwierigkeiten. Die protestantisch-römisch-katholischen Beziehungen in Ungarn sind außerordentlich schwer belastet vom Erbe der einstigen Religionsverfolgung während der Gegenreformation. Diese Verfolgung hat es durch besonders drastische Methoden erreicht, daß die Einwohner Ungarns, die sich am Ende des 16. Jahrhunderts fast ganz der Reformation anschlossen, in ihrer überwiegenden Mehrheit (65 Prozent) zum Katholizismus zurückkehrten. Die römisch-katholische Kirche genoß bis zum Zweiten Weltkrieg als Staatskirche eine privilegierte Stellung, die von ihr zum Zurückdrängen der Reformierten und der Protestanten im allgemeinen, zur Schwächung ihres Einflusses auf das öffentliche Leben benutzt wurde. Die nach dem Zweiten Weltkrieg entstandene Verfassung der neuen ungarischen Gesellschaft spricht die Trennung von Staat und Kirche aus und hebt alle Unterscheidungen zwischen den Kirchen auf. All dies bedeutet aber keineswegs, daß damit auch auf einen Schlag all das aufgehört hätte, was das Verhältnis zwischen der römisch-katholischen Kirche und den protestantischen Kirchen während Jahrhunderten verdarb. Die Atmosphäre wird hauptsächlich durch die Aufrechterhaltung jener römisch-katholischen Praxis vergiftet, die bei Mischehen in jedem einzelnen Fall vom protestantischen Teil einen „Revers" fordert, ungeachtet dessen, daß dadurch der Frieden der Familien gestört und die Beziehungen der Denominationen ungünstig beeinflußt werden. Die Priester der römisch-katholischen Kirche scheinen manchmal ihre höchste „pastorale" Aufgabe in einer Reversjagd zu erblicken.

Die reformierte Kirche hat ihrerseits gerade anläßlich ihrer vierhundertjährigen Jubiläumsfeier 1967 das Verlangen eines Reverses von Mitgliedern christlicher Denominationen verboten. Von römisch-katholischer Seite folgte dieser Entscheidung keine Art von Konzession oder Geste der Versöhnung.

Die Jubiläumssynode von 1967 gibt in ihrer an die Gemeinden erlassenen „Wegweisung" eine positive Bewertung der Erneuerungstendenzen, die in der römisch-katholischen Kirche zu beobachten sind. Sie begrüßt die neue Wertung der Heiligen Schrift, den gegenüber den „getrennten Brüdern" angewandten brüderlichen Ton (Ökumenismusdekret des II. Vatikanischen Konzils) und die fortschrittlichere Betrachtung der Probleme der heute lebenden Menschheit (die Enzykliken „*Pacem in terris*" und „*Populorum progressio*"). Sie weist aber zugleich auf die auch weiterhin unbeweglich feststehenden Lehrgegensätze hin: Ausschließlichkeitsanspruch der römischen Kirche, die Lehre von der Offenbarung, Rechtfertigungslehre, mariologische Entwicklung, päpstliche Unfehlbarkeit usw. Trotz allem aber bringt die erwähnte Wegweisung der Generalsynode ihren aufrichtigen Wunsch zum Ausdruck, daß das mit der römisch-katholischen Kirche begonnene Gespräch in den kommenden Jahren zu besserem gegenseitigen Kennenlernen, zu tieferem Verständnis der zentralen Botschaft des Evangeliums und zu einer Ermöglichung der zum Wohle der Menschheit zu leistenden gemeinsamen Dienste führen möge.

Zusammenfassend kann man von der ökumenischen Arbeit der Reformierten Kirche von Ungarn feststellen, daß sich diese Kirche in den letzten zwanzig Jahren intensiv am Leben der Ökumene beteiligt. Sie läßt sich an den Tagungen des Ökumenischen Rates der Kirchen, der Christlichen Friedenskonferenz und des Reformierten Weltbundes vertreten, und sie trägt zu den in verschiedenen Ausschüssen vor sich gehenden Studienarbeiten bei. Sie ist dabei stets bestrebt, darauf zu achten, daß der ökumenische Dienst ein Anliegen der Gemeinden sei, der in ihrem Auftrag und zu ihrer Erbauung geleistet wird.

ANMERKUNG

1 „Reverskampf": In Fällen von Mischehen forderten die römisch-katholischen Priester von den Nichtkatholiken einen Revers, durch den die „katholische" Erziehung der Kinder gewährleistet werden sollte.

10. Kapitel

DIE REFORMIERTE KIRCHE
IN DER VOLKSREPUBLIK RUMÄNIEN

Ein geschichtlicher Überblick

Istvan Juhasz

I. Daten zur Information

1. Geographische Lage

Die Volksrepublik Rumänien ist ein Land von 237 000 qkm in Südosteuropa. Seine Nachbarn sind: die Sowjetunion, die Volksrepublik Ungarn, die Bundesrepublik Jugoslawien und die Volksrepublik Bulgarien. In der Mitte des Landes stellt die Gebirgskette der 1000 bis 2500 Meter hohen Südost-, Süd- und Westkarpaten ein kreisförmiges Bollwerk dar. Der historische Name dieses von den Karpaten umgebenen Plateaus ist Transsilvanien (im Westen wird es vom „Partium" und im Südwesten vom „Banat" begrenzt). Die Karpatenkette wird zunächst von einer Hügellandschaft umgeben, dann von Ebenen; der historische Name dieser Gebiete ist Muntenien im Süden und Moldavien im Osten.

2. Historischer Abriß

1. Jahrhundert n. Chr.: Transsilvanien ist das Zentrum des Königreichs Dakien.
2. bis 3. Jahrhundert: Dakien ist römische Provinz.
4. bis 10. Jahrhundert: Die Zeit der Herrschaft der Goten, Hunnen, Gepiden, Avaren und Slawen in Dakien und den benachbarten Gebieten.
10. bis Mitte des 16. Jahrhunderts: a) Transsilvanien ist Teil des Königreichs Ungarn (bis 1541), b) Muntenien und Moldavien sind bis zum 16. Jahrhundert unter der Landeshoheit der benachbarten Staaten. Im 14. Jahrhundert werden sie unabhängig und sind unter türkischer Herrschaft.
Mitte des 16. bis Ende des 17. Jahrhunderts: a) Transsilvanien ist

autonomes Fürstentum und türkisches Protektorat, b) Muntenien und Moldavien sind weiterhin unter türkischer Herrschaft.
1691 bis 1867: a) Transsilvanien unter Herrschaft der österreichischen Habsburger, b) 1829 erhalten Muntenien und Moldavien, bis dahin unter türkischer Herrschaft, die Autonomie als türkisch-russisches Protektorat. 1918 werden beide Länder vereint unter dem Namen Rumänien.
1867 bis 1918: Transsilvanien gehört zu Ungarn und wird 1918 mit Rumänien vereinigt (Rumänien ist seit 1881 Königreich).
1918 bis 1947 bis 1958: Zwischen den beiden Weltkriegen ist Rumänien Königreich; seit 1947 ist es Volksrepublik.

3. Einwohnerzahl

Die Volkszählung von 1967 ergab eine Einwohnerzahl von 19 284 814. Der Muttersprache nach ist die große Mehrheit der Bevölkerung Rumänen; die übrigen Nationalitäten sind folgende: Ungarn, Deutsche, Russen, Süd-Slawen, Juden. Religionsmäßig gehören die meisten zur Rumänischen Griechisch-Orthodoxen Kirche; die anderen Konfessionen sind: Römisch-katholische, Reformierte, Lutheraner, Unitarier, Baptisten, Adventisten usw.

4. Mitgliederzahl der reformierten Kirche

Nach den Angaben von Kirchenberichten beträgt die Mitgliederzahl der reformierten Kirche (gerechnet werden alle getauften Mitglieder) ungefähr 800 000. Sie sprechen ungarisch als Muttersprache, und auch die offizielle Gottesdienstsprache ist ungarisch. Die Gemeinden der reformierten Kirche bilden zwei Bezirke. Einer davon ist Klausenburg mit 557 Gemeinden in Transsilvanien und ungefähr 500 000 Mitgliedern. Unter seiner Verwaltung stehen die ungarisch-reformierten Gemeinden von Bukarest, der Hauptstadt, und auch die, die während des 19. Jahrhunderts in Muntenien gegründet wurden. Der andere Bezirk ist Großwardein mit 232 Gemeinden, die vorwiegend im historischen Partium und Banat liegen. Die Mitgliederzahl der reformierten Kirche in diesem Gebiet beträgt ungefähr 300 000.

II. Die Reformation

1. Vor der Reformation unterstand Transsilvanien einem Woiwoden, der durch den ungarischen König ernannt wurde. Im Jahre 1541 ent-

steht das Fürstentum Transsilvanien. Das neue Staatengebilde stand unter türkischer Landeshoheit. In seinen inneren Angelegenheiten war es autonom, zahlte aber Steuern an die Türken und konnte ohne die Erlaubnis des Sultans weder Krieg führen noch Frieden schließen.

2. Die reformatorische Einstellung des Klerus in Transsilvanien war durch den Einfluß der humanistischen Bildung der Universitäten von Wien und Krakau und unter dem Einfluß von Wittenberg entstanden. Bis zum Tode Luthers hatten 166 Studenten aus Ungarn und Transsilvanien in Wittenberg studiert. Nach Luther studierten bis zum Tode Melanchthons weitere 110 Studenten aus Transsilvanien im Zentrum der Reformation.

Die reformatorische Richtung von Luther und Melanchthon wurde von den einheimischen Reformatoren eingehalten. Unter ihrem Einfluß hörten einige Gemeinden und Dekanate auf, die Messe zu lesen. Johannes Honterus war 1542 der Reformator der mächtigen Stadt Kronstadt, und seine Kirchenlehre wurde von allen deutschen Dekanaten angenommen. Die herausragendsten Persönlichkeiten unter den ersten ungarischen Priestern, die in Wittenberg studiert hatten, waren Mathias Dévai Biró und Stephan Kis Szegedi, der führende Theologe seiner Generation. In den Grenzgebieten konnte die Reformation eher Fuß fassen als anderswo. Im Inneren des kleinen Staates machte die katholische Politik des fürstlichen Hofes erheblich mehr Schwierigkeiten. Aber der türkische Krieg in den Jahren 1550 bis 1551 erforderte eine Zeitlang Nachsicht, damit alle Kräfte zusammengehalten werden konnten. Dies führte im Jahr 1550 zu folgender Erklärung des Reichstags zu Torda: „Jeder soll den Glauben bekennen, der ihm von Gott gegeben wurde, unter keinen Umständen soll die eine Konfession durch die andere beeinträchtigt werden."

Zu Beginn des zweiten Jahrzehnts seit der Gründung Transsilvaniens ergriff die reformatorische Bewegung die ganze Kirche; die mittelalterlich geführten Pfarreien und Dekanate gingen unter Beibehaltung ihrer äußeren Organisationsform zum Luthertum über. Wie stark diese Bewegung war, zeigt die Tatsache, daß in den Jahren 1553 bis 1555 neue protestantische Superintendenturen geschaffen wurden, die die einstigen hochpriesterlichen Aufgaben der katholischen Bischöfe, wie Weihe, Kirchenvisitation und Wahrnehmen von Disziplinfragen übernehmen sollten.

Der mutige Bekennergeist der Prediger, die die Kirche neu organisieren wollten, zeigt sich daran, daß diese obengenannte Umorganisation in einer Zeit geschah, als noch mit dem Widerstand und sogar schwerer Strafe seitens der Regierung gerechnet werden mußte. Aber der Kampf dieser Prediger war recht erfolgreich. Die Entscheidung des Reichstags von 1550, der vom Geist der Toleranz bestimmt war, bereitete das Gesetz von 1557 vor, das der Reformation endgültig Freiheit gewährte.

3. Die Begründer des ungarischen und deutschen Luthertums in Transsilvanien standen von Wittenberg her hauptsächlich unter Melanchthons Einfluß. Das Bekenntnis vertrat den gemäßigteren Standpunkt, der mit der *Confessio Augustana Variata,* dem Werk Melanchthons aus dem Jahr 1540, übereinstimmte, und den auch Calvin akzeptiert hatte.

Während der folgenden Jahre nahm die Mehrheit der ungarischen Priester und Gemeinden jedoch Abstand von dem Luthertum Melanchthons. Wie kam es dazu? Dies ist die Frage nach den Anfängen unserer reformierten Kirche. Bei der Vorbereitung spielten verschiedene Personen eine Rolle. Der Einfluß Bullingers, der sich zu Zwingli bekannte, dann der *Consensus Tigurinus* von 1559 und der Einfluß Calvins bereiteten den Weg für jene drei gelehrten Kirchenmänner, die einen außerordentlich klaren Bruch zur nationalen Kirche vollzogen, die ursprünglich auf Luther und Melanchthon zurückging.

Der erste unter ihnen war Martin Kálmáncsehi Sánta, der als ehemaliger Student in Krakau durch und durch Humanist war. Er war zunächst Domherr von Karlsburg und später ein unerschrockener Reformator.

Die Transformation, um einen technischen Ausdruck zu gebrauchen, ist das Werk der beiden Nachfolger Kálmáncsehis: Gregor Szegedi und Peter Méliusz Juhasz, beide Pastoren aus Debrecen. Szegedi ist der einzige Reformator, der Genf besuchte. Ansonsten war er, wie Méliusz, ein Theologe von Wittenberg. Gregor Szegedi ist unser erster Reformator, der den Psalter übersetzte und Kirchenlieder komponierte. Er war ein versierter, unabhängiger theologischer Denker und sehr wohl geeignet, die Anti-Luther-Polemik auf einem positiven bekenntnistreuen Wege zu entfalten. Méliusz, mit dem Beinamen der „ungarische Calvin", war während seiner kurzen Lebenszeit von 36 Jahren sehr erfolgreich als Übersetzer der Bibel und Kirchengeschichtsschreiber. Für seine Persönlichkeit war vor allem seine furchtlose, kompromißlose und leidenschaftliche Liebe zur Gerechtigkeit charakteristisch. Ein Wort aus seinen Predigten kann als sein persönliches Bekenntnis angesehen werden: „Ich fürchte mich nicht, auch wenn die Welt sich gegen mich erhebt, denn Gott gelobte und versicherte mir, daß er mein gütiger Vater ist; erschrecke mich ruhig mit dem Teufel, den Mönchen, dem Papst; von meinem teuren Vater, von Gott, wirst du mich niemals trennen." Beza nannte in einem seiner Briefe Méliusz „den mutigsten Kämpfer für Gerechtigkeit".

Die Bedeutung der Debatten Kálmáncsehis in Kolozsvár besteht darin, daß er in Auseinandersetzung mit den lutherischen Geistlichen sehr klar das zentrale Problem des Herrenmahls darlegte: Wie ist Christus im Herrenmahl gegenwärtig? Über diesem reformatorischen „*quomodo*" entbrannte der Streit, der zu Anfang von beiden Seiten übertrieben wurde. Der Disput über die Frage des Herrenmahls war bei uns jedoch, wie es nicht immer der Fall war in der Reformation, kein eigenständiger Streit oder eine fruchtlose theologische Kriegsführung; die Reformation war ihrer wirklichen Natur nach die christologische Regenerierung der Kirche und der Bekenntnisse, was notwendigerweise zu den zentralen Problemen des christlichen Glaubens führte. Das Problem des Verstehens und der theologischen Klärung des Herrenmahls bewahrten die Kirche davor, bei Randproblemen der Kirchenreformation stehenzubleiben. Aber was dies angeht, so konnte nichts anderes eine Lösung, Einmütigkeit und Einheit bringen als die Auslegung des Herrenmahls im Lichte des Wortes. Kálmáncsehi war — obwohl sich in seinen Worten der Einfluß des *Consensus Tigurinus* zeigte, Anhänger Zwinglis und schien nicht in der Lage zu sein, die erwartete Antwort geben zu können. Das Verdienst der Formulierung einer christologisch begründeten Doktrin vom Herrenmahl gebührt G. Szegedi und P. Méliusz. Der erste Entwurf dieser Doktrin kann einer These der Synode von Marosvásárhely (Neumarkt), die in Szeklerland am 1. November 1559 abgehalten wurde, entnommen werden.

Was lehrte die Synode von Marosvásárhely?

a) „Gott will sein Versprechen, das er uns am Anfang der Menschheit gab, erfüllen. Er gab uns seinen Sohn, der, indem er Menschengestalt annahm, den Tod erlitt, zu unserer Erlösung." „Seine Fleischwerdung, sein Tod und seine Auferstehung bedeuten ewiges Leben." „Sein Leib ist unser Brot und unsere Speise, durch die unsere Seele lebt und genährt wird."

b) „Jesus Christus sitzt leibhaftig zur Rechten des Vaters, von wo aus er gemäß seinem Versprechen all seine Güter mit uns teilt." „Aufgrund der Wohltaten und Güter, die auf uns vom Leib Jesus Christi zuströmen, sagen wir, daß Jesus Christus im Herrenmahl gegenwärtig ist." „Wer immer ohne den innewohnenden Geist Jesu Christi ist, kann den Leib Jesu Christi nicht empfangen."

c) „Leib und Blut des Herrn im Herrenmahl zu empfangen, ermahnt und drängt uns der Herr selbst . . ., denn so, wie die äußeren Zeichen die Wahrnehmung unseres Mundes und unserer Augen nicht irreführen, so wird nach dem Versprechen Jesu Christi den Glaubenden wahrhaftig der heilige Leib und das heilige Blut Jesu Christi dargereicht. Wie der heilige Augustinus sagt: ‚Jeder, der leben möchte, komme her, glaube, schließe sich Christus an, damit er entfacht werde.' "

Dieses Bekenntnis lehrt, daß der Leib Christi im Dienste seiner göttlichen Person steht, und es aus diesem Grunde keine Gemeinschaft mit dem Leib Christi gibt ohne den Glauben an ihn. Die kurze Zusammenfassung seiner Lehre, christologisch gesehen und hinsichtlich der Verbindung der Gläubigen mit Christus, war das Bekenntnis, daß „der Leib vom Geist lebt".

Und in dieser Lehre sahen die Theologen der Reformation Transsilvaniens solch eine Wirklichkeit des Wortes, daß sie darauf ihr Leben und ihre Kirche gründeten.

Dieses theologische Fundament gestattete es in den folgenden Jahren denen, die das Bekenntnis akzeptierten, ihre Gemeinschaft mit der Schweizer Reformation zu bekunden. Die Synode von Torda im Jahre 1563 übernahm das Bekenntnis des Theodor Beza aus dem Jahre 1560.

Auf der Synode von Nagyenyed im Jahre 1564 wurde die Doktrin vom Herrenmahl verteidigt mit dem Schlußkapitel von Calvins Traktat *„Dilucida explicatio"*, das 1561 herausgegeben wurde. 1565 wurde im Kolleg von Klausenburg der „Heidelberger Katechismus" als Lehrbuch eingeführt, während im Jahre 1567 die Pastoren der Gebiete von Nagyvárad und Szatmár zusammen mit anderen sich dem „II. Schweizer Bekenntnis" anschlossen. Die reformierte Kirche in den Jahren 1559 bis 1564 schien eine Kirchenspaltung in der nationalen lutherisch-protestantischen Gemeinschaft zu verursachen. Die Mehrheit der Pastoren jedoch schloß sich der Bewegung an. Die Gemeinden der ungarischen Dekanate, die praktisch seit 1542, nominell erst seit 1556, unter der Jurisdiktion der katholischen Bischöfe von Karlsburg standen, danach lutherische Superintendentur wurden, anerkannt durch die landesweite Gesetzgebung, gingen im Jahre 1564 über in den Zuständigkeitsbereich eines reformierten Superintendenten (Bischofs). Dies geschah infolge einer gesetzlichen Verfügung und unter Anerkennung des Staates. Von der Gründung der Kirche her gesehen, war dies das Jahr, in dem die reformierte Superintendentur Transsilvaniens, die von Klausenburg, ihren eigentlichen Anfang nahm.

4. Die Gründung der reformierten Kirche konnte natürlich nicht stattfinden, ohne daß der Staat Partei nahm. Das wichtigste die Religion betreffende Gesetz wurde 1564 proklamiert. Es regelte die Beziehungen zwischen der reformierten und lutherischen Kirche so, daß die konfessionelle Einheit der mittelalterlichen Pfarreien erhalten blieb, egal für welche Konfession man sich entschied. Ebenso ermächtigte das Gesetz die religiösen Minderheiten einer Pfarrei, ungestört am Gottesdienst irgendeiner Gemeinschaft, die dem jeweiligen Glauben entsprach, teilzunehmen. Die wichtigste Entscheidung dieses Gesetzes ist, daß der Begriff Konfession definiert wurde als Gemeinschaft *(civitas, oppidum, villa)*. Es war deshalb nicht der Fürst, der das „*ius reformandi*" ausübte, auch nicht die kirchliche Synode, sondern die Gemeinschaft, die Ortsgewalt. Dieses Gesetz war eine der liberalsten Anwendungsformen der Religionsfreiheit im 16. Jahrhundert in Europa. Es konnte die Religionsfreiheit jedoch nur in den Städten einführen; in den Siedlungen der Leibeigenen entschied meistens der Grundbesitzer.

Das Gesetz von 1564 zeigt, daß die Kirche im Jahr ihrer Gründung den Schutz des Fürsten und des Reichstages genoß.

Die religiöse Entwicklung in dem folgenden Jahrzehnt nahm jedoch einen anti-reformierten Verlauf. Der Hof des Fürsten unterstützte in den Jahren 1566 bis 1571 den Unitarismus (Antitrinitarianismus). Die bedeutendste Persönlichkeit dieser Bewegung und zugleich auch ihr Schutzherr war Georg Blandrata, ein humanistischer Theologe italienischer Herkunft. Der Hofarzt und Diplomat des Fürsten, Méliusz, kämpfte mit aller Kraft gegen Blandrata und den Unitarismus, aber er konnte lediglich die reformierte Kirche des Distrikts Großwardein verteidigen. Durch seine Bemühungen konnte er in Transsilvanien nur einige Pastoren unterstützen, jedoch nicht die Kirchenpolitik des Fürsten beeinflussen. Im Jahre 1571 aber büßte der Unitarismus seine Vorrangstellung ein, als mit Stephan Báthori ein Katholik zum Fürsten von Transsilvanien gewählt wurde. Báthori — auch später als polnischer König — unterstützte die katholische Kirche in Transsilvanien und half darüber hinaus von den protestantischen Gruppen nur der lutherischen Kirche. Was die Religion anging, so hielt er sich an die Situation des Deutschen Reiches, wo in diesen Jahren nur die römischen Katholiken und Lutheraner die Protektion des Staates genossen.

Die Schwierigkeiten der reformierten Kirche in Transsilvanien wurden durch das System der Superintendenturen (episkopal) vergrößert. Der erste gewählte Superintendent, F. Dávid, wurde 1566 Unitarier. Eine seiner chiliastischen Schriften zeigt, daß sein Programm sehr wohl geeignet war, viele für seine Ansichten zu gewinnen: Luther reformierte die Taufe, Calvin das Herrenmahl; was jetzt noch der Reformation bedarf, sind die Dogmen, wobei die Herrschaft des Antichristen in der Kirche für immer ein Ende finden soll. Während der Periode katholisch-lutherischer Vorrangstellung verlor Dávid seinen Einfluß, und der Fürst ließ als Haupt der Ungarn, die in ihrer großen Mehrheit der reformierten Kirche angehörten, keinen reformierten, sondern einen lutherischen Superintendenten wählen. Die lutherische Führung dauerte bis zum Jahre 1577, in dem als dritter Superintendent ein reformierter Pastor gewählt wurde. Die Unitarier wählten ihren eigenen Superintendenten, während die lutherischen Gemeinden unter der Jurisdiktion der deutsch-lutherischen Superintendentur verblieben.

Die reformierten Politiker der Báthori-Zeit stärkten mit dem Gesetz von 1581 das *„ius reformandi"* der Konfessionen, indem sie versicherten, daß im Namen der Konfession die *„maior pars"* entscheiden solle. Später, in der Zeit der reformierten Fürsten, erhielt die Minderheitenkonfession das Recht, eine eigene autonome Gemeinde zu gründen. Wenn die *„maior pars"* das alte Kirchengebäude zurückbehielt, so war sie verpflichtet, der *„minor pars"* beim Bau einer neuen Kirche zu helfen.

5. Die Synoden, die durch die Konfessionen und Kirchengesetze entstanden waren, kämpften für ein besseres Verstehen des Wortes und gehorsameren Dienst ihm gegenüber. Durch diesen Dienst wurde die Erinnerung an die Reformatoren zu einem wahren Segen. Durch sie wurde das Wort Gottes zum Wegbereiter in unserer Kirche. Diese ganze unruhige Periode der Kirchengeschichte erhielt einen tieferen Sinn durch die Arbeit der Bibelübersetzer. Das Verdienst der ersten Bemühungen gebührt den humanistisch ausgebildeten Theologen: als Ergebnis ihrer Arbeit kann erwähnt werden, daß noch vor 1541 die Sammlung der Paulus-Briefe, die vier Evangelien und die Übersetzung des ganzen Neuen Testaments erschienen. Der Einfluß von Wittenberg, die Übersetzung Luthers, führten in der Mitte des Jahrhunderts zu drei neuen Übersetzungen. Die Ergebnisse dieser Bemühungen wurden verwertet und in der großen reformierten Ausgabe der ganzen Bibel im Jahre 1590, der ersten vollständigen Ausgabe der ungarischen Bibel, zu einer Synthese gebracht. Ihr Übersetzer Gaspar Károlyi war ebenso wie der Verleger ein hoher Adeliger. Bei seiner Rekonstruktion eines wahrheitsgetreuen Textes der hebräischen und griechischen Bibel und bei seinem Bemühen um eine zuverlässige

Übersetzung wurde Károlyi bestimmt durch die Werke der großen reformierten Gelehrten: Beza von Genf und Tremellius von Heidelberg. Aus diesem Grunde gehört unsere Bibel zu derselben Familie der Bibelübersetzungen wie die französische von 1588 und die englische von 1611, die sogenannte *King James Version*. Der nächsten Generation blieb die Pflicht, diese Bibel des 16. Jahrhunderts, die in einigen hundert Exemplaren gedruckt war, zu verbreiten. Das Werk unserer Reformatoren erlaubte es der Kirche der folgenden Generation, die Forderung des Titelwortes der Bibel von 1590 zu erfüllen: „Sie haben Moses und die Propheten, die sollen sie hören" (Luk. 16, 29).

III. Das Zeitalter des reformierten Konfessionalismus und Puritanismus

1. Die Fürsten von Transsilvanien waren durch geheime Übereinkünfte von Anfang an mit der habsburgischen Macht verknüpft. Alle erwarteten von den Habsburgern eine solche europäische Koalition, die sie in die Lage versetzen sollte, allen christlichen Völkern im Südosten Europas Freiheit von der türkischen Gewalt zu bringen. Die erste große europäisch-christliche Koalition unternahm im Jahre 1593 einen Angriff gegen die Türken. Dieser sechzehnjährige Krieg brachte eine große Desillusionierung mit sich. Der Krieg gegen die Türkei hatte in keiner Weise Erfolg; im Gegenteil, unter dem Schutz von Soldaten begannen die Jesuiten ihre gewaltige Rekatholisierung sowohl in Ungarn als auch in Transsilvanien. Die Verteidigung der Religionsfreiheit zwang die ungarischen Protestanten, ihren Glauben mit Waffengewalt gegen die Habsburger zu verteidigen und das Fürstentum Transsilvanien als Bollwerk des Protestantismus zu stärken.

In der Geschichte des „langen Krieges" von 1593 bis 1606 spielten die Heiducken eine besondere Rolle. Sie bildeten eine richtige Volksarmee. Diese Heiducken entstammten den von den Türken verwüsteten Dörfern; sie verließen ihr Haus und Eigentum und kämpften als Freischärler gegen die Türken. Die Schwierigkeiten der reformierten Kirche veranlaßten die Heiducken, sich gegen die kaiserlichen Armeen, ihre früheren Verbündeten, zu wenden. Ihre Siege brachten Transsilvanien Freiheit von der habsburgischen Besatzung und ermöglichten dem reformierten Hochadel, sich der Herrschaft über Transsilvanien zu bemächtigen.

Die Regierung der reformierten Fürsten dauerte fast ein Jahrhundert von 1604 bis 1691. Sie stärkte die Beziehung Transsilvaniens zu seinen türkischen Oberherren. Die Fürsten mußten den Türken Gehorsam leisten, nicht nur aus dem Grund, daß sie nicht mächtig genug waren die Türken zu besiegen, sondern auch, weil sie unter türkischem Protektorat in der Lage waren, ihren Glauben zu verteidigen und die Kämpfe der Protestanten unter der Herrschaft der Habsburger um Religionsfreiheit zu unterstützen. Zu diesen Fürsten gehörten Stephan Bocskai und Gabriel Bethlen, deren die reformierte Bevölkerung von Transsilvanien in Dankbarkeit gedenkt.

Stephan Bocskai (1557—1606), geboren in Kolozsvár, war der militärische Führer Transsilvaniens in dem „langen Krieg". Er war ein begeisterter Anhänger der habsburgischen Anti-Türken-Politik. Im Jahre 1595 siegte er an der Donau (Giurgin) über die Türken, zusammen mit dem rumänischen Regenten von Muntenien, dem Prinzen Michael dem Tapferen. Während der folgenden zehn Jahre sah er jedoch die Untätigkeit der habsburgischen Macht einerseits und das Leid des Volkes, verursacht durch die kaiserlichen Truppen andererseits. Bocskai brach mit seiner früheren Politik, ergriff Partei für die Heiducken und begann im Herbst 1604 den Freiheitskrieg gegen den habsburgischen Kaiser. Die Führer der Heiducken nannten sich selbst „die Soldaten Stephan Bocskais, des Verteidigers der heiligen Christenheit und der wahren Religion". Das zeigt, wie man Bocskai und seine Bewegung einschätzte. Der siegreiche Krieg, der zwei Jahre dauerte, verbreitete im ungarischen und transsilvanischen Protestantismus die Überzeugung, daß Bocskai der von Gott erwählte Gideon sei, der fromme König Josaphat, der Moses, der sie zur Freiheit führt. Die Völker zweier Länder sahen die Worte Calvins über den durch die Vorsehung bestimmten, von Gott gesandten Befreier in Bocskai erfüllt. Dieser Glaube wurde einerseits durch die tiefe und aufrichtige, reformierte Frömmigkeit Bocskais genährt, andererseits durch seinen unerwarteten militärischen Erfolg, hauptsächlich aber durch seine äußerste Treue gegenüber der Sache der Religionsfreiheit, bis zum letzten Sieg. Seine Errungenschaften waren für ganz Mitteleuropa von Bedeutung:

a) Er rettete und begründete für ein Jahrhundert das transsilvanische Fürstentum, in dem die Freiheit der protestantischen Kirchen, wie sie im 16. Jahrhundert gegründet worden waren, aufrechterhalten wurde.

b) Im eigentlichen Ungarn siedelte er seine 10 000 Heiducken, die heimatlos waren, in festen calvinistischen Städten an. In Ungarn räumte er gegenreformatorische Organisationen aus dem Wege und sicherte für drei Generationen die Religionsfreiheit.

c) Unter dem Druck seines Erfolgs gewährten die Habsburger in Böhmen Religionsfreiheit. Seine Statue steht zu Recht am Denkmal der Reformation in Genf mit der Aufschrift: „Die Freiheit unseres Gewissens ist kostbarer als Gold."

Das erste Jahrzehnt der Herrschaft von Gabriel Bethlen (1580 bis 1629) fällt in die Zeit des Dreißigjährigen Krieges. Er ist der einzige protestantische Herrscher Europas, der in den Jahren 1619 und 1620 den verzweifelt kämpfenden tschechischen Protestanten eine wirkungsvolle militärische Hilfe leistete, und der im Jahre 1623 das unterdrückte Moravien zu befreien versuchte. Im Jahre 1626 führte er seinen dritten Feldzug gegen den Kaiser und bewirkte die Flucht Wallensteins, des größten militärischen Führers seiner Zeit. In diesem dritten Krieg wurden seine Ziele klar: er plante eine protestantische Koalition, die sich über ganz Europa erstrecken sollte, um das Reich der Habsburger zu besiegen. Aber er stand allein. In einer Zeit, als die Rekatholisierung die protestantische Kirche Osteuropas bedrohte, in Polen, Böhmen und Oberösterreich, in einer Zeit, als die Truppen der katholischen Liga die Rhein-Pfalzgrafschaft und die westlichen Gebiete des Protestantismus verwüsteten, verteidigte Bethlen erfolgreich die protestantischen Kirchen von Transsilvanien und Ungarn. Er starb 1629 nach einer Herrschaft von 16 Jahren im Alter von 49 Jahren. Dem Volk von Transsilvanien sicherte er eine hervorragende Entwicklung, die wiederum auch das Leben der reformierten Kirche von Transsilvanien bereicherte. Er führte seine diplomatischen Geschäfte sowohl im Inland als auch im Ausland mit unvergleichlichem Geschick. Wegen seiner Diplomatie mißtrauten ihm sowohl seine Freunde als auch seine Feinde. In der Tat war die ganze Situation sehr eigenartig: wie kommt es, daß der Vasallenstaat der Türken eintritt für ein Programm zur Rettung der Christenheit und der Religionsfreiheit in Europa? Das kam daher, daß er über seine weitreichenden Maßnahmen und nicht selten falschen Entscheidungen hinaus einen ungebrochenen Glauben an seine von der Vorsehung bestimmte Sendung hatte. Er war ein bibellesender reformierter Christ, der die Schriften dreizehnmal in seinem Leben gelesen hat. Untrennbar mit ihm als menschlicher Person verbunden sind seine letzten Worte, die er auf dem Sterbebett sprach: „Ist Gott für uns, wer kann wider uns sein?" (Röm. 8,31).

2. Die Verteidigung der Religionsfreiheit gegen die Habsburger stärkte die Beziehungen zwischen der reformierten Kirche von Transsilvanien und ihren Glaubensgenossen im Deutschen Reich. Diese Beziehungen waren in erster Linie theologischer und nicht politischer

Art. Das stärkste Bindeglied in diesen Beziehungen war Albert Szenci Molnár. Er war nicht aus Transsilvanien gebürtig, aber sein Wirken wurde von Gabriel Bethlen unterstützt; er verbrachte seine letzten Jahre in Transsilvanien und starb in Klausenburg. Die Hälfte seines Lebens, 30 Jahre, verbrachte er in den reformierten Städten Deutschlands, wo er auch 1607 den ganzen Psalter übersetzte. Das am weitesten verbreitete Gesangbuch in der ungarischen Kirche ist sein Psalter, der während der letzten dreieinhalb Jahrhunderte nicht weniger als 140mal verlegt wurde, und der auch gleichzeitig ein herausragendes ökumenisches Werk ist, denn ein sehr großer Teil wurde und wird außer bei der lutherischen Bruderkirche sogar in den Gesangbüchern der ungarischen Katholiken und Unitarier verwendet. Er war auch ein Übersetzer theologischer Werke, er übermittelte unserer Kirche die theologischen Schätze der reformierten Orthodoxie in der Rhein-Pfalz-Grafschaft. Aber sein größtes Verdienst in dieser Hinsicht ist es, daß er 1624 das Werk ins Ungarische übersetzte und herausgab, das auch im deutschen Calvinismus als Dogmatik galt, die *Institutio Religionis Christianae* von Calvin.

Die Verwüstung der Rhein-Pfalz-Grafschaft setzte auch dem goldenen Zeitalter der deutschen reformierten Theologie ein Ende: ihre herausragendsten Theologen setzten ihre Arbeit in anderen theologischen Zentren fort. Auf den Ruf des Prinzen Gabriel Bethlen hin kamen drei Professoren nach Transsilvanien. Unter ihnen war Heinrich Johann Alstedt, vorher Professor in Herborn, der größte Polyhistor seiner Zeit, und ein ausgenommen wirkungsvoller theologischer Schreiber, der die theologische Ausbildung in Transsilvanien auf akademisches Niveau brachte. Seit der Zeit der Reformation lehrten an den Schulen von Großwardein und Neumarkt hervorragende Theologen, aber diese Schulen waren nicht akademisch strukturiert. Die großartige Unterstützung Gabriel Bethlens in den Jahren 1622 bis 1629 markiert die Anfänge der qualifizierten theologischen Ausbildung in der Prinzenresidenz in Karlsburg. Die Ordnung der neuen Akademie und der Lehrplan wurden von Alstedt, dem ersten Rektor, aufgestellt.

Unter dem Einfluß der theologischen Schulen von Heidelberg und Herborn entfaltete sich in unserer Kirche unsere eigene unabhängige theologische Literatur. In der Geschichte des vom Krieg heimgesuchten Osteuropa, voller Unterdrückung, gab es selten eine Gelegenheit für wissenschaftliche Arbeit, nicht einmal für die größten Denker. Aus diesem Grund sehen wir mit Stolz auf Stephan Geleji Katona, unseren hervorragendsten Theologen, der in dieser Zeit lebte. Sein literarisches Erbe besteht aus Bänden von Predigten in Latein und Ungarisch. Diese Predigten sind einheitlich ausgerichtet nach einem dogmatischen System; sie lehren, überzeugen und widerlegen. Sein Ziel war es, Bücher zu schreiben, die zum einen den Pastoren halfen, die Gemeinden zu unterrichten, und zum anderen den wahren Glauben zu verteidigen. Seine großen Folianten, die Abhandlungen über das Dogma der Heiligen Dreifaltigkeit und über das Erlösungswerk Christi enthalten, sind bis heute die umfassendsten Bücher in der ungarischen theologischen Literatur geblieben. Die Synode von 1646 unter dem Vorsitz von Stephan Geleji Katona führte, entsprechend dem „Heidelberger Katechismus", die Sonntag-Nachmittag-Predigten ein. Die großen Theologen der reformierten Orthodoxie, die in der ersten Hälfte des 17. Jahrhunderts lebten, formten unsere Kirche um in eine wirklich calvinistische Kirche, und das Werk, das sie vollbrachten, stärkte die Reformation des 16. Jahrhunderts.

3. Die Garantie der Religionsfreiheit und die Stärkung unseres Bekenntnisses in seiner calvinistischen Ausrichtung, ermöglichte es der Kirche, ein starkes System des Calvinismus aufzurichten. Fast hundert Jahre vergingen in der Geschichte unserer Kirche, ohne daß der Versuch gemacht wurde, die Presbyterien zu organisieren. Die Kirchengewalt lag in den Händen von Pastoren, Dekanen, Superintendenten und Bischöfen einerseits und in denen der Großgrundbesitzer und Fürsten andererseits.

Die Nachfolger von Gabriel Bethlen, die Fürsten der überaus religiösen Familie Rákóczi, behielten die politische Linie bei, die sie mit der protestantischen Union von Europa verband. Unter ihren Vertretern war Heinrich Johann Bisterfeld, Professor von Karlsburg, der in ständigem Kontakt mit England und Holland stand. Durch diese Verbindungen wurde Bisterfeld der Pionier des Puritanismus in unserer Kirche. Nach der Verwüstung von Heidelberg gingen unsere Studenten an die Universitäten von Holland und England (Cambridge), und nach ihrer Rückkehr betonten sie zu Hause die Notwendigkeit der Reform, je nach den Umständen. Diese Reform ist das „Wissen" gewesen, das sogar Milton in einem seiner Pamphlete erwähnt, in dem er auf das Problem der Pressefreiheit aufmerksam macht: „Das entfernte Transsilvanien ... schickt uns weniger seine Jugend als vielmehr seine Männer, damit sie unser theologisches ‚Wissen' studieren."

Mit der presbyterianischen Bewegung kehrte der heilige Eifer der ersten Jahrzehnte der Reformation in unsere Kirche zurück. Drei Ziele sollten vor allem verwirklicht werden:

a) Die Unterrichtung der Gemeinden sollte im biblischen Geist der Hingabe geschehen. Ein reicher Schatz an Literatur entstand aus diesem Bemühen, und das Werk von Bailly I.: die *Praxis Pietatis* wurde die tägliche Nahrung von Zehntausenden, und es wurde nicht weniger als sechsmal in der ungarischen Übersetzung gedruckt. Die Andachts-Literatur verstärkte das Verlangen nach der Bibel, und in den Jahren 1657 bis 1660 wurde in Großwardein die „Bibel mit Anmerkungen" in 10 000 Exemplaren gedruckt. Dies ist die erste Ausgabe unserer Bibel, die zu einem populären Buch wurde.

b) Das zweite Ziel war, die Presbyterien im Interesse der kirchlichen Disziplin zu organisieren. Der Führer dieser Bewegung war Paul Medgyesi, der Hofprediger von Susana Lotándffy, der Frau des Fürsten Georg Rákoczi I. Sein *„Dialogus politico ecclesiasticus",* der 1650 herausgegeben wurde, erklärt uns den Umstand, warum unsere Kirche nicht früher eine calvinistische Organisation werden konnte. Eines der Hindernisse war die Synode, die aus Pastoren bestand und von einem Bischof geleitet wurde; gegenüber dieser Synode erklärt er folgendes: „Nicht die einzelnen Gemeinden existieren für die Synode, vielmehr existiert die Synode selbst für die einzelnen Gemeinden." Das zweite Hindernis war der Hochmut der Schutzherren: diese akzeptieren nicht, daß Leibeigene und Handwerker — Presbyter — gegenüber dem Adel Disziplin ausübten. „Ob die Adligen wüßten", fragt Medgyesi, „daß die Leibeigenen als Glieder des Leibes Christi nicht nur die Adligen richten würden, sondern sogar die Engel . . . Ob sie vergessen hätten, daß unser Herr Christus ein Zimmermann gewesen sei und seine Jünger Steuereintreiber, Fischer und Zeltemacher."

c) Das dritte Ziel war die Erziehung. Die Pastoren presbyterianischen Geistes sahen die Situation, daß in unseren Dörfern allgemeiner Analphabetismus herrschte, daß Landwirtschaft und Industrie unterentwickelt und viele Führer ungebildet waren. Ihr größter Wunsch war es, die Ausbildung des Landvolkes zu beginnen, die vernachlässigten höheren Schulen in den Städten wieder zu organisieren und die Akademie, die von Gabriel Bethlen gegründet worden war und die nur drei ordentliche Professoren hatte, zu einer richtigen Universität zu entwickeln. Der Puritanismus in England bewirkte die erste bürgerliche Revolution in der Weltgeschichte. In Transsilvanien gab es keine sozialen Umstände, die zu solch einer Revolution geführt hätten; die Revolution unserer Puritaner war eine Reform der Bildung. Johann Apáczai Cseri war nicht nur der Führer dieser Reform, sondern sogar ihr Held. Er ist der erste ungarische Theologe, der in Holland promoviert wurde und dort auch eine Professur hätte bekommen können, der aber aus Liebe zu seinem Volk und seiner Kirche zurückging. Der fürstliche Hof in Transsilvanien jedoch verfolgte unter dem Terror, den die Hinrichtung Charles I. hervorgerufen hatte, alle Lehrer des Presbyterianismus, unter ihnen auch Apáczai. Er kämpfte sieben Jahre lang zu Hause, in Karlsburg und Klausenburg; im Alter von 36 Jahren starb er, aber in seinem kurzen Leben erreichte er viel und hinterließ uns ein reiches literarisches Erbe. Sein bedeutendstes Werk ist die Ungarische Enzyklopaedie, aufgebaut nach dem System eines ähnlichen Werkes von Alsted. Hierin sammelte er die Ergebnisse aus elf Bereichen der Wissenschaft in Ungarn. Dieses Buch markiert die Anfänge des wissenschaftlich-literarischen Schaffens im modernen Ungarn, die bedeutendsten Kapitel jedoch handeln über Ethik, Politik und Theologie. Auf der Basis des Werkes von Amesius, aber mit der prophetischen Kraft seiner eigenen Persönlichkeit warnte er vor den destruktiven Folgen, die die Unterdrückung der Armen auf das Leben der Kirche habe, und proklamierte er die Rechtmäßigkeit des Widerstandes gegen tyrannische Herrscher, die presbyterianische Organisation der Kirche und die größte Notwendigkeit von Schulen.

Die puritanisch-presbyterianische Bewegung hatte Teilerfolge, die aber bald wieder zunichte gemacht wurden. Während der Herrschaft des letzten reformierten Fürsten, Michael Apafi, wurde der Einfluß des hohen Adels sowohl in politischer als auch in kirchlicher Hinsicht sehr stark. Es wurde ein *„Supremum Consistorium"* gegründet, das aus Mitgliedern des fürstlichen Rates bestand. Indem es in den Jahren 1671 bis 1682 den Presbyterianismus verdammte, stärkte es die Kirchenaufsicht der Schutzherren, gewann die Oberhand in Sachen der Kirchendisziplin, unternahm Inspektion von Schulen und führte Aufsicht über Kircheneigentum.

4. Von der gesamten Geschichte des Christentums her gesehen ist das Wichtigste, was die transsilvanisch reformierte Kirche geleistet hat, die „Rumänische Reformation" im 16. bis 17. Jahrhundert. Es begann mit der Erkenntnis, daß das Volk den Gottesdienst der rumänisch-griechisch-orthodoxen Kirche nicht verstand, denn die Priester gebrauchten nicht die rumänische Volkssprache, sondern die alte slawische Sprache; sowohl in der Liturgie als auch bei der Schriftauslegung. In der Reformation entdeckte man die Freude, Ungarn und Deutschen in Transsilvanien in der Muttersprache zu predigen, und diese Freude wollte man auch den rumänischen Christen vermitteln. So wurden in Transsilvanien unter deutscher und ungarischer Schutzherrschaft die ersten gedruckten kirchlichen Bücher in rumänischer

Sprache herausgegeben; im 16. Jahrhundert dann Teile der Bibel,
Bände von Predigten und in Versform verfaßte Psalmen. Im 17. Jahrhundert folgte das ganze Neue Testament in Rumänisch. Der ökumenische Dienst, den diese Reform leistete, wird durch die Tatsache
bewiesen, daß während des 16. und 17. Jahrhunderts sogar der hohe
Klerus der griechisch-orthodoxen Rumänen die Reform akzeptierte
und legalisierte.

Zu den ökumenischen Tendenzen kamen seit der Mitte des 16. Jahrhunderts auch solche, die der unionistischen Politik der mittelalterlichen Kirche folgten. Eineinhalb Jahrhunderte lang wurden viele
Versuche unternommen, zuerst einzelne rumänische Gemeinden,
Distrikte und dann die ganze rumänische Kirche von Transsilvanien
für das lutherische oder reformierte Bekenntnis zu gewinnen. Im
Dienste dieser Versuche standen die rumänischen Schulen, die rumänische Übersetzung des Lutherischen und des Heidelberger Katechismus. Diese unionistischen Versuche hatten lokale Erfolge, gefährde-
ten aber den einigenden Dienst der Ökumene. Die Befehle der Fürsten
versuchten calvinistische Reformen in Liturgie und Organisation der
rumänischen Kirche einzuführen, was nur darauf hinauslaufen konnte,
daß sich der rumänische Klerus dem widersetzte. Der Zwang und damit der Widerstand machte die ökumenischen Beziehungen des Protestantismus mit den Griechisch-Orthodoxen im Transsilvanien des
17. Jahrhunderts zunichte. Gegen Ende des Jahrhunderts, als die
katholischen Habsburger Transsilvanien besetzten, fanden sie hier eine
gespaltene Christenheit vor, die nicht in der Lage war, sich gegen den
Vorstoß der Jesuiten zu wehren.

IV. Das Zeitalter der Unterdrückung und des protestantischen Liberalismus

1. In der Zeit von 1692 bis 1701 erreichten die Jesuiten, die Führer
der habsburgischen Kirchenpolitik in Transsilvanien, durch Gewalt
die Vereinigung der rumänischen Kirche mit Rom. Den Absichten der
Jesuiten entsprechend war nach der Vereinigung der Griechisch-
Orthodoxen Kirche die Rekatholisierung der protestantischen Kirchen in Transsilvanien zu erwarten. Die Durchführung dieses Plans
jedoch wurde erschwert durch das nationale Wiedererwachen in einem
Aufstand gegen die Habsburger (1705 bis 1711). Dieser Freiheitskrieg
bewahrte unsere Kirche vor dem Schicksal der französischen „Kirche
in der Wüste", obwohl es bald religiöse Verfolgung geben sollte:

a) Katholiken besetzten staatliche und andere wichtige Posten. Die reformierte Kirche verlor ihren politischen Einfluß und manch eine bedeutende Familie wurde abtrünnig.

b) Die einflußreichen Abtrünnigen konfiszierten die Kirchengebäude ihrer Leibeigenen. In einigen Fällen konnten die Pastoren und Gläubigen die Kirchengebäude zurückgewinnen, aber dennoch verloren wir im Distrikt von Transsilvanien 21 und in dem von Großwardein 30 Gebäude. Unseren größten Verlust hatten wir in Karlsburg, wo die Kathedrale aus dem 11. Jahrhundert an die neuorganisierte römisch-katholische Diözese abgetreten werden mußte.

c) Die Trauung von Katholiken mit Nichtkatholiken konnte nur durch einen katholischen Priester vorgenommen werden, und nicht ohne daß die Katholiken schriftlich versicherten, daß die Kinder aus dieser Ehe katholisch würden. Die Aufzeichnungen der Gräfin Katherina Bethlen, der größten Bekennerin dieser Zeit, schildern in einer ergreifenden Art die Qualen einer Mutter, die gezwungen war, ihr Kind aufzugeben, um ihren Glauben zu bewahren.

d) Die Konfessionsfreiheit war eingeschränkt durch jene Maßnahmen, die den Gebrauch des „Heidelberger Katechismus" verboten und die theologischen Werke der katholischen Zensur unterstellten. Reformierte Christen waren gezwungen, die katholischen Feiertage einzuhalten, denn für Beamte war ein katholischer Eid vorgeschrieben.

Zusammen mit diesen Maßnahmen, die die Freiheit der Protestanten einschränkten, wurden Gesetze erlassen, die den Katholiken ungerechte Vorteile verschafften. So war es zum Beispiel den Protestanten verboten, sich im befreiten und fruchtbaren Banat anzusiedeln, einer Region, die durch die türkische Besetzung verwüstet worden war. Wien wünschte „verläßliche" Bürger und konnte den Protestanten nicht trauen. Diese Politik setzte sich sogar in den Gesetzen, die die Situation der Leibeigenen regelte, durch. Die zentrale Regierung billigte die ständige Ausweitung der Güter des privilegierten Hochadels, indem dieser die Leibeigenen ihres kleinen Eigentums beraubte, denn der katholische Adel erwies sich als die verläßlichste Unterstützung der Regierung. Infolgedessen dauerte die Verarmung der Leibeigenen das ganze Jahrhundert hindurch an, während der Militärdienst in der Reichsarmee die Bauern sogar noch mehr belastete. Von daher ist es leicht zu verstehen, warum in kurzer Zeit die Bewohner ganzer Dörfer flohen.

2. Dieser habsburgischen Unterdrückung standen die Nicht-Katholiken Transsilvaniens eine beträchtliche Zeitlang hilflos gegenüber. Der Einfluß des Zaren, des Schützers der rumänisch-orthodoxen Kirche,

konnte erst im Jahre 1761 die Freiheit der orthodoxen Kirche sichern. Die Protestanten vertrauten auf die protestantischen Kirchen in Westeuropa. Der Kanzler Nikolaus Bethlen arbeitete im Jahre 1704 ein Memorandum aus, in dem er für Transsilvanien den Schutz Englands, Hollands und Preußens garantiert sehen wollte. Aber sein Projekt fand kein positives Echo, und er selbst starb im Gefängnis. Viel wichtiger und segensreicher war die Tatsache, daß einige westliche Universitäten, Pastoren und Bürger unserer Kirche auf theologischem Gebiet halfen. Während des 18. Jahrhunderts wurde die ungarische Bibel in Deutschland und der Schweiz viermal und in Holland achtmal für unsere Kirchen herausgegeben. König Georg I. von England gestattete eine landesweite Sammlung für die Hochschule von Nagyenyed, die von Gabriel Bethlen gegründet worden und die jetzt niedergebrannt und von österreichischen Truppen verwüstet war. Die Ausgaben unserer Studenten, die ins Ausland geschickt wurden, um ihr Studium in Leyden, Franecker, Groningen, Marburg, Frankfurt an der Oder, Genf, Bern und Basel fortzuführen, wurden von ausländischen Gönnern getragen.

Aber sogar das theologische Studium im Ausland erschien der Regierung in Wien gefährlich, besonders in den Jahren der Auseinandersetzung zwischen Österreich und Preußen (1740 bis 1763). Aus diesen Gründen konnte die reformierte Bevölkerung Transsilvaniens nur auf die hohen Adeligen bauen, die ihrem Glauben treu geblieben waren und gleichzeitig als hohe Staatsbeamte auch das Vertrauen des kaiserlichen Hofes genossen. Das *„Supremum Consistorium"* aus der Zeit der Fürsten wurde der hauptsächliche Schützer und Verwalter der Kirche. Hohe adelige Pastoren, Großgrundbesitzer und einige Gemeindepfarrer waren seine Mitglieder; das charakteristische Merkmal des Konsistoriums war, daß es nicht auf der Basis von Kirchenwahlen fungierte. Sein Präsident war immer einer der höchsten Regierungsbeamten. Trotzdem war diese Einrichtung in vielen schwierigen Situationen in der Lage, manch einen schweren Angriff seitens der Regierung zu vereiteln. Die Aktivität des *„Supremum Consistorium"* im 18. Jahrhundert hinderte jedoch den Presbyterianismus stärker als in dem vorangegangenen Jahrhundert und als die geistliche Synode, die es seit der Zeit der Reformation gab.

Die eigentlichen Verteidiger der Kirche blieben die Pastoren, die trotz verschiedener Angriffe und Schwierigkeiten ihren pastoralen Pflichten nachgingen. Die pastorale Treue und sogar Tapferkeit in dieser schwierigen Zeit ist besonders in Erscheinung getreten im Leben und Wirken von Peter Bod. Er war ein hervorragender Wissenschaftler und bis zu seinem Tode Pastor von kleinen Dorfgemeinden. Während der Zeit der Verfolgung übersetzte er die Geschichte der ungarischen Pastoren, die im 17. Jahrhundert als Sklaven zur Galeerenstrafe verurteilt worden waren, ins Ungarische, um die Pastoren Transsilvaniens auf ein eventuelles Martyrium vorzubereiten. Während der Jahre der größten Aktivität des katholischen Bischofs von Karlsburg schrieb Bod eine Biographie der reformierten Bischöfe Transsilvaniens mit dem Titel „Der heilige Polykarp von Smyrna" und bezeichnete mit dem Namen eines Märtyrerbischofs aus dem 2. Jahrhundert die Sendung eines evangelisch gesinnten Bischofs. Er schrieb die erste umfassende Kirchengeschichte in Ungarisch und erhielt damit das universale christliche Bewußtsein in der isolierten Kirche Transsilvaniens aufrecht.

3. Im letzten Jahrzehnt des 18. Jahrhunderts fand durch die Aufklärung eine große Änderung in der Weltpolitik des habsburgischen Reiches statt. Im Jahre 1781 verkündete Kaiser Josef II. das Toleranzedikt. Dies brachte auch in Transsilvanien Erleichterung, obwohl es nicht alle Klagen verstummen ließ (Mischehen) und sogar neue Sorgen entstanden. Der Staat der Aufklärung erkannte den Unterschied zwischen *„iura circa sacra"* und *„ius in sacris"* nicht an. Die staatlichen Behörden bestimmten nicht nur die Beziehungen zwischen Staat und Kirche und die gegenseitigen kirchlichen Beziehungen, sondern mischten sich auch in die Autonomie der Kirche ein. Besonders seit dem Beginn der Französischen Revolution nahmen die Staaten die Kirche unter strenge Kontrolle. Nach den napoleonischen Kriegen belastete die Staatskontrolle die Arbeit an unseren Hochschulen schwer. Die Regierung fürchtete, daß die Studenten die Bevölkerung Transsilvaniens aufwiegeln könnten.

Diese Befürchtungen waren nicht unbegründet. Während des 18. Jahrhunderts stieg an den Hochschulen die Zahl der Lehrstühle enorm an. Zu Beginn des 19. Jahrhunderts gab es an den vier Hochschulen 23 Professoren, die Philosophie, Theologie und Rechtswissenschaft lehrten. Die revolutionäre Gesinnung der Studenten an diesen Hochschulen hatte verschiedene Ursachen. Die Mehrzahl der Studenten stammten von Leibeigenen ab. Sie waren aber von ihrer schweren gesellschaftlichen Last durch die von Gabriel Bethlen eingeräumten Privilegien befreit. Bethlen hatte alle Pastoren geadelt, und dieselben Privilegien waren auch gültig für die Studenten der Hochschulen. Gegenüber den sozialen Bedingungen der Leibeigenen, die die Studenten aus persönlicher Erfahrung kannten, rief ihre Autonomie beim Hochschulstudium bei ihnen auch die Vorstellung von sozialer Autonomie hervor. Der bedeutendste revolutionäre Impuls war jedoch die Begeisterung der Professoren und Studenten, die ins Ausland gegangen waren und die Ideale der Französischen Revolution und des deutschen Idealismus kennengelernt hatten. Bei unseren Gelehrten und Studenten wuchs die Überzeugung, daß das „Ziel des menschlichen Lebens die Freiheit ist". Paul Sipos, ein Philosoph und Pastor, der zu Beginn des 19. Jahrhunderts lebte, baute auf den Prinzipien des deutschen Idealismus ein vollständiges System der Philosophie und Religion auf: wir sind der lebende Tempel Gottes im Sinne der Freiheit; die Offenbarung von Gottes heiligem Willen ist eine Gabe der Freiheit; die Macht der empirischen Welt nimmt ab gegenüber der Macht der Freiheit, die das „*ego*" befreit und die das, was immer sich der Mensch frei und von ganzem Herzen wünscht, Wirklichkeit werden läßt. In diesem Sinne beten wir: „Dein Wille geschehe — und Dein Reich komme." Die theologische Rechtfertigung des Idealismus bereitete in unseren Hochschulen einer Rechtswissenschaft den Weg, die die juristischen und sozialen Vorbedingungen der Freiheit bestimmen wollte. Unsere Hochschulen wurden zum Brandherd der Freiheit und unsere reformierten Rechtswissenschaftler und Theologen waren entschlossen, Seite an Seite mit allen Mitteln durch Reform oder Revolution für die Verwirklichung der Freiheit zu kämpfen.

4. Im Jahre 1848 brach in Transsilvanien die Revolution aus, unter dem Einfluß der Revolutionen von Paris, Wien und Ungarn. An ihrer Spitze kämpften die Graduierten und Studenten unserer reformierten Hochschulen. Auf dem Reichstag, anläßlich der Abschaffung des Feudalismus in ganz Transsilvanien, begann der politische Führer der reformierten Kirche den Resolutionsentwurf mit folgenden Worten: „Ich habe die Ehre, das Wort Gottes zu verkündigen: ... laßt uns die umarmen, die bisher unterdrückt waren und laßt sie uns erheben auf den Platz, den Gott für sie gewollt hat."

Gleichzeitig mit der Abschaffung des Feudalismus erhob sich der Ruf nach einer demokratischen Regierung. Diese Forderung erschien den Habsburgern untragbar. Und so fügten sie Transsilvanien einen der schmerzlichsten Schläge in der ganzen Geschichte zu, indem sie Ungarn und Rumänien veranlaßten, gegeneinander zu kämpfen, obwohl diese gleichermaßen die Demokratie wollten. So entstand ein Bürgerkrieg nationalistischen Charakters. Der hervorragendste reformierte Vertreter der christlichen und demokratischen Ziele der Revolution in Transsilvanien von 1848/49 war Ludwig Medgyes, ein Pastor. In seinen Predigten und Gedichten sprach er sich für die brüderliche Gemeinschaft von Ungarn und Rumänen aus, als diese sich noch im

Kampf gegenüberstanden: „Tyrannei beherrscht die Völker, indem sie sie gegeneinander aufbringt. Christus will, daß die verschiedenen Völker einander brüderlich begegnen und die Rechte achten, die Gott ihnen gegeben hat. Christus verlangt eine brüderliche Gemeinschaft der Völker, in der das Wort der Menschen zu Gottes Wort wird."

5. Durch die Macht der Habsburger und ihrer Verbündeten wurde die Revolution von 1848/49 niedergeschlagen und Transsilvanien stand von 1849 bis 1867 unter der absolutistischen Regierung von Österreich. Zwischen 1849 bis 1918 wurde es ein konstitutiver Teil Ungarns. Während die Abschaffung des Feudalismus eine bleibende Errungenschaft der Revolution blieb, ging die demokratische Entwicklung der Gesellschaft nur langsam voran.

Für die reformierte Kirche brachte die Revolution und ihr Niedergang einen beträchtlichen Verlust an Leben und auch an Kirchengebäuden und kirchlichem Einkommen (der Zehnte). Verantwortliche Führer erkannten jedoch bald, daß ihnen der größte Verlust auf spirituellem Gebiet entstanden war. In dem langen Kampf gegen die habsburgische Unterdrückung, der eineinhalb Jahrhunderte dauerte, hatte die Kirche die Verwirklichung eines Zieles vor Augen: politische Freiheit; die biblische Frömmigkeit der Väter war weniger geworden oder umgewandelt durch den Geist des Rationalismus, die strenge Disziplin und konfessionelle Theologie war verschwunden.

Der erste, der die geistige Verarmung zur Sprache brachte, war Edmund Kovács. Seit der Zeit von Johann Apáczai Cseri und Peter Bod ist er unser dritter großer Theologe unter vielen mehr oder weniger bedeutenden. Er studierte in Leyden und machte dort Bekanntschaft mit der Tübinger Schule von Baur. Nach seiner Rückkehr lehrte er im Geiste der Tübinger Schule und war ein ständiger Kämpfer für die Erneuerung. In seiner Doktorarbeit auf Holländisch betont er die Nachteile der Freiheitsidee der vorangegangenen Zeit: „Die ungarischen Protestanten haben mehrmals bewiesen, daß sie die Kraft haben, die Freiheit zu verteidigen, selten aber haben sie gezeigt, daß sie nach der Freiheit leben und handeln können." Die Ursache: „Der Mangel an überzeugter Religiosität." Entsprechend den intellektuellen und liberalen Strömungen der Zeit wollte er als erstes die Wissenschaft neu beleben. Seine Losung hieß: „eine unabhängige Religionsphilosophie". Das Ergebnis war, daß die Arbeit der wissenschaftlichen Theologie aus dem 18. Jahrhundert wiederaufgenommen wurde, teilweise mit originalen Texten, teilweise mit Übersetzungen. Zusammen mit der Erneuerung der Theologie erfolgte auch eine Erneuerung der Kirchenverfassung. In den Jahren 1862 bis 1871 verfügte die transsilvanische

Kirche die Organisation von Presbyterien, die Abschaffung des *Supremum Consistorium* und die Reorganisation der Synode. Im Jahre 1881 auf der Synode zu Debrecen war die allgemeine Organisation aller ungarischen Calvinisten erreicht. Die Grundsätze der liberalen Zeit, was die Vertretung des Volkes in öffentlichen Angelegenheiten betraf, rief in unseren Kirchen das presbyterianische System ins Leben. Die Tradition hat sich jedoch als sehr stark erwiesen, und so finden sich in dem neuen System tatsächlich bis heute noch jene Eigenheiten, die anderen reformierten Kirchen fremd sind:
a) Die Autonomie der historischen Kirchendistrikte (Synoden). Die Vollversammlung ist gesetzgebend, aber sie ist kein Organ;
b) die Aufrechterhaltung des Bischofs- und Dechantenamtes, mit weitreichender Autorität, persönliche Maßregeln zu ergreifen, allerdings mit der Auflage, sie später der offiziell gewählten Kirchenversammlung zu berichten und von ihr anerkennen zu lassen.
c) An der Spitze der gewählten Vertretung (die eine Hälfte waren Pastoren, die andere Laien) standen die Kuratoren, deren Aktionsradius einige Elemente der Macht des früheren *Supremum Consistorium* bewahrte.
Diese Periode der Erneuerung am Ende des 19. Jahrhunderts wurde gekrönt durch eine weitreichende bauliche Tätigkeit des Bischofs Dominikus Szász. Als ein Mann mit großem Organisationstalent nutzte er alle Möglichkeiten und wirtschaftlichen Vorteile der Zeit für das Wohl der Kirche. In zehn Jahren wurden mehr als 70 Kirchengebäude, 80 Schulen und 90 Pfarrhäuser erbaut. Er organisierte ebenfalls das Diasporawerk unserer Kirche. Zu seinen bedeutendsten Errungenschaften zählt die reformierte Theologische Fakultät. Im Jahre 1885 erhielt diese theologische Ausbildungsstätte ein modernes Gebäude in Klausenburg sowie eine zeitgemäße Organisation im Mittelpunkt der wissenschaftlichen Aktivität, nämlich am Sitz der Staatsuniversität.
Vor dem Ersten Weltkrieg war die reformierte Theologische Fakultät von Klausenburg der geistige und wissenschaftliche Brandherd unseres kirchlichen Lebens. Die kritische Lehre unserer Professoren bewahrte unser Kirchenleben vor Verschlechterung. Ihre Arbeiten, die den Einfluß der philosophischen Axiologie und der Theologie Ritschls reflektierten, setzten hohe Maßstäbe für alles kirchliche Tun: die Ausbreitung des Reiches Gottes. Während der Kriegsjahre wurde diese kritische Haltung vertieft zu einem wirklichen Sündenbekenntnis, zu einem Kampf gegen Illusionen, aus dem die Suche nach dem Willen Gottes als der höchsten Wirklichkeit hervorging.

V. Die heutige Zeit

1. Nach dem Ersten Weltkrieg wurden auf Grund des Friedensvertrages Transsilvanien, Partium und Banat mit Rumänien vereinigt.
Alle Gemeinden der reformierten Distrikte Transsilvaniens kamen unter rumänische Oberhoheit, und so änderte sich nichts in der Organisation dieser Distrikte. Die Gemeinden von Partium und Banat gehörten bis dahin zu dem Distrikt Debrecen in Ungarn. Die Gemeinden, die Rumänien angeschlossen waren, wurden als Distrikt Großwardein neu organisiert.
Alte Gesetze verpflichteten seit der Mitte des 18. Jahrhunderts die reformierten Bischöfe Transsilvaniens, dem Monarchen einen Treueeid zu schwören. Im Jahre 1921 leisteten unsere Bischöfe diesen Eid in Bukarest und drückten damit die Bereitschaft der reformierten Kirche aus, sich der neuen Staatsordnung gegenüber loyal zu verhalten und dem rumänischen Staat und seinem Volk gemäß ihrer Berufung zu dienen.
Dieser Dienst bestand traditionsgemäß hauptsächlich im Übernehmen von kulturellen Aufgaben. Seit der Reformation unterstützten unsere Gemeinden mehrere hundert Grundschulen und zehn Jungengymnasien. Unsere Kirche war bemüht, das Netz von Schulen, gemessen an dem modernen Standard, weiterzuentwickeln und errichtete ebenfalls Schulen für Mädchen, für Handel und Wirtschaft. Darüber hinaus bemühte sich unsere Kirche ganz bewußt, dem kirchlichen Geist in der ungarischen Literatur Rumäniens und in der Wissenschaft Geltung zu verschaffen. Kirche und Literatur waren in dieser Zeit so eng miteinander verbunden wie in den Tagen der Reformation; in Transsilvanien entstand eine neue ungarische Literatur und vor allem eine religiöse Dichtung, die Christus zum Mittelpunkt hatte, was den lebendigen Einfluß der Bibel zeigt.
Diese Ausweitung des kirchlichen Wirkens brachte die Gefahr mit sich, daß die Kirche aus den Augen verlor, was für sie von eigentlicher und was von zweitrangiger Bedeutung war. Die Wichtigkeit der eigentlichen Bestimmung wurde durch die Innere Mission betont. Seit 1909, als John Mott an der Theologischen Fakultät von Klausenburg eine Vorlesung hielt, versuchten mehr und mehr Pastoren die Innere Mission in das Gemeindeleben einzubringen.
Im Jahre 1923 wurde die Innere Mission in Form eines Bibelkreises zum offiziellen Programm. Damit wurde sie jedoch keine unabhängige Einrichtung, sondern sie bereicherte den Dienst der Pastoren und Ge-

meindeältesten. Als Ergebnis dieser Inneren Mission wurde 1928 unser erstes Waisenhaus und 1933 das Diakonissinnenhospital gegründet. Im selben Jahr schickte unsere Kirche zusammen mit der Vereinten presbyterianischen Kirche von Schottland den ersten Missionar nach China (Mandschurei).

Es ist eine Besonderheit der transsilvanischen Inneren Mission, daß sie kaum institutionelle Merkmale aufweist, alles dient der Verkündigung des Wortes. Historisch gesehen läßt sich dies durch die Tatsache erklären, daß sie von Theologieprofessoren geleitet wurde, die sich von einer allgemeinen religiös-kontemplativen Grundlage der Theologie abwandten, hin zu einer Theologie des Wortes. Unter den ungarischen theologischen Schulen war die Fakultät von Klausenburg die erste, die stark von Barth beeinflußt wurde.

Durch Barth und die alten Bekenntnisse wurde Calvin selbst in unserer Kirche wieder lebendig. Im Jahre 1936, als Karl Barth eine Reihe von Vorlesungen in Klausenburg hielt, wartete die ganze Kirche mit Spannung, was er zu sagen hatte. Nach menschlichem Ermessen können wir diesem Einfluß die Tatsache zuschreiben, daß während der dunkelsten Jahre des Zweiten Weltkriegs unsere Kirche bereit war, die Allmacht Gottes, die Freiheit des Wortes und die Universalität der *communio sanctorum* zu bekennen.

2. Nach dem Zweiten Weltkrieg brach in Rumänien eine neue Zeit an durch die Entwicklung zur Demokratie. Ende 1947, mit der Abschaffung des Königtums, wurde Rumänien Volksrepublik.

Die große soziale Umformung eröffnete auch der Kirche neue Möglichkeiten der Aktivität. Die Verfassungen der Republik von 1948 und 1952 bestimmen zwei grundlegende Dinge zur Kirchenpolitik:

a) der Staat garantiert die Gewissens- und Religionsfreiheit,

b) er trennt Kirche und öffentliche Erziehung. Der Erlaß aus dem Jahre 1948 bezüglich religiöser Kulte, der auf der Verfassung basiert, garantiert der Kirche Bewegungsfreiheit, Autonomie, Legalität, bestimmt die Gleichheit der Konfessionen, erkennt an, daß die Ausbildung der Pastoren durch die Kirche geschieht, und gibt ihr das Recht, theologische Universitätsgrade zu schaffen. Das Religionsministerium sichert eine regelmäßige finanzielle Unterstützung für die Pastoren, volle Bezahlung der Theologieprofessoren und der kirchlichen Verwaltungsbeamten, und gibt weiterhin eine finanzielle Hilfe zur Renovierung von Kirchengebäuden, die kunsthistorischen Wert haben.

Nach der Veröffentlichung des Religionserlasses errichteten die Reformierten, die deutschen und ungarischen Lutheraner und die unitarischen Kirchen in voller Übereinstimmung ein gemeinsames protestantisch-theologisches Institut. Das Institut hat drei konfessionelle Sektionen, eine für jede der drei Kirchen, die reformierte, die lutherische und die unitarische Kirche. Die Vorlesungen werden auf Deutsch und Ungarisch gehalten, entsprechend der Muttersprache der Studenten. Diese Sektionen stehen in enger organischer Verbindung mit ihren jeweiligen Kirchen, und in jeder Sektion werden die Grundsätze der Erziehung und des Lehrens bestimmt durch das eigene historische Bekenntnis. So wurde in der neuen Organisation die alte Tradition der Theologischen Fakultät von Klausenburg weitergeführt. Diese Organisation ist in der Tat neu, denn es entstand solch eine brüderliche Gemeinschaft der transsilvanisch-protestantischen Konfessionen, die es in vierhundert Jahren nie gegeben hatte.

Auf der Synode im Jahre 1948 wurde die Kirchenordnung der Reformierten Kirche in der Volksrepublik Rumänien geschaffen. Ratifiziert wurde sie von dem Präsidenten der Großen Nationalversammlung. Die Präambel der Ordnung beschreibt den Glauben der reformierten Kirche: „Die Reformierte Kirche der Volksrepublik Rumänien bekennt den Herrn Jesus Christus als ihr einziges Haupt und betrachtet das II. Schweizer Bekenntnis (1566) und den Heidelberger Katechismus (1563) als Darlegung ihres Glaubensinhalts auf der Grundlage der ganzen Heiligen Schrift. Die Reformierte Kirche der Volksrepublik Rumänien bildet, aufgrund gemeinsamer Bekenntnisse mit anderen reformierten Kirchen im Ausland, eine Gemeinschaft im Glauben, im Geist und in der Liebe, trotzdem bleibt sie in Organisation und Verwaltung von ihnen völlig unabhängig."

Diesem Bekenntnis ist eine Definition der kirchlichen Berufung beigefügt. Der erste Satz lautet: „Das Ziel der Reformierten Kirche in der rumänischen Volksrepublik ist die Verkündigung des Wortes Gottes gemäß der Bibel und den Bekenntnissen der Kirche."

Über die gegenwärtige Situation, die Bemühungen und den Dienst der reformierten Kirche läßt sich in bezug auf die obengenannte Feststellung folgendes sagen:

a) Unser Leben ist bestimmt durch wachsende Verantwortung gegenüber der Verkündigung des Wortes Gottes. Die neue reformatorische Theologie brachte in erster Linie eine homiletische Erneuerung mit sich. Dieser Erneuerung diente zwanzig Jahre lang eine Zeitschrift für praktische Theologie, herausgegeben von der Theologischen Fakultät mit dem Titel: *„Az Ut"* („Der Weg"). In den letzten zehn Jahren trat die offizielle Kirchenzeitschrift *„Református Szemble"* („Der Reformierte Beobachter") an ihre Stelle. Unsere älteren gelehrten Pastoren waren eifrig bemüht, ihre Predigten zu veröffentlichen. Gegenwärtig

jedoch wird es vermieden, den Pastoren vollständige Predigten vorzulegen. Die Tendenz geht vielmehr dahin, der Verkündigung des Wortes Gottes durch gemeinsames Bemühen in der pastoralen Gemeinde-
arbeit in biblischer, freier Form zu dienen.

b) Eine ständig wachsende Anerkennung der Wichtigkeit der Predigt
zeigt sich nicht nur bei der Arbeit der Pastoren, sondern auch im
Leben der Gemeinschaft. Im 16. bis 18. Jahrhundert wurden unsere
Gemeinden in erster Linie durch kirchliche Vorschriften geleitet; die
einigende Kraft in der Gemeinde von heute ist nicht von Gesetzen
getragen, sondern vielmehr durch den Gehorsam gegenüber dem
Herrn. Durch diese Wende wuchs auch die Verantwortung in bezug
auf die Verkündigung in der Diaspora, denn neben 889 Gemeinden
gibt es ungefähr 1000 Orte mit kleinen verstreuten Gruppen von
Gliedern unserer Kirche. Das große Verlangen nach der Verkündigung des Wortes und die anregende Wirkung eines geistigen An-
spruchs zeigt sich darin, daß unsere Kirchenglieder die jährlich wachsende Belastung der Kirchenrenovierungen und sogar Neubauten
übernehmen.

c) Unter unseren Bekenntnissen gewann seit 1921 der „Heidelberger
Katechismus" eine klare Vorrangstellung.

Der aufgeklärte Katechismus des vorangegangenen Jahrhunderts
blieb lediglich ein historisches Dokument. Die Predigten der letzten
zehn Jahre mit katechetischem Charakter schließen ebenfalls eine
Darlegung des „II. Schweizer Bekenntnisses" ein.

d) Der Konfessionalismus hatte jedoch keine Trennung zur Folge.
Neben der Förderung der Beziehungen der protestantischen Kirchen
des Landes untereinander war Johann Vásarhelyi seit 1936, das heißt
seitdem er Bischof war, bemüht, brüderliche Beziehungen zur rumänisch-orthodoxen Kirche zu schaffen. Durch sein persönliches Wirken
und unter seiner Leitung wurden verschiedene Studien veröffentlicht,
die einerseits in unserer Kirche den Wert der rumänisch-orthodoxen
Theologie weithin bekannt machten und die andererseits die rumänisch-orthodoxen Theologen auf die Werte und Besonderheiten der
reformierten Theologie, besonders die Bedeutung des Wortes, aufmerksam machten.

e) Der gesellschaftliche Dienst, den unsere Kirche geleistet hat, wurde
durch die gemeinsame Deklaration unserer Kirchenführer und anderer Bischöfe des Landes im Jahre 1949 charakterisiert. Sie bezeugen,
daß die Kirchen zusammenarbeiten wollen zum Wohle der Volksrepublik.

Die dringendste Aufgabe im gesellschaftlichen Dienst der Kirche in den vorhergehenden Jahren war die Unterstützung der allgemeinen Friedensbewegung. Zusammen mit anderen Konfessionen der Volksrepublik Rumänien haben unsere Pastoren und Gläubigen wiederholt ihr Veto gegen den Gebrauch von Waffen, die der Massenvernichtung dienen, eingelegt, und sie sprachen die Überzeugung aus, daß ungelöste internationale Probleme durch Verhandlungen beigelegt werden können. Die Erinnerung an so viele Kriege der Vergangenheit ließ uns die Gültigkeit der Botschaft des Evangeliums verstehen. Wir erkennen und predigen die Forderung des Wortes an die Kirche: „Wartet auf den Herrn!" Dies kann nicht getrennt werden von der Verkündigung des Wortes, das unser ganzes irdisches Leben bestimmt: „Die Frucht aber der Gerechtigkeit wird gesät im Frieden denen, die Frieden halten" (Jak. 3,18).

Bei all den Veränderungen innerhalb von vierhundert Jahren hat Gott unsere Kirche von einem Dienst zum anderen geführt. Er gab uns bestimmte Pflichten, eine gemeinsame Arbeit mit unseren Bruderkirchen; er entzog uns seine Gnade nicht einmal dann, wenn wir, auf Grund unserer Sündhaftigkeit, nachlässig und ungehorsam waren in der Erfüllung unserer Pflichten. Wir haben jedoch erfahren, daß wir bei unserem Dienst immer auf den Herrn hören müssen, und jeder muß den Platz, den Gott ihm zugewiesen hat, klar erkennen. Grundbedingung für unseren Dienst sind das Hören des Glaubens und der Wille zur Liebe. Aber wir haben erfahren und bekennen es, daß selbst auf dem Boden des Glaubens und der Liebe wir unseren Dienst nur dann erfüllen können, wenn wir dazu die Hoffnung haben; nur der Herr selbst kann durch seinen Heiligen Geist unseren Dienst mit Leben und Gnade erfüllen. Die Zusammenfassung unserer Geschichte ist die Inschrift, die sich in unseren gedruckten Büchern des 17. Jahrhunderts findet, und die in unsere Glocken und in die Abendmahlsgefäße eingraviert ist: *„Non est currentis, neque volentis, sed miserentis Dei"* (Röm. 9, 16).

Teil III

Amerika

Nur eine, die Reformierte Kirche in Amerika, findet von den vielen reformierten Kirchen dieses Kontinents in diesem Band eine Selbstdarstellung. Dem Mangel war nicht mehr abzuhelfen, wenn die Herausgabe dieses Buches nicht noch einmal um Jahre hinausgezögert werden sollte. Ein Versuch, wenigstens noch einen Beitrag aus Südamerika zu erhalten, ist leider fehlgeschlagen.

Dennoch meint der Herausgeber dieses Bandes, die Sache so verantworten zu können. Die bewegte Geschichte nordamerikanischer und kanadischer Kirchen im ökumenischen Zeitalter hat zu mancherlei Unionen geführt, an denen evangelische Gemeinden, die aus den deutschen Unionskirchen hervorgegangen sind, Kongregationalisten, Methodisten und Reformierte beteiligt waren. Der Band „Der Kongregationalismus" in dieser Reihe berichtet ebenso über die Unierte Kirche von Kanada wie über die Unierte Kirche Christi in den USA, die beide dem Reformierten Weltbund angehören. In diesem Band findet sich auch ein Beitrag, der unter der Überschrift: „Die Annäherung der Kongregationalisten und der Presbyterianer" darauf hinweist, daß es neben den „Reformierten" die „Presbyterianer" gibt. Vordergründig mag es so aussehen, als müsse man unter diese die Kirchen der Siedler aus Großbritannien, unter jene die aus Frankreich, den Niederlanden und der Schweiz einordnen. Welchen Einfluß das Herkommen der Siedler in der Neuen Welt auf die Kirchenbildung gehabt hat, schildert Hageman sehr anschaulich. Dennoch, die Presbyterianer betonten, verkürzt gesagt, zunächst die Kirchenstruktur vor der lehrmäßigen Ausprägung ihrer Gemeinschaft, während die Reformierten der „Lehre" den Vorrang einräumten. In dem Abschnitt Europa hat Ehrlich am Beispiel der Kirche von Schottland eine der Kirchen beschrieben, die für die Presbyterianer in den USA, aber auch in Australien, über die dieser Band nicht besonders berichtet, Maßstäbe gesetzt hat.

Die Bedeutung amerikanischer Presbyterianer wie Reformierter hat zudem Pradervand in seiner kleinen Geschichte des Reformierten Weltbundes, mit der dieser Band eingeleitet wird, herausgestellt.

Daß amerikanisches Gemeindeleben sich grundlegend von europäischem unterscheidet, ist wohl bekannt. Doch ist dies nicht konfessionelle Eigenart der Reformierten etwa im Gegensatz zu den Lutheranern. Wir werden einfach zur Kenntnis nehmen müssen, daß es in den USA eine eigene und eigenständige Entwicklung gegeben hat und noch gibt, die sich nicht in europäische Schemata einordnen läßt. Theologischer Hochmut steht uns in dieser Hinsicht ebenso schlecht an wie ein Minderwertigkeitsbewußtsein gegenüber Kirchen, die angeblich geschichts- und traditionslos leben. Hageman hat am Beispiel der Reformierten Kirche in Amerika nachgewiesen, wie kompliziert das Verhältnis von Tradition zu aktueller Entscheidung und das zwischen Abhängigkeit von Mutterkirchen und Selbständigkeit sich gestaltet. Tradition und Fortschritt, Konservativismus und Freiheit zur notwendig sich fortsetzenden Reformation schließen einander nicht aus, wie auch konfessionelles Selbstbewußtsein und ökumenische Offenheit einander bedingen können.

Der deutsche Leser, der gewohnt ist, das Leben der Kirchen an großen theologischen Leistungen und öffentlichen Stellungnahmen der Großkirchen zu messen, bleibt den amerikanischen Christen gegenüber etwas unberaten. Es ist verhältnismäßig wenig, was von ihren vielen Publikationen den Weg zu uns findet. Es gibt mehrere Gründe dafür: die Ausbildung der künftigen Pastoren in den Seminaren unterscheidet sich bei allen Denominationen erheblich von unserem Studium der Theologie an Fakultäten oder Fachbereichen der Universitäten. Ein erheblicher Teil der theologischen Literatur ist stark gemeindebezogen und trägt so etwas wie erbaulichen Charakter. Das ändert freilich nichts daran, daß in den Seminaren — und nicht nur in ihnen — gründliche theologische Arbeit geleistet wird.

Es darf nicht übersehen werden, daß durch die vielfältigen Unionsverhandlungen, an denen reformierte und presbyterianische Kirchen in Amerika beteiligt waren und sind, auch ständig die Frage nach der gemeinsamen Bekenntnisgrundlage gestellt ist. Zudem sind die amerikanischen Kirchen zutiefst berührt worden durch die veränderte Situation, in der die Christenheit ihre missionarische Aufgabe wahrzunehmen hat, durch die Rassenfrage, den Vietnamkrieg und endlich die für die USA unvorstellbare Krise im höchsten Amt ihres Staatswesens, dem des Präsidenten. Die Kirchen haben dazu nicht geschwiegen. Wahrscheinlich anders als bei uns haben diese Fragen alle Kirchen heilsam erschüttert. Die Antworten der Synoden und allgemein anerkannter Repräsentanten der Kirchen haben nicht immer die Zustimmung in den Gemeinden gefunden. Aber, und dies ist wohl

ein spezifisch reformierter Beitrag zum ökumenischen Gespräch, diese
Fragen sind in den Gemeinden aufgenommen und diskutiert worden.
Davon geben etwa die vielen Gemeindeblätter Zeugnis, in denen
diese Fragen nicht nur von Vertretern der verschiedenen Richtungen,
sondern ebenso durch zahlreiche Leserbriefe neu gestellt und beantwortet werden.

11. Kapitel

DIE REFORMIERTE KIRCHE
IN AMERIKA

HOWARD G. HAGEMAN

I. Die Siedlerkirche

Der Ursprung der Reformierten Kirche in Amerika liegt in der Expansion und Forschertätigkeit der jungen Niederländischen Republik in den frühen Jahren des 17. Jahrhunderts. Schon 1609 entdeckte Henry Hudson, als er unter dem Schutz der holländisch-ostindischen Kompanie einen Westweg nach Indien suchte, den großen Strom, der heute seinen Namen trägt, sowie das umliegende Gebiet. Um 1614 waren ein paar bewaffnete Handelsposten errichtet, und mit der Privilegierung der holländisch-westindischen Kompanie im Jahre 1621 entstand binnen kurzer Zeit die Kolonie Neu-Holland.

Obwohl die Kolonisation einen langsamen Prozeß darstellte, war die Handelskompanie sich der Notwendigkeit irgendeiner Art kirchlicher Betreuung für die Kolonisten bewußt. So ernannte das Konsistorium von Amsterdam im Jahre 1623 Bastiaan Krol dazu, in der Neuen Welt als *krankenbezoeker* Dienst zu tun. Krols Bevollmächtigung gestattete ihm, Gebete und Predigten vorzulesen, kirchlichen Unterricht zu erteilen und die Kranken zu trösten. Später wurde sie erweitert und erlaubte ihm, das Taufsakrament zu spenden. Ein Gottesdienstraum wurde in der kleinen Siedlung Neu-Amsterdam (heute New York) auf dem Speicher über einer Pferdemühle hergerichtet. Hier amtierte Krol, später von Jan Huyck, einem zweiten *krankenbezoeker,* unterstützt. Sie gingen außerdem regelmäßig nach Fort Orange, der anderen Siedlung am nördlichen Flußlauf und heutigen Stadt Albany.

Als die Kolonie langsam wuchs, wurde die Unzulänglichkeit dieser Maßnahmen offenkundig. Im Laufe des Frühjahres 1628 kam dann, von der *Classis* zu Enkhuysen ausgesendet, Jonas Michaelius, der erste Pfarrer, an. Zusammen mit dem Gouverneur der Kolonie, Peter Minuit, und dem *krankenbezoeker* Jan Huyck als Ältesten sowie Huycks Kollegen Krol als Diakon wurde ein Konsistorium gebildet. Das Sakrament des Herrenmahls wurde von Michaelius kurz nach seiner Ankunft mit rund fünfzig Teilnehmern, unter ihnen viele

Wallonen, in dem Speicherraum gefeiert. Dieses Ereignis bezeichnet den eigentlichen Lebensbeginn der Reformierten Kirche in Amerika und macht sie zu der ältesten protestantischen Denomination mit ununterbrochener Amtsausübung auf dem nordamerikanischen Kontinent. Die 1628 in Neu-Amsterdam gebildete Gemeinde besteht noch heute als *Collegiate Reformed Protestant Dutch Church* in der Innenstadt von New York weiter.

Neu-Holland hatte eine kurze Geschichte. Es war schwierig, Siedler aus der Alten Welt nach dort zu ziehen, auch war die Lage zwischen Neu-England im Norden sowie Maryland und Virginia im Süden gefährlich. Anfang September 1664 wurde die Kolonie von den Engländern eingenommen, ohne daß sie auf Widerstand stießen. Während sie von 1673 bis 1674 noch einmal für kurze Zeit unter holländische Herrschaft geriet, bezeichnete für die Kirche das Jahr 1664 faktisch das Ende jedes Wachstums aufgrund von Einwanderungsbewegungen.

Obwohl königliche Gouverneure hin und wieder androhten, Eigentum zu beschlagnahmen und die Holländer zu veranlassen, sich der Kirche von England zu unterwerfen, wurden doch im großen und ganzen die Abmachungen des Kapitulationsvertrages eingehalten, die garantierten, daß die „Holländer sich in Gottesdienst und Kirchenordnung ihrer Gewissensfreiheit erfreuen sollten". Es sind ein oder zwei Fälle überliefert, in denen ein Gouverneur sich in die Berufung eines Pfarrers einzumischen versuchte, aber insgesamt gesehen sind sie nicht sehr zahlreich.

In den hundert Jahren von 1664 bis 1764 lebte und wuchs die reformierte Kirche in dem Gebiet weiter, das dann die beiden englischen Kolonien New York und New Jersey bildete. Obwohl die Einwanderung aus den Niederlanden tatsächlich zum Stillstand gekommen war, hatten die Kolonisten doch große Familien. So entstanden fortwährend neue Siedlungen. Auch zwei Einwanderungswellen trugen dazu bei, die Zahl der Gemeinden und der Gemeindeglieder zu erhöhen. Bei der ersten handelte es sich um die Einwanderung von Hugenotten, die kurz nach 1685 einsetzte. Die Kolonie enthielt wegen der vielen Wallonen, die mit den ersten Siedlern gekommen waren, bereits seit ihren Anfängen ein französisches Element. Dieses wurde durch die Ankunft der Hugenotten beträchtlich gestärkt.

Der zweite große Zustrom bestand aus Pfälzer-Deutschen, die seit 1709 durch Königin Anne in das Hudsontal geleitet wurden. Während eine große Zahl dieser Flüchtlinge Lutheraner waren, war eine ebenso große Anzahl reformiert, und die *Classis* von Amsterdam in den Niederlanden übernahm die Verantwortung für ihre kirchliche Betreuung. Die britische Regierung hatte mit der Umsiedlung dieser Menschen in die Neue Welt beabsichtigt, sie für die britische Flotte Teer herstellen zu lassen. Obwohl dieses Projekt bald scheiterte, breiteten die Flüchtlinge sich weit über ihr ursprüngliches Siedlungsgebiet hinaus aus und gründeten im Hudson- und Mohawktal neue Ortschaften. Andere Gruppen von Pfälzern folgten ihnen, insbesondere nach Pennsylvanien, so daß die Reformierte Kirche in Amerika, obwohl von ihrem Ursprung her holländisch und immer noch unter der geistlichen Herrschaft der *Classis* von Amsterdam, ein starkes deutsches und einflußreiches französisches Element in sich aufnahm.

Gerade die Oberherrschaft der *Classis* von Amsterdam bereitete jedoch ein zunehmendes Ärgernis für die Weiterentwicklung der Kirche im 18. Jahrhundert. Die *Classis* wahrte ihre Rechte eifersüchtig und weigerte sich, der wachsenden Zahl von Gemeinden in der Neuen Welt irgendwelche Konzessionen zu machen. Ausbildung, Ordination und die Wahl von Pfarrern wurde mit nur wenigen Ausnahmen von der *Classis* als ihr Hoheitsrecht gehütet. Eine so alte und etablierte Gemeinde wie die von New York konnte vielleicht aufgrund ihrer Beziehungen zu Kaufleuten in den Niederlanden in der Pfarrerwahl in gewisser Weise mitsprechen, die übrigen jedoch wurden von der *Classis* noch immer als Missionsstationen betrachtet, ohne die Möglichkeit, ihr Gemeindeleben selbst zu gestalten.

II. Versuche einer Selbstverwaltung

Schon 1737 waren Vorschläge zur Bildung eines *Coetus* nach Amsterdam gerichtet worden, der unter Anerkennung der Oberhoheit der *Classis* von Amsterdam für die Gemeinden der Neuen Welt einen gewissen Grad von Zusammenschluß vorsehen würde. Es ergab sich eine lange Korrespondenz, bevor der Plan schließlich von der *Classis* gebilligt und der *Coetus* 1747 eingerichtet wurde. So wie er entworfen war, verlangte der Plan ein Experiment in der Selbstverwaltung, die für das Wachstum der Kirche verheißungsvoll schien. Doch der *Coetus* war ein kurzlebiges Experiment, das schon bald durch mannigfache, hauptsächlich theologische Faktoren zum Scheitern gebracht wurde. Bis 1754 hatte sich die Kirche in zwei erbittert streitende Gruppen, den *Coetus* und die *Conferentie,* gespalten.

Personalfragen spielten dabei eine Rolle. Außerdem läßt sich mit einigem Grund behaupten, daß der *Coetus* die Notwendigkeit für die

Kirche, sich der amerikanischen Situation anzupassen, bei weitem
klarer erkannte als die *Conferentie* und deshalb weitreichendere und
schnellere Maßnahmen einzuleiten wünschte als die konservativere
Gruppe. Der wahre Grund jedoch lag in einer theologischen Kontroverse, die schon einige Jahre lang schwelte. Die kleine reformierte
Kirche in der Neuen Welt, die für ihren Pfarrernachwuchs weitgehend
von der Universität Utrecht abhing, war durch *Domine* Theodorus
Jacobus Frelinghuysen aus Emden, der 1720 in der damals an der
amerikanischen Westgrenze gelegenen Gemeinde Raritan eintraf, mit
dem deutschen Pietismus bekannt geworden.

Der Pfarrdienst, den Frelinghuysen von 1720 bis zu seinem Tode
1747 in Raritan versah, verlief stürmisch und rief alle möglichen Beschwerden und Kontroversen hervor. Er führte alle Reformen des
deutschen Pietismus in seine Gemeinde ein. So weigerte er sich, die
Kinder derer zu taufen, die keine christliche „Erfahrung" gehabt hatten oder Gemeindeglieder zum Abendmahl zuzulassen, wenn sie ihre
Bekehrung nicht bezeugen konnten. Mit Eifer schloß er sich dem
Engländer Gilbert Tennent, seinem presbyterianischen Nachbarpfar-
rer, und Jonathan Edwards, dem berühmten Theologen von Neu-
England, an, um den Besuch des englischen Erweckungspredigers
George Whitefield zu unterstützen. Er war einer der Führer in der
Bewegung, die als die „große Erweckung" bekannt geworden ist. Ob-
wohl er 1747, kurz vor der Bildung des *Coetus,* für den er so tat-
kräftig gearbeitet hatte, starb, behielt er durch den Pfarrdienst seiner
Söhne und Schüler weiterhin starken Einfluß.

Der konkrete Anlaß, der 1754 zur Spaltung der Kirche führte, hat
kein großes Gewicht. Es ging um die Frage, ob man auf die Bildung
eines amerikanischen Seminars drängen oder die Einladung der anglikanischen Kirche annehmen sollte, in ihrem neuerrichteten *King's
College* (heute *Columbia University*) einen Lehrstuhl für reformierte
Theologie zu besetzen. In Wahrheit aber ging es um den Gegensatz
zwischen dem neuen Pietismus und der alten Orthodoxie. Der Kampf
tobte während der folgenden sechzehn Jahre so heftig hin und her,
daß keine Seite ihr Ziel erreichte, und die *Classis* von Amsterdam in
ihrem Bemühen, unter den dreitausend Meilen entfernten, streitenden Brüdern den Frieden zu erhalten, nahezu pausenlos tagen mußte.
Nicht nur unter Pfarrern und Gemeinden bestand eine tiefe Spaltung,
sondern einige Gemeinden waren dazu noch in sich selber gespalten,
so daß die Pietisten ihre Gottesdienste mit einem Pastoren zu einer
bestimmten Stunde hielten und die Orthodoxen mit einem anderen
zu anderer Stunde.

Die notvolle Lage der Kirche wurde zu dieser Zeit noch dadurch erschwert, daß das Konsistorium in New York 1764 eine Gemeinde zu bilden entschied, in der die Gottesdienste lediglich in englischer Sprache gehalten werden sollten. Bisher waren die Gottesdienste der reformierten Kirchen entweder ganz in Holländisch, Deutsch oder Französisch gehalten worden, wie die Lage es jeweils erforderte. Diese Verfahrensweise hatte jedoch zu einem stetigen Verlust der jungen Leute für die Kirche geführt, besonders in den Städten, wo Englisch die vorherrschende Sprache war und zugleich Kultur bedeutete. Die Kirche von New York wurde mit der Partei der Orthodoxen nahezu identifiziert, doch ihre Entscheidung, Englisch in ihre Gottesdienste einzuführen, trug ihr den Verdacht und aktiven Widerstand vieler Orthodoxer ein, die es einfach nicht für möglich hielten, daß man in der englischen Sprache ein orthodoxer Calvinist sein konnte.

Im Jahre 1770 kehrte John Henry Livingston von Utrecht nach New York zurück, um der zweite englisch sprechende Pfarrer zu werden. Als Abkomme einer der prominentesten Familien im Hudsontal war Livingston nach dem Abschluß seiner Ausbildung in Yale nur aus dem einen Grund zum Theologiestudium nach Utrecht gegangen, weil er sich berufen fühlte, der gespaltenen und zerrütteten Reformierten Kirche in Amerika Frieden zu bringen. Während seiner Studien in den Niederlanden hatte er zahlreiche Unterredungen mit den dortigen Amtsträgern und kehrte mit dem Vorschlag eines Unionsplanes für die streitenden Parteien in seine Heimat zurück.

Livingstons Plan wurde einem Konvent vorgelegt, der im Oktober 1771 in New York zusammentrat. Er gewährte einer Generalversammlung und fünf Sondergremien, die zu bilden beschlossen wurde, nahezu unumschränkte kirchliche Amtsgewalt, obwohl alle Entscheidungen in den Niederlanden registriert werden mußten und die Niederlande rechtmäßig die letzte Appellationsinstanz blieben. Der Konvent forderte außerdem die zukünftige Bildung einer theologischen Akademie mit einem auf Rat der *Classis* von Amsterdam aus den Niederlanden zu berufenden Lehrkörper. Die einzelnen Punkte des Planes wurden fast einstimmig gebilligt, so daß die Kirche im Januar 1772 endlich wiedervereinigt wurde.

Es ist eine nahezu akademische Frage, ob Livingstons Plan durchführbar war, denn kurz nach seiner Annahme brach die amerikanische Revolution aus. Das Leben der reformierten Kirche löste sich für die nächsten paar Jahre fast völlig auf, da sich ein großer Teil der revolutionären Aktion im Gebiet der reformierten Kirche abspielte und ihr Hauptsitz New York fast während der ganzen Kriegszeit von den

Briten besetzt gehalten wurde. Nachdem die Unabhängigkeit erreicht war, kam es zu einem schüchternen Versuch, den Unionsplan wieder in Kraft zu setzen. Doch stellte sich bald heraus, daß die Entstehung der neuen Republik eine völlig unabhängige reformierte Kirche verlangte. Schon 1788 wurde ein Komitee eingesetzt, um die für einen solchen Schritt notwendigen Vorbereitungen zu treffen. Sein Arbeitsbericht wurde 1792 der Synode vorgelegt. Die drei Einheitsformulare der *Confessio Belgica*, des Heidelberger Katechismus und der *Canones synodi Dordracenae* wurden als Bekenntnisgrundlage für die neue Kirche beibehalten. Eine Liturgie, die sich eng an die der niederländischen Kirche anlehnte, und ein Psalter wurden angenommen. Eine neue Verfassung, die die *Post-Acta* der Synode von Dortrecht verwendete, wurde zur offiziellen Basis der neuen *Reformed Protestant Dutch Church in North America*, wie die Denomination sich zu nennen beschloß.

III. Unabhängige Kirche

Die Unabhängigkeit der Kirche von den Niederlanden hatte mehrere Folgen. Nicht die unbedeutendste war, daß die holländische Sprache sofort fortfiel und vollständig durch das Englische ersetzt wurde. Alle offiziellen Richtlinien der neuen Kirche waren in Englisch, ihre Akten wurden in Englisch geführt, im Jahre 1808 gab es keine Gemeinde mehr, in der Gottesdienste in Holländisch gehalten wurden.
Diese schnelle Umstellung auf das Englische bildete wahrscheinlich einen wichtigen Faktor bei der Weigerung der deutschen reformierten Gemeinden in Pennsylvanien, sich der neuen Kirche anzuschließen. Obwohl sie in herzlicher Weise dazu eingeladen wurden, zogen sie es vor, ihre Bindungen zu den Vätern in Holland aufrechtzuerhalten. Tatsächlich wurden diese Beziehungen jedoch nicht lange gepflegt, und innerhalb weniger Jahre hatten sie ihre eigene Synode organisiert. Es ist tief zu bedauern, daß die Geschichte dieser beiden einst so eng miteinander verbundenen Kirchen sich in so verschiedenen Richtungen entwickelt hat. Die Reformierte Kirche in Amerika hat bis heute unabhängig weitergelebt, während die deutsche Gruppe an einer Reihe von Zusammenschlüssen beteiligt war und heute zu der Vereinigten Kirche Christi *(United Church of Christ)* gehört. Alle deutschen Kirchen in New York und New Jersey blieben jedoch Teil der Reformierten Kirche in Amerika.
Das zweite bedeutende Ergebnis der Unabhängigkeit lag in der Einrichtung einer geordneten theologischen Ausbildung. Schon 1766

hatte die Partei der Pietisten in New Jersey die *Charter* zur Einrichtung einer Akademie erlangt, die jedoch aus verschiedenen Gründen niemals ins Leben gerufen wurde. Die neue Kirche besann sich auf das Privileg und nutzte es beim *Queen's College*, später *Rutgers*. Noch vor der endgültigen Formulierung ihrer Organisationsform wählte die Synode 1784 Dr. Livingston zu ihrem Theologieprofessor und Dr. Hermanus zu ihrem Dozenten für die biblischen Sprachen. Das war der erste Schritt zu einer geordneten theologischen Ausbildung, der überhaupt von einer amerikanischen Denomination getan wurde. Das heutige Theologische Seminar von New Brunswick steht in der Nachfolge dieser beiden synodalen Professuren.

Die erste Hälfte des 19. Jahrhunderts war in den Vereinigten Staaten die Zeit der großen Ausdehnung nach Westen. Seit dem Anfang des neuen Jahrhunderts versuchte die Synode, in dem sich ausdehnenden westlichen Teil des Landes neue Gemeinden aufzubauen. Es wurden auch viele solcher Gemeinden gegründet, doch in den meisten Fällen waren sie nur von kurzer Lebensdauer. Wenn sie nicht wieder völlig verschwanden, erklärten sie sich mit der bei weitem größeren presbyterianischen Kirche solidarisch.

Es lassen sich eine Reihe von Gründen dafür nennen. Einmal war es das rasche Zurücktreten der holländischen Sprache und ihre Ablösung durch das Englische. Aus diesem Grund mußte die reformierte Kirche, bis ihr eigener Nachwuchs englisch sprechender Pfarrer ausreichend war, eine Reihe von Pfarrern aus der presbyterianischen Kirche rekrutieren. Dieser recht breite Zustrom von Pfarrern aus einer doch unterschiedlichen theologischen und liturgischen Tradition „presbyterianisierte" viele reformierte Gemeinden. Wenn ihre Mitglieder sich dann dem Zug nach Westen anschlossen, sahen sie keinen Grund, in den neuen Siedlungen nicht mit der presbyterianischen Kirche zusammenzugehen.

Wichtiger war jedoch der soziologische Sachverhalt, daß nur ein geringer Prozentsatz der Mitglieder der reformierten Kirche an den Westwärtsbewegungen beteiligt war. Da sie in ihrer Gesellschaft die älteste Schicht repräsentierten, hatten sie in den meisten Fällen eine wirtschaftliche und soziale Sicherheit erlangt, zu der die neuen Grenzen nicht verlocken konnten. Natürlich gab es Ausnahmen, aber sie waren recht selten. Die große Stärke der presbyterianischen Kirche andererseits lag in den Tausenden schottisch-irischer Einwanderer, die vor der Revolution nach Amerika zu kommen begannen und nach der Unabhängigkeit in noch größerer Zahl kamen. Sie zogen an den besiedelten Gebieten vorüber, stießen an die neuen Grenzen vor und nahmen dabei ihre presbyterianische Tradition mit. Oft war es für die kleineren Gruppen reformierter Grenzbewohner um vieles einfacher, das Los mit ihren presbyterianischen Brüdern zu teilen, als eine eigene Gemeinde zu gründen und zu erhalten.

IV. Separationen

Aber auch während dieser Periode gab es Schwierigkeiten in der Heimat. Ein langwieriger und bitterer Disput in der Kirche erreichte am 22. Oktober 1822 seinen Höhepunkt, als fünf Pfarrer sowie der überwiegende Teil ihrer Gemeinden abfielen, um „die wahre holländisch-reformierte Kirche" zu bilden. Dieser Akt ihrer Lossagung zog bald andere, insgesamt zwölf Pfarrer und sechsundzwanzig Gemeinden, nach sich. Obwohl die Abfallsbewegung sich auf zwei geographisch genau begrenzte Gebiete konzentrierte, zerrüttete der darauffolgende zivile und kirchliche Prozeß die gesamte Kirche, und ein hohes Maß an Energie, das auf missionarische Ausbreitung hätte verwendet werden sollen, wurde statt dessen in internem Kampf verzehrt.
Die Abfallsbewegung schlug jedoch fehl. Die „wahre holländisch-reformierte Kirche" war am stärksten zur Stunde ihrer Geburt; ihre Lebensgeschichte ist ein ständiger Rückgang, bis sie 1889 völlig verschwand. Die Abtrünnigen hatten sich aus Protest gegen die „Hopkinsianischen Irrtümer in der Lehre und Lockerung der Disziplin" losgesagt. („Hopkinsianismus" meinte das System Samuel Hopkins, eines Theologen aus Neu-England, der einige Härten der calvinistischen Scholastik zu modifizieren versuchte.) In Wahrheit aber versuchten die Separatisten durch das Vorbringen solcher Anschuldigungen Ausdrucksmöglichkeiten für ihre Unzufriedenheit mit dem raschen Prozeß der Amerikanisierung ihrer Kirche zu finden. Es ist nicht ohne Bedeutung, daß die beiden Hauptgebiete der Separation ländlich waren und es sich um Gemeinden handelte, die wegen ihrer relativ starken Isolierung nicht dieselben Strömungen kulturellen Wandels wahrgenommen hatten und deshalb ihren Brüdern (und Kirchenführern) in den Städten sowohl als auch den Ausbildungszentren gegenüber tiefes Mißtrauen hegten.
Doch wäre es falsch, aus diesem Bericht zu schließen, die reformierte Kirche habe während dieser Zeit kein missionarisches Interesse gezeigt. Dies lag auf dem Gebiet der Weltmission. Das war vielleicht nur natürlich in einer Denomination, die damals in New York in der Schicht der Handelsleute stark vertreten war. Schon 1819 ging

Dr. John Scudder nach Ceylon, obwohl Südindien sein großes Arbeitsfeld werden sollte. David Abeel war 1829 in Kanton, wenn auch seine wahre Pionierarbeit in Amoy in China lag. Diese frühen Missionare der reformierten Kirche wurden von einem ökumenischen Bevollmächtigtenkollegium ausgesandt. Die Borneo-Mission, die 1836 begonnen wurde, stand völlig unter der Leitung der reformierten Kirche, und bis 1857 war die Arbeit in Indien und China bereits soweit fortgeschritten, daß die reformierte Kirche ihre volle Verantwortung für sie nicht mehr wahrzunehmen brauchte.

Das Ereignis jedoch, welches in dieser Zeit den zukünftigen Kurs der Reformierten Kirche in Amerika am nachhaltigsten beeinflußte, trug sich nicht in den Vereinigten Staaten, sondern in der reformierten Kirche in den Niederlanden zu, mit der die Kirche in Amerika zu dieser Zeit alle Bande, sogar der Korrespondenz, gelöst hatte. An dieser Stelle soll nicht über die Ereignisse berichtet werden, die 1834 in der reformierten Kirche der Niederlande zur Spaltung führten[1]. Die Auswirkung auf die amerikanische Geschichte ging von einigen Separatistengruppen in den Niederlanden aus, die von weltlichen wie kirchlichen Behörden kleinliche Nachstellungen erlitten, außerdem unter der wirtschaftlichen Zwangslage litten, von der ihr Land damals heimgesucht wurde, und sich deshalb entschlossen, über den Atlantik in die neue Welt Amerikas zu kommen.

Die Hauptgruppe dieser Einwanderer wurde von dem jungen Separatistenpfarrer Albertus van Raalte geführt, der mit Bedacht das westliche Michigan als Ort seiner neuen Niederlande gewählt hatte. Seit 1847 trafen Siedler ein und kamen von da an in einem schmalen, aber stetigen Zustrom, bis das Grenzland Westmichigans mit einer Reihe neuer Dörfer besprenkelt war, deren Namen wie Holland, Zeeland, Vriesland, Drenthe, Overyssel usw. ihr Ursprungsland deutlich verrieten. Sie waren nicht völlig ohne Kenntnis über die Reformierte Kirche in Amerika, da eine der westlichen Gemeinden der amerikanischen Kirche im nahen Grand Rapids gelegen war und van Raalte außerdem auf seinem Weg von New York nach Westen die Bekanntschaft mehrerer führender Personen der reformierten Kirche gemacht hatte.

Dennoch machten die Kolonisten sofort den Vorschlag zur Bildung ihrer eigenen kirchlichen Organisation. Sie trafen im Frühjahr 1848 zusammen und organisierten sich als eine reformierte holländische Kirche. Eine weitere Kolonie, die sich unter Führung Hendrik Scholtes in Iowa niedergelassen hatte, lehnte es ab, sich mit den Brüdern in Michigan zusammenzuschließen und blieb mehrere Jahre lang unabhängig. Im Jahre 1849 machte einer der amerikanischen Pfarrer, der die holländische Sprache noch beherrschte, einen offiziellen Besuch bei der „*Classis* von Holland", wie die Gruppe sich nun nannte, und lud sie ein, sich der Reformierten Kirche in Amerika anzuschließen. Die Angelegenheit wurde beraten und schließlich entschied man, die Union mit der Reformierten Kirche in Amerika anzustreben, da keiner der Faktoren von Bedeutung zu sein schien, die sie in den Niederlanden zur Abspaltung von der Kirche gezwungen hatten. Van Raalte wurde dazu ernannt, ihr Gesuch der nächsten Sitzung der Generalsynode vorzutragen, die sie bei ihrer Zusammenkunft 1850 herzlich in ihre Bruderschaft aufnahm.

Die unmittelbare Folge dieser Aktion bestand natürlich darin, daß die Reformierte Kirche in Amerika eine neue Westgrenze hatte, die ihr wegen der anhaltenden Einwanderungsbewegung aus den Niederlanden in besonderer Weise verbunden war. Innerhalb weniger Jahre stieß auch die Kolonie in Iowa zur Kirche hinzu, obwohl Scholte selber seinen unabhängigen Status bis ans Ende beibehielt. Da weiterhin aus den Niederlanden und aus Ostfriesland Siedler ankamen, war das Wachstum der Kirche im westlichen Landesteil gesichert, wenn auch die Zunahme der Glieder ethnisch begrenzt war.

Doch unglücklicherweise ließ sich die Kontroverse, die die Kirche in den Niederlanden gespalten hatte, nicht auf eine Seite des Ozeans beschränken. Obwohl die Situation anders geartet war, begannen einige Brüder die Integrität der Kirche zu bezweifeln, der sie sich angeschlossen hatten. Sie waren beunruhigt durch die Tatsache, daß die reformierte Kirche sowohl Lieder wie Psalmen im öffentlichen Gottesdienst verwendete. Die Tatsache, daß in vielen amerikanischen reformierten Gemeinden der Tisch des Herrn auch anderen evangelischen Christen offenstand, war peinlich. Sie waren lange genug in Amerika, um von der Sezession von 1822 gehört zu haben und hatten sich zu fragen begonnen, ob diese Separatisten nicht eines Geistes Kind mit ihnen seien. Es gab viel Aufregung, aber als die Sezession 1857 durchgeführt wurde, war sie eine relativ bedeutungslose Bewegung und umfaßte drei Gemeinden und zwei Pfarrer, von denen einer bald reumütig zur Gemeinde zurückkehrte.

Während der ersten zwanzig Jahre ihres Bestehens blieb die neue „Christlich Reformierte Kirche", wie sie sich nannte, verhältnismäßig klein. Einige der Einwanderer aus den Niederlanden fanden in ihr eine Heimat, die Mehrzahl aber schloß sich der amerikanischen Kirche an. Es war die Erregung über die Freimaurerfrage in den Jahren 1880 bis 1882, die zu einer bei weitem ernsteren Separation führte. Trotz wiederholter Aufforderungen seitens der Klassen und Konsistorien in den Gebieten Michigans und Iowas weigerte sich die Generalsynode, in dieser Frage gesetzgebende Entscheidungen zu treffen und behauptete, es handle sich um eine Frage der Kirchenzucht, die in die Jurisdiktion des jeweiligen Lokalkonsistoriums gehöre.

Als Folge dieser Entscheidung kam es zu einem bei weitem größeren Exodus aus der Reformierten zur Christlich Reformierten Kirche. Fast die gesamte Gemeinde der holländischen Mutterkirche fiel ab. Viele andere Gemeinden wurden durch die Zahl der Austritte stark geschwächt. Kurz darauf entschieden die meisten der Gemeinden, die als die wahre holländisch-reformierte Kirche aus der Sezession von 1822 hervorgegangen waren, sich der Christlich Reformierten Kirche anzuschließen und gaben ihr damit wenigstens einen kleinen Vorposten im östlichen Teil des Landes.

Bis in die Gegenwart hinein haben die beiden Kirchen, obwohl sie ein gemeinsames Erbe in der Lehre sowie eine gemeinsame Verfassung haben, einen getrennten Zeugendienst beibehalten. Natürlich brauchten die Wunden, die die Schlacht von 1882 geschlagen hatte, viele Jahre, um zu heilen, und es bestand — man kann es nicht anders sagen — eine lange Periode der Mißstimmung zwischen beiden Kirchen. Heute gibt es viele Zeichen dafür, daß jene Periode zu Ende ist, und obwohl offizielle Kontakte zwischen ihnen selten bleiben, gibt es viele Äußerungen der Versöhnung und des Verstehens auf lokaler Ebene, die auf eine engere Zusammenarbeit in der Zukunft hinweisen könnten.

V. Einwanderungsfolgen im 19. Jahrhundert

Die spätere Geschichte der Reformierten Kirche in Amerika ist durch die Einwanderungsbewegung des 19. Jahrhunderts tief beeinflußt worden, insbesondere deswegen, weil die Kirchensektion im Mittelwesten so stark anwuchs, daß sie der älteren Sektion im östlichen Landesteil gleichkam, wenn nicht sie übertraf. Jede Sektion hatte sich ihren eigenen Problemen zu stellen, die von der anderen nicht immer voll verstanden wurden. Der östliche Teil der Kirche hatte es aufgrund seiner langen Geschichte einfacher, ökumenische Beziehungen mit den anderen Denominationen aufzunehmen, von denen er im Großstadtgebiet New Yorks umgeben war. Solche Beziehungen führten oft zu einer Nachgiebigkeit in vielen der geschichtlich bedingten Spitzen des Calvinismus, die die Kirchen im Mittelwesten schnell einen Abfall vom Glauben zu nennen bereit waren. Viele der Gemeinden im Osten fanden sich im 20. Jahrhundert außerdem mitten im Verfall und der Krise der Großstadt vor, und ihr Unvermögen, mit den schnell sich wandelnden Situationen um sie herum fertig zu werden, mutete ihre Glaubensbrüder oft als wenig mehr denn ein simpler Mangel an Missionseifer an.

Auf der anderen Seite erwies sich die ethnische Isolierung der Kirchensektion im Mittelwesten oft als ein schmerzlicher Faktor für die Kirchen im Osten. Obwohl es im Mittelwesten mehrere Klassen gab, die deutschen Ursprungs waren, war der überwiegende Teil der reformierten Kirche jedoch entschlossen und hartnäckig „holländisch". Ein verborgenes Indiz der geistigen Verfassung zeigt sich darin, daß stets, wenn eine Gruppe junger reformierter Pastoren in einem Ort des Mittelwestens eine neue Gemeinde bildete, die englisch sprach und in ihrer Anwendung der hergebrachten Kirchenzucht etwas weniger rigoros verfuhr, diese nahezu ohne Abwandlung als „die amerikanische Kirche" gekennzeichnet wurde.

Zweifellos war diese Periode des Mißverstehens unumgänglich, wenn wir bedenken, daß in der Reformierten Kirche in Amerika zwei sehr verschiedene kirchliche Traditionen zu einer einzigen Kirche zusammengefaßt wurden. Möglicherweise waren die auf der Generalsynode von 1850 Anwesenden der Meinung, sie würden einfach ein paar Siedlergemeinden als Missionsstationen im Westen aufnehmen. Tatsächlich aber vereinigten sie zwei Denominationen miteinander, und trotz der unterschiedlichen Größe beider zu jener Zeit ist es nicht falsch, den faktischen Vorgang als die „Union von 1850" zu bezeichnen. Die Reformierte Kirche in Amerika war zu jener Zeit mehr als zwei Jahrhunderte alt. Sie hatte ihre Traditionen und Lebensformen entwickelt. Sie hatte ausgedehnte ökumenische Beziehungen in den Landesteilen entwickelt, in denen sie vertreten war. In der Weltmission und der christlichen Erziehung arbeitete sie eng mit einigen anderen Denominationen zusammen. Trotz ihres europäischen Ursprungs war sie um 1850 eine völlig amerikanische Institution.

1850 jedoch nahm sie eine Gruppe von Menschen mit sehr unterschiedlichem Ethos und Frömmigkeitsideal in ihre Gemeinschaft auf, die aufgrund aller geschichtlichen und soziologischen Gesetze zu schnellem Wachstum bestimmt war. Die theologische Bitterkeit einer kürzlichen Sezession war noch frisch in ihrem Gedächtnis. Ihre theologische Position und kirchenpolitische Freiheit waren Dinge, für die sie gekämpft und Opfer gebracht hatten. Und natürlich war ihnen die Defensivhaltung eigen, die jede neue Gruppe in einer fremden Umgebung bestimmt. Nimmt man alle diese Faktoren zusammen, dann liegt das Verwunderliche nicht darin, daß es Mißverständnisse und sogar Sezessionen gab. Das Verwunderliche ist, daß die beiden Gruppen es zustande brachten, als die Reformierte Kirche in Amerika zusammenzubleiben.

Es wäre ungerecht, die Einwanderer des 19. Jahrhunderts für den theologischen Konservatismus der reformierten Kirche in Amerika verantwortlich zu machen. Die konservative Haltung der Kirche in theologischen Fragen hatte sich schon vor 1850 fest durchgesetzt. Ihre theologischen Sympathien richteten sich zu jener Zeit klar auf den größeren und einflußreicheren Flügel der alten Schule des Presbyterianismus, wie er von Charles Hodge in Princeton vertreten wurde. In der Tat stellte das theologische System der alten Schule des Presbyterianismus die reformierte Kirche in jener Epoche so sehr zufrieden, daß sie keine eigene Theologie entwickelte. Die Generalsynode fand es angebracht zu erklären, daß zwischen ihren eigenen theologischen Lehrnormen und denen von Westminster kein echter Unterschied bestehe. Während der ersten Hälfte des 19. Jahrhunderts erschienen einige Auslegungen des „Heidelberger Katechismus", die von Autoren der reformierten Kirche stammten und sich kurze Zeit der Popularität erfreuten. Aber sie waren keine Werke von bleibendem Wert. die wesentlichen theologischen Lehraussagen der reformierten Kirche kamen von Princeton und der Alten Schule des Presbyterianismus. Was die reformierte Kirche in dieser Zeit von der presbyterianischen unterschied, lag nicht so sehr im Bereich der Theologie als der Liturgie und der Verfassung.

Diese Situation scheint durch die ersten Siedler aus den Niederlanden nicht stark verändert worden zu sein. Erst in den späteren Jahren des Jahrhunderts, als Siedler von der sogenannten *Doleantie,* der von Abraham Kuyper geführten Sezessionsbewegung, in Amerika einzutreffen begannen, fing auch das theologische Bild an, sich zu wandeln. Bekanntlich enthielt Kuypers theologische Position ein starkes, dem Pietismus verwandtes Element, indem sie den wiedergeborenen Menschen zur Grundlage der Kirche machte.

VI. Theologische Richtungen

Das hatte in der Reformierten Kirche in Amerika eine etwas seltsame, von Kuyper selber niemals direkt intendierte Folge. Als sein Einfluß spürbar zu werden begann, eben zu der Zeit, da viele Einwanderergemeinden anfingen, die amerikanische Art anzunehmen, verband

man orthodoxe Theologie mit den Praktiken der Erweckungsfröm-
migkeit. Obwohl die Kirche streng an die Bundestheologie gebunden
war, wurden getaufte Kinder geradezu als finstere Heiden behandelt,
und das Aufsagen ihres Bekehrungserlebnisses wurde zur absoluten
Vorbedingung für die Zulassung zum Herrenmahl. Kurz, einer der
orthodoxen Flügel der Kirche identifizierte sich stark mit einem
Pietismus, der mehr an die Methodisten oder Baptisten erinnerte als
an die reformierte Tradition in der Geschichte. In gewissem Sinne
wiederholte sich die Geschichte, da die alten Grenzen zwischen dem
pietistischen *Coetus* und der orthodoxen *Conferentie* noch einmal gezogen wurden. (Nebenbei ist interessant zu beachten, daß die Sympathien konservativer reformierter Autoren der Gegenwart, wenn sie
jenes Kapitel unserer Geschichte diskutieren, stets ungeteilt beim
Coetus und niemals bei der *Conferentie* liegen.)
Das jedoch als Beschreibung der gegenwärtigen theologischen Situation in der Reformierten Kirche in Amerika durchgehen zu lassen,
wäre eine unzutreffende Verallgemeinerung. Überhaupt gibt es nichts
mehr, was einer reformierten Schulorthodoxie oder sogar noch der
alten Schule des Presbyterianismus gleichkäme, obwohl noch ein star-
ker pietistischer Flügel besteht. Der Liberalismus des 19. Jahrhunderts
war nicht ohne Einfluß auf einen gewissen Teil der Kirche, in seiner
Blütezeit kam es sogar zu mehreren kirchlichen Übertritten zur unitarischen Bewegung. Doch dieser Einfluß ist in schnellem Schwinden
begriffen, und es wäre schwierig, die theologische Position der Reformierten Kirche in Amerika heute dadurch zu charakterisieren, daß
man sie mit irgendeiner Schule in Verbindung bringen wollte.
Vielleicht kann die Situation am besten durch eine kurze Andeutung
der gegenwärtigen theologischen Streitfragen in der Kirche erhellt
werden. Sie kreisen in der Hauptsache um das Problem der Inspiration der Heiligen Schrift. Die Frage, ob ihr Wortlaut unfehlbar sei,
wurde von der Generalsynode schließlich einer theologischen Kommission zur Klärung zugeleitet, in deren Bericht es hieß, daß die
Heilige Schrift „unfehlbar ist in allem, was sie zu lehren beabsichtigt".
In jüngerer Zeit ist in einigen offiziellen Unterrichtsmaterialien der
Kirche, wenn auch nicht ohne Widerspruch, der Ausdruck „Offen-
barungszeugnis" verwendet worden. Der Einfluß der dialektischen
Theologie ist in beiden Formulierungen klar erkennbar. Vielleicht
wäre die Behauptung nicht unangemessen, daß — vom pietistischen
Flügel abgesehen — ein etwas gemäßigter dialektischer Standpunkt in
den meisten Gemeinden der Reformierten Kirche in Amerika die vorherrschende Position darstellt.

In diesem Zusammenhang sollte die Wiederbelebung der Verbindungen mit den Niederlanden in den Jahren nach dem Zweiten Weltkrieg beachtet werden. Vor dieser Zeit war jede Beziehung zu der dortigen *Hervormde Kerk* so gut wie völlig verlorengegangen. Die einzigen Kontakte, die es gab, bestanden zwischen einigen Gemeinden im Mittelwesten und den *Gereformeerde Kerken,* insbesondere durch die Vermittlung der Freien Universität in Amsterdam. Doch appellierte das Leiden der Niederlande während des Krieges in hohem Maße an die holländische Tradition, so daß die Reformierte Kirche in Amerika gleich nach Kriegsende in enger Beziehung zu der *Hervormde Kerk* stand, obgleich sie ihre Bande mit den *Gereformeerde Kerken* niemals völlig gelöst hatte. Als sie anfingen, in so praktischen Fragen wie Hilfsmaßnahmen und Auswanderung zusammenzuarbeiten, erkannten die beiden Kirchen, daß sie auch in Fragen der theologischen Ausbildung und der Liturgiereform voneinander abhängig waren.

Eines der interessantesten Ergebnisse war die Wiedererweckung der Utrechter Tradition. Die Theologie van Rulers hat ihren Einfluß in Amerika durch eine Reihe junger Pfarrer gewonnen, die zu Studien in Utrecht gewesen waren. Außerdem hat die reformierte Kirche die Verantwortung für eine Reihe von Auswanderern der *Hervormde Kerk* nach Kanada übernommen, und ihre Anwesenheit hat auf theologischem Gebiet eine hilfreiche gegenseitige Bereicherung zwischen Europa und Amerika eingeleitet. Wahrscheinlich ist der europäische Einfluß auf das theologische Denken der Reformierten Kirche in Amerika seit hundert Jahren nicht mehr so stark gewesen.

An dieser Stelle soll auch die Wiederbelebung des Interesses an den historischen Bekenntnissen, insbesondere am „Heidelberger Katechismus", erwähnt werden. Obwohl keineswegs ausschließlich das Werk der reformierten Kirche, so war sie doch durch einen ihrer Theologieprofessoren maßgeblich an der Herstellung einer neuen englischen Übersetzung des Katechismus beteiligt, die 1963 rechtzeitig zum 400. Jahrestag seiner Entstehung fertiggestellt wurde. Es ist beachtenswert, daß die Vereinigte Presbyterianische Kirche, die größte presbyterianische Körperschaft in Amerika, den „Heidelberger Katechismus" um die gleiche Zeit als Zusatz in ihre eigenen Bekenntnisschriften aufnahm. Ein neues Glaubensbekenntnis, das von der Generalsynode zu dem Zweck autorisiert wurde, die historische Lehrmeinung der reformierten Kirche zusammenfassend und in zeitgemäßer Form wiederzugeben, liegt gegenwärtig in einem ersten Entwurf vor, geht aber offensichtlich einer langen Zeit der Diskussion entgegen, bevor es gebilligt werden kann.

VII. Gottesdienstordnung

Die Liturgiegeschichte der Reformierten Kirche in Amerika unterscheidet sich in mancher Hinsicht von der ihrer Schwestergemeinschaften. Zu der Zeit, als sich die Kirche 1792 als unabhängige Körperschaft formierte, war die angenommene Liturgie wenig mehr als eine englische Übersetzung der in der Kirche der Niederlande und Deutschlands gebräuchlichen, eine Spielart der Pfälzischen Liturgie von 1563. Es gibt Anzeichen dafür, daß ihre Verwendung oder Außerachtlassung zu den Streitfragen zwischen dem pietistischen *Coetus* und der orthodoxen *Conferentie* gehört hatte. Die bei der Taufe sowie beim Abendmahl verwendeten Lehrformeln scheinen jedoch bei beiden Gruppen in der Kirche in hohem Ansehen gestanden zu haben.

Man muß sich daran erinnern, daß es die Kirche von England war, mit der die reformierte Kirche in der Neuen Welt seit 1664 in engstem Kontakt gestanden hatte. Als in der Kolonialzeit die jüngeren Leute die reformierte Kirche verließen, um sich nach einer Gottesdienstmöglichkeit in englischer Sprache umzusehen, gingen sie nicht, wie man vermuten könnte, zur presbyterianischen, sondern zur anglikanischen Kirche. Deshalb ist es nicht überraschend, daß zu Beginn der Liturgiereformbewegung im 19. Jahrhundert das *Book of Common Prayer* der Episkopalkirche das sich natürlicherweise anbietende Modell war.

Eine solche Bewegung entstand bereits 1848 und hatte den etwas verfrühten Versuch einer Revision zur Folge, die 1857 fertiggestellt, jedoch niemals endgültig gebilligt wurde. Die erste größere Revision der kirchlichen Liturgie vollzog sich in den Jahren von 1871 bis 1882. Das abgeschlossene Buch, das als die „Liturgie der Reformierten Kirche in Amerika" veröffentlicht wurde, verriet in vieler Hinsicht eine große Ähnlichkeit mit dem anglikanischen Gebetbuch.

So wurde beispielsweise die Beobachtung des Kirchenjahres, die mit dem Triumph des Pietismus beinahe verlorengegangen war, durch eine Perikopenreihe für jeden Sonntag sowie eine Sammlung von Kollekten- und anderen Gebeten für die jährlichen Festkreise wiederhergestellt. Die von Martin Bucer revidierte Litanei wurde in diese Gebetesammlung aufgenommen. Die Psalmen und neutestamentlichen Lobgesänge wurden dem Hauptteil der Liturgie angehängt und dem anglikanischen Gebrauch genau entsprechend für responsorisches Lesen oder Singen arrangiert. Formulare für Trauung und Totenbestattung, die niemals zuvor in die Liturgie aufgenommen waren, ließen sich in diesem Band von 1882 finden. Die für den Sonntagmorgen und -abend vorgeschlagenen Gottesdienstordnungen verrieten ebenfalls einen starken Einfluß des anglikanischen Morgen- und Abendgebetes.

Die Ordinations-, Tauf- und Abendmahlsformulare wurden in der traditionellen Form beibehalten, obgleich die Abendmahlsordnung ein eucharistisches Gebet freistellte, das nicht aus dem Anglikanismus stammte, sondern aus der Liturgie der katholischen und apostolischen (irvingianischen) Kirche. Eine weitere, 1906 fertiggestellte Revision änderte keineswegs die Anlage oder den Inhalt des Buches, sondern besorgte einige Kürzungen in den traditionellen unterweisenden Passagen für Taufe und Mahlfeier.

Es braucht nicht betont zu werden, daß diese Revisionsgeschichte in den Neusiedlerkirchen fast ohne Einfluß blieb, doch hinterließ sie eine tiefe Wirkung auf das Leben vieler Gemeinden im älteren Teil der Kirche. In solchen Gemeinden war es nichts Ungewöhnliches, wenn man die Liturgie zusammen mit dem Gesangbuch in den Kirchenbänken liegen oder bei vielen Familien im Gebrauch fand. Es war zu dieser Zeit ihrer Geschichte, daß die reformierte Kirche in ihren offiziellen Verlautbarungen zu betonen begann, sie sei eine „semiliturgische" Kirche, und es kann kein Zweifel darüber bestehen, daß diese halbliturgische Qualität des Gottesdienstes eines der Kennzeichen war, die in den Köpfen vieler Leute die reformierte von der presbyterianischen Kirche unterschieden.

Eine jüngere, 1950 unternommene Liturgierevision wurde 1967 abgeschlossen. Sie folgte denselben allgemeinen Tendenzen wie die Revisionen von 1882 und 1906, obwohl die Abfassung eines Gebetbuches nun fast überall in der reformierten Welt gang und gäbe geworden war. Aber es ist klar, daß es sich dieses Mal nicht um eine Abhängigkeit vom Anglikanismus, sondern von der liturgischen Arbeit der reformierten Kirchen in Europa handelt, insbesondere von dem *Dienstboek* der *Hervormde Kerk* in den Niederlanden sowie *La Liturgie* der *Eglise Reformée* in Frankreich. Während die alten Lehrformeln zu wahlweisem Gebrauch noch beibehalten werden, haben die neueren Gottesdienste sie völlig fallenlassen oder kurze Ersatzformeln in moderner Sprache benutzt, die ein mehr ökumenisches Sakramentsverständnis zum Ausdruck bringen. Es ist beachtenswert, daß der Gebrauch eines der Sakramentsformulare sowie eine der Ordnungen für den Sonntagsgottesdienst von der Verfassung der reformierten Kirche immer noch vorgeschrieben ist. Bis zu diesem Grad behält die Kirche ihre semiliturgische Haltung immer noch bei und steht darin wohl einzigartig da unter den reformierten Kirchen der Welt.

VIII. Kirchenordnung

Die Lebensordnung der Reformierten Kirche in Amerika gehört so, wie sie sich in ihrer Verfassung ausdrückt, dem presbyterianischen Typus an, wenn auch mit einigen, von der amerikanischen Situation diktierten Abweichungen. Die Verfassung erkennt drei kirchliche Ämter an, den Diener des Wortes, den Ältesten und den Diakon. Bis heute hat die Kirche sich verschiedenen Versuchen widersetzt, Frauen diese Ämter bekleiden zu lassen. Es ist zu beachten, daß Älteste und Diakone zusammen mit dem Pfarrer das Konsistorium, das leitende Gremium der Ortsgemeinde, bilden. Die Einbeziehung der Diakone in das Konsistorium geht auf die Kolonialzeit zurück. Es geschah damals aus einer Notlage heraus, wegen der relativ geringen Anzahl männlicher Kirchenglieder, ist aber seitdem beibehalten worden. Obwohl die Ältesten und Diakone über ihre eigenen Dienstpflichten zu getrennten Sitzungen zusammenkommen, unterliegen die meisten kirchlichen Angelegenheiten der Jurisdiktion des gesamten Konsistoriums, dessen Mitglieder, von den Pfarrern abgesehen, in einem zwei- oder dreijährigen Turnus von der Gemeinde gewählt werden müssen.

Die 25 „Klassen" stellen die nächst höhere Jurisdiktionsinstanz dar, die aus dem Pfarrer und einem Ältesten jeder Gemeinde eines bestimmten Gebietes zusammengesetzt ist. Die *Classis* nimmt dieselbe Funktion wahr wie ein Presbyterium, indem sie die Arbeit und Wohlfahrt der ihr anvertrauten Gemeinden überwacht.

Sechs Einzelsynoden bilden die nächst höhere Jurisdiktionsebene, die sich über eine Reihe von Klassen in einem bestimmten Gebiet erstreckt. Gegenwärtig wird viel über den Wert dieses Gremiums diskutiert, der in früheren Tagen außer Frage stand, als in einem so weiten Land wie den Vereinigten Staaten Verkehr und Kommunikation schwierig waren und viele Angelegenheiten nur auf diesem regionalen Weg gelöst werden konnten. Doch die modernen Reiseverbindungen und Kommunikationsmittel haben die Bedeutung dieser Regionalsynoden stark vermindert, in einigen Fällen soweit, daß ihre Arbeit sich im Anhören von Appellationen erschöpft. Die Diskussion um ihren Fortbestand und die Form, in der sie fortbestehen sollen, nimmt gegenwärtig die Aufmerksamkeit der Kirche in hohem Maß in Anspruch.

Die Generalsynode, die die Denomination in den Vereinigten Staaten und Kanada in ihrer Gesamtheit repräsentiert, tritt jährlich Anfang Juni für die Dauer ungefähr einer Woche zusammen. Pfarrer und

Älteste, die Delegierten aus allen 45 Klassen, stellen die Mitglieder, die jedes Jahr im Wechsel gewählt werden. Als das Gremium mit der höchsten Amtsgewalt in der Kirche bestimmt die Generalsynode die kirchenpolitischen Richtlinien und Weisungen für das Leben der Gesamtdenomination, indem sie ihre Arbeit in der Zeit zwischen den jährlichen Zusammenkünften einer Anzahl von Ausschüssen und Kommissionen überträgt, deren Mitglieder gewöhnlich auf Vorschlag der Regionalsynoden oder Klassen von der Synode gewählt werden.

IX. Mission und Ökumene

Trotz ihrer in vielen Punkten traditionellen Isolationstendenzen hat die Reformierte Kirche in Amerika in ökumenischen Fragen doch gewöhnlich zu den Pionieren gehört. Wie schon erwähnt wurde, war sie eine der ersten reformierten Kirchen in der Welt, die ihren Abendmahlstisch Gliedern anderer evangelischer Kirchen zugänglich gemacht hat. Sie gehörte zu den Mitunterzeichnern der Charta der Weltallianz reformierter Kirchen, des Nationalrates der Kirchen Christi in Amerika sowie des Ökumenischen Rats der Kirchen. Die Fortführung der Mitgliedschaft in diesen ökumenischen Vereinigungen wird von dem pietistisch-fundamentalistischen Flügel der Kirche, der darüber ausgesprochen unglücklich ist, hin und wieder in Frage gestellt. Doch die Generalsynode hat immer mit überwältigender Mehrheit für die Fortsetzung dieser Beziehungen gestimmt.

In ihrer Bemühung um die Weltmission hat die Reformierte Kirche in Amerika mit Bedacht dieselbe ökumenische Haltung bewahrt. Seit bei weitem länger als einem Jahrhundert hat sie alle Bemühungen zurückgewiesen, eine reformierte Kirche Indiens, Chinas, Japans oder eines anderen Landes zu schaffen. Wo ihre Missionare auch arbeiteten, waren sie deshalb unter den ersten, die nationale und ökumenische Kirchen einzurichten halfen. Die Kirche von Südindien, die Kirche Christi in China, die Vereinigte Kirche in Japan − in allen diesen war die reformierte Kirche ein Urheber und ist sie weiterhin aktiv.

In dieser Liste ökumenischer Verpflichtungen fehlt eine einzige, und das ist die Konsultation über Kirchenunion (Consultation on Church Union), die auf Drängen von Dr. Eugene Carson Blake und Bischof James Pike gebildet wurde und zur Zeit zehn der größten amerikanischen Denominationen umfaßt. Das Ziel der Konsultation ist die Erarbeitung von Prinzipien der Kirchenunion sowie eines Unionsplanes, der eine einzige große amerikanische Denomination mit einem so weiten Spektrum von Gemeinschaften wie den Episkopalen, den Methodisten und den Presbyterianern ins Leben rufen könnte. Mehrere Versuche sind unternommen worden, die Generalsynode zur Beitrittserklärung der Reformierten Kirche in Amerika zu bewegen und an diesen Diskussionen teilzunehmen. Bis jetzt sind sie jedoch fehlgeschlagen. Ihr Mißlingen hat seinen Grund zum Teil in der Opposition des rechten Flügels, zum Teil in anderen ökumenischen Verpflichtungen, die zur Zeit vordringlicher zu sein scheinen. Doch darüber hinaus besteht ein allgemeines Gefühl der Unsicherheit über die bekenntnismäßige Integrität der beabsichtigten Kirchenunion. Die Reformierte Kirche in Amerika ist noch auf die geschichtlichen Lehräußerungen verpflichtet und fordert von ihren Pfarrern, sich ebenfalls auf sie zu verpflichten. Obwohl es hinsichtlich der Implikationen dieses Bekenntnisgelübdes gewiß einen weiten Spielraum in der Kirche gibt, herrscht andererseits eine nahezu einmütige Meinung darüber, daß eine Kirche eine bestimmte Glaubens- und Bekenntnisgrundlage haben muß. Aus diesem Grund besteht im Hinblick auf die Konsultation allgemein auf seiten der Kirche eine generelle Abwartehaltung.

X. Unionsversuche

Oben wurde auf andere ökumenische Prioritäten angespielt. Das wirft die Frage nach den jüngsten Versuchen der Reformierten Kirche in Amerika auf, mit einer anderen Denomination eine Union anzustreben. Zunächst jedoch eine Bemerkung über derartige Versuche in der Vergangenheit.

Der erste ernsthafte Versuch einer Union wurde 1874 gemacht, als Vorschläge vorgelegt wurden, die Kirche mit der presbyterianischen Kirche des Nordens zu vereinigen. (Der amerikanische Presbyterianismus wurde durch den Bürgerkrieg 1861 bis 1865 gespalten und hat sich nie wieder vereinigt.) Obwohl das Abstimmungsergebnis äußerst knapp war, wurde der Vorschlag von der Generalsynode jenes Jahres abgelehnt und gedieh darum nicht weiter. Die Frage ist in den folgenden Jahren ein- oder zweimal wieder aufgeworfen worden, doch kam es zu keiner ernsthaften Aktion.

1886 wurde ein weiterer Unionsantrag eingebracht, dieses Mal für eine Union mit der damaligen deutschen reformierten Kirche, die sich von den Brüdern in Pennsylvanien herleitete, welche es vorgezogen hatten, bei den Vätern in Holland zu bleiben, als die holländische Kirche in diesem Land unabhängig wurde. Diesem Unionsplan, der mehr eine Union von Bundespartnern denn eine organische Fusion intendierte, schien ein Erfolg so gut wie sicher zu sein. Er wurde von der General-synode gebilligt und verfassungsgemäß an die Klassen heruntergelei-tet, damit sie ihn ratifizieren konnten. Die vorgeschriebene Zweidrit-telmehrheit der Klassen beurkundete ihre Zustimmung.

Dann geschah etwas höchst Seltsames, das der Reformierten Kirche in Amerika auf keinen Fall zur Ehre gereicht. Wenn ein Vorschlag von der Generalsynode und wenigstens zwei Dritteln der Klassen gebilligt worden ist, dann ist aufgrund des Kirchengesetzes eine zweite Billi-gung durch eine weitere Generalsynode erforderlich, bevor er in Kraft treten kann. In so gut wie jedem Fall ist diese sogenannte „Verabschie-dung des erklärenden Gesetzes" eine *pro forma*-Angelegenheit. Doch die Synode von 1889 weigerte sich, das Gesetz zu verabschieden, und so wurde die Union durch diese Verfahrensfrage vereitelt.

Gewisse technische Gründe werden für die Weigerung angeführt, doch ist es wahrscheinlicher, daß die Synode schwerem Druck von seiten breiter finanzstarker Kreise in der Kirche ausgesetzt war, die aus die-sem oder jenem Grund der Union Widerstand leisteten. In jedem Fall muß das beschämende Versagen, die beiden führenden reformier-ten Kirchen der Neuen Welt wiederzuvereinigen, ganz einfach der Reformierten Kirche in Amerika zur Last gelegt werden. Die Ge-legenheit ist nun vorüber, da die deutsche reformierte Kirche sich seit-dem mit der Evangelischen Synode (der amerikanischen Repräsentan-tin der Preußischen Union) und in jüngerer Zeit mit den Kongrega-tionalistischen Kirchen zur Vereinigten Kirche Christi *(United Church of Christ)* verbunden hat.

Die Frage der Union war damit bis in die ersten Jahre nach dem Zweiten Weltkrieg eingeschlafen, als der Versuch unternommen wurde, sich mit der damaligen Vereinigten Presbyterianischen Kirche zu verbinden, einer kleineren presbyterianischen Gruppe, die sich seitdem wieder mit der größeren Organisation zusammengeschlossen hat. Dieser Vorschlag, obwohl von der Generalsynode 1949 ange-nommen, wurde von den Klassen vereitelt. In der Tat wurde der Vor-schlag in beiden Denominationen zu Fall gebracht.

Nach einer derart langen Geschichte mag es befremden, daß die Unionsfrage in der Reformierten Kirche in Amerika noch einmal ge-stellt werden sollte. Doch war und ist sie derzeit ein sehr lebendiges Diskussionsthema. Nachforschungen, die durch die Synode von 1961 begonnen wurden, ergaben in der Presbyterianischen Kirche in den Vereinigten Staaten (der presbyterianischen Kirche des Südens) ein gewisses Interesse, die Möglichkeit einer Union mit der Reformierten Kirche in Amerika zu diskutieren.

Diese recht tastenden Gespräche wurden bald bei weitem ernsthafter, als beiderseitige Komitees zur Erarbeitung eines Unionsplanes ernannt wurden, der die Schaffung der „Presbyterianisch-reformierten Kirche in Amerika" forderte. Die endgültige Fassung des Planes wurde den höchsten Gremien beider Kirchen im Frühjahr 1968 vorgelegt und gewann die Billigung beider. Er muß nun vom 1. Januar 1969 an den jeweiligen Klassen und Presbyterien zur Abstimmung vorgelegt werden. Es wäre gewagt, das Ergebnis zu diesem Zeitpunkt vorauszusagen. Sollte das Abstimmungsergebnis positiv ausfallen, wird das natürlich das Ende der Geschichte der Reformierten Kirche in Amerika und den Beginn der Geschichte einer neuen Denomination bedeuten. Sollten jedoch die sehr aktiven, die Union mißbilligenden Kräfte sie erfolgreich blockieren, wird die Reformierte Kirche in Amerika ernsthaft über ihre ökumenische Gesinnung nachzudenken haben. Ob die Vereitelung dieser beabsichtigten Union einen verstärkten Versuch zur Folge haben wird, eine gemeinsame Basis mit der Christlich Reformierten Kirche zu finden, oder ein stärkeres Drängen, um Aufnahme in die größere Vereinigte Presbyterianische Kirche nachzusuchen, oder aber einen neuen kirchlichen Isolationismus, ist eine Frage, die die Zukunft beantworten muß.

XI. Konservative Aktualität

Schließlich muß noch die Verkündigung erwähnt werden, die die Reformierte Kirche in Amerika in der schnell sich wandelnden Situation der Vereinigten Staaten weiterzuführen versucht. Die Denomination wird allgemein als konservativ charakterisiert, obwohl man den Begriff oft ohne nähere Definition gebraucht. Insofern als der Begriff meinen soll, daß die Reformierte Kirche in Amerika ihr theologisches Erbe ernst nimmt, trifft er wahrscheinlich zu. Niemand bestreitet ernsthaft, daß die Reformierte Kirche in Amerika eine Konfessionskirche ist, die von ihren Pfarrern immer noch die Zustimmung zum Bekenntnis verlangt. Nirgendwo in der Kirche besteht der Wunsch, diese Seite ihres Lebens zu ändern oder abzuschwächen. Zugleich aber ist die Reformierte Kirche in Amerika nicht ohne Kenntnis der großen Schwierigkeiten, die der Versuch mit sich bringt, diesem geschichtlich gewachsenen Glauben in der komplexen Situation der heutigen Kultur und Gesellschaft Genüge zu tun. Sie kann es sich nicht erlauben, sie nicht zu kennen. Aufgrund ihrer Lage, in vielen Teilen des Landes eine der ältesten Denominationen zu sein, hat sie zahlreiche Gemeinden in mehreren der am meisten urbanisierten Teile Amerikas. Innerhalb des letzten halben Jahrhunderts sind viele dieser Gemeinden wegen ihres Unvermögens zugrunde gegangen, sich der neuen Situation, mit der sie konfrontiert wurden, anzupassen.

Darum hat sich heute überall in der Reformierten Kirche in Amerika ein neues Bewußtsein für die schwierige, jedoch notwendige Spannung gebildet, die der Suche nach einer reformierten Verkündigung in diesen neuen Situationen innewohnt. War die Kirche irgendwie weniger eifrig bestrebt, mit neuen Gemeindeformen zu experimentieren als einige andere Kirchen, so liegt einer der gewichtigen Gründe dafür in der Tatsache, daß sie ihre Überzeugung nicht preiszugeben gewillt war, die Predigt des Wortes bleibe das Zentrum einer jeglichen Form kirchlichen Dienstes. Während sie an dieser grundlegenden Überzeugung festzuhalten versucht, ist die Kirche hinsichtlich ihrer Liturgie, Verfassung und Organisationsstruktur zu jeder Anpassung bereit gewesen, um der gegenwärtigen Situation wirksamer zu dienen.

Die Reformierte Kirche in Amerika kann auch darin konservativ genannt werden, daß sie sich bis zu diesem Zeitpunkt ihrer Geschichte geweigert hat, ihre Bindung an das reformierte Verständnis des Evangeliums aufzugeben. Gerade während sie in jeder Hinsicht bereit war, mit anderen Gemeinschaften im Geiste ökumenischer Bruderschaft und Mitwirkung zusammenzuarbeiten, lagen doch die einzigen Möglichkeiten zur Union, die sie in Erwägung zu ziehen bereit war, innerhalb des Kreises der reformierten und presbyterianischen Kirchen. Sie streitet nicht ab, daß sie mit einem großen Teil der Christenheit ein breites evangelisch-reformatorisches Erbe teilt. Doch ist für sie die spezifisch reformierte Betonung der Souveränität Gottes, des Gesetzes innerhalb des Evangeliums und vor allem die Weigerung, irgendeine Norm außer dem Wort Gottes selber absolut zu setzen, unaufgebbar.

Man muß hinzufügen, daß der „Konservatismus" der Reformierten Kirche in Amerika sich nicht auf gesellschaftspolitische Fragen ausgedehnt hat. In Fragen der Bürgerrechte und Rassenbeziehungen hat die Generalsynode sich unzweideutig geäußert. Die Generalsynode von 1967 richtete einen Hirtenbrief an ihre Schwesterkirche in Südafrika und forderte sie dringend auf, ihre augenscheinliche Billigung einiger Punkte der von der Regierung jenes Landes verfolgten Rassenpolitik zu überprüfen. In vielen internationalen Fragen, wie etwa der Anerkennung der Volksrepublik China oder seiner Zulassung zu den Vereinten Nationen, hat sie Positionen bezogen, die denen der Regierung der Vereinigten Staaten entgegengesetzt waren. Doch sucht sie in allen derartigen Fragen nicht bloß eine Agentur für sozialen Fortschritt zu sein, sondern die sozialen Implikationen ihres reformiert-calvinistischen Verständnisses des Evangeliums konsequent herauszuarbeiten. Obwohl eine der kleinsten unter den wohlbekannten Denominationen im Lande (sie vertritt eine Gemeinschaft von ungefähr 400 000 Getauften), hat die Reformierte Kirche in Amerika der Weltkirche eine stattliche Zahl von Führungspersonen geschenkt, besonders im Bereich der Weltmission, wo vielleicht ihr bedeutendster Beitrag liegt. Als die größte verbliebene Repräsentantin der europäischen reformierten Kirchen hat sie eine Brücke zu bauen versucht für europäisches theologisches Denken, während sie doch in ihrer eigenen Orientierung zutiefst amerikanisch bleibt. Obwohl sie sich ihrer geschichtlichen Verwurzelung in den Niederlanden sehr wohl bewußt ist und noch immer einen hohen Prozentsatz von Personen holländischer Herkunft unter ihren Gliedern hat, weiß sie sich mehr denn je verantwortlich dafür, zu sein, was ihr Name ausspricht: die Reformierte Kirche in Amerika.

ANMERKUNG

1 Vgl. dazu in diesem Buch: Bronkhorst, Die Niederländisch-Reformierte Kirche, Seite 67.

Teil IV

Afrika und Asien

Wenn bei uns von Kirchen in Afrika und Asien gesprochen wird, fällt zumeist gleich die doch etwas herablassend klingende Formel von den „Jungen Kirchen". Wir sind es gewohnt, die Kirchen beider Kontinente mehr oder minder als das Ergebnis der Missionstätigkeit im 19. Jahrhundert und der seit dem 16. Jahrhundert beginnenden Kolonisation zu betrachten. Es wird dabei gar zu leicht übersehen, daß nicht nur Bethlehem, Nazareth und Jerusalem in Asien liegen, daß die Mission des Paulus zuerst in Kleinasien zum Erfolge führte; es wird ebenso übersehen, daß sich sehr früh die Thomaskirche in Indien bildete, die bis nach Fernost gewirkt hat, und daß in Nordafrika sich ein sehr dicht geknüpftes Netz christlicher Gemeinden fand, aus denen der Afrikaner stammt, der der abendländischen Theologie und Kirchlichkeit das große Gepräge gegeben hat: Augustin.

Für diesen Band — darüber hinaus aber auch für diese ganze Reihe — dürfte es deshalb sinnvoll sein, daß in ihm ein Beitrag über die Kirchen in Indonesien erscheint. Er berichtet von den ältesten Spuren missionarischer Tätigkeit in Asien bis zu dem Entstehen des Rates der Kirchen in Indonesien, der bereits so etwas wie eine Frucht der Ökumene darstellt. Was für Indonesien gilt, gilt ebenso für weite Gebiete Asiens. Die dortigen Kirchen haben eine lange Geschichte, obwohl viele von ihnen erst durch die Mission des vergangenen Jahrhunderts ihre heutige Form und Ausdehnung erhielten und ebenso wie viele „jüngere" Kirchen den schmerzvollen Prozeß der Selbstfindung und des Selbständigwerdens durchmachen mußten.

Kennzeichnend ist für Asien ferner, daß die Mission hier in Gebiete einzudringen versuchte, die neben Animismus Hochreligionen und deren Hochkulturen kannten. Alt und jung, aber auch Hautfarbe und Kultur spielen in diesen Kirchen wahrscheinlich eine geringere Rolle (und darum auch die jeweils durch die Missionare herangetragene konfessionelle Eigenart) als vielmehr der Unterschied zwischen Ost und West sowie die Bemühung, zu Gesellschaftsformen zu finden, die beides ermöglichen: asiatisch zu leben und den Anforderungen der Gegenwart gerecht zu werden. Der Kampf koreanischer Christen um

Recht und Gerechtigkeit scheint uns derzeit dabei näher zu liegen als die Mühe der Indonesier, als eine Nation in einer geradezu unübersehbaren Inselwelt existieren zu können. Dennoch sind beide Bewegungen von derselben Erkenntnis der evangelischen Botschaft und dem Bemühen, ihr in der Welt Ausdruck zu verleihen, bestimmt.

Die zum Reformierten Weltbund gehörenden Kirchen in Afrika wiederum bedecken gleichsam den ganzen Erdteil vom Norden bis zum Süden.

Die den Kontinent erschütternde Ablösung der Kolonialherrschaften, das Selbständigwerden von Staaten, die Rassen- wie auch die Stammesfrage fordern nicht zuletzt von den Kirchen eine vernehmbare Antwort. Es scheint zu früh, darüber auch nur einigermaßen verantwortlich berichten zu können. Es wäre leicht gewesen, für diesen Band eine Reihe von Beiträgen zu erhalten, die etwa im Stil der Apostelgeschichte von Mission und Missionserfolgen berichten; es wäre ebenso möglich gewesen, Beiträge aufzunehmen, in denen die Themen „Schwarze Theologie" und „Theologie der Revolution" auf die eine oder andere Weise beantwortet worden wären. Paul Jacobs hatte sich dafür entschieden, einen Vertreter der „Jungen Kirchen", Baeta, um seinen Beitrag zu bitten und andererseits Landman als einen solchen der Burenkirche, wenn dieser Ausdruck erlaubt ist. Um eine kleine Horizonterweiterung haben wir jedenfalls bemüht sein können: Botha berichtet über die Missionskirche in Südafrika. Der Beitrag wurde geschrieben, als große Teile der Jugend dieser Kirche an Demonstrationen beteiligt und von den harten Polizeimaßnahmen betroffen wurden. Dennoch kann dieser Band nicht auch noch zu solchen hochbrisanten Themen Stellung nehmen, zumal die Stellungnahme dazu innerhalb der einzelnen Kirchen und Kirchengruppen durchaus nicht festgeschrieben ist. Wer zu diesen Themen Informationen sucht, braucht zudem nicht lange nach Literatur zu suchen. So kann der Abschnitt Afrika und Asien ebenfalls nur versuchen, dem Leser ein Bild von einigen Kirchen, die innerhalb des Reformierten Weltbundes verantwortlich mitarbeiten, zu vermitteln.

12. Kapitel

DIE HOLLÄNDISCHE REFORMIERTE KIRCHE
IN SÜDAFRIKA

Willem Adolf Landman

I. Historischer Hintergrund

Mehr als 160 Jahre nach der Entdeckung des Kaps — später Kap der
Guten Hoffnung genannt — durch Bartolomeus Dias erreichten drei
kleine Segelschiffe die Bucht, über die sich der Tafelberg erhebt. Während der dazwischenliegenden anderthalb Jahrhunderte hatten viele
Schiffe auf ihrem Weg nach Osten diese Südspitze des Kontinents
Afrika umfahren. Da die Reise lang und gefährlich war und noch
durch den Mangel an Frischwasser und Nahrungsmitteln erschwert
wurde, beschloß die Niederländische Ostindienkompanie im Jahre
1650, auf halber Strecke am Kap der Guten Hoffnung eine Station zu
errichten. Am 6. April 1652 erreichten die genannten drei Schiffe unter dem Kommando von Jan van Riebeeck das Kap. Es ist bezeichnend, daß unmittelbar nach seiner Landung Jan van Riebeeck in Anwesenheit seiner 200 Leute ein Gebet sprach, in dem er den Herrn
anflehte, sie möchten dazu beitragen, den Ureinwohnern dieses unbekannten Subkontinents den reformierten Glauben zu bringen. Die
Direktoren der Niederländischen Ostindienkompanie hatten nicht die
Absicht, eine Kolonie zu gründen, und kein Pastor begleitete Jan
van Riebeeck und seine Männer. Willem Wylant jedoch, offiziell als
Krankentröster *(sieketrooster)* bekannt, hatte die Erlaubnis, Abend-
gottesdienste zu halten, am Sonntag die Predigt zu lesen und die Jugend aus dem Heidelberger Katechismus zu unterrichten.

Diese ersten Siedler brachten drei Schätze mit, die eine weitreichende
Wirkung auf die zukünftige Kolonie ausübten. Der erste und bedeut-
samste war die „*Statevertaling*" (Staatsübersetzung) der Bibel in die
holländische Sprache. Diese Übersetzung, vergleichbar mit der englischen *King James*-Version und der deutschen Übersetzung durch
Martin Luther, formte das Leben und Denken der Afrikaner (holländischer Abstammung) nahezu drei Jahrhunderte lang. Wohin auch
die Wagenräder in das Innere Südafrikas rollten, die frühen Pioniere
und später die *Voortrekkers* nahmen ihre holländische Bibel mit. In

ihrer Abgeschiedenheit war die Bibel ihr geistlicher Halt und bewahrte ihre Zivilisation. Diese Bibel wurde bis 1933 benutzt und dann durch die Bibel in *Afrikaans* abgelöst, die neue Sprache, die sich in Südafrika aus dem ursprünglichen Holländisch entwickelt hatte.

Der zweite Schatz, den diese Siedler mitbrachten, bestand in den drei Glaubensbekenntnissen der Reformierten Kirche in den Niederlanden. Die Holländische Reformierte Kirche *(Nederduitse Gereformeerde Kerk)* in Südafrika hält noch immer an den gleichen reformierten Glaubensbekenntnissen fest, nämlich a) der *Confessio Belgica* von 1559; b) dem *Heidelberger Katechismus* von 1563 (es ist noch immer Vorschrift, daß in allen Gemeinden dieser Kirche jährlich wenigstens zwölf Predigten aus dem Heidelberger Katechismus gehalten werden); c) die von der Synode von Dordrecht (1618 bis 1619) beschlossenen *Kanons von Dordt.*

Der dritte Schatz, den Kommandant Jan van Riebeeck und seine Männer mitbrachten, war die presbyterianische Ordnung der Kirchenverwaltung, die auf der Kirchenordnung von Dordt beruhte.

Einige dreißig Pfarrer der niederländischen reformierten Kirche kamen zwischen 1652 und 1665 auf ihrem Weg von und nach Osten durch die Tafelbucht. Sie predigten ihren isolierten Landsleuten am Kap und verwalteten die Sakramente der Taufe und des heiligen Abendmahls. Im Jahre 1665 kam der erste ständige Pfarrer, Joan van Arckel, am Kap an. Das Datum seiner Ankunft gilt als das der Gründung nicht nur der ersten Gemeinde der *Nederduitse Gereformeerde Kerk* (Kapstadt), sondern auch der christlichen Kirche in Südafrika als einer organisierten Institution. Van Arckels Dienst war von tragischer Kürze — er starb sechs Monate nach seiner Landung. Eine zweite Gemeinde entstand 21 Jahre später in Stellenbosch und eine dritte 1691 in Drakenstein, das heute als Paarl bekannt ist.

Zwischen den Jahren 1688 und 1700 landeten etwa 200 hugenottische Einwanderer französischer Abstammung am Kap der Guten Hoffnung. Zahlenmäßig vergrößerte ihre Ankunft die bestehende Siedlung von 600 Seelen um ein Drittel. In wirtschaftlicher Hinsicht bedeutete sie den Gewinn von erfahrenen Weinbauern und Landwirten. Geistlich brachten sie Bereicherung für die Kirche. Diese standhaften Calvinisten hatten in Europa viel für ihren Glauben geopfert und gelitten. Im Laufe zweier Generationen verheirateten und vermischten sie sich mit den holländischen Siedlern. Ihre Sprache verschwand, doch ihre Namen und ihr Einfluß blieben.

Zwei weitere Gemeinden, jede mit eigener Schule, wurden gegründet — eine in Roodesand, heute Tulbagh, im Jahre 1743, die andere

1745 in Swartland, heute Malmesbury. Ein halbes Jahrhundert verging, ehe Graaff-Reinet und Swellendam hinzukamen. Um 1800, anderthalb Jahrhunderte nach der Landung van Riebeecks, gab es erst sieben Ortskirchen!
Während dieser Zeit unterstand die Kirche in Südafrika der Niederländischen Ostindienkompanie und der Reformierten Kirche in Holland. Mit der britischen Besetzung des Kaps zu Beginn des 19. Jahrhunderts wurden alle Bande zur Mutterkirche in Holland abgeschnitten. Nach dieser Besetzung stand die Kirche großenteils unter der Aufsicht der britischen Kolonialregierung, und dieser Zustand dauerte an, bis mit der Annahme der Verordnung Nr. 7 im Jahre 1843 die beschränkte Selbstverwaltung gewährt wurde. Noch weitere fünfzig Jahre lang empfingen einige der älteren Pfarrer ihre Gehälter vom Staat. Heute besteht die einzige unmittelbare Unterstützung des Staates für die *Nederduitse Gereformeerde Kerk* oder andere Kirchen in den staatlichen Beihilfen für Missionskrankenhäuser und die Sozialfürsorgearbeit für Weiße und Nichtweiße.
Die erste Synode der *Nederduitse Gereformeerde Kerk* wurde 1824 in Kapstadt gehalten. Zu dieser Zeit warb der britische Gouverneur, Lord Charles Somerset, im Rahmen seiner Maßnahmen zur Anglisierung der *Afrikaans*bevölkerung Pfarrer aus der Kirche von Schottland an. Wegen des Pfarrermangels am Kap und wegen der orthodoxen theologischen Ansichten der Kirche von Schottland wurden jedoch diese Pfarrer wie auch diejenigen, die vierzig Jahre später kamen, freudig aufgenommen. Daher erklären sich die Murrays, McGregors, Robertsons und verschiedene andere Pfarrer mit englischen und schottischen Namen in der Kirche. Sie bereicherten das Leben der Kirche und identifizierten sich mit den Menschen, zu denen sie als Pfarrer gekommen waren.

1. Ausdehnung nach Norden und Osten

Während des 18. Jahrhunderts drangen die Kolonisten auf der Suche nach Weide- und Ackerland immer weiter nach Norden und Osten vor. Die Kirche folgte ihnen, und neue Gemeinden wurden gegründet. Zu dieser Zeit kamen die Grenzsiedler zum erstenmal in Berührung mit den Einheimischen (Afrikanern), die langsam nach Süden und Westen zogen. Aufgrund von Viehdiebstählen und Überfällen der Afrikaner auf einsame Farmen war diese Berührung nicht immer friedlicher Natur. 1820 kamen die britischen Siedler und wurden im östlichen

Kapland zur Stärkung der weißen Kolonisten an der Ostgrenze angesiedelt. Kämpfe (sogenannte Kaffernkriege) machten das Leben der
Grenzsiedler unerträglich und verursachten weitverbreitete Unzufriedenheit mit der britischen Kolonialregierung. Dies war einer der
Hauptgründe, die zum Großen Treck von 1836 führten, als 10 000
Siedler holländischer Abstammung (die *Voortrekkers*), ein Viertel der
gesamten weißen Bevölkerung, über die Flüsse Oranje und Vaal und
über die *Great Drakensberg Mountains* zogen, um dort frei von britischer Herrschaft und Demütigung zu sein.

Einer der führenden Männer der *Voortrekkers*, Piet Retief, sagte beim
Verlassen der Kapkolonie: „Wir erklären feierlich, daß wir dieses Land
mit dem Wunsch verlassen, ein ruhigeres Leben zu genießen, als wir es
bisher erfahren haben. Wir werden niemanden belästigen oder des geringsten Besitzes berauben, doch wenn wir angegriffen werden, halten
wir uns für durchaus berechtigt, uns und unsere Besitztümer bis zum
äußersten gegen jeden Feind zu verteidigen. Wir beabsichtigen im Laufe
unserer Reise und bei unserer Ankunft in dem Lande, in dem wir uns
für dauernd niederlassen werden, den Eingeborenenstämmen unser
Vorhaben und unseren Wunsch bekanntzumachen, in Frieden und
Freundschaft mit ihnen zu leben ... Wir sind dabei, ein unbekanntes
und gefährliches Gebiet zu betreten, doch wir gehen mit dem festen
Vertrauen auf einen allsehenden, gerechten und gnädigen Gott, den wir
immer fürchten und dem wir immer demütig zu gehorchen suchen werden." Dies war nicht leere Prahlerei. Diese Menschen waren Kinder der
Statebybel (holländische Bibel) und des Heidelberger Katechismus, die
sie bei sich trugen und aufschlugen, wo immer sie für die Nacht haltmachten. Die Pioniere fanden Teile des weiträumigen Graslandes völlig
verlassen — der Grund lag in den mörderischen Kriegen zwischen Matabele, Zulu und anderen afrikanischen Stämmen und Völkern, die sich
nach Süden und Westen bewegten und letztlich mit den vordringenden
Buren zusammenstießen, ihr Vieh stahlen, ihre Lager überfielen und
Frauen und Kinder töteten. Die Afrikaner waren und sind noch immer
verschiedene ethnische Gruppen mit ihren unterschiedlichen Sprachen,
Stammessitten, Gesichtszügen und anderen Charakteristika.

Bei diesem unsicheren Stand der Dinge konnten die *Voortrekkers* allenfalls ihre Diener um das Lagerfeuer versammeln und sie an den täglichen Familiengebeten teilnehmen lassen, sonst jedoch wenig zur Verkündigung des Evangeliums des Friedens tun. Hier und dort trafen sie
auf ihren Wanderungen Missionare verschiedener Missionsgesellschaften, darunter sechs vom *American Board of Missions*. Einer von diesen, Daniel Lindley, war bei ihnen außerordentlich beliebt. Er wirkte

lange Jahre als ihr geistiger Führer, so wie es in gewissem Maße ein Methodist, James Archbell, in Taba 'Nchu war. Hier zeigte der Barolonghäuptling Moroko den von Hendrik Potgieter angeführten verzweifelten Emigranten große Freundlichkeit. So erfuhren die *Voortrekkers* in ihren Begegnungen mit einheimischen Stämmen nicht nur Feindschaft, sondern auch Hilfsbereitschaft. Allmählich wurden die Härten der Pionierzeit überwunden, und das Werk der Entwicklung des Landes, „in dem sie sich für dauernd niederlassen würden", begann. Und doch sollte das „ruhigere Leben" ihnen noch nicht zuteil werden.

Aus dem Wirrwarr dieser wilden Zeiten gingen die Kolonie Natal und die ehemaligen Republiken Oranjefreistaat und Transvaal hervor. Sobald Friede und Ordnung in den neubesiedelten Gebieten nördlich der Kapkolonie teilweise wiederhergestellt waren, kam auch die Kirche, und neue Gemeinden entstanden.

Der Pfarrermangel während des 19. Jahrhunderts wurde akut und hinderte das Wachstum der Kirche. Die Gründung des Theologischen Seminars in Stellenbosch im Jahre 1859 war ein wichtiges Ereignis. Einige Jahre lang war die Kirche jedoch noch auf Pfarrer aus Schottland und Holland angewiesen, doch allmählich erreichte das Seminar das Stadium, in dem es die von der rasch wachsenden Kirche benötigten Kräfte stellen konnte.

1862 traf der Oberste Gerichtshof in Kapstadt eine Entscheidung, wonach in Übereinstimmung mit der obengenannten Verordnung von 1843 die Grenzen der Kapkolonie galten und daher die Pfarrer und Ältesten jenseits dieser Grenzen keinen rechtlichen Anspruch auf Mitgliedschaft in der Synode hatten. Diese Entscheidung des Obersten Gerichtshofes führte schließlich zur Bildung eigener Kirchen in Natal und den Republiken Transvaal und Oranjefreistaat.

Die beiden Republiken fanden nach endlosen Wechselfällen ein tragisches Ende durch den Krieg zwischen Engländern und Buren in den Jahren 1899 bis 1902. 1910 wurde die Südafrikanische Union mit vier Provinzen gegründet — Kapprovinz, Natal, Transvaal und Oranjefreistaat —, deren jede, wie bereits bemerkt, ihre eigene *Nederduitse Gereformeerde Kerk* hatte. Später wurden ähnliche Kirchen in Südwestafrika und Zentralafrika (Rhodesien und Zambia) gegründet. Die Kirche von Transvaal teilte sich später in zwei Synoden, die von Nordtransvaal und die von Südtransvaal. Auf diese Weise erhöhte sich die Zahl der autonomen Kirchen auf sieben.

1961 wurde die Südafrikanische Union Republik. Im folgenden Jahr, nachdem das Parlament die Verordnung von 1843 aufgehoben hatte, und genau ein Jahrhundert nach dem oben erwähnten Ausschluß der

Vertreter von jenseits der Grenzen der Kapprovinz, schlossen sich die sieben Kirchen mit einer für Verfahrensfragen zuständigen Generalsynode zusammen. Die sieben Regionalsynoden blieben jedoch weiterhin bestehen.

2. Urbanisierung

Die industrielle Revolution der Jahrzehnte seit 1930 verursachte einen großen Zustrom aus den Landgebieten in die rasch wachsenden und aufblühenden Städte und Großstädte. Dies brachte schwerwiegende Probleme für die *Nederduitse Gereformeerde Kerk,* die sich gezwungen sah, sich der neuen Situation anzupassen. Eine der Maßnahmen zur Erleichterung des regelmäßigen und ständigen Kontaktes zu den Kirchengliedern in den Städten bestand in der intensiven Durchführung seelsorgerlicher Besuche durch Pfarrer und Älteste. Um dies zu erreichen, entschloß sich die Kirche zur Aufteilung der großen in zahlreiche kleinere Gemeinden. Eine Gemeinde mit 600 bis 750 Gliedern wurde als ideal angesehen, und die Pfarrer, Ältesten und Diakone bildeten ein Team zum regelmäßigen Besuch ihrer Herde. Jede Gemeinde wurde nochmals in eine Anzahl kleiner Einheiten oder Bezirke unterteilt. Ein Ältester und ein Diakon sind gemeinsam verantwortlich für die Besuche und die Erhaltung der Kontakte zu den Kirchengliedern des ihnen zugeteilten Bezirkes. Daraus ergab sich, daß der örtliche Kirchenrat *(Kerkraad)* in vielen Gemeinden 40 bis 80 Älteste und Diakone zählte. Die Kirche ist sehr rasch gewachsen, und Ende 1967 gab es nicht weniger als 986 Gemeinden der Mutterkirche innerhalb der Republik, Südwestafrikas und Zentralafrikas. Die Zahl der Presbyterien (Kreissynoden) ist ebenfalls auf 111 gestiegen.

Die *Nederduitse Gereformeerde Kerk* in der Republik, in Südwestafrika und Zentralafrika hat insgesamt 754 000 Glieder, für die 1 300 Pfarrer amtieren. Nach der Volkszählung von 1960 gibt es in der Republik Südafrika (ohne Südwest- und Zentralafrika) 1 236 000 Anhänger dieser Kirche — das bedeutet 42 Prozent der gesamten weißen Bevölkerung. Die Mitgliedschaft der Kirche ist entsprechend dem Wachstum der *Afrikaans*-sprechenden Gemeinschaft in Südafrika ständig angestiegen. Während der zehn Jahre von 1956 bis 1966 hat sich die Zahl der Glieder um 14 Prozent erhöht.

3. Andere reformierte Kirchen

Es gibt noch zwei kleinere *Afrikaans*-sprechende reformierte Kirchen in Südafrika. Auch sie werden oft als niederländische reformierte Kirchen bezeichnet, und dies schafft Verwirrung. 1853 kam Pfarrer Dirk van der Hoff aus Holland und gründete die *Nederduitsch Hervormde Kerk van Afrika* in Transvaal. Diese Kirche war einige Jahre lang die Staatskirche der Republik Transvaal. Sie ist bis auf einige wenige Gemeinden auf Transvaal beschränkt. Sechs Jahre später gründete Pfarrer Dirk Postma, ebenfalls aus Holland, die *Gereformeerde Kerk*. Die Zahl der weißen Anhänger der *Nederduitsch Hervormde Kerk* in der Republik macht etwa sechs Prozent der gesamten weißen Bevölkerung aus, die der *Gereformeerde Kerk* weniger als vier Prozent.

II. Christliche Missionen

Die Missionsarbeit der *Nederduitse Gereformeerde Kerk* begann mit der Ankunft der ersten Siedler. Nomadische Hottentottenstämme zogen auf der Suche nach Weidegründen für ihr Vieh durch das Land. Diese Hottentotten wurden im Laufe der Zeit als Hirten in der sich ausdehnenden Siedlung eingestellt. Die Einheimischen wurden nie versklavt. Sklaven für die Haus- und Farmarbeit sowie für handwerkliche Tätigkeiten wurden größtenteils aus dem Osten, aus dem heutigen Malaysia und Indonesien importiert. Nachkommen dieser Sklaven, die 1834 die Freiheit erhielten, bilden einen beträchtlichen Teil der farbigen Bevölkerung Südafrikas. Sie sind vermischter Abstammung und müssen von den Afrikanern unterschieden werden.
In Verfolgung der Politik der Ostindienkompanie widmete sich die *Nederduitse Gereformeerde Kerk* am Kap der Bildung und Christianisierung der Sklaven wie auch der Hottentotten. Während der ersten Hälfte des 18. Jahrhunderts kam der erste Missionar, Georg Schmidt von den Böhmischen Brüdern, im Lande an. Viele andere folgten, von verschiedenen Missionsgesellschaften in Europa ausgesandt, darunter der Londoner und der Rheinischen Missionsgesellschaft.
Auf der bereits erwähnten ersten Synode von 1824 wurde ein Beschluß angenommen, der die Kirche auf ihre missionarische Verantwortung verpflichtete. Bald darauf wurde der erste Missionar ordiniert.
Die Missionsarbeit der Kirche breitete sich aus und gewann an Format. Während zunächst an der fruchtbaren Meeresküste, dann im Steppenland der Karoo allmählich Dörfer und Städte entstanden, wurden immer mehr Einheimische der Kirche zugeführt.

Unter den im Jahre 1860 in Europa geworbenen Pfarrern waren sieben aus Schottland für den regulären Pfarrdienst und ein Schweizer und ein Schotte für das Missionsfeld. Der letztere, Alexander McKidd, und seine südafrikanische Frau zogen nach dem wilden Soutpansberg nahe der Nordgrenze Transvaals, während Henri Gonin, der Schweizer, zum Pilanesberg im Rustenbergdistrikt von Transvaal ging. Die von ihnen gegründeten Missionsposten entwickelten sich zu blühenden Stationen mit Nebenposten in anderen Gebieten. McKidd und seine Frau starben nach kurzer Zeit der Tätigkeit. Ihr Nachfolger, Stephanus Hofmeyr, war der Mann, der nicht nur die heidnischen Stämme durch sein Gebet und seinen liebenden Dienst beeindruckte, sondern auch die Farmer dieses Gebietes wie auch die Kirche im fernen Kap zu immer neuen missionarischen Unternehmungen inspirierte. Seine Vorstellungskraft brachte die Kapkirche dazu, die Mashona jenseits des Limpopo im heutigen Rhodesien zu evangelisieren. Als er wehmütig einen Teil seiner zahlreichen Herde westwärts nach Mochudi in Botswana trecken sah, konnte Henri Gonin wohl nicht ahnen, daß seine Gebete bald in unerwarteter Weise erhört werden sollten. Sein vertrauter Mitarbeiter, Pieter Brink, folgte ihnen 1877 nach Botswana und legte die Grundlagen für die starke Bakgatlakirche.

Der weisende Geist führt die Kirche oft dazu, sorgfältig vorbereitete Missionsprogramme zu revidieren. Die Kapkirche hatte bereits ihre Inlandmission für die Farbigen, ihre wachsenden Missionsstationen von Soutpansberg und Pilanesberg in Transvaal und von Mochudi in Botswana. In der zweiten Hälfte des 19. Jahrhunderts hatte die Mutterkirche insgesamt nur einhundert Gemeinden mit 83 000 Gliedern zur Unterstützung ihrer Missionsarbeit.

Und dann kam der Ruf, eine äußere Mission über Transvaal hinaus einzurichten. Der Gottesmann Stephanus Hofmeyr von Soutpansberg war das Werkzeug für dieses neue Projekt. Er sorgte sich um die Lage der Mashona jenseits des Limpopo, die von ihren Unterdrückern, den Matabele, verächtlich *Banyai* (Hunde) genannt wurden. Er hatte Dalzell von der *Gordon Memorial Mission* und später Dieterlen und François Coillard von der Pariser evangelischen Mission *(Société des Missions évangeliques de Paris)* eifrig in ihren Bemühungen unterstützt, bei den Mashona Fuß zu fassen. Sie waren jedoch von Lobengula, dem König der Matabele, abgewiesen worden. Hofmeyr schickte dann seine eigenen Bantuevangelisten, doch ihnen erging es nicht besser. Nachdem die Macht der stolzen Matabele gebrochen war, öffneten sich allmählich die Türen der Mashona.

1891 gründeten Pfarrer A. A. Louw und S. P. Helm, der letztere von dem furchtlosen Hofmeyr ausgebildet, mit sieben Bantuevangelisten die Mashona-Mission der Kapkirche an einem Ort in der Nachbarschaft der Ruinen von Zimbabwe, den sie *Morgenster* (Morgenstern) nannten. Der Morgenstern wurde wirklich zum Herold eines neuen Tages für die Mashona. Die Botschaft des Evangeliums breitete sich von dort durch ganz Rhodesien aus. *Morgenster* wurde ein lebendiges Zentrum für Evangelisation, Bildung, Medizin und in der Landessprache herausgegebene Literatur.

Inzwischen entstand als Ergebnis einer Erweckungsbewegung unter Pfarrern der Mutterkirche im Jahre 1884 ein weiteres missionarisches Unternehmen der Kapkirche, weit im Norden, nämlich die Nyassa-Mission. Eine Pfarrermissionsgesellschaft wurde gegründet, die den jungen Pfarrer A. C. Murray als Freiwilligen aussandte. Sein Ziel war das dichtbevölkerte Land am Nyassasee. Zwei Missionen der Kirche von Schottland, die bereits in dieser Gegend arbeiteten, boten dem jungen Missionar und seinem Kameraden, T. C. B. Vlok, freundliche Aufnahme und berieten ihn. Die beiden stellten ihr Zelt in Mvera (Obey) auf, von wo die Arbeit so rasch wuchs, daß innerhalb von 20 Jahren zwölf neue Stationen gegründet wurden, deren eine, Nkhoma im lieblichen Hochland, zum Zentrum der Mission wurde. Trotz ihrer Einsatzbereitschaft konnte die Pfarrermissionsgesellschaft nicht die Mittel und das Personal aufbringen, die zum Unterhalt dieser sich ausweitenden Mission benötigt wurden, und war deshalb froh, sie 1903 der Kapkirche übergeben zu können.

An die kleine Mutterkirche mit ihren hundert Gemeinden wurden ungeheure Anforderungen gestellt. Manches mal war sie vom Defizit bedroht, und Gebete und Aufrufe wurden in Furcht und Zittern ausgesandt, doch irgendwie kam immer wieder das Geld zusammen, und es fand sich begabter und mutiger Nachwuchs. So erwuchs aus dem kleinen Senfkorn ein weitverzweigter Baum. Diese Mission in der Zentralprovinz von Malawi bildet heute die Synode von Nkhoma. Diese Synode ist mit den Synoden von Blantyre und Livingstonia, die schottischen Ursprungs sind, zur Presbyterianischen Kirche von Zentralafrika zusammengeschlossen worden, die in einem Gebiet Zeugnis ablegt, dessen Bewohner in der Mehrzahl noch Heiden sind.

Die Kirche des Oranjefreistaates gewährte der Nyassa-Mission großzügige Unterstützung, bis sie die Not des an Malawi angrenzenden, heute als Sambia bekannten Landes erkannte. Die Stämme in diesen Landesteilen hatten die Missionare in Malawi gebeten, ihnen Lehrer zu schicken. Dieser Hilferuf wurde von der Kirche im Oranjefreistaat beantwortet. Zehn Jahre nach der Schaffung der Nyassa-Mission (in

Malawi) und zwei Monate vor Ausbruch des Krieges zwischen Buren
und Engländern im Jahre 1899 begann die Kirche des Oranjefreistaates
ihre Arbeit in der äußeren Mission. Pfarrer P. J. Smit und Pfarrer J.
M. Hofmeyr nahmen ihre Tätigkeit in Magwero auf. Von dort aus ver-
zweigte sich die Mission bis zum Copper Belt, wohin die Kirche ihren
wandernden Gliedern folgte.

1. Missionspolitik

1881 entstand in Wellington in der Kapprovinz die erste *Nederduitse
Gereformeerde Sendingkerk* (Holländische Reformierte Missionskirche)
für Farbige (mit eigener Synode). In der Zwischenzeit wurden auch Beziehungen zur afrikanischen Bevölkerung aufgenommen. Während die
Siedler sich nach Norden und Osten ausbreiteten, wurden die Afrikaner in das Missionsprogramm der Kirche eingeschlossen. Vier (afrikanische) Bantukirchen für die verschiedenen Volksgruppen in den vier
Provinzen der Südafrikanischen Union erwuchsen aus den missionarischen Bemühungen der Kirche. Die Politik der Errichtung einheimischer
Kirchen für die verschiedenen Volksgruppen mit ihren eigenen Sprachen,
Sitten und Gebräuchen entsprach dem Muster, das die verschiedenen
Missionsgesellschaften aus Europa bei ihrer Arbeit in Südafrika, Afrika
und Asien festgelegt hatten. Dieselbe Politik wurde ein halbes Jahrhundert später vom Internationalen Missionsrat auf seiner Konferenz
in Tambaram, Indien, im Jahre 1938 bekräftigt.
Die Missionspolitik der *Nederduitse Gereformeerde Kerk,* die einige
Jahre vor der Konferenz von Tambatam formuliert wurde, stimmt in
diesem Punkt mit den in Tambaram ausgesprochenen Ansichten überein:
„Das Sammeln von Seelen ist jedoch nur ein erster Schritt. Die Erfahrung hat gezeigt, daß auf die Bekehrung von Seelen die Gründung von
Gemeinden und letztlich von organisierten Kirchen folgen muß.
Es genügt nicht, die Gemeinden vom Heidentum zu einer Kirche zu
organisieren. Diese Kirche muß sich letzten Endes auf die Unabhängigkeit hin entwickeln. Während die Mutterkirche anfangs die gesamte
finanzielle Verantwortung trägt, muß die Last nach und nach auf die
Schultern der jungen Kirche selbst übergehen, bis sie schließlich das
Stadium erreicht, in dem sie sich völlig selbst erhält, selbst regiert und
selbst ausbreitet. Wo die Mitarbeiter ursprünglich von der Mutterkirche gestellt wurden, sollten sie allmählich aus den jungen Kirchen
selbst hervorgehen und auch angemessene Ausbildung von ihnen erhalten, bis diese Kirchen völlig autonom werden."

In der Südafrikanischen Republik und in Südwestafrika gibt es zwei *Nederduitse Gereformeerde* Kirchen für Farbige mit 215 Gemeinden, 113 000 Gliedern (350 000 Anhängern), in denen 119 weiße Pfarrer, 50 farbige Pfarrer und 31 farbige Evangelisten arbeiten. Während der vergangenen zehn Jahre ist die Zahl der farbigen Glieder um 28 Prozent gestiegen, und jedes folgende Jahr hat ein größeres prozentuelles Wachstum gezeigt.

Für die afrikanische Kirche innerhalb der Republik gelten die folgenden Zahlen: 408 Gemeinden mit einer Gliedschaft von 140 000 (483 000 Anhänger), in denen außer den weißen Pfarrern 135 afrikanische Pfarrer und 734 Evangelisten tätig sind. Dies bedeutet ein Anwachsen der Glieder um 40 Prozent während des vergangenen Jahrzehnts.

2. Gemeinden bei der Arbeit

Gesonderte, um die christliche Missionen konzentrierte Gruppen für Männer, Frauen, junge Leute und Kinder, spielen eine sehr wichtige Rolle im Leben der Gemeinden der Mutterkirche. Sie kommen mindestens einmal im Monat zu Diskussionen, Gebet, Verteilung von Literatur usw. zusammen. Sie pflegen persönliche Kontakte zu den Missionaren und den Missionsfeldern und sind über die jüngsten Entwicklungen gut unterrichtet. Besondere Erwähnung verdienen die Frauengruppen *(Vroue-Sendingbond* und *Vroue-Sendingvereniging).* Sie zählen etwa 100 000 Mitglieder und bringen unter anderem finanzielle Mittel bis zu 800 000 Rand (1 120 000 Dollar) pro Jahr auf. Die Kindergruppe *(Kinderkrans)* bringt im Jahr 80 000 Rand (140 000 Dollar) auf. Viele Glieder der Kirche beteiligen sich aktiv an der Missionsarbeit in der Umgebung. Sie leisten den örtlichen Missionaren unschätzbare Dienste. Zu erwähnen ist auch die Rolle der kirchlichen Jugendbewegung (KJV), des christlichen Studentenbundes und der studentischen Freiwilligenbewegung im Missionsprogramm der Kirche.

An den verschiedenen *Afrikaans*-Universitäten beteiligen sich die studentischen Glieder der Kirche durch ihre eigenen Missionsverbände aktiv an der missionarischen Arbeit. An einer Universität (Stellenbosch) besuchen nicht weniger als 600 Studenten an den Wochenenden die Stadtgemeinden, Vorstädte und Wohngebiete, um Zeugnis abzulegen und für die Kinder der Afrikaner und Farbigen Sonntagsschule zu halten. Die Studenten sind gut organisiert, sorgen selbst für Transportmöglichkeiten, und in den Ferien besuchen einige von ihnen die Missionsfelder, um bei Bauvorhaben, medizinischen und anderen Projekten zu helfen.

Audiovisuelle Hilfsmittel wie Filme, Dias, Schallplatten und Tonbänder werden ausgiebig benutzt. Organisationen wie Mema und Carfo geben Anleitung, stellen das Material zum Gebrauch in Städten, auf Farmen und im Missionsfeld und liefern Rundfunkprogramme für verschiedene Radiostationen in Südafrika und andere Teile Afrikas.

3. Ökumenische Zusammenarbeit und die Missionen

Während der vierziger Jahre dieses Jahrhunderts entschloß sich die Kirche in der Kapprovinz, einen Teil ihrer missionarischen Anstrengungen auf die Afrikaner des östlichen Kaps (Transkei und Ciskei) und auf die größeren Städte zu konzentrieren. Aufgrund dieser Entscheidung wurde die gut gedeihende Arbeit in Nordnigeria während der Jahre 1954 bis 1961 nach und nach an die Christlich-reformierte Kirche Amerikas und Kanadas abgegeben. Drei Gemeinden und etwa 26 Missionsschulen in Kenia wurden der Reformierten missionarischen Allianz *(Gereformeerde Sendingbond)* von Holland im Jahr 1961 übergeben. Wegen ihrer langjährigen engen Verbindungen zu den schottischen Missionen in Blantyre und Livingstonia schloß sich 1926 die *Nederduitse Gereformeerde Kerk* von Zentralmalawi mit den schottischen Synoden zu einem Teil der Generalsynode der Presbyterianischen Kirche von Zentralafrika (C.C.A.P.) zusammen. Auf diese Weise leistete die *Nederduitse Gereformeerde Kerk* ihren Beitrag zum Entstehen einer einzigen starken presbyterianischen und reformierten Kirche in Malawi. In Südwestafrika sorgt ein trilaterales Abkommen zwischen den holländisch-reformierten, den lutherisch-evangelischen und den finnischen Missionskirchen für den Nachwuchs an missionarischen Arbeitern unter den Wanderarbeitern des Ovambolandes.

Im Bereich ökumenischer Beziehungen schufen die Mutterkirchen zu den jungen Kirchen eine Verbindung durch den Bundesrat der *Nederduitse Gereformeerde Kerke* und zu den beiden anderen *afrikaans*-reformierten Kirchen in einer zwischenkirchlichen Kommission, die gemeinsame Anliegen wie Bibelübersetzung, Bibelrevision usw. behandelt.

Die Mutterkirchen und einige junge Kirchen sind Mitglieder des Reformierten Weltbundes und der Reformierten ökumenischen Synode, während die zentralafrikanischen Tochterkirchen den Christenräten in Rhodesien, Malawi und Sambia angeschlossen sind.

Junge Kirchen innerhalb der Republik gehören ebenfalls dem Reformierten Weltbund an. Mutterkirchen und junge Kirchen haben das Recht, in Beratung mit den anderen ihre eigene ökumenische Zugehörigkeit festzulegen.

4. Fürsorge, Krankenhäuser und Bildungswesen

Die holländisch-reformierten Mutter- und Tochterkirchen leisten viel
in der Hilfsarbeit für Weiße und Nichtweiße — Einrichtungen für alte
Menschen, für chronisch Kranke, Waisenhäuser, eine Anzahl von Schulen für Taubstumme, Schulen für Epileptiker, Institutionen für die
Opfer der Gehirnlähmung und andere Institutionen wie Heime für
ledige Mütter usw. Hinzu kommen mehr als 3 000 Schulen und mehr
als 53 000 Schüler in den Katechumenenklassen für Afrikaner allein in
den Gebieten außerhalb der Republik. Es gibt insgesamt 38 Missionskrankenhäuser für Afrikaner, in denen jährlich 110 000 Patienten behandelt werden und etwa 300 000 klinische Behandlung erhalten.
Zwölf neue Krankenhäuser für Afrikaner sind im Bau.
Übersetzung und Verbreitung der Bibel spielen in der missionarischen
Arbeit der Kirche eine lebenswichtige Rolle. Die Überarbeitung älterer
Übersetzungen, die Veröffentlichung von Büchern, Literatur und Lehr-
material — alles in der Landessprache — wurden durch einen umfang-
reichen christlichen Literaturfonds in Höhe von 6 Millionen Rand
(3 480 000 Pfund) ermöglicht. Jährlich werden etwa 9 bis 10 Millionen
literarischer Werke verbreitet.
Da Afrika in der Mitte zwischen Ost und West steht, wo Kulturen auf-
einanderprallen und politische Kämpfe ausgetragen werden, tragen die
holländisch-reformierten Kirchen ihr Teil zur Schaffung einer starken
christlichen Gemeinschaft bei. Dies versuchen sie zu tun, indem sie ein
christozentrisches Evangelium mit dem, was sich daraus ergibt, verkündigen. Die Vollmacht für eine solche Verkündigung liegt nicht in
der politischen Zweckdienlichkeit, sondern in dem Gebot, das ursprünglich den Aposteln und der Kirche als ganzer gegeben wurde: „Gehet hin
in alle Welt und prediget das Evangelium aller Kreatur" (Mark. 16, 15).

5. Zusammenfassung

Wie bereits berichtet, wurde das erste Missionswerk der *Nederduitse
Gereformeerde Kerk* außerhalb Südafrikas 1877 in Botswana und 1888
in Malawi eingerichtet. 1891 wurde die Arbeit in Mashonaland in
Rhodesien aufgenommen, 1899 in Sambia, 1909 in Portugiesisch-Ost-
afrika, 1911 in Tivland (Nordnigeria), 1946 in Swaziland, 1955 im
Kaokoveld von Südwestafrika, 1957 in Lesotho und 1961 unter den
Okavango des nördlichen Teils von Südwestafrika und im Gebiet der
Buschmänner im nordöstlichen Teil dieses Landes. Der erste hauptamt-

liche Missionar für das jüngst erschlossene Außenmissionsgebiet der Kirche, den Caprivi-Streifen nördlich von Botswana, wurde 1967 ausgesandt.

Vom Kap im Süden bis nach Nigeria im Norden hat die Familie der holländisch-reformierten Mutterkirchen ihre Aufgabe, das Evangelium in Afrika zu verkünden, in 24 verschiedenen Sprachen unter 20 verschiedenen Völkern in Südafrika, Lesotho, Swaziland, Botswana, Sambia, Malawi und Rhodesien durchgeführt. In Südwestafrika gehören die folgenden Rassengruppen zum Bereich der Missionsarbeit: Farbige, Rhehoboth-Basters, Ovambos, Hereros, Ovahimbas und Avachimbas vom Kaokoveld, die Sambio unter den Okavango, die Kung-Buschmänner und die Mafwe und Masubia des östlichen Caprivi.

Als Ergebnis der missionarischen Unternehmungen der *Nederduitse Gereformeerde Kerk* gibt es zur Zeit nicht weniger als 14 autonome junge Kirchen: zwei für die Farbigen, sechs unter den Afrikanern Südafrikas — diese sind in einer Allgemeinen Synode zusammengeschlossen —, vier in Zentralafrika, eine in Tivland (Nordnigeria) und die indische Kirche mit Gemeinden in Natal, Transvaal und der Kapprovinz.

Die finanziellen Beiträge der Mutterkirche für die Missionen beliefen sich 1967 auf insgesamt 4 500 000 Rand oder 6 Rand (8,4 amerikanische Dollars) pro Person. Hierunter fallen nicht die Beiträge der jungen Kirchen noch die weiteren 5 Millionen Rand, die jährlich von verschiedenen Territorialregierungen in Form von Unterstützungen für die Bildungs- und Gesundheitsarbeit der Kirche eingehen.

Aus einer ursprünglich zentralisierten und leitenden weißen Kirche hat sich eine multinationale Organisation entwickelt, die aus 21 unabhängigen und einheimischen Kirchen in Südafrika, Südwestafrika, Rhodesien, Malawi, Sambia und Nigeria besteht. Die jungen Kirchen haben die Muttergemeinschaft zahlenmäßig überrundet; sie haben etwa 1 272 000 Anhänger gegenüber den 1 236 000 der Mutterkirche. (Die Zahl der ordentlichen Glieder beträgt jedoch in den jungen Kirchen 401 000 und in der Mutterkirche 754 000.)

Die holländisch-reformierten Kirchen beschäftigen 7 000 hauptberufliche Mitarbeiter aus der Mutterkirche und den jungen Kirchen als Missionare, Pfarrer, Ärzte, Krankenschwestern, Lehrer, Evangelisten und anderes Missionspersonal. Ihre Arbeit wird durch Tausende von eifrigen Freiwilligen ergänzt, die einen Teil ihrer Zeit zur Verfügung stellen.

6. Liste der holländisch-reformierten Kirchen:

Mutterkirchen	*Junge Kirchen in Südafrika*	*Junge Kirchen außerhalb Südafrikas*
	Für Farbige:	Für Afrikaner:
1. holl.-ref. Kirche in Südafrika (Kap)	1. holl.-ref. Sendingkerk in Südafrika	1. afrikanische reformierte Kirche in Rhodesien (N. G. K.)
2. holl.-ref. Kirche von Natal	2. holl.-ref. Kirche für Südwestafrika	2. Nkhoma-Synode: presbyt. Kirche von Zentralafrika
	Für Afrikaner:	
3. holl.-ref. Kirche im Oranjefreistaat	3. holl.-ref. Kirche in Afrika (Oranjefreistaat)	3. Salisbury-Synode: presbyt. Kirche von Zentralafrika
4. holl.-ref. Kirche von Süd-Transvaal	4. holl.-ref. Kirche in Afrika (Süd-Transvaal)	4. afrikanische reformierte Kirche in Sambia
5. holl.-ref. Kirche von Nord-Transvaal	5. holl.-ref. Kirche in Afrika (Nord-Transvaal)	5. Kirche Christi im Sudan unter den Tiv (jetzt in die christlich-reformierte Kirche übergegangen)
6. holl.-ref. Kirche, zentralafrikanische Synode	6. holl.-ref. Kirche in Afrika (Kap)	6. Anmerkung: Missionsgemeinden in Botswana, Swaziland und Lesotho sind mit Kirchen in der Republik verbunden.
7. holl.-ref. Kirche in Südwestafrika	7. holl.-ref. Kirche in Afrika (Natal)	
	8. holl.-ref. Kirche in Afrika (Phororo, nördliches Kap)	
	Für Inder:	
	9. indische holl.-ref. Kirche	

Anmerkung:

1. Die sieben Mutterkirchen leisten noch immer fortgesetzt Missionsarbeit in
   Südafrika, während die meisten der 14 jungen Kirchen gemeinsam mit ihren
   Mutterkirchen und auch allein eigene Missionsprojekte durchführen. Die
   jungen Kirchen erhalten von den Trägerorganisationen noch immer Rat
   und Hilfe.
2. Jede der 21 oben aufgeführten Kirchen ist unabhängig und arbeitet in frei-
   willigem Zusammenwirken mit dem Bundesrat der *Nederduitse Gereformeerde Kerk.*

III. Theologische Ausbildung und Denkrichtungen

Während der ersten zwei Jahrhunderte (1652 bis 1859) war die Kirche
am Kap hinsichtlich der theologischen Ausbildung der Pfarrer von Holland abhängig. Die Kirchenglieder in Transvaal, im Freistaat und in
Natal riefen nach Pfarrern, während es doch nicht einmal genug gab,
die freien Stellen in der Kapkolonie zu besetzen. Wegen dieses Not-
standes und aus verschiedenen anderen Gründen wurde 1859 das theologische Seminar in Stellenbosch eingerichtet.
Heute werden die Pfarrer der *Nederduitse Gereformeerde Kerk* an den
Universitäten von Stellenbosch und Pretoria ausgebildet. Nach Erlangung des B. A. mit Griechisch und Hebräisch als Pflichtfächern absolvieren sie ein vierjähriges theologisches Studium. Die theologischen
Fakultäten an diesen beiden Universitäten, an denen die Kirche ihre
Pfarrer ausbildet, stehen in enger Zusammenarbeit und Partnerschaft
mit der *Nederduitse Gereformeerde Kerk.*
Es gibt acht theologische Schulen für die Ausbildung von Pfarrern für
die jungen Kirchen — fünf innerhalb der Republik von Südafrika und
drei außerhalb ihrer Grenzen, und zwar je eine in Rhodesien, Sambia
und Malawi.
Die Theologen innerhalb der *Nederduitse Gereformeerde Kerk* sind
über die Richtungen theologischen Denkens im Ausland gut unterrich-
tet. Es gibt theologische Kreise und Arbeitsgemeinschaften, in denen
Aufsätze über die theologische Forschung gelesen werden und Diskus-
sionen stattfinden. Während der letzten zehn Jahre ist eine Reihe von
Studien zum Thema „Kirche und Gesellschaft" veröffentlicht worden.
Eine theologische Zeitschrift, *Die Nederduitse Gereformeerde Teologiese
Tydskrif,* wurde 1959 gegründet.
Verschiedene Veröffentlichungen zur Bibelwissenschaft fanden positive
Würdigung durch Theologen außerhalb Südafrikas. Theologen nahmen
an Lehrgängen über Altes und Neues Testament in Europa und den

Vereinigten Staaten teil. Während der letzten fünfzig Jahre sind regelmäßig Veröffentlichungen über die afrikanische Kirche und Missionsgeschichte erschienen.

Auf dem Gebiet der systematischen Theologie sind ebenfalls wertvolle Beiträge geleistet worden. Zur Zeit konzentriert sich das theologische Denken großenteils auf die Beziehung von Kirche und Welt sowie auf die negativen und positiven Werte von Säkularismus und Säkularisation.

Im Bereich der praktischen Theologie ist eine beträchtliche Anzahl von Veröffentlichungen erschienen. Mehrere Seminare für das Studium der praktischen Theologie und der pastoralen Psychologie sind für Pfarrer gehalten worden.

Im missionswissenschaftlichen Bereich sind während der letzten dreißig Jahre mehrere Studien unternommen worden. Verschiedene Abhandlungen über Wachstum, Heimischmachung, Unabhängigkeit und ökumenische Beziehungen der jungen Kirchen in Afrika sind veröffentlicht worden. Eine Untersuchung der separatistischen Kirchen und Gruppen in Südafrika wird durchgeführt. 1968 fand in Zusammenarbeit mit Missionswissenschaftlern aus verschiedenen Konfessionen sowohl der alten wie der jungen Kirchen ein missionswissenschaftlicher Lehrgang statt.

Die christlichen Missionen werden als das Handeln des dreieinigen Gottes durch den ganzen Menschen angenommen. Die jüngsten missionswissenschaftlichen Studien betonen die Bedeutung der Bundes-Beziehung im missionarischen Handeln und die eschatologische Perspektive im missionswissenschaftlichen Denken. Die wesentliche Denkrichtung in ökumenischen Diskussionen besagt, daß eine zwingende Notwendigkeit zur Einheit in der Kirche besteht, daß jedoch eine solche Einheit nicht als Einheit um der Einheit willen erreicht werden kann und sollte, sondern als Einheit in der Wahrheit, das heißt als Einheit in Jesus Christus, wie sie in der Schrift offenbart ist. Zur Zeit wird die Geschichte der ökumenischen Bewegung in Südafrika erforscht, und man hat Ausschüsse zur Untersuchung der praktischen Bedeutung der ökumenischen Aufgabe in Südafrika eingesetzt. Theologische Überlegungen innerhalb der *Nederduitse Gereformeerde Kerk* deuten auf Zeichen von Reife und Originalität.

IV. *Erziehungs- und Fürsorgedienst*

Gegen Ende des letzten Jahrhunderts lebten viele Kirchenglieder auf entlegenen Farmen, weit voneinander und von den nächsten Städten

entfernt. Es gab nur wenige Schulen. Die *Nederduitse Gereformeerde
Kerk* erkannte, daß „die Menschen aus Mangel an Wissen zerrüttet
werden". Hieraus erklärt sich, warum der erste von der Kirche unternommene Sozialdienst erzieherischer Natur war. Die Kirche gründete
Industrieschulen für bedürftige Kinder. Während der Staat zögerte,
öffnete die Kirche ihre erste Industrieschule 1894 in Kapstadt; es folgten ähnliche Schulen in Uitenhage, Stellenbosch, Adelaide und Oudts-
hoorn. Diese Schulen waren zwar nicht gerade Muster an Leistungs-
fähigkeit, doch boten sie das Beste, was die Kirche unter den Umständen geben konnte. Sie erfüllten die dringendsten Bedürfnisse und zeigten den Weg zu einem differenzierten Bildungsprogramm, das im Laufe
der Zeit vom Staat übernommen und ergänzt wurde.

Im Zusammenhang mit diesen und anderen staatlichen Schulen richtete
die Kirche Wohnheime für diejenigen Schüler ein, die weit entfernt zu
Hause waren. Zu einem gewissen Zeitpunkt gab es allein in der Kapprovinz 180 dieser kirchlichen Wohnheime. Heute verdanken viele
Mitglieder der Gemeinschaft in vielen Lebensbereichen ihre Bildung
den vorausschauenden Maßnahmen der Kirche, die zu einer Zeit für sie
sorgte, als keine andere Hilfe geboten wurde.

Ein kurzer Überblick über die sozialen Leistungen der Mutterkirche
zeigt, daß sie 23 Heime für vernachlässigte Kinder unterhält, die 3 800
Kinder aufnehmen können; dazu kommen 25 Altersheime mit 2 000
Bewohnern, 17 Jugendzentren, in denen 1 600 Männer und Frauen
wohnen, und 20 Sonderinstitutionen, die 2 700 Personen aufnehmen
können. Unter diesen Sonderinstitutionen sind Schulen für Taube,
Blinde, Epileptiker und Alkoholiker, Krippen und Heime für ledige
Mütter. Die Kirche bringt jährlich 2 Millionen Rand oder 2,65 Rand
pro Kirchenglied für diese Arbeit auf und erhält 1,4 Millionen Rand
als Unterstützung für einige dieser Einrichtungen. Für Militär-, Polizei-
und Gefängnispfarrer wie auch für psychotherapeutische Beratungen
wird gesorgt.

V. Finanzen

Die von der Mutterkirche jährlich aufgebrachte Gesamtsumme für
christliche Missionen, Fürsorge- und Bildungsarbeit beläuft sich auf
etwa 6 500 000 Rand oder 9 Rand pro Mitglied. Die Gemeinden tragen
zu den verschiedenen Fonds auf proportioneller Grundlage bei.

Der oben genannte Betrag umfaßt nicht die lokale Arbeit und die
Eigenausgaben der Gemeindehaushalte für die Pfarrergehälter, die Un-

terhaltung der Kirchen und die Beiträge zu verschiedenen Aktionen am Ort. Die Gesamteinnahmen aller Gemeinden der Mutterkirche für den örtlichen und eigenen Gebrauch (ausgenommen die Missionsarbeit am Ort) wird vorsichtig auf 10 850 000 Rand im Jahr geschätzt. Die Gesamtsumme beträgt 17 350 000 Rand oder 23 Rand (32,2 Dollar) pro Person im Jahr. Hierunter fallen nicht die Sonderausgaben und Kampagnen zur Kapitalgewinnung wie etwa Baufonds für Kirchenneubauten, Hallen, Pfarrhäuser usw. Hierfür ist kein Zahlenmaterial verfügbar, und der Betrag könnte durchaus viele weitere Millionen Rand ausmachen.

VI. Ökumenismus

Im Jahre 1957 billigten die Provinzialsynoden der *Nederduitse Gereformeerde Kerk* unter anderem die folgende von einem *Ad-hoc*-Ausschuß vorgelegte Erklärung zum Ökumenismus:

„Unsere Kirche hat echtes Gespür und wirkliches Interesse für das ökumenische Bestreben unserer Zeit. Wir glauben, daß dieser Eifer durch den Geist Gottes im Blick auf die Zukunft belebt worden ist. Niemand, der einen wahren Begriff von der biblischen Lehre über die Einheit der Kirche Christi hat, wird sich diesem Versuch entziehen können, auf eine bessere Verkörperung und Verwirklichung unserer Einheit in Christus hinzuarbeiten. Die Heilige Schrift verkündigt nicht nur die Heiligkeit des mystischen Leibes Christi, sondern auch seine Einheit. Sie bringt nicht nur eine Botschaft in der symbolischen Sprache des Weinstocks und der Reben oder des Leibes mit vielen Gliedern; sie fordert auch, daß wir eins sein sollen, wie der Vater und der Sohn eins sind.

Diese Einheit braucht nicht künstlich geschaffen zu werden; sie besteht bereits in Christus. Sie findet sich im eigentlichen Wesen der Kirche Christi. Dieses Wesen ist nicht in der institutionalisierten oder organisierten Kirche zu finden, die in zahlreichen verschiedenen und oft widersprüchlichen Formen erscheint. Das Wesen der Kirche findet sich in der Gemeinschaft in Christus vereinigter Menschen, die der übrigen Menschheit gegenüberstehen, vereinigt im Glauben durch den Heiligen Geist als Glieder desselben mystischen, geistlichen Leibes. Hier finden wir eine viel stärkere und wirklichere, intensivere und dynamischere Einheit, als allgemeine Freundschaft oder guter Wille oder Zusammenarbeit sie bilden. Es ist eine organische Einheit aller, die durch den Heiligen Geist in Christus aufgenommen sind. Es ist eine neue Schöpfung, eine organische Gemeinschaft, die der Leib Christi genannt wird (1. Kor. 12). Die Heilige Schrift legt besondere Betonung auf diese Gemeinschaft *(koinonia)*.

Wir haben hier also eine übernatürliche organische Gemeinschaft, welche die zerrissene Menschheit nicht kennt und die ohne Christus nicht erreicht werden kann. Sie wird nur durch die ‚neue Schöpfung‘ in Christus erfahren. Für diese ist ‚die Scheidewand des Zaunes‘, verursacht durch Sünde, abgebrochen (Eph. 2, 14–16; Kol. 3, 10–11). Diese Einheit kann nicht durch die Vielzahl der gegründeten Kirchen noch durch die Abstammung der Glaubenden aus verschiedenen Nationen und Rassen zerstört werden. Die genannten Faktoren können den konkreten Ausdruck dieser Einheit höchstens behindern.

Weil jedoch auch das Volk Gottes von verderbter und endlicher Natur ist, wird die *ekklesia* des Neuen Testamentes noch immer unvollkommen auf Erden offenbart. Und wie diese unvollkommene Offenbarung einen Mangel an Heiligkeit und Macht zeigt, so beeinträchtigt sie die wahre Verwirklichung der Einheit der Glaubenden. Verschiedene Faktoren verursachen die Unvollkommenheit der Verwirklichung unserer bestehenden Einheit in Christus, und den wichtigsten dieser Faktoren bilden rassische Gegensätze und Spannungen. Auch in Südafrika spielen diese Faktoren keine geringe Rolle. Sie machen es sehr schwierig, die Einheit der Glaubenden aus verschiedenen Nationen und Rassen auszudrücken. Dies gilt jedoch nicht nur für die Beziehungen zwischen Weißen und Nichtweißen, sondern für alle Bevölkerungsgruppen.

In wachsendem Maße wird sich die christliche Kirche der Gefahr bewußt, Rassenbeziehungen hinzunehmen, die nicht unbedingt mit dem Worte Gottes übereinstimmen. Die holländisch-reformierte Kirche horcht deshalb von neuem auf das, was das Wort Gottes uns in der genannten Sache hinsichtlich der heutigen Situation zu sagen hat.“

VII. Das Zeugnis der Kirche in der rasch sich wandelnden Gesellschaft

Südafrika ist wie viele andere durch Vieh- und Landwirtschaft bestimmte Länder seit dem Zweiten Weltkrieg in die Prozesse technologischer Revolution, rascher Industrialisierung, Urbanisierung und Säkularisierung verwickelt worden. Erwähnt wurden bereits die Bemühungen, die seelsorgerische Arbeit unter diesen Umständen durch die Schaffung kleiner Gemeinden in Stadtgebieten zu intensivieren. Ständig wird darüber beraten, wie man die passiven Gemeindeglieder erreichen und

der Jugend das lebendige und unwandelbare Evangelium nahebringen
kann. Die Überlegungen in diesem Zusammenhang lassen sich folgendermaßen zusammenfassen: in Furcht und Zittern betet die Kirche, daß
sie sich ihrer Berufung voll bewußt sein möge, die Afrikaner, die Farbigen, die Inder und die Weißen, die in den Ablauf des raschen sozialen
Umbruchs verwickelt sind, mit den unergründlichen Reichtümern des
Evangeliums Jesu Christi zu konfrontieren.

Dies erfordert die Predigt des Evangeliums und das Wirken als *pastor
animarum* mit ausreichender Kenntnis der Sprache, des Volkslebens und
der kulturellen Voraussetzungen der betreffenden Menschen; er erfordert die Arbeit auf missionarischer Ebene im Zusammenwirken mit den
jungen Kirchen; es erfordert das Bestehen auf ausreichenden Bildungs-
möglichkeiten und konstruktiven Fürsorgeleistungen für den unterentwickelten Teil der Bevölkerung; es erfordert das beharrliche Bemühen
um Berührungspunkte mit der nichtweißen Intelligenz im Blick auf
gegenseitiges Verständnis der Probleme und schließlich die Forderung
an die Glieder der Kirche, in ihrem täglichen Umgang mit Mitgliedern
anderer Rassen ihr Glaubensbekenntnis konsequent in die Tat umzusetzen.

VIII. Die Holländische Reformierte Kirche und die Politik der getrennten Entwicklung

Die Kirche hat in der Heiligen Schrift keinen zwingenden Grund gefunden, sich dem Prinzip der getrennten Entwicklung der Rassen zu
widersetzen. Auf der Konferenz von Bloemfontein im Jahre 1950
waren Kirchenvertreter der Meinung, die einzig realistische Lösung des
Rassenproblems sei auf der Grundlage der Gebietsaufteilung für Afrikaner und Weiße zu finden, und sie drängten den Staat, eine Lösung in
dieser Richtung zu suchen. Dies Prinzip wurde später von einem früheren Premierminister von Südafrika in folgenden Worten formuliert:
„Die wesentliche Voraussetzung (für Stabilität und Wohlstand des
Landes) besteht in der Abschaffung der Rassenherrschaft. Solange eine
Rasse über die andere herrscht, wird es Widerstand und Unruhe geben.
Folglich sollte die Lösung mittels einer Politik gesucht werden, die darauf abzielt, diese Herrschaft in jeder Form und in jeder Hinsicht abzu-
schaffen."
Bei anderer Gelegenheit erläuterte derselbe Staatsmann diese Politik
wie folgt:
„Unser Suchen und Kämpfen gilt nicht nur einer Lösung, die unser

Überleben als weiße Rasse sichert, sondern wir suchen auch eine Lösung, die — in politischer und wirtschaftlicher Hinsicht — Überleben und volle Entwicklung für jede der anderen Rassengruppen gewährleistet, und wir sind bereit, aus unseren Gewinnen einen hohen Preis für die Sicherung ihrer Zukunft zu zahlen.

Das moralische wie das politische Problem besteht darin, einen Ausweg aus der höchst schwierigen und komplizierten Situation zu finden, die dadurch entstanden ist, daß der schwarze Mann nicht mehr unfähig oder unwillig ist, sich an der Lenkung seines Geschickes zu beteiligen. Auch hat niemand mehr die Absicht, sich der Verwirklichung dieser Bestrebungen in einer Form, die allen gerecht wird, zu widersetzen.

Wir wollen, daß jede unserer Bevölkerungsgruppen sich selbst lenkt und regiert, wie das bei anderen Nationen der Fall ist. Dann können alle wie in einem *Commonwealth* zusammenarbeiten — in einem wirtschaftlichen Zusammenschluß mit der Republik und untereinander ...

Südafrika wird in aller Ehrlichkeit und Fairness fortfahren, Frieden, Wohlstand und Gerechtigkeit für alle mittels politischer Unabhängigkeit in Verbindung mit wirtschaftlicher Interdependenz zu sichern.

Ich sehe eine Entwicklung in ähnlicher Richtung wie im (britischen) *Commonwealth* voraus. Mit anderen Worten, ich stelle mir die Entwicklung eines *Commonwealth* von Südafrika vor, in dem der weiße Staat und die schwarzen Staaten zusammenarbeiten können, ohne in einem Bund zusammengeschlossen und daher einer Zentralregierung unterstellt zu sein, sondern als getrennte und unabhängige Staaten zusammenarbeiten. In einer solchen Verbindung wird kein Staat über einen anderen dominieren. Sie werden vielmehr als gute Nachbarn leben."

Die Politik der getrennten Entwicklung wurde vor dem Internationalen Gerichtshof in Den Haag kurz folgendermaßen dargelegt:

„Getrennte Entwicklung ist nicht eine Politik der Beherrschung, sondern geradezu ihre Antithese — sie sieht die evolutionäre Beendigung der Vormundschaft in einer solchen Weise vor, daß daraus friedliche Koexistenz entsteht. Der Versuch der Integration muß andererseits unter den herrschenden Umständen unausweichlich zumindest zur Beherrschung einiger Gruppen durch andere führen.

Das Ziel der getrennten Entwicklung ist Gerechtigkeit für alle, nicht nur für einige. Sie sucht eine Situation zu vermeiden, in der die Ausübung der Selbstbestimmung durch einige der Einwohner die Verweigerung der Selbstbestimmung für andere bedeuten würde.

Die getrennte Entwicklung sucht eine Situation zu verhindern, in der die stärker entwickelten Gruppen, die zur Zeit für den wirtschaftlichen

Fortschritt und das hohe Niveau von Verwaltung und Wohlstand verantwortlich sind, durch weniger fortgeschrittene Gruppen mit völlig anderen Wertmaßstäben und Ansichten überschwemmt und vielleicht verdrängt werden.

Zudem würde getrennte Entwicklung nicht wie der Versuch der Integration den Verzicht auf die geheiligte Verpflichtung hinsichtlich der am schwächsten entwickelten Gruppen bedeuten, die im Rahmen der letztgenannten Politik der Gnade einer neuen Mehrheitsregierung mit konkurrierenden Interessen und möglicherweise feindlichen Neigungen und Absichten ausgeliefert wären, wie dies in der Vergangenheit der Fall war.

Die getrennte Entwicklung vermeidet die Schäden, die sich aus der Nichtbeachtung ethnischer Unterschiede, Treuebindungen und Reaktionen ergeben. Diese zeigen sich dann besonders deutlich, wenn ein Volk seine Existenz oder seine Grundinteressen durch ein anderes bedroht sieht. Die genannten schädlichen Ergebnisse bedeuten oft Spannungen, Unruhe, Feindseligkeiten und Blutvergießen und in einigen Fällen die Durchsetzung rücksichtsloser diktatorischer Maßnahmen zur Unterdrückung eben dieser Spannungen.

Die Vermeidung von Spannungen und Gruppenreaktionen zur Selbsterhaltung ist durch die getrennte Entwicklung nicht nur im politischen Bereich, sondern auch im Wirtschaftsleben des Landes gewährleistet. Diese Politik schafft nebeneinanderliegende, geschützte Sphären wirtschaftlichen Interesses für die verschiedenen Gruppen, in denen ihre Mitglieder vorwärtskommen können, ohne für andere Gruppen eine Bedrohung darzustellen oder als solche angesehen zu werden. Im Gegensatz dazu stehen die bekannten Formen der Diskriminierung und des Widerstandes, denen man fast unweigerlich dort begegnet, wo die Integration unterschiedlicher Gruppen gegen die Wünsche einer oder mehrerer dieser Gruppen erreicht werden soll.

Die getrennte Entwicklung ermöglicht eine konstruktive Zusammenarbeit zwischen weißen und nichtweißen Gruppen, auf der Grundlage der Gleichheit, zum gegenseitigen Nutzen — im Gegensatz zu dem Schicksal, das weißen Minderheiten in anderen afrikanischen Ländern zuteil wurde, deren Leitung — zum Schaden aller — in die Hände der Einheimischen gelegt wurde.

Die getrennte Entwicklung ermöglicht ein Erreichen der Selbstbestimmung der verschiedenen Gruppen zu verschiedenen Zeitpunkten. Hierdurch wird vermieden, daß fortgeschrittenere Gruppen ihre Selbstbestimmung mit Verzögerung erreichen, nur weil anderen Gruppen entsprechender Fortschritt und Reife noch fehlen.

Schließlich überläßt die getrennte Entwicklung den betroffenen Gruppen letztlich die freie Entscheidung darüber, ob, in welcher Form und in welchem Maße sie sich politisch, wirtschaftlich und auf andere Weise zusammenschließen, mit anderen und untereinander zusammenarbeiten wollen — im Gegensatz zu einem ihnen aufgezwungenen, vorher festgelegten Einheits- oder Bundessystem, das einige vielleicht als Bedrohung ihrer Existenz, ihrer Interessen oder ihrer Identität ansehen."

In einem an die Vereinten Nationen gerichteten offiziellen Dokument faßte die südafrikanische Regierung 1967 ihre Politik folgendermaßen zusammen:

„Die von Südafrika verfolgten Ziele sind im Grunde die gleichen, wie sie die Charta der Vereinten Nationen darlegt. Das Ziel besteht eben darin, jedes Volk zu einer sich selbst regierenden, organischen Einheit aufzubauen, die es befähigt, im politischen und wirtschaftlichen Bereich so mit anderen zusammenzuarbeiten, wie die Völker es in Ausübung ihres Rechtes der Selbstbestimmung freiwillig untereinander beschließen.

Das Endziel der südafrikanischen Politik besteht daher in der Schaffung unabhängiger und selbstbewußter Gemeinschaften, die frei sind von den schlimmeren Vorurteilen, Reibungen und Kämpfen, die sich unweigerlich ergeben, wenn man versucht, die Integration der verschiedenen Nationen oder Bevölkerungsgruppen mit Gewalt durchzuführen.

Das eigentliche Problem liegt nicht im Prinzip, sondern in der Methode — in der Art, in der diese Vorstellungen verwirklicht werden sollen — es geht darum, welche der beiden Methoden, der Versuch der Integration oder die getrennte Entwicklung, am besten geeignet ist, dem gemeinsamen Ideal nahezukommen. Südafrika glaubt, daß Versuche, die verschiedenen Völker der Republik in eine nationale Einheit zu zwingen, nicht glücken können und daß diese Versuche nur zu Unterdrückung und Streit führen müssen. Hierin wird Südafrika durch die Meinung von Fachleuten unterstützt, die das Problem untersucht und festgestellt haben, daß die Ereignisse in anderen Teilen Afrikas und der Welt ihre Ansichten hinreichend bestätigen."

Beim augenblicklichen Stand der Entwicklung gibt es zahlreiche Kontrollmaßnahmen — beispielsweise Überwachung der Zuwanderung, Trennung der öffentlichen Einrichtungen und Schutz der Arbeitsmöglichkeiten —, die Probleme und in Einzelfällen Härten schaffen. Die Kirche würde es vorziehen, ohne diese Maßnahmen oder zumindest ohne einige davon auszukommen. Aber es ist keine Frage, daß eine ge-

wisse Regulierung dieser Art zum jetzigen Zeitpunkt notwendig ist —
im Interesse des sozialen Friedens. Über das genaue Ausmaß, die Form
und den Inhalt solcher Maßnahmen und über die Notwendigkeit, bestimmte Maßnahmen überhaupt durchzuführen, kann man sehr verschiedener Meinung sein und ist man auch verschiedener Meinung. Infolgedessen werden diese Maßnahmen auch ständig angepaßt und geändert, damit sie ihren praktischen Zweck mit möglichst wenig Härten
erfüllen, und man kann sie sogar abschaffen, wenn sie nicht länger
zweckmäßig sind. Die Situation ist keinesfalls statisch, sondern entwickelt sich weiter. Die Kirche ist sich ihrer prophetischen Aufgabe in
Südafrika nicht nur voll bewußt, sondern legt beständig Zeugnis ab,
wenn ihr Härtefälle, die sich aus der getrennten Entwicklung ergeben,
zu Ohren kommen oder das Leben und Wohlergehen der Kirchen und
der Gesellschaft berühren.

Manche sind geneigt, die im vorigen Abschnitt genannten Maßnahmen
als das Wesen der „*apartheid*" oder getrennten Entwicklung anzusehen,
als Ursache einer statistischen Situation permanenter Trennung um der
Trennung aufgrund rassischer Theorien oder Vorurteile willen. Und so
sehen sie die Politik als Ideologie oder Doktrin. Diese Ansicht (manchmal noch verbunden mit Vorstellungen von bewußter Ausbeutung und
Unterdrückung) dient dann als Grundlage für die Verurteilung. Andere wieder sehen nur die Nachteile, herausgerissen aus dem Zusammenhang mit der Politik als ganzer und ohne die Frage von Alternativ-
lösungen zu beachten.

Eine vielrassige Gesellschaft auf der Grundlage gleicher Rechte für alle
innerhalb derselben geographischen Grenzen wird oft verfochten. Die
Mehrheitsgruppe einer integrierten Gesellschaft könnte leicht früher
oder später zur diktatorischen Clique werden, und die Minderheits-
gruppen von Weißen und Nichtweißen auf dem höchsten und tiefsten
Niveau der Entwicklung wären dann ihrem Schicksal überlassen. Angesichts des Fehlschlagens ähnlicher Versuche in anderen Teilen Afrikas
scheint sich diese Alternative nicht zu empfehlen.

Die Politik der getrennten Entwicklung, wie sie oben dargelegt ist,
scheint die einzige realistische Lösung in der besonderen Situation dieses
Landes zu bieten. Auf diese Weise wird das Wohlergehen jeder Gruppe
gesichert werden. Diese verbleibende Alternative ist die des „Leben
und leben lassen"; eine Politik, die versucht, den Wettbewerb und die
Interessenkonflikte zu beseitigen, die zu Reibungen und zu einem
Kampf um die Vorherrschaft bei dem Versuch eines Integrierungspro-
zesses führen, und die freie, sich selbst regierende Gemeinschaften
schaffen will, die untereinander zusammenarbeiten können, wie die

Nationen der Welt es in Angelegenheiten wechselseitiger wirtschaftlicher und anderer Interessen tun.

Es wäre zu einfach, die Haltung der Kirche als Unterstützung jeglicher
Regierungspolitik zu beschreiben. Einerseits ist der Staat von der Kirche
gedrängt worden, eine Politik der getrennten Entwicklung auf der
Grundlage territorialer Aufteilung als das einzig mögliche Mittel anzuwenden, durch das die berechtigten Ansprüche der einheimischen Völker
auf Selbstbestimmung, Menschenrechte usw. in einem beschleunigten
Entwicklungsprozeß befriedigt werden können: eben damit die fortdauernde weiße Oberherrschaft beendet wird, aber in einer Art, die
nicht den nationalen Selbstmord der weißen und anderer Minderheits-
gruppen bedeutet oder den revolutionären Zusammenbruch verursacht,
was zum Nachteil all der Millionen Menschen in Südafrika wäre und
der Kirche Christi und dem Kommen Seines Reiches nicht wiedergutzu-
machenden Schaden zufügen würde.

Andererseits ist die Haltung der Kirche nicht kritikloses Gutheißen jeglichen staatlichen Handelns. Der Staat wird vor allem gedrängt, so zu
handeln und vorzugehen, daß die Härten auf ein Mindestmaß beschränkt bleiben. Bereits im März 1960 veröffentlichte eine Anzahl
führender Männer der *Nederduitse Gereformeerde Kerk* (darunter die
Moderatoren einiger Synoden) in Kapstadt eine Erklärung, die den
folgenden Abschnitt enthält:

„Die *Nederduitse Gereformeerde Kerk* hat in der Vergangenheit durch
ihre eigene Politik und durch die Erklärungen ihrer Synoden klar dargelegt, daß sie die Politik der unabhängigen, autogenen Entwicklung
rechtfertigen und billigen kann, sofern sie in fairer und ehrenhafter
Weise durchgeführt wird, ohne die Würde der Person zu berühren oder
zu verletzen."

Dies setzt voraus, daß das Land so rasch wie möglich die Förderungs-
projekte für die unterentwickelten Völker vorantreibt, nicht nur in
politischer, sondern auch in wirtschaftlicher und bildungsmäßiger Hinsicht.

Die *Nederduitse Gereformeerde Kerk* behauptet nicht, daß die Maßnahmen und die allgemeine Lage in Südafrika vollkommen seien, daß
es keine soziale Ungerechtigkeit oder andere Mißstände gebe, daß die
Antwort auf alle Probleme gefunden sei, daß in diesem Bereich keine
Aufgabe für die Kirche mehr übrigbleibe und daß sie mit Vollkom-
menheit und ohne menschliche Schwächen und Mängel handele. Sie ist
sich der Existenz wesentlicher Probleme im Bereich von Rasse und
menschlichen Beziehungen bewußt und vertritt dieselben Ideale der sozialen Gerechtigkeit, der Menschenrechte und der Selbstbestimmung der

Völker wie andere christliche Kirchen. Die Kirche erkennt, daß der Prozeß zur Lösung der bestehenden sozialen und politischen Probleme viele vorübergehende Härten und Schwierigkeiten mit sich bringt. Sie sieht auch, daß die südafrikanische Regierung vor eine übermenschliche Aufgabe gestellt ist und nicht nur christliches Zeugnis, sondern auch freundschaftliches Verständnis und Gebet benötigt. Wo sich die *Neder-duitse Gereformeerde Kerk* von anderen Kirchen unterscheidet, da geht es nach ihrer Überzeugung nicht um Meinungsverschiedenheiten über moralische Konzeptionen und christliche Ethik, sondern um ein anderes Verständnis der Lage in Südafrika. Der Unterschied liegt nicht in Ideen und Zielen, sondern in der Auffassung von der besten Methode, sie zu erreichen.

324

13. Kapitel

DIE HOLLÄNDISCHE REFORMIERTE MISSIONS-KIRCHE IN SÜDAFRIKA

DAVID PETRUS BOTHA

I. Ursprünge

Die Evangelisation der Vorfahren der heutigen Farbigen in Südafrika begann mit der Ansiedlung der holländischen Kolonisten im Jahre 1652. Auf Anweisung der Regierung wurde den Hottentotten und Sklaven das Evangelium mit dem gebührenden Eifer gepredigt. Während der anderthalb Jahrhunderte dauernden Herrschaft der Holländischen Ostindien-Gesellschaft war die Holländische Reformierte Kirche *(Nederduitse Gereformeerde Kerk)* die einzige anerkannte Kirche, und alle Bekehrten und Getauften aus dem Stamm der Hottentotten, der Sklaven und der gemischten Bevölkerung wurden auf der Basis der Integration in dieser Kirche aufgefangen. Während dieser ganzen Zeit, die im letzten Jahrzehnt des 18. Jahrhunderts zu Ende ging, war in der Zahl der christlichen Gläubigen aus den verschiedenen Bevölkerungsgruppen ein mäßiges Wachstum zu verzeichnen.

Die eigentliche und großangelegte Christianisierung der farbigen Bevölkerung, ebenso wie die Integration der farbigen Randgruppen in die heutige westlich orientierte farbige Gemeinschaft fand im Laufe des 19. Jahrhunderts statt. Für diese Entwicklung waren hauptsächlich zwei Faktoren ausschlaggebend.

Erstens traf die große Missionsbewegung aus der westlichen Welt Südafrika — ein sehr leicht zugängliches Missionsfeld — mit voller Wucht. Prophetische Kirchenführer wie Dr. H. R. van Lier und Pastor M. C. Vos bereiteten mit ihren machtvollen Predigten den Weg für die Regierung und die Holländische Reformierte Kirche, nunmehr eine Reihe von Missionsgesellschaften ins Land zu lassen, wo sie ihre missionarische Arbeit außerhalb der etablierten Kirchenbezirke trieben. Diese Missionsgesellschaften waren fast überall im Lande vertreten und unterwarfen fast die gesamte farbige Bevölkerung dem Einfluß und der Seelsorge verschiedener christlicher Kirchen.

Zweitens verfolgte die Holländische Reformierte Kirche nunmehr eine völlig neue Politik bezüglich der Evangelisation und Kirchenzugehörigkeit der Farbigen. Mit der Gründung der Südafrikanischen Missionsgesellschaft — am 22. April 1799 in Kapstadt —, deren Mitglieder überdies in der Mehrzahl Glieder der Holländischen Reformierten Kirche waren, wurde deutlich, daß die Methodik der Missionsgesellschaften innerhalb einflußreicher Kreise dieser Kirche starke Unterstützung fand. Diese Methodik war durch die Tatsache charakterisiert, daß das Evangelisationsprogramm ausschließlich auf die Sklaven und die freien Farbigen zugeschnitten war, und daß Wort und Sakrament ihnen getrennt von den etablierten Gemeinden zugänglich wurden. Die Südafrikanische Missionsgesellschaft gründete Zweigstellen in verschiedenen Städten. Ein halbes Jahrhundert lang widersetzten sich die Amtsträger der Holländischen Reformierten Kirche dieser Entwicklung aufs schärfste, aber dann gab die Kirche auf der Synode 1857 nach. Wegen des starken Vorurteils vieler weißer Mitglieder gegen alles Farbige, andererseits aber durchaus ermutigt durch den großen Erfolg der Missionsgesellschaften, verabschiedete die Synode von 1857 einen Beschluß, der sich von historischer Bedeutung für das kirchliche und politische Leben des Landes erweisen sollte. Es wurde nämlich entschieden, daß Gemeinden, die aus der Missionsarbeit der Holländischen Reformierten Kirche entstanden waren, ebenfalls an getrennten Stellen betreut werden könnten. Diese Entschließung wurde demgemäß zur Grundlage für eine getrennte Kirchenorganisation für die farbigen Gläubigen, die durch die Gründung der Holländischen Reformierten Missionskirche (*Nederduitse Gereformeerde Sendingkerk*) wirksam wurde.

Am 6. Oktober 1881 trafen sich die Delegierten von vier Farbigengemeinden in Wellington in der Kapprovinz, um hier die erste Synode der Holländischen Reformierten Missionskirche in Südafrika zu konstituieren. Die Anfänge waren recht bescheiden und der Start unsicher. Wohlmeinende Kritiker nannten diese getrennte Synodalstruktur ein totgeborenes Kind. In der Tat waren die ersten Jahrzehnte ihres Daseins für die junge Kirche ein einziger und schwerer Kampf. Trotzdem waren es Jahre großer Zukunftsvisionen, wie man den Eröffnungsansprachen bei den Synoden entnehmen kann. In eben diesen Jahren wurde auch von der jungen Kirche ein Anfang mit der Evangelisation in Transvaal gemacht. Der englisch-burische Krieg hat die Holländische Reformierte Missionskirche allerdings fast vernichtet, weil es zu dem tragischen Zusammenbruch der guten Beziehungen zwischen weißen „Afrikaanern" und den Farbigen kam. Hinzukam, daß die große Depression in den 1930er Jahren die Existenz vieler Farbigen-Gemeinden bedrohte. Aber der Herr der Kirche stand zu seiner auch dieser Kirche gegebenen Verheißung, so daß die „Pforten der Hölle" ihr nichts anhaben konnten.

Anfangs hatte die Holländische Reformierte Missionskirche fast ausschließlich aus einer Reihe von Gemeinden bestanden, die aus der Missionsarbeit an der farbigen Bevölkerung hervorgegangen waren. Im Laufe der Zeit verließen jedoch große Mengen farbiger Glieder die Holländische Reformierte Kirche und traten in die Holländische Reformierte Missionskirche ein. Auch eine Anzahl Gemeinden, die aus der Rheinischen Missionsgesellschaft hervorgegangen waren, schlossen sich der Kirche an. Heute, nach 95 Jahren des Wachstums, ist die Holländische Reformierte Missionskirche die größte Kirche der farbigen Bevölkerung Südafrikas. Sie zählt 28,5 Prozent der farbigen Bevölkerung zu ihren Gliedern und Anhängern.

II. *Das Verhältnis zur Familie der Holländischen Reformierten Kirchen*

Die Holländische Reformierte Missionskirche ist als „Tochter"-Kirche der Holländischen Reformierten Kirche, zusammen mit den anderen „Tochter"-Kirchen unter den schwarzen und indischen Völkerschaften, der „Belgischen Konfession", dem „Heidelberger Katechismus" und den „Dordtrechter Beschlüssen" verpflichtet. Zwischen der „Mutter"-Kirche und den „Tochter"-Kirchen sowohl innerhalb wie außerhalb Südafrikas besteht eine föderative Verbindung, die im Föderativen Rat Holländischer Reformierter Kirchen zum Ausdruck kommt. Dieser Rat befaßt sich mit Angelegenheiten, die von gemeinsamem Interesse sind und regelt die Beziehungen der Kirchen zueinander. Seine Entschlüsse werden in Form von Empfehlungen an die Synoden der Mitgliedskirchen weitergegeben. Unter den „Tochter"-Kirchen gibt es eine starke Bewegung, die den Wunsch hat, den Rat in eine Generalsynode für alle Holländischen Reformierten Kirchen umzuwandeln. Die Synode der Holländischen Reformierten Missionskirche handelt völlig selbständig. Das war nicht immer so. 35 Jahre lang nach dem Gründungsdatum wurde die Kirche, gemäß Kirchenordnung, von der „Mutter"-Kirche regiert. Die nächsten 50 Jahre — vom 5. November 1915 bis zum 27. November 1975 — hatte die Kirche beschränkte Autonomie, mit dem Recht, eigene Gesetze und Richtlinien zu erlassen, vorausgesetzt, sie verstießen nicht gegen die Verfassung, die wiederum von der „Mutter"-Kirche verordnet und kontrolliert wurde.
Im Jahre 1975 hob die Synode der „Mutter"-Kirche die Verfassung auf. Am 27. November 1975 wurde eine Vereinbarung, die die Beziehungen zwischen der Holländischen Reformierten Kirche („Mutter"-

Kirche) und der Holländischen Reformierten Missionskirche regelte, von beiden Kirchen unterzeichnet. In dieser Vereinbarung geht es unter anderem um die Versorgung der Pfarrer und ihrer Angehörigen, die Ausbildung der Pfarrer, um finanzielle Unterstützung und um gemeinsame evangelistische Projekte. Bezüglich weißer Seelsorger wurde vereinbart, daß sie alle, kraft ihrer Berufung und Einsetzung, vollgültige Mitglieder der Holländischen Reformierten Missionskirche werden. Sie unterstehen somit der Aufsicht und Disziplin der Holländischen Reformierten Missionskirche. Die Zeit der Missionare ist damit endgültig vorbei. Alles dies bedingt nunmehr eine neue Kirchenordnung, mit deren Entwurf der Kirchenausschuß für Kirchenrecht und -verfassung beauftragt worden ist. Mit dem endgültigen Entwurf wird sich die Synode 1978 befassen.

III. Ausbildung der Pfarrer

Im Dienst der Kirche stehende weiße Pfarrer werden entweder im Theologischen Seminar in Stellenbosch oder an der Theologischen Fakultät der Universität Pretoria ausgebildet. Beide Institutionen werden von der „Mutter"-Kirche unterhalten und finanziert. Farbige Pfarrer werden an der Theologischen Fakultät der West-Kap-Universität ausgebildet. Das Seminar ist ein gemeinsames Unternehmen der West-Kap-Synode der Holländischen Reformierten Kirche und der Synode der Holländischen Reformierten Missionskirche. Aufgrund einer Vereinbarung mit der Universität werden dort vollakademische, wie auch Diplom-Kurse durchgeführt. Im Fünfjahreskurs, der mit zwei Jahren vortheologischer Ausbildung in wissenschaftlichen Fächern und alten Sprachen beginnt, folgen drei Jahre ausgesprochen theologischer Ausbildung. Er kann entweder mit einem theologischen Diplom oder mit dem theologischen Bakkalaureat (B. Th.) abgeschlossen werden, je nachdem, ob der Kandidat mit dem erforderlichen Oberschulabschluß begonnen hat. Kandidaten, die den B. Th. erworben haben, können sich bis zum Abschluß als Magister der Theologie (M. Th.) oder sogar zum Doktor der Theologie (D. Th.) eintragen. Um Pastor in der Kirche zu werden, muß ein Kandidat ein volles Jahr Theologiestudium absolvieren, nachdem er das Diplom oder das Bakkalaureat erworben hat. Dafür verleiht ihm die Universität ein Lizentiat.
Noch ist die Kirche nicht soweit, daß sie den Etat der Theologischen Fakultät ohne die Hilfe der „Mutter"-Kirche in voller Höhe übernehmen kann, obwohl die Universität des Westlichen Kaps den größten

Anteil an den Gehalts- und Lehrmittelkosten bestreitet. Aber selbst wenn die Kirche den Etat allein aufbringen könnte, würde sie nicht gern eine so vorteilhafte Zusammenarbeit mit der „Mutter"-Kirche abrupt beenden wollen angesichts der Tatsache, daß die „Mutter"-Kirche die theologische Schule für die Holländische Reformierte Missionskirche ins Leben gerufen und bis 1973 die volle Finanzierung der Lehrkräfte und aller sonstigen Ausgaben getragen hat. Aber selbstverständlich muß die Kirche in naher Zukunft die volle finanzielle Verantwortung übernehmen, und sie wird auch die Menschen stellen müssen, die als Lehrkräfte und Verwaltungsangestellte gebraucht werden.

IV. Struktur und Funktion der Kirche

Die Struktur der Kirche ist dem reformierten und presbyterianischen Modell angeglichen. Es gibt drei Ebenen innerhalb der Kirchenregierung, nämlich das Konsistorium *(kerkraad)*, den Kirchenkreis *(Classis)* und die Synode. Die Konsistorien treffen sich so oft, wie erforderlich, die Kirchenkreise einmal jährlich, und die Synode alle vier Jahre. Um die allgemeine Arbeit der Kirche im Zeitraum zwischen den Synoden zu bewältigen, hat die Synode 19 Ausschüsse eingesetzt, jeden mit einem Sonderauftrag versehen und der Verpflichtung, der Synode Bericht zu erstatten. Der wichtigste ist der Synodalausschuß, der die Vollmacht hat, in allen dringenden Angelegenheiten, die nicht bis zur nächsten Synode in der Schwebe bleiben dürfen, zu entscheiden.

Alle drei Amtsträger, also Pfarrer, Kirchenälteste und Diakone, sind im Konsistorium vertreten, während im Kirchenkreis und in der Synode nur Pastoren und Kirchenälteste eingesetzt sind. Das Konsistorium besteht aus allen Pfarrern, Kirchenältesten und Diakonen der Gemeinde, während jede Gemeinde im Kirchenkreis vertreten ist, auf der Synode hingegen allein durch ihren (ihre) Pfarrer und einen gewählten Kirchenältesten. Außer den 92 weißen Pastoren in der Kirche sind alle anderen Amtsträger Farbige. Die Berufung von Pfarrern durch die Konsistorien, die Wahl der Vorsitzenden und Schriftführer durch die Kirchenkreise und die Wahl des Moderamen und anderer leitender Persönlichkeiten durch die Synode erfolgt durch freie und geheime Wahl. Das gute Verhältnis zwischen den weißen Pfarrern und der großen Mehrheit farbiger Pfarrer und Kirchenältester in der Synode wird dadurch deutlich, daß man zum Moderator wie zum Schriftführer einen Weißen gewählt hat.

Die kirchliche Arbeit ist in eine Reihe von Abteilungen gegliedert, die auf allen drei Ebenen, der Gemeinde, dem Kirchenkreis und der Synode, bestehen. Die Synode als Legislativorgan der Kirche erläßt alle Verordnungen und Richtlinien über die Zuständigkeit auf allen Ebenen. Die Kirchenkreise haben eine Aufsichtsfunktion und müssen dafür sorgen, daß die Gemeinden, die ihnen unterstehen, gut und entsprechend der Kirchenordnung funktionieren. Die Gemeindeglieder unterstehen der Disziplinargewalt des Konsistoriums, die Pfarrer dem Kirchenkreis, während die Synode die höchste Berufungsinstanz ist.

V. Abteilung für Verwaltung und Finanzen

Für die Verwaltung allen Kircheneigentums hat die Synode einen Aufsichts- und Kontrollausschuß ernannt. Dieser Ausschuß hat Vollmacht, Synodal- oder anderes kirchliches Eigentum zu erwerben, zu besitzen oder zu veräußern. Außerdem ist er bevollmächtigter Treuhänder für allen Gemeindebesitz, soweit eine Gemeinde nicht ausdrücklich — nach der Kirchenordnung — ausgenommen ist. Um die notwendigen Geldmittel für das Zusammentreten der Synode und für die Funktion der verschiedenen Ausschüsse und deren Tätigkeit aufbringen zu können, wird allen Gemeinden eine Umlage auferlegt. Darüber hinaus wird von den Gemeinden erwartet, daß sie gottesdienstliche Kollekten für alle empfohlenen Synodal-Aktionen erheben (mindestens eine Kollekte pro Aktion im Jahr).

Der Ausschuß für Aufsicht und Kontrolle beaufsichtigt die Verwaltungsstelle *(saakgelastigde)*. Er sieht sich auch Vorlagen und Berichte anderer Synodalausschüsse und -einrichtungen an. Der jährliche Geldumsatz der Kirche beläuft sich, wie aus den Büchern des Administrators hervorgeht, auf über anderthalb Millionen Rand. Ein großer Teil dieses Geldes besteht aus staatlichen Subventionen für die Unterhaltung verschiedener Einrichtungen, die noch erwähnt werden.

Zahlreiche Gemeinden tragen sich finanziell selbst. Die Mehrzahl braucht jedoch noch Hilfe von draußen. In den meisten Fällen besteht eine Vereinbarung zwischen einer Gemeinde und der am gleichen Ort befindlichen Patengemeinde der „Mutter"-Kirche, wobei die „Mutter"-Gemeinde das Gehalt des Pfarrers entweder ganz oder teilweise finanziert. Außerdem können auch noch andere finanzielle Hilfen im Rahmen einer solchen Vereinbarung zugesichert werden. Die Synoden des westlichen und des östlichen Kaps der „Mutter"-Kirche stellen jedes Jahr einen Pauschalbetrag zur Verfügung, der für Gehaltshilfen an Pfarrer der Holländischen Reformierten Missionskirche bestimmt ist.

Diese Gelder werden vom Ausschuß für Aufsicht und Kontrolle verwaltet und verteilt. Nach den Finanzberichten des Ausschusses, die der
Synode 1974 vorgelegt wurden, trägt die „Mutter"-Kirche mit 700 000
Rand in Form von Gehaltshilfen und anderen Beiträgen zum Gesamt-
umsatz bei. Das entspricht 25 Prozent des Gesamteinkommens der Gemeinden.

Es erhebt sich die Frage, ob die Holländische Reformierte Missionskirche sich wohl jemals finanziell selbst tragen kann. Eine positive Antwort hängt von zwei Bedingungen ab, daß nämlich die Farbigen-
gemeinschaft sich erstens von einer Arbeiterklasse — die sie derzeit
überwiegend ist — zu einer Gesellschaft entwickelt, in der alle normalen
sozialen und wirtschaftlichen Schichtungen vertreten sind, und daß
zweitens die Glieder der Kirche dem biblischen Vorbild einer guten
Haushalterschaft näherkommen. Die erste Bedingung kann nur mit der
aktiven Unterstützung der Regierung und der Wirtschaftsführer erfüllt werden, und selbst dann wird es noch seine Zeit dauern. Die
zweite Bedingung kann von einer Kirche erfüllt werden, die vom
Heiligen Geist erfüllt ist. Obwohl Übersichten ergeben haben, daß farbige Christen ihrer Kirche kein Prozent ihres Verdienstes weniger
geben als weiße Christen, ist das Niveau der Haushalterschaft in beiden Fällen niedrig. So wäre es kein Wunder, wenn in der Kirche schon
dann volle finanzielle Selbständigkeit erreicht würde, wenn nur die
zweite Bedingung erfüllt wird.

VI. *Abteilung für den Dienst der Barmherzigkeit*

Dieser Dienst ist in zwei Kategorien aufgeteilt, von der jede von einem
Synodalausschuß beaufsichtigt wird.

Kategorie eins ist die Fürsorge an notleidenden Menschen und Familien. Auf Synodalebene leitet und koordiniert der Ausschuß für den
Dienst der Barmherzigkeit *(Kommissie vir die Diens van Barmhartig-
heid)* die Arbeit der Kinder- und Familien-Fürsorge, die Kranken-
hausseelsorge und die Betreuung von Alkoholikern. Auf Gemeindeebene ist in erster Linie das Diakonat für den „barmherzigen Dienst"
verantwortlich, aber viele größere Gemeinden in den Klein- und Groß-
städten haben Sonderdienste eingerichtet, die von kirchlich ausgebildeten Fürsorgern geleistet werden. Diese Fürsorger sind staatlich registriert, und die für sie zuständigen Ortsausschüsse sind dem Synodalausschuß angeschlossen. Wo die Zahl der betreuten Fälle einer Für-
sorgekraft es rechtfertigt, kann die Kirche einen staatlichen Zuschuß zu
ihrem Gehalt beantragen. Zur Zeit sind 60 Ortsausschüsse auf diesem

Gebiet tätig und mehr als 20 Fürsorger erhalten Zuschüsse. Die Ortsausschüsse können auch Kinderkrippen und Altenheime errichten und
unterhalten. Anträge auf staatliche Zuschüsse müssen über den Synodalausschuß geleitet werden. Jeder Ortsausschuß muß dem Synodalausschuß für den Dienst der Barmherzigkeit jährlich einen Finanz- und
Tätigkeitsbericht vorlegen. Eine Reihe von Kinderkrippen und Alten-
heimen sind inzwischen entstanden.

Aus Mangel an Mitteln ist es nicht möglich gewesen, mehr als einen
Krankenhausseelsorger einzusetzen. Dieser Pfarrer hat die erkrankten
Gemeindeglieder in vier der größten Krankenhäuser Kapstadts zu betreuen. Krankenhäuser in anderen Städten werden vom Gemeindepfarrer am Ort sowie den Gemeindegliedern besucht. Der Synodalausschuß
ist zuständig für den Dienst des Krankenhausseelsorgers, nimmt seine
Berichte entgegen und erteilt den Gemeinden entsprechende Dienst-
anweisungen. Den Diakonen gibt der Ausschuß Richtlinien für die Ausübung ihrer verschiedenen Einsätze.

Die Farbigen leiden ganz besonders unter der Geißel des Alkoholismus.
Es gibt aber keine Einrichtung, in der Alkoholiker aus dieser Gemeinschaft eine Sonderbetreuung oder eine Spezialbehandlung erhalten
können. In der Regel werden diese Menschen an die psychiatrischen
Abteilungen der staatlichen Krankenhäuser überwiesen. Im Blick auf
diese Notlage hat die Synode beschlossen, ein oder mehrere Heime für
die Rehabilitation farbiger Alkoholiker und Drogensüchtiger einzurichten. Das erste befindet sich im Bau, und die Arbeit wird noch vor Ende
1976 aufgenommen werden können. Daneben hat die Kirche einen Verband mit Zweigstellen in den meisten Gemeinden gegründet mit dem
Ziel, Vorbeugemaßnahmen gegen den Alkoholismus zu ergreifen, Angehörigen von Alkoholikern zu helfen, rehabilitierten Alkoholikern
eine Nachbetreuung anzubieten und die Bevölkerung aufzuklären.
Dieses Unternehmen stellt die Kirche vor eine riesengroße neue Aufgabe.

Für die zweite Dienstkategorie, also die Anstaltsfürsorge, hat die
Synode einen Wohlfahrtsausschuß eingesetzt. Er überwacht die Arbeit
aller von der Kirche gegründeten Wohlfahrtsinstitutionen und besitzt
alle Vollmachten, um weitere und neue einzurichten. Die Kirche ist seit
50 Jahren in der Anstaltsfürsorge tätig.

Eine zielstrebige Frau namens Anna Tempo, Tochter von Sklaven-
Eltern, gründete zu Anfang dieses Jahrhunderts ein Heim für farbige
ledige Mütter. Dieses Heim übernahm die Kirche unter dem Namen
„Nannie-Heim", den sie ihm zu Ehren seiner bedeutenden Gründerin
gab. Heute befindet sich das Heim in einem modernen Gebäude, ver-

fügt über 25 Betten sowie alle notwendigen Einrichtungen für eine gute körperliche und seelische Betreuung.

Die erste evangelische Schule für farbige Gehörlose wurde 1933 von der Kirche ins Leben gerufen. Sie ist noch immer die einzige von Protestanten getragene Anstalt ihrer Art im Lande und ist zu einer Schule angewachsen, in der 270 taube Schüler leben und von einem Stab von 50 Lehr- und Pflegekräften versorgt werden. Das Interesse der Kirche für das Kind hat zur Errichtung einer Reihe von Heimen im nordwestlichen Kap geführt. Diese Arbeit hat dann wiederum die Gründung von Heimen für verwahrloste Kinder zur Folge gehabt. Die größte dieser Anstalten ist das Kinderheim Steinthal bei Tulbagh. Es hat sich zur größten Einrichtung seiner Art in ganz Südafrika entwickelt und kann bis zu 650 verwahrloste Kinder und Waisen aufnehmen. Das erste und einzige Heim für Kleinkinder unter zwei Jahren, das Christine Revell-Kinderheim, wurde ebenfalls von der Kirche erbaut und wird von ihr geleitet. Alles in allem trägt die Kirche somit die Verantwortung für die Betreuung und Erziehung von mehr als 1000 Kindern.

1962 betrat die Kirche mit der Eröffnung der ersten Anstalt für farbige Epileptiker in Südafrika absolutes Neuland. Sie ist bis heute die einzige ihrer Art geblieben. Zunächst hatte man Plätze für 54 Kinder geschaffen, doch befinden sich heute 70 dort in Pflege. Da die Zahl der epileptischen Farbigen-Kinder im Lande, die keine Spezialbehandlung erhalten, über 900 beträgt, soll das Heim sobald wie irgend möglich groß ausgebaut werden. Wegen der teuren Spezialbehandlung, die hier erforderlich ist, ist diese Schule das kostspieligste Unternehmen der Kirche; die Kosten pro Kind betragen 1400 Rand im Jahr.

Die Etatausgaben allein für Anstaltspflege betrugen im letzten Fiskaljahr über 600 000 Rand, von denen der Staat etwa 500 000 Rand in Form von Zuschüssen und Beihilfen beisteuerte und die Kirche 105 000 Rand aufbringen mußte. Im nächsten Jahr muß mit dem Doppelten gerechnet werden. Der Etat für das laufende Jahr für diese Sozialarbeit und den diakonischen Dienst beträgt 125 000 Rand, von denen wir vom Staat 67 000 Rand in Form von Zuschüssen erhalten. Für die bei den örtlichen Diakonaten anfallenden Ausgaben für Hilfsdienste gibt es keine Zahlen.

VII. *Abteilung für Jugendarbeit*

Die Jugendarbeit der Kirche wird vom Synodalausschuß für Christliche Erziehung koordiniert und geleitet. Alle Kirchenkreise und Konsistorien haben einen ähnlichen Ausschuß, der für die jeweilige Tätigkeit zuständig ist. Ein hauptamtlicher Sekretär für Jugendarbeit ist mit der Organisation und Förderung von Ausbildungskursen für Jugendleiter und Lehrer beauftragt.

Jede Gemeinde hat eine oder mehrere Sonntagsschulen. Über 90 000 Kinder nehmen daran teil und werden von 3700 Lehrern unterwiesen. Beim Stundenplan hält man sich an den ins *Afrikaans* übersetzten Lehrplan der „*Gospel Light*"-Bibel. Ab 16 Jahren gelten Jugendliche als erwachsene Gemeindeglieder und können zum Abendmahl zugelassen werden. Zur Zeit besuchen 10 000 den katechetischen Unterricht.

Für die Ausbildung junger Menschen für den diakonischen Dienst gibt es eine Reihe von Organisationen. Eine sehr erfolgreiche Organisation für Kinder wird von der Frauen-Gilde getragen. Mehr als 18 000 Kinder nehmen an den Aktivitäten teil, in deren Rahmen ihnen beigebracht wird, wie sie tätige Glieder ihrer Kirche, die auch für andere da sein wollen, werden können.

Die Christliche Vereinigung Junger Frauen ist eine kleine, aber wirkungsvolle Organisation, deren Mitglieder sich aus allen Gesellschaftsschichten rekrutieren. Die jungen Mädchen sollen hier auf ihre Aufgaben als Ehefrau und Mutter vorbereitet werden. Dem CVJF gehören etwa 500 junge Frauen an.

Der größte und einflußreichste Jugendverband ist die Christliche Jugend-Organisation, der mehr als 5000 Jungarbeiter und Studenten beiderlei Geschlechts angehören. In diesem Verband wird den jungen Leuten eine große Auswahl an Wegen und Möglichkeiten gezeigt, wie sie Jesus und ihren Nächsten in und außerhalb der Kirche dienen können. Außerdem bietet ihnen der Verband das Erlebnis einer festen und kreativen Gemeinschaft.

Die Kirche fördert ebenfalls die Kirchliche Jugend-Brigade, eine Organisation mit sozusagen para-militärischem Charakter. Sie hat den Zweck, der Jugend persönliche und allgemeine Disziplin fürs Leben mitzugeben. Die Kinder nehmen an den verschiedenen Übungen wie Exerzieren, Marschieren, Paradieren und Marschmusik, die mit Bibelstunden, Gesundheitserziehung und Zelten abwechseln, mit großer Begeisterung teil. Der Kirchlichen Jugend-Brigade gehören mehr als 6000 Kinder und Gruppenleiter an.

VIII. Evangelisation und Mission

Ein Synodalausschuß für Evangelisation und Mission leitet diesen Zweig der kirchlichen Arbeit. 1973 wurde ein hauptamtlicher Sekretär für Evangelisation berufen, dem zur Aufgabe gemacht wurde, eine gründliche Studie neuer Wohngebiete zu machen, erste Verhandlungen über den Erwerb von Standorten für Kirchbauten zu führen, die Zahl der Kirchenmitglieder und Anhänger in den Neubaugebieten festzustellen und sich der Ausbildung und Zurüstung von Amtsträgern und Gemeindegliedern für die evangelistische Aufgabe anzunehmen.

1975 setzte im ganzen Land eine Dreijahreskampagne für Evangelisation und Mission ein. Gleichzeitig bemühte man sich um die Jugend, indem ein Kursus für Evangelisation für eine Gruppe engagierter junger Leute abgehalten wurde, die nun ihrerseits weitere Jugendliche aus den Gemeinden für ihre Aufgabe im Evangelisations-Programm zurüsten sollen.

Eine kombinierte Aktion der (weißen) Holländischen Reformierten Kirche, der (schwarzen) Holländischen Reformierten Kirche in Afrika und der Holländischen Reformierten Missionskirche wird schon seit einiger Zeit durchgeführt. Diese Aktion wurde im Blick auf die seelischen und geistigen Nöte der Tausende von Bahnarbeitern angesetzt, von denen viele in Barackenlagern entlang den Hauptverkehrslinien hausen. Außerdem wurden in der Industriemission neue Schwerpunkte gesetzt. Es wird immer deutlicher, daß, um den modernen, in der Industrie lebenden Menschen mit dem Evangelium wirklich zu erreichen, alle Evangelisationsprogramme von unseren Kirchen gemeinsam und sogar in ökumenischem Rahmen unternommen werden müssen.

Infolge des rasanten Urbanisierungsprozesses, der in den letzten 30 Jahren stattgefunden hat, ist heute mehr als ein Drittel der farbigen Gesamtbevölkerung in der Kaphalbinsel und ihrer unmittelbaren Umgebung konzentriert. Umfangreiche Wohnsiedlungen für Farbige sind entstanden, und viele der neuen Bewohner fanden sich infolgedessen weit von den nächsten Gemeinden und Kirchen entfernt. Das Ergebnis war eine wachsende Gleichgültigkeit gegenüber ihrer Kirche. Die Kirche aber war in all diesen neuen Wohngebieten in keiner Weise präsent.

Im Jahre 1954 versuchten nun die Holländische Reformierte Kirche und die Holländische Reformierte Missionskirche bereits gemeinsam, diese Menschen zu erreichen und sie ihrer Kirche wieder zuzuführen. Das Kaphalbinsel-Missionsamt wurde von Vertretern beider Kirchen gebildet, und ein hauptamtlicher Sekretär wurde dafür eingesetzt. Die Hauptaufgabe dieses Amtes ist es, der Kirche bei der Überwindung der Krise zu helfen, die durch die Urbanisierung und Massenumsiedlung von Menschen entstanden ist, und zwar auf dem Wege der Forschung, der Planung, der Aufspürung von der Kirche entfremdeten Gliedern und der Wegbereitung zur Gründung neuer Gemeinden. In den 22 Jahren seines Bestehens hat das Amt fast eine Million Rand für verschiedene evangelistische und Kirchbau-Projekte ausgegeben, die zur Gründung von zehn neuen Gemeinden und der Umsiedlung von fünf weiteren geführt haben.

Die Holländische Reformierte Missionskirche hat auch die Evangelisation von Moslems als ihre besondere missionarische Aufgabe erkannt. Ein Missions-Organisator, ein Spezialist auf diesem Gebiet, wurde berufen und mit der Aufgabe betraut, die Laien für ihren Zeugendienst an den Moslems, mit denen sie täglich Berührung haben, zuzurüsten. Obwohl dies eine sehr schwierige Sache ist, hat Gott erste Erfolge geschenkt. In den meisten Gemeinden auf der Kaphalbinsel gibt es heute ehemalige Moslems, die sich zu Jesus als Herrn und Heiland bekennen.

IX. Abteilung für Publizistik und Kommunikation

Die Synode hat einen Direktor für Publizistik und Kommunikation ernannt, der dem Verlagshaus und der Buchhandlung vorsteht, als kirchlicher Archivar arbeitet und für die Verbindung zu Presse und Rundfunk zuständig ist. Er ist Herausgeber der offiziellen Zeitschrift der Kirche „*Die Ligdraer*" (Der Lichtbringer). Ein Synodalausschuß für Publizistik und Kommunikation überwacht die Arbeit des Direktors und seiner Mitarbeiter und bestimmt die Arbeitsweise.

Außer „*Die Ligdraer*" werden dreimonatliche Handreichungen für zwei Jugendverbände veröffentlicht. Die Kirche bringt alle Bücher, Broschüren, Studienmaterialien, Tagesordnungen und Protokolle der Synoden heraus, sowie Formblätter und Briefbogen für ihren eigenen Bedarf. Eine Reihe von Veröffentlichungen für einen größeren Leserkreis, wie etwa eine sehr beliebte Serie von Material für Andachten, erscheinen ebenfalls. Bis jetzt sind alle Publikationen und der Schriftverkehr mit den Massenmedien auf Afrikaans herausgegangen. Weil es jedoch die ökumenischen Beziehungen der Kirche erforderlich machen, ist nun auch weitgehend Englisch eingeführt worden, sowohl für Veröffentlichungen wie auch besonders im Verkehr mit anderen Kirchen im In- und Ausland.

X. Ökumenische Beziehungen

Das Moderamen, erweitert durch drei von der Synode benannte Mitglieder, bildet einen Ausschuß für ökumenische Angelegenheiten. Seine Aufgabe ist die Behandlung aller ökumenischen Fragen für die Kirche durch Korrespondenz, Dialog und Konferenz, sowie die Obliegenheiten einer Durchlaufstelle für den Verkehr mit Kirchen in der ganzen Welt. Außerdem ernennt (bzw. benennt) er die Delegierten für ökumenische Konferenzen und Sachgespräche.

In Südafrika ist die Kirche beobachtendes Mitglied des Südafrikanischen Rates der Kirchen *(South African Council of Churches)*, und sie unterhält bilaterale Beziehungen zur anglikanischen Kirche sowie zur Methodistenkirche. Außerhalb Südafrikas steht die Kirche in engem Briefwechsel mit der *Gereformeerde Kerk en Nederland* und ist außerdem im Gespräch mit verschiedenen Kirchen in Europa und den Vereinigten Staaten. Auch mit der Reformierten Kirche Japans wurde Verbindung aufgenommen. Die Kirche ist Vollmitglied des Reformierten Weltbundes ebenso wie der Reformierten Ökumenischen Synode. Sie war im August 1976 Gastgeberin für die Tagung der Reformierten Ökumenischen Synode in Kapstadt.

XI. Probleme und Entscheidungen

Das größte praktische und organisatorische Problem, mit dem die Kirche zu kämpfen hat, besteht im Bemühen, sich der Entvölkerung der ländlichen Gebiete und der massiven Urbanisierung der Farbigen anzupassen. Wir haben schon jetzt 60 Gemeinden mit weniger als je 300 Gliedern im Lande. Diese Gemeinden können sich keinen hauptamtlichen Pfarrer leisten, es sei denn, sie bekommen irgendwoher einen kräftigen Zuschuß. Eine Teillösung wurde durch eine Abmachung zwischen den Gemeinden der Kirche und der „Mutter"-Kirche gefunden, indem mehrere Gemeinden sich in einen Pfarrer teilen. Manch eine Gemeinde wird sich jedoch in das Unvermeidliche fügen müssen; sie wird aufgelöst und muß in einer anderen Gemeinde aufgehen.

Unsere Bemühungen, mit der Urbanisierung der Kirchenmitglieder fertig zu werden, sind schon in den früheren Abschnitten angesprochen worden. Das Problem als solches kann nicht ernst genug genommen werden, zumal es sich durch das *Group Areas Act* (Gruppen-Umsiedlungsgesetz) noch unermeßlich verschärft hat, weil nunmehr Tausende von Städtern zwangsweise umgesiedelt werden, zumeist in Primitiv-Unterkünfte. Es ist allgemein bekannt, daß in diesen Unterkünften soziale Auflösungserscheinungen und Kriminalität an der Tagesordnung sind. Diese Erscheinungen sind wohl typisch für Großstadtverhältnisse in der ganzen Welt, aber in Südafrika sind sie durch den Zorn, die Verbitterung und die Auflehnung Tausender von Menschen gegen ihre Zwangsumsiedlung noch verschlimmert. Wenn die Kirche diesen

Menschen das Evangelium predigen will, hat sie auch die Pflicht, die sozialen Wunden zu heilen. Das ist der Grund, warum sie sich so große Mühe gibt, einen neuen Gemeinsinn in den Menschen zu wecken, die sich in einer Welt von Fremden in diesen neuen Wohngebieten vollständig verloren vorkommen. Es ist beweisbar, daß die Präsenz der Kirche sowie ihr Einsatz gegen diese Auflösungserscheinungen einen Hauptfaktor für die Normalisierung und Eingliederung solcher Gesellschaftsgruppen darstellt. Trotz schwerer Verluste von Kirchenmitgliedern infolge der Bevölkerungsverschiebung hat die Holländische Reformierte Missionskirche zu einer festigenden Kraft im Leben Tausender von Städtern und ihrer Gesellschaften werden können. Neben der katholischen Kirche ist sie die einzige Großkirche, die nicht hinter dem Wachstum der farbigen Bevölkerung zurückgeblieben ist.

Nach vielen Jahren verhältnismäßig stiller Beteiligung am Kampf anderer Kirchen für soziale Gerechtigkeit befindet sich die Holländische Reformierte Missionskirche plötzlich — nachdem das ganze Problem neue Dimensionen angenommen hat — in der Rolle eines Bannerträgers. Es fing eigentlich schon 1974 während der 21. Synode der Kirche an. Diese Synode kann man mit Fug und Recht als die „Synode der Söhne" unserer Kirche bezeichnen. Mit wachsender Freude und Befriedigung haben die Männer, die diesen Tag jahrelang herbeigesehnt haben, erlebt, wie die Farbigen aufstanden, um das Steuer der Kirche selber in die Hand zu nehmen. Farbige Pfarrer beherrschten die Szene in den Diskussionen und hinterließen mit ihren guten Argumenten und ihrer verantwortungsbewußten Haltung einen nachhaltigen Eindruck. In den Ausschüssen spielten sie die entscheidende Rolle und trugen darüber hinaus mit wertvollen Anregungen zu den Verwaltungsfragen bei. Wer zunehmende Spannungen zwischen weißen und braunen Pfarrern befürchtet hatte, erlebte eine Überraschung. In der ehrlichen und offenen Debattenführung und der Anerkennung der Integrität auf beiden Seiten kamen sich Weiße und Braune näher als je zuvor.

Eine Hauptentschließung betraf die Modalitäten der Vereinbarung mit der „Mutter"-Kirche, die schon weiter oben erwähnt worden ist. In erster Linie ging es um die Zugehörigkeit des weißen Pfarrers. Die Synode entschied, daß ein weißer Pfarrer als früherer Missionar vollgültiges Mitglied der Holländischen Reformierten Missionskirche werden und somit der Dienstaufsicht und Disziplin dieser Kirche unterstehen solle.

Zwei weitere lebenswichtige Entscheidungen der Synode betrafen rassisch-gemischte Ehen und gemeinsamen Gottesdienst. Die von der Synode verabschiedete Erklärung über rassisch-gemischte Ehen wurde

bestätigt. Sie lautet: „In der Heiligen Schrift ist über die rassisch-gemischte Ehe nichts ausgesagt. Eine Ehe einzugehen, ist primär Sache des
Einzelnen und der Familie. Kirche und Staat sollten sich eines Ver-
botes von rassisch-gemischten Ehen enthalten, denn sie haben kein
Recht, die freie Wahl des Ehepartners aufgrund von Rasse oder Hautfarbe einzuschränken." Dieser Beschluß muß auf dem Hintergrund der
Gesetze gesehen werden, die eine Ehe zwischen einem Weißen und
einem Nicht-Weißen in Südafrika untersagen.

Daß die Synode diesen Beschluß faßte, kann nicht überraschen. Ebenso
wie die Holländische Reformierte Kirche wegen ihrer Identifizierung
mit den sozial abgleitenden „armen Weißen" die Regierung drängte,
dieses Gesetz zu erlassen, das Ehen zwischen Weißen und Nicht-
Weißen untersagt, genauso konnte man von der Holländischen Reformierten Missionskirche erwarten, daß sie wegen ihrer Identifizierung
mit der braunen Gemeinschaft, die doch das Gesetz als einen harten Ein-
griff in ihre gesamte Existenz empfinden muß, dem Staat gegenüber in
gleicher Weise darauf dringen würde, das Gesetz außer Kraft zu setzen.
Die Synode verzichtete jedoch bewußt darauf, sich auf die aktuelle
Situation als Motiv für ihren Beschluß zu beziehen. Aus der Debatte
ging hervor, daß kein Delegierter sich ausdrücklich für gemischte Ehen
eingesetzt hatte. Es wurde sogar akzeptiert, daß sowohl Staat wie
Kirche eine wichtige Rolle bei einer Eheschließung zu spielen haben,
und daß sie das Recht haben, bestimmte Ehen aus biblischen und ethischen Gründen zu untersagen. Aber weder Hautfarbe noch Rasse darf
eine Begründung dafür sein, denn durch eine rassisch-gemischte Ehe
wird weder ein biblisches noch ein ethisches Prinzip verletzt. Das
Moderamen steht gegenwärtig in Verhandlungen mit der Regierung
über die Aufhebung des Gesetzes, und man versucht, sich der Unterstützung durch die „Mutter"-Kirche zu vergewissern. Bisher haben
diese Bemühungen zwar keinen Erfolg gehabt, aber die Kirche ist nicht
gewillt, nachzugeben.

Die Synode bestätigte ebenfalls die Erklärung der Reformierten Ökumenischen Synode in Sydney 1972 über gemischte Gottesdienste und
fügte ihr die folgende eigene Erklärung an:

„1. Die Heilige Schrift erkennt keinen Grund an, der als Argument dafür dienen könnte, einen Glaubensbruder aus der Gemeinschaft einer
gottesdienstlichen Gemeinde auszuschließen.

2. ... Das beständige Trachten der Glieder des Leibes Christi, einander
allen Widersprüchen zum Trotz anzunehmen und zu lieben, gehört zum
Wege, der zur Heiligung führt, und ohne sie wird keiner Gottes Angesicht schauen.

3. Wo gemeinsam Gottesdienst gehalten wird, geht es ebenso um Christus und die Gemeinschaft mit Ihm, wie um das Lob Gottes.
4. Der Ausschluß von Gläubigen einer anderen Hautfarbe von der Sammlung weißer Gemeinden zum Gottesdienst kann einer Prüfung durch die Schrift nicht standhalten."

Das Moderamen hat diese Frage mit der „Mutter"-Kirche aufgenommen. Die „Mutter"-Kirche stimmt grundsätzlich zu, aber die Umsetzung in die Praxis geht sehr langsam. Angesichts der wachsenden Polarisierung zwischen weiß und schwarz sogar im kirchlichen Leben wird die Kirche ihren Kampf fortsetzen und sich dabei ihrer eigenen Praxis bedienen: offene Türen und eine Freiheit in der Verbundenheit, durch freimütiges Zeugnis und durch Appelle an die „Mutter"-Kirche und alle „geschlossenen" Kirchen, das nur formale Dogma der Gemeinschaft der Heiligen in eine konkrete Realität im täglichen Leben der Kirche umzuwandeln.

Während dieser Artikel entworfen wurde, brachen die Studentenunruhen und Aufstände in Südafrika aus. Die Glieder der Holländischen Reformierten Missionskirche waren erheblich mit darin verwikkelt. Mindestens zwei Theologiestudenten wurden verhaftet und eingesperrt, und fünf andere wurden von ihren Universitäten relegiert. Eine Anzahl junger Leute, die der Kirche angehören, verloren infolge der Polizeiaktion das Leben, und es gab kaum ein Haus, das von der traumatischen emotionalen Wirkung des plötzlichen Ausbruches von Gewalt, Zerstörung, Tod und Eigentumsverlust verschont geblieben ist. Die seelsorgerliche Verantwortung der Pfarrer wuchs ums Zehnfache, denn die Menschen verlangten verzweifelt nach Wegweisung.

Das Moderamen war gezwungen, innerhalb von vier Wochen drei Erklärungen folgenden Inhalts abzugeben: einen Ausdruck des Bedauerns über die Art und Weise, wie die Regierung den Bericht der Theron-Kommission behandelt hat, sowie den Appell, alle dessen Empfehlungen anzunehmen; einen Ausdruck der Solidarität mit den christlichen Studenten und ihrem Einstehen für Gerechtigkeit und volle Bürgerrechte; eine Ermahnung an die Studenten, keine Methoden anzuwenden, die gegen das biblische Gesetz der Liebe verstoßen und ihrer eigenen Sache nur schaden; einen Ausdruck des Bedauerns über bestimmte Formen, die die entsprechende Polizeiaktion angenommen hat; eine Verurteilung der Inhaftierung von Menschen ohne Untersuchung, mit dem Appell, diese Menschen entweder ordnungsgemäß unter Anklage zu stellen oder sie freizulassen; eine ernste Warnung an Regierung, Kirche und Gesellschaft vor der rassischen und wirtschaftlichen Polarisierung, die bedrohliche Ausmaße angenommen hat; eine dringende

Bitte an die Regierung und die Kirche, den Beschwerden der Studenten und Schüler ernstlich Beachtung zu schenken und zusammen mit allen Betroffenen über geeignete Schritte zu beraten, wie man die ganze Gesellschaft gemäß der biblischen Forderung nach Gerechtigkeit neu ordnen kann; einen dringenden Aufruf zu Gebet und Demut. Das Moderamen und viele Pfarrer beteiligten sich an Zusammenkünften mit den betroffenen Kirchen, Verbänden und Personen, sowie an Verhandlungen mit Studenten und staatlichen Dienststellen. Diese Bemühungen waren sichtlich segensreich, denn es herrscht wieder Frieden in den Siedlungen.

Nun aber, nachdem scheinbar wieder Ruhe eingekehrt ist, steht die Kirche vor ihrer größten Aufgabe. In Südafrika steht ein Wandel bevor in Richtung auf volles Bürgerrecht und Gerechtigkeit für alle seine Völkerschaften. Friedlich wird er sich nur dann vollziehen, wenn die verschiedenen Völkerschaften von den Grundsätzen der Gerechtigkeit und Versöhnung derartig durchdrungen sind, daß die Besitzenden sich bereitfinden, abzugeben, und die Habenichtse der Versuchung widerstehen, sich gewaltsam etwas anzueignen. In einer pluralistischen Gesellschaft wie Südafrika sind die Wanderer auf der Straße des Friedens ständig von den Wegelagerern der Eigensucht und der Habgier bedroht. Darum darf die Kirche Christi der Pflicht nicht ausweichen, sich mitten hinein ins Getümmel zu begeben und das lebendige Wort und die Macht Gottes zur Erlösung aller, die an ihn glauben, zu verkündigen. Mit Beständigkeit muß die Kirche Staat und Bürgern die Grundsätze und Regeln der Bibel für eine gerechte und friedliche Gesellschaft vorhalten, koste es, was es wolle.

Die Holländische Reformierte Missionskirche ist gewillt, eben dies zu tun. Wie jede andere Kirche hat sie ihre Schwächen und Mängel, aber im Glauben und in Demut versucht sie nach besten Kräften dem Gebot des Evangeliums für den Leib Christi in dieser Welt nachzuleben. Sie erkennt ihre soziale Berufung und möchte ein Zeichen für das Reich Gottes sein. Dabei jagt sie keiner Utopie nach. Als der Braut Christi zugehörig, ruft sie mit dem Heiligen Geist: „Komm, Herr Jesus" — denn in diesem Kommen liegt die Heilung der Völker und die Genesung der Gesellschaft. Nur so werden Gerechtigkeit und Frieden herrschen.

XII. Statistik

Nach der Statistik von 1975 (in runden Zahlen) gehören eine halbe Million Menschen der Kirche an, von denen 150 000 aktive Glieder sind. Die 234 Gemeinden sind in 29 Kirchenkreise aufgeteilt, die jährlich einmal zusammenkommen; es gibt eine Synode, die alle vier Jahre zusammentritt. Die größte Konzentration von Gemeinden befindet sich in Kapstadt und der westlichen und südlichen Kapprovinz. Auf der Kaphalbinsel befinden sich 29 Gemeinden, 24 im westlichen Kap, 89 in der übrigen Kapprovinz, 20 in Transvaal, 8 in Südwestafrika, 6 im Oranje-Freistaat und 2 in Natal.

Die Kirche verfügt über 94 farbige und 92 weiße Seelsorger. 40 bis 50 Predigerstellen sind unbesetzt. Für Sonderaufgaben und als Abteilungsleiter sind acht Pfarrer eingesetzt, die der Synode unmittelbar unterstehen. An der Spitze der Kirchenverwaltung, mit Ämtern und zentralen Dienststellen in Worcester, steht ein von der Synode berufener Administrator. Er hat einen achtköpfigen Verwaltungsstab zur Seite.

14. Kapitel

KIRCHEN DER REFORMIERTEN TRADITION IN DEN REPUBLIKEN GHANA UND TOGO (WESTAFRIKA)

CHRISTIAN G. BAETA

I. Einleitung

Diese beiden westafrikanischen Länder liegen nebeneinander, Togo auf der Ost- und Ghana auf der Westseite.

Togo ist das kleinere von beiden. Was jetzt nach zwei Teilungen von Togo noch geblieben, ist ein schmaler Landstreifen, der auf der Karte einem zwischen Ghana und Dahomey ausgestreckten Finger gleicht. Es bedeckt ein Gebiet von 56 702 qkm und hat eine Bevölkerung von rund 1 500 000, von denen etwa 185 000 römische Katholiken und etwa 50 000 Protestanten sind. Seine Hauptstadt ist Lome. Dieses Gebiet erreichte am 27. April 1960 politische Unabhängigkeit von Frankreich.

Ghana wird im Westen von der Elfenbeinküste begrenzt. Seine Oberflächenausdehnung beträgt 237 873 qkm, und bei der Volkszählung 1960 belief sich seine Einwohnerzahl auf 6 726 815, was gegenüber der vorangegangenen Volkszählung (1948) ein Anwachsen um 63 Prozent bedeutete. Christen aller Denominationen bilden zusammen 42,8 Prozent der Bevölkerung, wohingegen 38,2 Prozent traditionelle Animisten sind, 12 Prozent Moslems und 7 Prozent sich als „keiner Religion" zugehörig eintrugen. Wie Ghana das erste afrikanische Land südlich der Sahara war, das in der Neuzeit von Europäern kolonisiert wurde, so wurde es auch das erste, das am 6. März 1957 Unabhängigkeit von kolonialer (britischer) Herrschaft erlangte.

Was die Rassenzugehörigkeit angeht, so sind beide Länder von Sudannegern mit leichten hamitischen Einschlägen im Norden bevölkert.

II. Christliche Geschichte Westafrikas

Die christliche Geschichte Westafrikas als einer Einheit begann als unmittelbare Folge des jahrhundertealten Kampfes auf der iberischen Halbinsel und später auch in Nordafrika zur Wiedergewinnung des Territoriums für die Christenheit, das seit der einzigartigen moslemischen Eroberung jener Landesteile während des späten 7. und frühen 8. Jahrhunderts an den Islam verlorengegangen war. Es ist von Bedeutung, daß Prinz Heinrich der Seefahrer, der Mann, der der Initiator der überseeischen Expansion Portugals nach Westafrika und noch darüber hinaus werden sollte, im Jahr 1415 die Stadt Ceuta im heutigen Marokko selber mit Waffengewalt von den Mauren erbeutete. Dieses Ereignis bezeichnete sowohl den Umschlag der Flut moslemischen Vordringens als auch den Beginn der neuzeitlichen Epoche europäischer Kolonisation des afrikanischen Kontinents.

Die Portugiesen hatten guten Grund zu der Annahme, daß die Mauren irgendwo im Gebiet der Sahara eine unerschöpfliche Quelle reinsten Goldes besaßen. Keinem Europäer war erlaubt worden, die Sahara von der nordafrikanischen Küste aus zu erreichen. Die Hoffnung, die Mauren zur See zu umgehen, einen Seeweg von Europa zu dem angeblich ungeheuren Reichtum Indiens zu finden, ohne die Gefahr, durch dazwischenliegende Länder ziehen zu müssen, wissenschaftliche Neugier nach jenen noch unbekannten Ländern wie auch nach der wirklichen Stärke der nationalen und religiösen Feinde — alle diese Überlegungen und noch weitere gaben dem Unternehmen des Prinzen Heinrich einen ungeheuren Antrieb. Der Papst gewährte einen Ablaßbrief für alle, die an diesem Werk teilnahmen, das er als „zur Vernichtung und Verwirrung der Mauren und Feinde Christi sowie zur Erhebung des katholischen Glaubens" unternommen zuhöchst empfahl. Azura, der Chronist des Prinzen Heinrich, legt die Gründe für dieses Unternehmen genauer dar und erklärt unter anderem: „... Viertens suchte er (Prinz Heinrich) zu erfahren, ob in jenen Gebieten christliche Prinzen lebten, in denen die Güte und Liebe Christi so tief verwurzelt war, daß sie ihn gegen jene Glaubensfeinde unterstützen würden. Der fünfte Grund war sein großes Verlangen, den Glauben an unseren Herrn Jesus Christus zu mehren und ihm alle Seelen zuzuführen, die gerettet werden sollen."

Die Küste des heutigen Ghana wurde im Januar 1471 erreicht, und wegen des Goldes, das sie dort fanden, änderten die Portugiesen den Ortsnamen Edina in Elmina, „das Bergwerk". Zu ihrem zweiten Besuch landeten sie am 19. Januar 1482, voll ausgerüstet, um dort eine

Befestigung zu bauen. Die Chronik verzeichnet: „Am nächsten Morgen hängten sie die Flagge Portugals am Zweig eines hohen Baumes
auf, an dessen Fuß sie einen Altar errichteten, und beteten für die Bekehrung der Eingeborenen vom Götzendienst und für das anhaltende
Gedeihen der Kirche, die sie an jenem Ort zu errichten beabsichtigten."

Doch hielt sich dieser ursprüngliche Kreuzzugs- und Evangelisations-
eifer nicht durch, vielmehr wurde er bald von dem Handelsinteresse,
besonders an Gold, Waffen, Rum und Sklaven überdeckt und praktisch
ausgelöscht. Abgesehen von einigen oberflächlichen, sporadischen Versuchen, die von einigen portugiesischen Augustiner- und französischen
Kapuziner-Priestermissionaren ausgingen, unternahm es keiner der
Europäer verschiedener Nationalitäten, die an den damaligen Gold-
und Sklavenküsten Handel trieben, die eingeborenen Volksstämme mit
dem Evangelium vertraut zu machen. In der Regel wurden in ihren
Siedlungen Seelsorger unterhalten, doch oblag ihnen lediglich die Verantwortung für die europäischen Garnisonen und ihre Familien, oft
einschließlich ihrer Kinder von afrikanischen Müttern.

Aus diesem oder jenem Grund jedoch wurden mehrere junge Afrikaner
zur Erziehung nach Europa geschickt. Bereits vor der Mitte des 18. Jahrhunderts hatten beispielsweise Anthony Amo und Jacobus Capitein,
beide von der Goldküste, an berühmten europäischen Universitäten
studiert, von denen der erstgenannte 1734 seinen philosophischen Dok-
torgrad in Deutschland erworben hatte und der letztere nach Abschluß
seiner theologischen Studien 1742 in Leyden in Holland der erste Afrikaner geworden war, der jemals eine protestantische Ordination empfing.

Die früheste organisierte und systematisch angelegte protestantische
Missionsarbeit ging von den Mährischen Brüdern Deutschlands aus und
begann an der Goldküste im Jahre 1737. Frederick Svane und Jacob
Protten, zwei Männer von der Goldküste, die von den Mährischen
Brüdern in Kopenhagen und Herrnhut ausgebildet worden waren, taten
ebenfalls für kurze Zeit in dieser Mission Dienst. Nach einer sehr wechselvollen Geschichte wurde sie jedoch 1776 aufgegeben, weil innerhalb
der beiden vorangegangenen Jahre der gesamte Stab von neun Missionaren gestorben war. Der zweite Versuch war der, den die anglikanische „*Society for the Propagation of the Gospel*" (SPG) unternahm,
die 1752 den Pfarrer Thomas Thompson an die Kapküste beorderte. Er
erkannte schnell, daß erfolgreiche missionarische Arbeit nur durch den
Einsatz ausgebildeter eingeborener Arbeiter geleistet werden konnte
und sandte deshalb drei junge Männer von der Kapküste zu der not-

wendigen Vorbereitung nach England. Zwei starben, Philip Quaque jedoch, der einzige Überlebende, schloß seine Ausbildung ab, empfing (als erster Nichteuropäer seit der Reformation) anglikanische Weihen und konnte 50 Jahre lang als „Missionar, Schulmeister und Katechet für die Neger an der Goldküste" Dienst tun, obwohl die *„Society for the Propagation of the Gospel"* nach der Abreise Thompsons alles Interesse an ihrem Unternehmen verlor.

Anhaltende, vertiefte missionarische Arbeit mit bleibenden Erfolgen begann erst mit der Ankunft der Baseler Mission im Osten der Gold-küste 1828, der Methodistenmission im Westen der Goldküste 1835 und der Bremer Mission im Osten der Goldküste und dem Gebiet, das später (1884) Togo werden sollte, im Jahre 1847.

III. Die Presbyterianische Kirche von Ghana

Die Anfangsworte der Verfassung der Presbyterianischen Kirche von Ghana („Verordnungen, Ausführung und Arbeitsweise") erklären: „Die Presbyterianische Kirche von Ghana steht in geschichtlicher Kon-tinuität mit der Baseler Evangelischen Missionskirche der Goldküste. Sie umfaßt die christlichen Gemeinschaften und Gemeinden in Ghana und den benachbarten Gebieten, die von der Baseler Missionsgesell-schaft gebildet wurden oder sich ihrer Leitung unterstellten."

Die Baseler Mission nahm 1815 als ein Seminar ihren Anfang, um Män-ner zum Dienst in damaligen protestantischen Missionsgesellschaften jeder Nationalität in allen Teilen der Welt auszubilden. „Das die Gründer beseelende Motiv war fünffacher Art: die tiefe persönliche Hinwendung zu Christus, die von der sogenannten Deutschen Gesell-schaft zur Beförderung christlicher Wahrheit und Gottseligkeit genährt wurde, einer Vereinigung, die 1780 von J. A. Urlsperger begründet wurde und in Basel ihr Zentrum hatte; sodann der Pietismus der luthe-rischen Kirchen Süddeutschlands, besonders in Württemberg; das Bei-spiel eines nahezu hundertjährigen missionarischen Unternehmens von seiten der Mährischen Brüder und der Dänisch-Halleschen Gesellschaft sowie der neueren Aktionen englischer und holländischer Missionsge-sellschaften; der Erfolg des Missionsseminars Pastor Jänickes in Berlin und schließlich die innerhalb der protestantischen Kirchen Westeuropas sich vollziehende Erweckung von Christen zu missionarischer Verant-wortung, insbesondere gegenüber Afrika, das so sehr unter den Schrek-ken des Sklavenhandels gelitten hatte."

Als Urlspergers Bewegung unter ernsten und warmherzigen Christen in der deutschsprachigen Welt an Einfluß gewann, führte das Bewußtsein der Verpflichtung, für das durch den Sklavenhandel von Europäern zugefügte Unrecht irgendeinen Ersatz zu leisten, verbunden mit dem gebieterischen Drang, dem Verderben geweihte Heiden zu retten sowie das Königreich Gottes über die Erde auszubreiten, zu Maßnahmen mit dem Ziel direkter Beteiligung an missionarischer Arbeit. Die dänische Regierung, die bereits 1792 den Sklavenhandel abgeschafft hatte und für missionarische Arbeit unter den Afrikanern günstige Voraussetzungen bot, besaß aufgrund ihrer ausgedehnten Siedlung in Christiansborg eine beachtliche Einflußsphäre. Dieser Umstand schien verheißungsvolle Bedingungen anzubieten, um einen Anfang zu machen, und so wurden im März 1827 die ersten vier Baseler Missionare ausgewählt. Sie landeten schließlich am 18. Dezember 1828 in Christiansborg, aber innerhalb weniger Monate waren drei von ihnen gestorben, und zwei Jahre später starb auch der vierte. Doch war bereits eine neue Gruppe von drei Missionaren unterwegs, unter ihnen der Däne Andreas Riis, dem die Gnade gegeben war, der führende Baumeister des Unternehmens zu werden. Er lernte aus der Erfahrung der mährischen Mission und errichtete sein Hauptquartier in Akropong in den Akwapim-Bergen, wo das Klima kühler und gesünder ist als an der Küste.

Riis traf nach kurzer Zeit Vorkehrungen, damit eine Gruppe westindischer Negerfamilien, die zu den Mährischen Brüdern gehörten, nach Akropong kommen konnten, um der ortsansässigen Bevölkerung zu demonstrieren, daß auch schwarze Afrikaner Christen sein konnten. Während das Experiment nicht völlig erfolgreich verlief, wurde das beabsichtigte Ziel dennoch erreicht und dadurch ein höchst wertvoller Beitrag zur Verwurzelung des Evangeliums auf afrikanischem Boden geleistet. Farmen und Gärten wurden säuberlich angelegt, eine ganze Reihe verschiedenartiger tropischer Nutzpflanzen von den westindischen Inseln eingeführt sowie Lehrlingsausbildung in den mannigfachen Handwerken und Handelszweigen, die die Gemeinschaft notwendig brauchte, bereitgestellt. Schulausbildung in angemessener Form entwikkelte sich zusehends, nachdem bereits 1848 ein Seminar zur Ausbildung von Lehrern und Katecheten in Akropong eingerichtet worden war.

Die Ausrichtung der Mission auf praktische Arbeit, verbunden mit der Tatsache, daß eine verhältnismäßig große Zahl von Missionaren und ihrer äußerst fähigen afrikanischen Assistenten (einige der Missionare wie der Assistenten waren ganz hervorragende Persönlichkeiten, mit welchem Maß man auch messen mag) in der Lage waren, über lange Zeiträume ununterbrochen Dienst zu leisten, erklärt den bemerkenswerten Erfolg und die sehr hohe Qualität der Arbeit. „Bis 1870 hatten ihre Bemühungen die feste Einrichtung einer christlichen Mission gezeitigt, die nicht nur durch ihre Predigttätigkeit, sondern auch durch ihre erzieherischen, landwirtschaftlichen und Handelsunternehmungen begonnen hatte, ihre Anwesenheit stark spürbar werden zu lassen." Vier Hauptentwicklungsstadien sind unterschieden worden: „die ‚Missions'-periode bis 1880; die Periode zwischen 1880 und 1918, die gekennzeichnet ist durch die allmähliche Übernahme von Verantwortung für die Ortsgemeinde durch Afrikaner und das Erreichen finanzieller Autonomie in den Twi- und Ga-Distrikten; sodann der mit der Synode von 1918 beginnende und mit der Annahme der revidierten Verfassung 1950 endende Prozeß, aufgrund dessen die Kirche volle Autonomie erreichte; schließlich die Endphase völliger Integration der Baseler und der schottischen Missionare in die Kirche".

Die Erlangung zunächst von Selbstverwaltung und später, zum rechten Zeitpunkt, von voller Autonomie durch die Kirche ist ein gutes Beispiel dafür, wie eine mißliche Lage fruchtbar genutzt werden kann. Eine unabhängige afrikanische Kirche war in der Vergangenheit oft als das Ziel erklärt worden, doch war zu ihrer Verwirklichung keine Vorbereitung getroffen worden. In der Tat macht die kühle oder kritische und manchmal sogar offen feindliche Haltung einiger Missionare dieser Entwicklung gegenüber es fraglich, ob, ohne daß der Krieg von 1914 bis 1918 dazwischenkam, diese Situation erreicht worden wäre. Kaum verhüllte Äußerungen des Bedauerns und Besitzerstolzes im Blick auf die Arbeit — „unsere Mission", „unsere Gemeinden und Schulen", „unsere Eingeborenen" usw. — zeigten ganz deutlich, daß das wahre und reine Schriftverständnis vom Wesen und den Zielen missionarischer Arbeit dem Bewußtsein vieler, die daran beteiligt waren, etwas entschwunden war. Es war wahrscheinlich schwierig, in einer Zeit des Krieges Nationalgefühl von seinen anderen Interessen fernzuhalten.

Während dieser Zeit wurden alle Baseler Missionare deportiert, und die Regierung lud die Mission der Vereinigten Freikirche von Schottland ein, ihre Arbeit fortzuführen. A. W. Wilkie, der Feldkoordinator der neuen Gesellschaft, erachtete die Situation mit Recht für reif, um eine unabhängige afrikanische Kirche aufzurichten und begann nahezu sofort, die notwendigen Vorkehrungen zu treffen. Auf der Gesamtsynode der Baseler Missionsdistrikte, die im August 1918 in Akropong stattfand, wurde die Synode als das höchste Jurisdiktionsgremium der Gesamtkirche konstituiert, wurden Bestimmungen für Kirchenordnung und Kirchenzucht sowie für die Betreuung, Förderung und Verwaltung von Schulen, Gemeinden und Pfarrbezirken angenommen und für die Gehaltszahlungen und übrigen Ausgaben der Kirche verschiedene Fonds eingerichtet. Ein synodales Exekutivkomitee aus acht afrikani-

schen Mitgliedern und drei Missionaren wurde ernannt, um die tägliche Verwaltungsarbeit der Kirche zu beaufsichtigen. Während die
schottische Mission die Kontrolle über den zentralen Fond und die
Schulverwaltung behielt und eine Zeitlang ein allgemeines Vetorecht
besaß (das übrigens niemals in Anspruch genommen wurde), sind alle
wichtigen Entscheidungen der Kirche seit 1918 von der Synode und
dem Synodalkomitee getroffen worden.

Seit ihrer Rückkehr 1926 haben die Baseler Missionare sich aktiv am
weiteren Aufbau der Kirche beteiligt, die in jenem Jahr formell den
Namen „Presbyterianische Kirche der Goldküste" annahm. 1950 wurde
eine revidierte Verfassung eingeführt: Missionare beider Gesellschaften
wurden zu gegebener Zeit völlig in die Kirche integriert, die dann vollkommen autonom wurde. 1957, im Jahr der nationalen Unabhängigkeit, wurden alle den beiden Missionsgesellschaften eigenen Besitzungen
der Kirche übertragen.

In den Instruktionen, mit denen die erste Gruppe von Missionaren ausgesandt worden war, wurde ihnen unter anderem auferlegt, „konkrete
Missionsarbeit durch die Gründung einer Schule zu beginnen". Im
Laufe der Jahre ist die erzieherische Arbeit der Kirche so stark geworden, daß ihr Image in der Vorstellung der meisten Menschen auf der
Straße mit ihr mehr als mit einfacher Evangelisation identifiziert wird.
Sie ist eine der drei größten Erziehungsinstitutionen in Ghana, die zusammen für zwei Drittel der eine Schule besuchenden Bevölkerung verantwortlich sind. Doch die zunehmende Integration dieses Dienstes in
das staatliche Schulsystem läßt ihm nur einen sehr begrenzten Raum, in
dem sein spezifischer Einfluß wirksam werden kann.

Der Erfolg der medizinischen Arbeit ist weniger eindrucksvoll. Obwohl
man früh begonnen hatte, brachten die Jahre doch kaum einen Fortschritt. Dennoch rühmt sich die Kirche immer noch eines großangeleg-
ten, wohlausgerüsteten und mit einem sehr guten Stab besetzten Hospi-
tals in Agogo in Ashanti, eines Vermächtnisses der Baseler Mission. Dieses Krankenhaus hat einen guten Ruf und wird voll und ganz in Anspruch genommen. Mit einem Zuschuß der schweizerischen Regierung
wurde es kürzlich durch eine moderne, erstrangige Schwesternschule erweitert.

Zu den Ausbildungszentren für spezifisch evangelistische Arbeit gehört
das nahe der Universität von Ghana in Legon gelegene *Trinity College*.
Diese Institution zur Ausbildung von Pfarrern wird von der Presbyterianischen Kirche in Ghana in Zusammenarbeit mit der Evangelisch-
presbyterianischen Kirche und der Methodistenkirche von Ghana getragen, denen sich jetzt die Diözese Accra der anglikanischen Provinz

von Westafrika angeschlossen hat. Die Presbyterianische Kirche von Ghana unterhält außerdem eine Katechetenschule sowie ein Erholungs- und Konferenzzentrum in Abetifi und Ausbildungszentren für Frauen in Kwadaso und Begoro.

Die Kirche gibt ein Monatsblatt, *„The Christian Messenger"*, in Englisch heraus, dem einige Seiten in den drei wichtigsten Landessprachen, nämlich Twi, Ga und Ewe beigefügt sind.

Bis in die Mitte der zwanziger Jahre dieses Jahrhunderts hatte die Betonung des konfessionellen Standpunktes mit folglich feindsinniger Kritik an den von der eigenen unterschiedenen Denominationen im Unterricht aller Missionskirchen eine sehr große Rolle gespielt. Infolge der 1926 in Le Zoute abgehaltenen Missionskonferenz, die die Zusammenarbeit unter den Missionsgesellschaften stark betonte, wurde 1929 der Christliche Rat gebildet, „um die brüderliche Gemeinschaft und Einheit der christlichen Kirche zu fördern und zum Ausdruck zu bringen". Im Laufe der Jahre hat der Rat an Einfluß immer mehr zugenommen, indem er sich zu solchen Themen wie „die Verhinderung von Überschneidungen in der evangelistischen Arbeit", „eine gemeinsame Basis für den Umgang mit Kirchengliedern unter Kirchenzucht", „gemeinsames Zeugnis und Handeln im Hinblick auf öffentliche, soziale, ethische, religiöse und erzieherische Fragen" geäußert hat. Es wurde ausdrücklich niedergelegt, daß der Rat sich nicht mit Fragen der Lehre oder Kirchenpolitik befassen solle, die den Kirchen selber vorbehalten wurden. Die Presbyterianische Kirche von Ghana ist ein Gründungsmitglied des Rates und spielt in ihm weiterhin eine ihrer Größe entsprechende Rolle. Dieser Rat erwies sich als eine Bastion der Stärke für die Sache aller Christen im Lande während der spannungsvollen Zeit unter dem Nkrumah-Regime.

1956 lud der Christliche Rat seine Mitgliedskirchen ein, die Bildung eines Kirchenunionskomitees zu erwägen. Die Presbyterianische Kirche von Ghana ist zusammen mit der Evangelisch-Presbyterianischen, der Anglikanischen und der Methodistenkirche darauf mit der Ernennung offizieller Vertreter eingegangen, die 1957 im Namen der genannten Kirchen Verhandlungen im Hinblick auf eine Kirchenunion aufnahmen und sie seitdem weiter verfolgen. Während die sehr eindrucksvolle Empfehlungsliteratur, die von dem Kirchenunionskomitee herausgegeben wird, bis jetzt von den betreffenden Synoden weithin akzeptiert worden ist und die Mitglieder der Kirche sich fortschreitender Verhandlungen bewußt sind, steht die eigentliche Diskussion der breiten Öffentlichkeit in allen Kirchen über die vereinbarten konkreten Schritte noch aus [1].

In sehr grobem Umriß faßt die vorgesehene Kirchenstruktur einen mit Ordination verbundenen kirchlichen Dienst von Bischöfen, Pastoren und Diakonen ins Auge. „... jeder Pastor und Diakon soll mit Gebet und unter Handauflegung vom Bischof und den Pastoren ordiniert und jeder Bischof unter Gebet und Handauflegen von drei oder mehr Bischöfen geweiht werden."

Jedoch „soll der persönliche Episkopat von Diozesanbischöfen in der Vereinigten Kirche mit einem von Diozesansynoden, der Generalversammlung und anderen Organen des kirchlichen Lebens — die sich alle aus zusammenarbeitenden Bischöfen, Pastoren, Diakonen und Laien zusammensetzen — ausgeübten korporativen Episkopat Hand in Hand gehen ... Sie binden sich in der Ausarbeitung eines rechten Verhältnisses zwischen der persönlichen Verantwortung des Bischofs in der anglikanischen Tradition und den verschiedenen Formen korporativer Aufsicht in den presbyterianischen und methodistischen Traditionen in der Verfassung und im Leben der Vereinigten Kirche an die Führung des Heiligen Geistes".

Damit „akzeptieren" die betreffenden Kirchen „nun den Episkopat in einer konstitutionellen Form und sind sich einig, daß er in der Kontinuität dessen stehen soll, was man den historischen Episkopat nennt, den sie als ein Mittel ansehen, die Kontinuität der Kirche durch die Jahrhunderte und ihre Einheit über die ganze Erde zum Ausdruck zu bringen. Sie wünschen, daß der Dienst der Vereinigten Kirche überall in der universalen Kirche erkannt und anerkannt werde".

Jedoch soll die Vereinigte Kirche sich nicht auf irgendeine bestimmte Interpretation von Episkopat festlegen, noch sollte die Annahme dieser Struktur des kirchlichen Dienstes so gedeutet werden, daß sie ein abwertendes Urteil über die Gültigkeit oder Richtigkeit anderer Formen des Pfarrdienstes darstellt oder impliziert. Und „die Tatsache, daß andere Kirchen der Regel bischöflicher Ordination nicht folgen, soll nicht schon als solche die Vereinigte Kirche von der Interkommunion mit ihnen ausschließen".

Der Zusammenschluß der gegenwärtig getrennten kirchlichen Dienste wird durch einen besonderen *ad hoc*-Ritus sichergestellt werden, der zur Zeit ausgearbeitet und der „einzigartig" sein wird „und weder mit irgendeinem bestehenden noch mit dem in Zukunft von der Vereinigten Kirche zu benutzenden Ordinationsritus identifiziert werden kann".

Die sich zusammenschließenden Kirchen erkennen ihre kirchlichen Dienste gegenseitig als wahre Dienste an Wort und Sakramenten innerhalb der universalen Kirche an. „Sie glauben, daß Gott durch den *ad hoc* gebildeten Ritus des Zusammenschlusses ,so auf Gebet antworten wird, daß alle Differenzen, die zwischen den zuvor gebräuchlichen, verschiedenen Ordinationsformen bestanden haben mögen, überwunden werden' und die betreffenden Pfarrer ,von Gott alles empfangen werden, was zu ihrem umfassenderen Dienst in der Vereinigten sowie in der universalen Kirche notwendig sein mag'."

Alle die verschiedenen, gegenwärtig von Laien ausgeübten Dienste in der Kirche werden voll eingesetzt werden, wobei die Träger der folgenden Ämter durch einen formellen und feierlichen Akt in besonderer Weise beauftragt werden: Ältester, Ortspfarrer, Lektor, wenn er Laie ist, und der für eine Gemeinde verantwortliche Katechet. Die Laien, hauptsächlich die Ältesten, werden in den leitenden Gremien der Kirche auf allen Ebenen, das heißt in den Orts- und Distriktsversammlungen, der Diözesansynode und der Generalversammlung eine besonders wichtige Rolle spielen.

In Lehre und Ethos ist die Presbyterianische Kirche von Ghana den Grundsätzen gefolgt, die die Baseler Mission geleitet und geprägt haben. Wie bereits ausgeführt, war diese Gesellschaft der Sproß des Pietismus „württembergischer Prägung, einer Verbindung religiösen Gefühls und tiefen Denkens, individueller Bekehrung und stark betonter christlicher Bruderschaft, deren Leben in einer tiefen Bibelfrömmigkeit verwurzelt war ... Obwohl sie von Basel aus arbeitete, zog die Mission ihre Mitglieder aus den Kirchen sowohl der lutherischen wie der reformierten Konfession an und erhielt von ihnen Unterstützung, und während sie sich an irgendeine dogmatische Formel oder Synodalentscheidung zu binden weigerte, blieb sie doch immer mit den Kirchen in engster Verbindung. Somit ließ die Baseler Mission von Anfang an einen biblisch fundierten, evangelischen, ökumenischen und internationalen Charakter erkennen, den sie nie verloren hat. Indem sie ihr Leben auf die Bibel als das alleinige Wort Gottes gründete, verlangte sie nur frei zu sein, um die eine allumfassende christliche Aufgabe, die Bekehrung der Heiden und die Ausbreitung des Reiches Gottes auf Erden zu verfolgen". Die Presbyterianische Kirche von Ghana hat zur Unterweisung ihrer Katechumenen stets Übersetzungen des Katechismus der Lutherischen Kirche Württembergs benutzt.

Dieses besondere geistliche Erbe bestimmt auch heute noch deutlich das Leben und die Arbeit der Kirche. Es ist eine eifrige und unablässige Aktivität im Gange mit dem Ziel, einzelne Bekehrte zu gewinnen und sie in Gemeinden zusammenzuführen, die zur Erlangung persönlichen Heils gepflegt werden. Die Kirche hat organisierte evangelistische Mission erfolgreich in Landesteilen (z. B. Gymang und dem Norden) außerhalb ihres Ursprungsgebietes durchgeführt. Jedoch bleibt das Problem der Beendigung des bloßen christlichen Einflusses auf das gesamte afrikanische Leben sozusagen von außen, das Problem, beide in einer neuen Form gesellschaftlicher Existenz zu integrieren, weithin bestehen.

ANMERKUNG

1 Die Unionsverhandlungen haben bisher zu keinem konkreten Ergebnis geführt (Anm. d. Hrg.).

15. Kapitel

DIE KIRCHEN IN INDONESIEN

Eine kurze Geschichte

Fridolin Ukur

I. Vom Ort, an dem die Kirchen leben

Indonesien ist ein Inselreich. Es besteht aus rund 3000 größeren und kleineren Inseln in der strategisch-geographischen Lage, die Asien mit Australien und Europa verbindet. Das Gebiet Indonesiens umfaßt etwa 1,1 Millionen Quadratkilometer und bedeckt 45 Längen-, sowie 17 Breitengrade (4800 x 1600 km) zwischen Sumatra und Irian. Die Bevölkerung des Inselreiches, jetzt als indonesisches Volk bekannt, entstand in einem langen geschichtlichen Prozeß, der bis 1500 vor Christus zurückreicht. Vom rassischen Gesichtspunkt her betrachtet gehören die Indonesier zur Gruppe der Malayen. Das indonesische Volk umfaßt eine große Gruppe von Völkerschaften, zerstreut auf Tausende von Inseln, die sie bewohnen, getrennt und verteilt in 250 Stämme oder Völkergruppen, die eine große Nation bilden. Geographische wie soziologische Faktoren wie Umgebung, Ansiedlung, getrennt durch Meere, Gebirge, Flüsse und dichte Dschungel, dazu die unterschiedliche Möglichkeit, fremde Kultureinflüsse aufzunehmen, all diese Faktoren sind die Ursache für die Unterschiede auf kulturellem Niveau, Offenheit, Anpassung und anderem.

Lange, ehe fremde Kultur auf das Leben Indonesiens Einfluß bekam, besaß es bereits seine eigene höhere Kulturstufe. Diese war eng verbunden mit den sozio-ökonomischen Gegebenheiten dieser Zeit. In der alten indonesischen Gesellschaft existierten zwei Kulturformen: das System des nassen Reisfeldes, das dem Volk erlaubte, an einem Ort zu bleiben ohne Abhängigkeit von der Außenwelt, und das System des trockenen Reisfeldes, das die Bewohner zwang, von Zeit zu Zeit nach jungfräulichem Boden zu suchen, zu jagen und Produkte der Wälder zu suchen.

Als zu Beginn der christlichen Zeitrechnung die Hindu-Kultur nach Indonesien eindrang, war es für sie leicht, in Java Fuß zu fassen, dessen eigene Kultur auf dem Bewässerungssystem beruhte. Hindu-Kultur und

Hindu-Religion fanden leicht Eingang in die Paläste und führten zur Errichtung mächtiger Hindu-Königreiche auf Java. Der Buddhismus wurde im 6. Jahrhundert erfolgreich in Indonesien eingewurzelt und hatte seine glanzvolle Zeit vom 7. bis zum 14. Jahrhundert. Es gelang ihm vor allem, West-Indonesien, Malaysia und die Süd-Philippinen unter seine Kontrolle zu bringen.

Beide, Hinduismus wie Buddhismus, breiteten sich selbst aus und waren äußerst erfolgreich, weil beide Religionen nicht im Gegensatz zu den ursprünglichen indonesischen Kulturen standen.

Beide Religionen nahmen in sich Elemente indonesischer Kultur auf oder assimilierten sie sich. Obwohl diese beiden Religionen in ihren Ursprungsländern einander feindlich gegenüberstanden, vermochten beide in Indonesien Seite an Seite zu leben, wenn sie nicht gar, was gelegentlich vorkam, ineinander verschmolzen.

Der Islam begann sich mit dem Ende des 13. Jahrhunderts in Indonesien auszubreiten. Kaufleute brachten ihn mit. Zu dieser Zeit waren einige Hafenstädte hochentwickelt und wurden lebendige Zentren der Gesellschaft. Von diesen Hafenstädten aus erweiterte der Islam seinen Einfluß auf die Paläste. Die Islamisierung Indonesiens dauerte mehrere Jahrhunderte und war damit beendet, daß die Mehrheit des indonesischen Volkes formal Anhänger des Islam geworden war.

Die westliche Kultur drang vor dem 16. Jahrhundert nicht nach Indonesien ein. Da folgten auf die Portugiesen die Holländer, denen es gelang, das Inselgebiet bis zum Ausbruch des Zweiten Weltkrieges unter Kontrolle zu halten.

Gegenwärtig wird die Bevölkerung Indonesiens auf 131,6 Millionen geschätzt, wodurch Indonesien zum fünften unter den volkreichsten Staaten wird. Die Bevölkerung verteilt sich nicht gleichmäßig auf alle Gebiete. Java, Bali und Madura sind die volkreichsten, während andere Inseln wie Kalimantan eine sehr dünne Bevölkerungsdichte haben.

Obwohl dies Land aus Tausenden von Inseln und mancherlei Völkergruppen besteht, mit Unterschieden in Geschichte, regionaler Entwicklung, Traditionen, Brauchtum und Religionen, ist es ihm gelungen, eine vereinte Nation zu bilden und zu erhalten, die Republik von Indonesien, gegründet auf *Pancasila*. Motto der Republik von Indonesien ist *„Bhinneka tunggal ika"* („verschieden, aber vereint", oder: „Einheit in Vielfalt"). Das hat für das indonesische Volk größte Bedeutung. Die Vereinigung und Einheit des indonesischen Volkes kann aus mehreren wichtigen Gründen bewahrt werden:

1. Das Nationalbewußtsein, aus dem Geist der Nation geboren, wurde durch den gemeinsamen Kampf gegen den Imperialismus gefördert,

der Indonesien mehr als 400 Jahre kolonisiert hatte, bis 1945 die Unabhängigkeit gewonnen wurde.

2. Die Nationalsprache, „*Bahasa Indonesia*", die im ganzen Land verstanden, gelernt und gebraucht wird. Die Spracheinheit hat die Kultur und das Nationalbewußtsein wesentlich gefördert.

3. „*Pancasila*", das Grundgesetz des Staates, spiegelt gleichsam die Kennzeichen des indonesischen Volkes und gilt als die Philosophie der Nation und als ihr „*way of life*". „*Pancasila*" hat bereits seine Fähigkeit bewiesen, das ganze Volk von Indonesien zu einen. Das Nationalbewußtsein wuchs bereits in der Kolonialzeit und fand 1928 in der Deklaration zum Jugendeid in deren Eingangsworten folgendermaßen Ausdruck:

1. Ein Volk, das Volk von Indonesien,
2. eine Sprache, die Sprache Indonesiens,
3. ein Vaterland, das Vaterland Indonesien.

II. Die Ur-Geschichte der Kirchen in Indonesien

1. Die Anfänge (ca. 645—ca. 1500)

Nestorianer verbreiteten das Evangelium bis zu den Enden Ost-Asiens einschließlich Sumatras. Ihre Klöster und Kirchen waren an vielen Plätzen verstreut. Es wird vermutet, daß das Evangelium durch Nestorianer aus Malabar nach Sumatra gebracht wurde. Diese waren durch ihren evangelistischen Eifer bekannt. Sie bauten Kirchen in den Gegenden von Pancur und Barus in der Mitte des 7. Jahrhunderts. Es wird überliefert, daß ein Gesandter von Papst Clemens VI. (1342 bis 1352) auf der Reise nach Peking Sumatra besuchte, dort eine große Zahl von Christen antraf und ihnen Hilfe angedeihen ließ. Sicher ist ebenfalls, daß das Christentum auf Malakka lange Fuß gefaßt hatte. Das ist bewiesen durch die Ausgrabungen durch Portugiesen im Jahre 1610, die die Ruinen einer Kirche im chaldäischen Kreuzstil entdeckten.

2. Die katholische Kirche kommt nach Indonesien (1511—1666)

Als die Portugiesen nach Südwest-Asien vordrangen und Malakka eroberten (1511), begann die Ausbreitung des (katholischen) Christentums. 1558 wurde das Bistum Malakka eingerichtet und Indonesien unter seine Aufsicht gestellt. Die katholische Mission wurde durch drei

Orden, die Franziskaner, Jesuiten und Dominikaner, durchgeführt. Ihr wichtigstes Interesse galt der Sorge für die Portugiesen in den Sao Paola-Befestigungen in Ternate. Von dort breiteten sie das Missionswerk bis nach Ambon und Nord-Morotai aus. Diese Mission arbeitete unter den animistischen Einwohnern. Die Annahme des Christentums durch die Bewohner war durch den politischen Faktor eingefärbt. Die Menschen wurden durch das Sultanat von Ternate hart unterdrückt und sollten islamisiert werden. Sie baten die Portugiesen um Schutz und erklärten, Christen werden zu wollen. Einige Christendörfer wurden in der Nähe der Festung angelegt.

Obwohl das katholische Missionswerk gut ausgerüstet war, unterstützt und gefördert durch die portugiesischen Machthaber, scheint es in den ersten Jahren nicht planvoll gewesen zu sein. Das änderte sich mit der Ankunft von Franz Xavier (1546–1547). Er erteilte allen Missionaren, die nach Indonesien gingen, Weisungen.

Mehr als ein Jahrhundert hatten die Portugiesen Ost-Indonesien unter Kontrolle, bevor zu Beginn des 17. Jahrhunderts eine neue Macht im Streit mit den Portugiesen auf den Plan trat, die Niederländer. Die holländische Ost-Indien-Kompanie bekämpfte die Portugiesen im Interesse ihres Gewürzhandels. 1605 nahmen die Holländer das portugiesische Fort auf Ambon und auf Tidore, das Zentrum der katholischen Mission auf den Malukken.

Den Holländern gelang es nicht, ihre Position in Ternate zu halten. Das nutzten die Spanier aus, die von den Philippinen aus versuchten, die von den Portugiesen kolonisierten Gebiete zurückzuerobern. So wurde die katholische Mission unter spanischer Protektion wieder aufgenommen.

Das Missionswerk ging in den folgenden 60 Jahren nicht so friedlich fort. Grund waren die Streitigkeiten zwischen Spaniern und Portugiesen. In dieser Zeit wurde im Blick auf die eingeborenen Katholiken festgestellt: „Alle Missionsarbeit ist nicht zufriedenstellend im Blick auf den Lebensstil der eingeborenen Katholiken. Obwohl sie getauft wurden, lebten sie in ihren traditionellen Systemen, ohne sich den katholischen Lehren anzupassen."

1648 unterzeichneten Spanier und Holländer einen Friedensvertrag, der jedoch erst 1651 in Kraft trat. Wir erfahren über den Abzug der Spanier: „Ehe die Spanier ihre Stützpunkte in Ternate und Tidore verließen, zerstörten ihre Truppen Dörfer, Kirchen und Klöster innerhalb und außerhalb der Stützpunkte. Außerdem wurden die eingeborenen Katholiken, soweit sie in der Nähe der Stützpunkte wohnten, mitgenommen und auf die Philippinen gebracht."

Als die Holländer alle ehemals spanischen und portugiesischen Kolonialgebiete kontrollierten, wurde die Zahl der Katholiken auf den Malukken, in Nord-Sulawesi, Siau und Sangir mit 40 000 geschätzt. Alle katholischen Missionare wurden nun vertrieben, lediglich die in Solor und Flores arbeitenden durften ihre Arbeit fortsetzen, wahrscheinlich weil die Holländer in diesen Gebieten keine ökonomischen Interessen hatten.

III. Die Ausbreitung protestantischen Christentums in Indonesien (1605—1930)

Anfänglich war die niederländische Ost-Indien-Kompanie verantwortlich nur für die pastorale Betreuung von Holländern, die auf den Inseln wohnten oder die See befuhren. Dann mußten sie jedoch dem Rechnung tragen, daß es in Indonesien Christen (Katholiken) gab. Als Handelsorganisation hatte die Kompanie keine Verantwortung, das Evangelium zu verbreiten, später jedoch als „christliche Herren" waren sie zur Verantwortung für religiöse Belange verpflichtet, das heißt für die Religion, welche der Staat befolgte. So mußte die Kompanie Artikel 36 der *Confessio Belgica* in Kraft setzen, der erklärte, daß es Pflicht der Obrigkeit sei, „den heiligen Dienst am Wort zu schirmen und alle Abgötterei und falschen Gottesdienst abzutun und zu verstören, das Reich des Antichrist zu stürzen, statt dessen das Reich Christi zu befördern". So war die Kompanie auch verantwortlich für die Ausbreitung des Evangeliums auf den Inseln. Das führte jedoch zu dem Konflikt zwischen den Interessen des Geschäfts und des Glaubens. Rund 200 Jahre lang unternahm die Kompanie keine Missionsarbeit. Im Gegenteil, um ökonomischer und politischer Vorteile willen befolgte die Kompanie eine Politik der Nachlässigkeit gegenüber der Mission, sie versuchte sogar in einigen Gebieten die Ausbreitung des Christentums zu verhindern.

Zwei bedeutende Orte, Jakarta als politisches und Ambon als Handelszentrum, wurden Zentren protestantischer Kirchen. Die größeren Teile Indonesiens aber, Kalimantan, Sumatra und Sulawesi, mit Ausnahme von Nord-Sulawesi, dazu Java, blieben vom Evangelium völlig unberührt. Die Gebiete, in denen das Christentum sich schnell ausbreitete, waren insbesondere Ost-Indonesien mit Ambon, Banadaneira, Ternate und andere. Die Entwicklung indonesischer Gemeinden wurde nicht richtig gefördert. Die Ausbildung indonesischer Mitarbeiter lehnte man ab. Alles hing ab von den holländischen Predigern, die in einigen

Städten residierten. *Guru* oder Lehrer war die einzige Form einer Stellung, die Indonesiern verliehen wurde.

Auch das Verhältnis der indonesischen Gemeinden zu den Kirchen in den Niederlanden wurde nicht in der notwendigen Weise entwickelt. Die Kompanie gab den Kirchen in Indonesien keine Freiheit und beachtete weder Anregungen noch Gesuche der Kirchen in den Niederlanden. An jeder Sitzung eines Kirchenrates nahmen zwei Kommissare der Kompanie teil mit der deutlichen Absicht, die Diskussion zu beaufsichtigen und zu beeinflussen.

Nach der kurzen Periode britischer Herrschaft über Indonesien als Folge des französisch-englischen Krieges, in den Holland verstrickt war, übernahm das holländische Kolonial-Regiment die Herrschaft. Dies betrachtete sich nicht als „christliche Obrigkeit". Es verhielt sich neutral gegenüber religiösen Angelegenheiten und folgte dem Prinzip der Freiheit des Glaubens. Dies begünstigte alle Gruppen, auch den Islam. Im Bestreben, ihren Einfluß in ganz Indonesien zu stärken, sicherte die Kolonialregierung den Islam ab und untersagte den Eingang des Christentums in bestimmte Gebiete.

Java etwa wurde für den Eingang des Christentums bis 1850 geschlossen — mit Ausnahme der Küstenregionen —, und Bali war dem Christentum völlig verschlossen. Die Regierung, deren Grundlage das Neutralitätsprinzip war, hätte den Kirchen Freiheit zugestehen müssen. Doch als Erbin der Ost-Indien-Kompanie fühlte sie sich zur Aufsicht über die Kirchen verpflichtet, die in der Zeit der Kompanie gegründet worden waren. 1817 wurden diese Kirchen durch die Regierung anerkannt und „Die Protestantische Kirche in Niederländisch-Ostindien" genannt. Sie wurde als Staatskirche angesehen.

Der Unterschied zwischen der Kompanie und der Kolonialregierung muß denominationell verstanden werden. Die holländische Kolonialregierung behauptete nicht das Monopol einer Denomination, sondern wollte alle Denominationen in einer vereinten Kirche in Niederländisch-Indien zusammenführen. Sie gab deshalb auch den Missionsgesellschaften Erlaubnis zur Arbeit, die durch die Kompanie mit Verbot belegt worden waren. Bereits während des Interims der britischen Verwaltung war die Freizügigkeit für die Missionsgesellschaften in Kraft gewesen. So kamen die Londoner und die Baptistische Missionsgesellschaft nach Indonesien. Auch die Kirchen-Reglemente von 1840 führten nicht zu einer Intensivierung der Entwicklung von Eingeborenen-Kirchen in Indonesien. Alle Modelle und Regeln wurden von den Niederlanden übernommen mit der Absicht, vor allem den Holländern zu dienen.

In dieser schwierigen Situation kam Hilfe von den Missionsgesellschaften aus den Niederlanden. Sie sandten Missionare in diese Gebiete und wollten das Evangelium dem eingeborenen Volk predigen. Kaum jedoch waren sie in Indonesien angekommen, wurden sie in den Dienst der protestantischen Kirchen gestellt. Dennoch hatten sie mit großem Ernst das Werk in den indonesischen Gemeinden angefangen. Die Anwesenheit dieser Missionare führte jedoch zu einer neuen Etappe im Leben der indonesischen Kirchen, die Jahrhunderte hindurch lediglich als ein Anhängsel europäischer Kirchen betrachtet worden waren. Von nun an wurden die indonesischen Christen herausgefordert, ihr Volk für Christus zu gewinnen.

Jetzt reichte die begrenzte Zahl europäischer Pastoren und Hilfsprediger nicht mehr aus, den Erfordernissen der wachsenden Gemeinden zu begegnen. Indonesische Helfer wurden in großem Maße benötigt, um an der pastoralen Versorgung der Gemeinden teilzunehmen. Ein neues Amt, das der „Evangeliumslehrer", wurde für sie eingerichtet. Dies befähigte sie, in das Leben der Kirchen eingegliedert zu werden. Die Evangeliumslehrer wurden durch eine Ernennungsurkunde berufen, die von der holländischen Kolonialregierung ausgestellt wurde.

1935 wurde in den Niederlanden die Trennung von Staat und Kirche durchgeführt. Während der Diskussion und Vorbereitung der Trennung von Staat und Kirche wurde der Vorschlag gemacht, den Kirchen in Ost-Indonesien die Möglichkeit zu geben, ihre Kirchen unabhängig zu entwickeln. Dieser Plan wurde insbesondere während einer Pfarrkonferenz 1927 in Ujung Pandang studiert und 1933 der Generalsynode vorgelegt. Sie entschied, daß die zu den protestantischen Kirchen in Niederländisch-Indien gehörenden Kirchen ihre Arbeit in den Gebieten von Minahasa, Ambon und Timor unabhängig durchführen könnten. Auf Grund dieses Beschlusses wurden folgende Kirchen gegründet:

Die Christlich-Evangelische Kirche in Minahasa 1934,
die Protestantische Kirche in den Malukken 1935,
die Christlich-Evangelische Kirche in Timor 1947.

Diese drei Kirchen sind mithin die ältesten Erben der protestantischen Christenheit in Indonesien.

IV. Das Entstehen von regionalen ethnischen Kirchen (1830—1930)

Zu Beginn kamen alle Missionare aus den Niederlanden, später folgten die Missionsgesellschaften aus Deutschland und der Schweiz. Zu Anfang des 20. Jahrhunderts kamen auch Missionare aus den USA und anderen Ländern. Neben den westlichen wurden seit 1920 ebenfalls Missionskörperschaften in Indonesien gebildet. Missionsgesellschaften, die zur Arbeit in Indonesien zugelassen wurden, konnten ihr Arbeitsgebiet frei wählen mit der Einschränkung, daß zwei Denominationen nicht im selben Gebiet arbeiten sollten. Allmählich kam es zur Bildung von Gemeinden der verschiedensten ethnischen Gruppen in ganz Indonesien. Damit begann die Entwicklung von regional und ethnisch gegliederten Gemeinden. Es steht fest, daß die im 19. Jahrhundert entstandenen Gemeinden Ergebnis der Arbeit von Missionaren waren. Aber trotz dieser allgemeinen Behauptung muß mit Nachdruck betont werden, daß nicht alle Gemeinden Früchte ihrer Bemühungen waren. Einige Gemeinden entstanden und wuchsen durch das Werk einzelner Christen. Sie arbeiteten aus eigenem Antrieb und hatten keine Verbindung mit den Missionsgesellschaften. Diese Gruppen setzten sich aus Europäern und Indonesiern zusammen.

Besondere Beachtung verdient die Missionsarbeit unter den Chinesen. Tatsächlich galt dieser Gruppe die Aufmerksamkeit seit der Zeit der holländischen Kolonialregierung, freilich nicht ernst genug. Die intensive Missionsarbeit unter Chinesen wurde von chinesischen Christen geleistet. Der Bedeutendste von diesen, Gan Kwee, ein Evangelist, kam in der Mitte des 19. Jahrhunderts von Amoy und arbeitete mit der Gesellschaft für Missionsarbeit innerhalb und außerhalb der Kirche in Jakarta zusammen. Im Gefolge seiner Arbeit wurden von chinesischen Christen Gruppen gebildet. Gan Kwee hatte auch Erfolg in der Ausbildung von Lehrern für die Missionsarbeit.

Die wichtigste Rolle in dieser Arbeit spielten die Bande der Familie und die Hauskreise. Missionare, die in Indonesien arbeiteten, konzentrierten ihre Bemühungen auf die Gruppen der Indonesier und schenkten zumeist den Chinesen keine Aufmerksamkeit. Als sie jedoch mit ihnen in Berührung kamen, waren viele Missionare tief beeindruckt von der Art, wie die Chinesen nach dem Evangelium verlangten, und stellten fest, daß diese für das Christentum zugänglicher waren als die Indonesier. Im Laufe der Entwicklung wurden diese Gemeinden Schritt für Schritt vereint und bildeten ihre eigenen Kirchen. Innerhalb dieser Kirchen gibt es zwei Gruppen: die Indonesisch und die Chinesisch sprechende. Seit 1905 hat unter den Chinesen besonders die methodistische Mission aus den USA gearbeitet. Aus dieser Arbeit entstanden die Methodisten-Kirchen in Indonesien, von deren Gliedern etwa ein Drittel Chinesen sind.

Entstanden in diesem Zeitabschnitt also evangelische Gemeinden von unterschiedlicher ethnischer Art an den verschiedenen Orten des Inselreichs, so nimmt es nicht wunder, daß diese Kirchen sich in völkische

Regional- bzw. Territorial-Kirchen wandelten. Die Einigung mehrerer Gemeinden in eine selbständige Kirche, mit einheitlicher Kirchenordnung, Liturgie, Gesangbuch und Katechismus wurde erst 1930 erreicht. *Hurian Kristen Batak Protestan* (HKBP) war die erste Kirche, die sich selbständig machte. Ihr folgten bald einige andere völkische bzw. Regional-Kirchen. Damit begann die Geschichte der Kirchen in Indonesien. Zwei bedeutsame Faktoren bewegten die indonesischen Kirchen in Richtung auf Autonomie:

1. Der Einfluß der ökumenischen Bewegung

Ziel und Geist der ökumenischen Bewegung hat das Leben der indonesischen Kirchen beeinflußt. Die Entscheidung fiel 1928, als eine indonesische Delegation an der Jerusalem-Konferenz teilnahm. Dort traf die Delegation mit Delegierten asiatischer Kirchen zusammen, die ihre Kirchen vertraten. Das ermutigte die indonesischen Kirchen, selbständig zu werden, insbesondere vernahmen sie den Ruf zur Mission der eigenen Kirchen. Darüber hinaus wurde das Denken der Missionsgesellschaften auf die Zukunft der Mission gerichtet und ermutigte sie, ihre Arbeit mit dem Ziel von selbständigen Kirchen zu betreiben.

2. Der Einfluß der nationalen Bewegung

Abgesehen davon, daß in der kirchlichen Welt ein neuer Wind wehte, entstand in Indonesien mit Beginn des 20. Jahrhunderts die nationale Bewegung, die Unabhängigkeit und Einheit der Nation forderte. Im selben Jahr, 1928, in dem die Jerusalem-Konferenz stattfand, kam es zu der Deklaration der Jugend. Von Anfang an haben indonesische Christen teilgenommen an diesem nationalen Kampf, und sie unterstützten begeistert das Ziel, eine blühende, souveräne und gerechte indonesische Gesellschaft und Nation zu bilden.

Beide Faktoren wurden treibende Kräfte im Prozeß der Autonomie-Bestrebungen der indonesischen Kirchen. Indem man die Realität der Kirchen als eines integralen Teiles des indonesischen Volkes verstand, in der Meinung, daß die Kirchen zugleich auch einen integralen Bestandteil der Geschichte der Nation darstellen, wurden die Kirchen befähigt, um so mehr ihrer Sendung und ihres Rufes in der Mitte der indonesischen Nation und ihres Volkes bewußt zu werden und gleichzeitig der ökumenischen Verbundenheit der christlichen Kirchen in aller Welt.

V. Die Geschichte der Kirchen in Indonesien in der Neuzeit

1. Kirche und Nationalismus (1930—1941)

In der Zeit von 1930 bis 1941 hatten die Kirchen viele Probleme ins
Auge zu fassen, besonders die von Mitarbeitern und Kirchenleitung.
Der Ausbildung einheimischer Mitarbeiter hatte man in der Vergangenheit nicht die nötige Aufmerksamkeit geschenkt. Die Kirchen waren
deshalb, als sie selbständig wurden, von der Leitung durch Missionare
abhängig. Jetzt wurde die Ausbildung durch die Kirchen Indonesiens
organisiert. 1934 wurde die Theologische Hochschule in Jakarta gegründet. Sie spielt eine wichtige Rolle in der Entwicklung der Kirchen.
In der ersten Zeit war sie ein Ausbildungszentrum, das ökumenisch
durch Kirchen für die Kirche unterstützt wurde. Durch dieses Ausbildungszentrum lernten die Kirchen, offen füreinander zu sein, und durch
die Graduierten wurde die ökumenische Beziehung zwischen den indonesischen Kirchen verstärkt. Schritt für Schritt konnte die Kirchenleitung aus der Hand der Missionare in die der indonesischen kirchlichen Mitarbeiter überführt werden.

Dieser Zeitabschnitt zeigt deutlich das Wachstum der Kirchen an. Als
die Indonesier bemerkten, daß die Kirchenleitung in die Hände des
eigenen Volkes gelegt worden war, taten viele Indonesier Buße und
nahmen das Evangelium an als ein Werk, das durch ihre eigenen Evangelisten und Pastoren getan wurde. Die alte Meinung, das Christentum
sei die „Religion der Holländer", verschwand allmählich, als das Volk
erkannte, daß es nicht die Leute aus dem Westen, sondern ihre eigenen
Leute waren, die die Kirche leiten und ihr dienen.

Ein schwerwiegendes Problem für die neugebildeten selbständigen
Kirchen stellten die zunehmenden nationalistischen Bewegungen dar.
Lange Zeit waren die indonesischen Christen gelehrt worden, daß
Politik nicht Sache der Kirche sei, und daß man gesellschaftliche Bewegungen nicht unterstützen dürfe. Viele indonesische Christen, die sich
an der nationalen Bewegung beteiligten, wurden von den Missionaren
streng vermahnt, einige aus der Gemeinde ausgestoßen. Das verursachte
Spannungen und Streitigkeiten in der Kirche, führte sogar zu Abspaltungen. Die *Hurian Kristen Batak Protestan* (HKBP) machte das durch.
Die Haltung der Missionare, wie wir sie eben schilderten, erregte bei
einigen Batak-Christen den heftigen Wunsch, die Kirche von den Missionaren zu trennen; sie gründeten endlich auch eine unabhängige
Kirche, die *Hurian Kristen die Java* (HKJ), die sich 1927 von der

HKBP trennte. Gleiche Erfahrungen machte die Kirche in Minahasa, die zur Bildung der *Kerapatan Gereja Protestan Minahasa* führte. Als die Kirchen ihre Autonomie erhielten, waren die Probleme noch lange nicht gelöst. Einerseits versuchten Missionare, ihren Einfluß in der Kirche zu behalten, andererseits gab es noch keine einheimische Führergruppe, die befähigt war, Fragen wie die nach dem Nationalismus gehörig anzupacken. Doch war der Einfluß des Nationalismus innerhalb der Jugend sehr stark, vor allem unter den Studenten. Sie hatten sich, insbesondere nach der Gründung von *Gerakan Mahasiswa Kristen di Java* (GMKJ, „Christliche Studentenbewegung in Java"), für die Fragen nach der Zukunft der Nation engagiert. Schon davor hatte die christliche Jugend innerhalb regionaler Jugendorganisationen wie Jung-Java, Jung-Sumatra, Jung-Ambon, Jung-Minahasa usw. an der nationalen Bewegung teilgenommen. Im Unabhängigkeitskrieg wurden diese jungen Leute die Leiter der weltlichen und kirchlichen Gruppen.

Abgesehen von den Fragen, die innerhalb der Kirchen aufbrachen, machte die Unabhängigkeitserklärung der autonomen Kirchen deutlich, daß die indonesischen Christen fähig wären, sich selbst zu organisieren und sich von der Kontrolle durch die Leute aus dem Westen zu befreien. Dies veränderte das Bild der Kirchen in den Augen der indonesischen gesellschaftlichen Gruppen und wurde von der Gesellschaft gewürdigt. Diese neue Situation half den Kirchen in der späteren Entwicklung, als die Gesellschaft auf die Kirchen nicht mehr wie auf einen Fremdkörper blickte, der in der Mitte des kämpfenden indonesischen Volkes existierte.

Die zweite Hauptfrage, mit der man in dieser Zeit fertig werden mußte, betraf die nationale Identität. Der Kampf der nationalen Bewegung begeisterte für die Einheit und die Gesamtheit des einen indonesischen Volkes. Die Kirchen wiederum wuchsen und entwickelten sich unabhängig voneinander als ethnische Stammes- und Regional-Kirchen. Das war dem negativen Einfluß der (holländischen) Kolonialregierung zuzuschreiben, der die Trennung zwischen ethnischen und Stammes-Gruppen beabsichtigte, war aber ebenfalls das Ergebnis des Bemühens, das Evangelium unter den ethnischen oder Stammes-Gruppen auszubreiten.

Unter den Christen wurde das Bewußtsein für die Einheit der Nation von außerhalb der Kirchen erweckt. Die christliche Jugend, insbesondere GMKJ (zu der Zeit bekannt als „Christliche Studentenvereinigung auf Java") hat viel dazu beigetragen. Ähnlich hoch ist der Bei-

trag, den die Theologische Hochschule in Jakarta als ökumenisches
Lehr-Institut für die Kirchen leistete.

2. Die Kirche in der Zeit der japanischen Besetzung (1942–1945)

Eine drastische Veränderung widerfuhr Indonesien, als der Zweite
Weltkrieg ausgebrochen war und die Deutschen Holland besetzten.
Die holländischen Machthaber verhafteten alle Deutschen im Lande.
Auch alle deutschen Missionare wurden durch die holländische Kolonialregierung festgenommen. Die Kirchen, denen deutsche und
schweizer Missionare dienten, erhielten den ersten Schlag. Diese Kirchen lebten in Nord-Sumatra und Kalimantan.
Die nächste Veränderung erfolgte, als die japanische Armee in das Gebiet von Indonesien eindrang. Alle Holländer und deren Verbündete
wurden gefangengenommen. Mit dem Eindringen der japanischen
Streitkräfte zerbrachen die Ketten des Kolonialsystems des Westens
und wurde erfolgreich die Fähigkeit der Asiaten bewiesen, die West-
mächte zu bekämpfen und zu schlagen. Aber die Gefühle von Freude
und Stolz verschwanden schnell, als man bemerkte, daß eine neue
Kolonial-Macht erschienen war: das totalitäre japanische Militär-
Regiment.
In diesem Zeitabschnitt zwischen 1942 und 1945 wurden die Kirchen
mit fürchterlichen Bedrückungen und Kämpfen konfrontiert.

Totales Moratorium

Als erstes verbot die japanische Kolonial-Regierung jegliche Verbindung zur westlichen Welt. Abgesehen davon, daß alle Missionare aus
dem Westen gefangen waren, wurde nun jede Verbindung mit der
Kirche oder den Missionsgesellschaften in Europa abgeschnitten. Den
Missionaren aus neutralen Staaten wie der Schweiz, dazu aus Deutschland, dem Verbündeten Japans, wurde gestattet, für einige Zeit ihre
Arbeit fortzusetzen, bis sie endlich in ihre Heimatländer zurücktrans-
portiert wurden. Viele von ihnen wurden allerdings von den Japanern
getötet unter dem Vorwand, daß sie mit den Holländern Umgang gehabt und als Spione gearbeitet hätten.
In dieser Zeit mußten die indonesischen Kirchen vollständig für sich
selbst aufkommen. So wurden sie gezwungen, selbst Verantwortung
zu tragen, auch in finanzieller Hinsicht. Bekamen die kirchlichen Mitarbeiter in der Vergangenheit ihre Gehälter von der durch die Missionsgesellschaften unterhaltenen Zentralkasse, so mußten die Gemeinden jetzt ihre eigenen finanziellen Quellen entdecken, um ihre

Mitarbeiter ohne Beihilfen von außen zu bezahlen. Einerseits war dies eine mißliche Lage, andererseits förderte dies den Prozeß, durch den die Kirchen mündig wurden. In dieser Situation wurde es klar, daß Jesus Christus, der König der Kirche, ständig für seine Kirche sorgt. Die Erfahrung mit dem totalen Moratorium half den Kirchen, in späterer Zeit ihre Verantwortung vollständig zu übernehmen, und sie ermutigte die Glieder der Kirchen, sich für den Auftrag und die Mission der Kirche als Christi Botschafter in Indonesien einzusetzen. So wurden die Kirchen in diesem Zeitabschnitt missionarische Kirchen.

Die Enteignung der kirchlichen Besitztümer

Fast allen Kirchen wurde ihr Eigentum durch die Japaner fortgenommen. Schulen, Krankenhäuser, sogar Kirchengebäude wurden konfisziert und in Staatseigentum überführt. Einige Kirchengebäude beispielsweise in Banjarmasin, wurden militärischen Zwecken zugeführt. Diese Ereignisse wurden zu einer Lehre von historischem Ausmaß. Die Missionsgesellschaften hatten keine Möglichkeit, das Eigentum den Kirchen rechtmäßig zu übereignen. Die Tatsache, daß die Eigentumsrechte offiziell bei den Missionsgesellschaften lagen, gab den Japanern das Recht zur Konfiskation. Für die Kirchen bedeutete dies eine lange Bewährungsprobe. Als die Japaner kapitulierten, wurden alle von ihnen enteigneten Kirchengebäude von der rechtmäßigen Regierung der Republik Indonesien übernommen. Der Prozeß der Rückgabe des Kircheneigentums brauchte lange Zeit, bis heute sind einige Kirchen-Schulen und Krankenhäuser nicht zurückgegeben.

Unterdrückung und Begrenzung der Tätigkeit durch die japanische Kolonialregierung

Gleich zu Beginn traf das japanische Regime Maßnahmen, alle Verbindungen und Sympathien zu den Holländern zu beenden. Eine der Maßnahmen bestand darin, die indonesischen Intellektuellen einem Säuberungsprozeß zu unterwerfen, der die Japaner befähigen sollte, das ganze Land leicht zu kontrollieren. Aus diesem Grunde wurden viele christliche Intellektuelle, Leiter der Kirche oder der gesellschaftlichen Gruppen, ermordet. Zu der Zeit gab es verhältnismäßig mehr christliche als andere Intellektuelle, weil es viele Schulen gab, die mit Unterstützung der Missionsgesellschaften an vielen Plätzen arbeiteten. Die Christen wurden insgemein verdächtigt, angeklagt und verleumdet als Agenten des westlichen Kolonialismus, viele wurden Opfer dieser Aktion.

Tatsächlich waren damals die meisten Bestimmungen der Kirchenordnung in holländischer Sprache geschrieben, ein Grund zur Anklage
auf Spionage für die Holländer. Die Kirchenleitungen übersetzten deshalb schnell alle Bestimmungen in die indonesische bzw. in die Regio-
nal-Sprachen.

Die andere Maßnahme, die durch das japanische Kolonialregime ergriffen wurde, war das Verbot von Zusammenkünften und Versammlungen, das sich auch gegen die christlichen Versammlungen richtete.
Zunächst waren die Kirchen mit großen Schwierigkeiten konfrontiert,
weil es ihnen verboten war, Gottesdienste abzuhalten. Nach der Ankunft von japanischen Pastoren von der Japanischen Christlichen
Kirche *(Kyodan)* wurde dieser Zustand allmählich überwunden. So
wurde zum Beispiel durch die Intervention eines Militärpfarrers,
Colonel Nomachi, *Gereja Kristen Pasundan* gestattet, die kirchlichen
Aktivitäten ohne Behinderung fortzusetzen. Die Anwesenheit von
Kyodan-Pastoren hat den Kirchen Indonesiens während der Besatzungszeit erheblich geholfen. Diese Pastoren wurden Vermittler zwischen der Kirche und der japanischen Regierung.

Missionsarbeit war während dieser Zeit ebenfalls verboten. Gestattet
waren lediglich Sonntagsgottesdienste und Katechismusunterricht für
die jungen Gemeindeglieder. Jeder Pastor oder kirchliche Mitarbeiter
hatte einen Bericht über seine Arbeit, seine Tätigkeiten und Reisen
dem Ortskommandanten vorzulegen. Trotzdem setzten die Kirchen
das Missionswerk fort. Missionsarbeit wurde durch jedes einzelne
Glied der Kirche geleistet und hing nicht an den Pastoren, deren Arbeitsmöglichkeiten begrenzt waren.

Die schwerste geistliche Anfechtung bereitete der Kirche, daß die Gemeindeglieder gezwungen wurden, vor jedem Gottesdienst nach Osten
zum Aufgang der Sonne zu blicken, um so den japanischen Kaiser anzubeten. Es kam zu Spannungen, als die Kirche dies ablehnte. Glücklicherweise wurden diese Schwierigkeiten von japanischen Ministern
dadurch gelöst, daß diese Vorschrift der Kirche für Gottesdienste nicht
mehr auferlegt wurde.

3. Die Kirche wird mündig

Die Erfahrungen, die die Kirche während der japanischen Besetzung
machte, förderten die Mündigkeit der Kirche. Sie wurde mündig durch
Leiden. Druck, Behinderung und Einengung machten die Kirche nicht
weich. Im Gegenteil, die Kirche wurde sich ihrer Sendung und Verantwortung bewußt, das Evangelium tapfer zu predigen, und sie

wurde besser befähigt, für ihren Unterhalt zu sorgen. In dieser Zeit führten manche Kirchen Weiterbildungskurse für kirchliche Mitarbeiter und Einführungslehrgänge für Evangelisten durch. Die Anwesenheit japanischer Pastoren erweiterte außerdem die Horizonte. Das ökumenische Bewußtsein in dieser kritischen und schwierigen Epoche hat den Glauben der Kirchen gestärkt, weil es die Bruderschaft aller christlichen Kirchen in der Welt gab. Gebetsversammlungen wurden überall durchgeführt. *Gerakan Mahasiswa Kristen Indonesia* (die „Indonesische Christliche Studentenbewegung"), durch die Japaner verboten, kam ständig heimlich zu Bibelstudien, Gebet, Gesprächs- und Treffgruppen zusammen.

4. Die Kirche in der Zeit des Unabhängigkeitskrieges (1945–1950)

Mit der Kapitulation der Japaner endete die Unterdrückung, und der Freiheitskampf des indonesischen Volkes kam rasch zu seinem Höhepunkt, der Unabhängigkeitserklärung vom 17. August 1945. Als jedoch die Alliierten die japanischen Streitkräfte ablösten, denen die Holländer folgten und die Kontrolle über Indonesien zurückforderten, kam es zum Unabhängigkeitskrieg.

Die Kirchen, jetzt gründlich vorbereitet, erkannten, daß der Kampf für die nationale Unabhängigkeit Sache des ganzen Volkes war. Christen als verantwortlicher Teil des Volkes mußten sich deshalb am Unabhängigkeitskrieg beteiligen.

Da nicht alle Teile Indonesiens unter der Kontrolle der Republik standen, waren die Kirchen getrennt. Einige gehörten zum Gebiet der Republik, andere zu dem der Holländer. Das bereitete den Kirchen allerlei Schwierigkeiten. Einerseits mißtraute man den Kirchen als Partnern der Holländer, andererseits verdächtigten die Holländer die Kirchen, die Republik zu unterstützen. Gegner der Kirche, insbesondere einige religiöse Gruppen, versuchten die Kirchen zu verdächtigen und zu behindern. Doch gaben die Kirchen auf sich selbst acht und stärkten die Beziehungen zu den Kirchen in beiden Gebieten. Das bewährte sich anläßlich der Weltkonferenz christlicher Jugend in Oslo, 1947, an der Vertreter der indonesischen christlichen Jugend teilnahmen. Ebenso entsandten die indonesischen Kirchen in dieser schwierigen Zeit Vertreter zur Konferenz des Internationalen Missionsrates in Whitby, 1947, wie auch bei der Gründung des Ökumenischen Rates der Kirchen einige Vertreter der indonesischen Kirchen zugegen waren.

Die Vereinigung indonesischer christlicher Frauen wurde im Gebiet der Republik gegründet, dehnte ihren Einfluß jedoch auch unter den Frauen im holländischen Gebiet aus. Zu dieser Zeit wurde auch die Indonesische Christliche Partei gegründet. Durch ihre Glieder nahm die Kirche am ganzen Verlauf des nationalen Kampfes teil, sei es in politischer Hinsicht oder innerhalb der Streitkräfte. Nachdem das erste Kabinett der Republik von Indonesien gebildet war, wurden mehrere Christen zu Kabinett-Ministern berufen.

Es war keine leichte Aufgabe, die Gemeinden nach der japanischen Besetzung wieder herzustellen, insbesondere nicht in Gebieten, in denen der Krieg noch tobte. Es kam zu Raub und Plünderung, die Bevölkerung begann zu fliehen, und Dörfer wurden verlassen. Im Gebiet der Holländer fiel es den Kirchen verhältnismäßig leicht, ihre Gemeinden wiederherzustellen. Dies dank der Erlaubnis, die durch die Holländer einigen Missionaren erteilt wurde, ihre Arbeit wieder aufzunehmen und zum Beispiel Schulen und Krankenhäuser wieder zu eröffnen. Die Kirchen im Gebiet der Republik mußten eine Menge Schwierigkeiten hinnehmen. Sie waren aber an der Verantwortung beteiligt, die Unabhängigkeit, die man erklärt hatte, zu behaupten.

Neun Kirchen wurden in dieser Zeit zu selbständigen Kirchen erklärt. Das Wachstum der Kirchen war in diesem Augenblick beachtlich. Die Zahl der Kirchenglieder wuchs ständig. Die Kirchen bemühten sich energisch, sich selbst zu befestigen und den wachsenden neuen Aufgaben gerecht zu werden. Der Zusammenhalt unter den Kirchen wurde durch Regionalkonferenzen gepflegt, der ökumenische Geist zwischen den indonesischen Kirchen entwickelt. Die theologischen Lehrinstitute wurden erneuert, um der Not der Kirchen zu begegnen. Die Theologische Hochschule in Jakarta wurde wieder eröffnet und viele Kirchen sandten Studenten zu dieser Schule. Die Bemühungen um Zusammenhalt und Befestigung in den Kirchen stellten die ersten vorbereitenden Schritte dar, die auf den Weg führten, der die Reise zur Einheit der Kirche in Indonesien möglich machte.

Durch die Teilnahme an der nationalen Bewegung wird die Kirche nicht mehr als Fremdkörper betrachtet. Das Christentum ist als eine der großen Religionen anerkannt, die dem indonesischen Volk zugehören. Das hat der Kirche geholfen, bewußter Veränderungen und Entwicklungen innerhalb der Gesellschaft wahrzunehmen, zumal diese nicht vom Kampf der Kirche getrennt werden können. Die Mehrheit des Volkes, nämlich 85 Prozent, sind Muslime, aber die Kirchen und Christen genießen Freiheit und werden als verantwortliche Bürger angesehen.

VI. *Die wachsende Kirche 1950 bis heute*

Der Titel „die wachsende Kirche" mag ein passender Ausdruck sein, um die Lage der Kirchen in Indonesien von 1950 bis zu diesem Augenblick zu beschreiben.

1. Der Rat der Kirchen in Indonesien wird gegründet

Als die *round-table*-Konferenz in Den Haag am 2. November 1949 endete, beschlossen am gleichen Ort die Vertreter von 29 Kirchen, einen Planungsausschuß einzusetzen, der vom 6. bis 12. November 1949 seine Beratungen in Jakarta durchführte. Am 25. Mai 1950, einem Pfingsttag, wurde der Rat der Kirchen in Indonesien gegründet mit dem ausdrücklichen Ziel: „Die Bildung einer christlichen Kirche in Indonesien". Die Erklärung vom 25. Mai sagt dazu:

„Wir, die Teilnehmer an der Konferenz zur Bildung eines Rates der Kirchen in Indonesien erklären jetzt, daß der Rat der Kirchen in Indonesien gegründet ist als ein Organ der Beratung und Zusammenarbeit zwischen den Kirchen, die zur Einheit der Kirchen in Indonesien leiten soll, wie es in der Verfassung des Rates der Kirchen in Indonesien verbrieft ist, beschlossen durch die Versammlung vom 25. Mai 1950."

Einzigartig für den Rat der Kirchen in Indonesien, verglichen mit anderen nationalen Kirchenräten, ist die eindeutige Bestimmung, daß sein Ziel die „Schaffung der einen christlichen Kirche in Indonesien" ist, wie das in keiner anderen Verfassung von Räten der Kirchen gesagt wird. Die Mitgliedschaft können lediglich Kirchen, nicht aber Organisationen, Körperschaften oder christliche Institutionen erwerben.

Zur Zeit der Gründung gehörten dem Rat 29 Gliedkirchen an, jetzt sind es 48 Gliedkirchen aus ganz Indonesien mit einer Mitgliederzahl von 5 389 841. Von den 48 Kirchen sind 4 pfingstlerische und 10 chinesische Kirchen mit Indonesisch bzw. Chinesisch sprechenden Gemeinden.

2. Das Wachstum der Kirchen in Indonesien

Das Wachstum der Kirchen nach 1950 war sehr beachtlich. Freilich entwickelten sie sich nicht immer sehr ruhig und in gleichem Rhythmus. Manchmal trat das Wachstum in der Quantität der Kirche, manchmal in ihrer Qualität zutage.

Die DI-TII-Gruppen werden ausgeschaltet (1950—1962)
Seit Gründung der Republik Indonesien war es das energische Verlangen fanatischer Muslim, die Republik in einen islamischen Staat zu verwandeln. Die Militärrevolte wurde ausgelöst, um die Grundlagen und den Kurs des Staatswesens zu verändern, nachdem der Gedanke, das Ziel auf parlamentarischem Wege zu erreichen, fehlgeschlagen war. Die DI-TII-Bewegung war besonders aktiv in West-Java, Sulawesi und Süd-Kalimantan. Die Kirchen in diesen Gebieten hatten schwer unter dem Terror der Gruppen zu leiden, ganz besonders in Toraja (Zentral-Sulawesi), wo 70 000 Christen die Opfer wurden. Manche wurden zum Religionswechsel gezwungen. Jahrelang setzte die Regierung Aktionen in Gang, die Bewegung niederzuwerfen, was schließlich mit Hilfe der Bevölkerung gelang. Als endlich wieder Ruhe einkehrte, begann die Kirche sich ebenmäßig zu entwickeln. Da die Kirche in der Zeit der Wirren von Gott geprüft worden war, und weil Glaubenskraft und Beharrungsvermögen der Kirchen in diesen Leiden bewiesen wurden, wurde die Bevölkerung davon überzeugt, daß der christliche Glaube die Kraft besaß und noch hat, Furcht und Tod zu überwinden.

Irian Jaya wird Teil der Republik
Das Abkommen der *round-table*-Konferenz hatte bestimmt, daß West-Irian von der Republik getrennt und unter der Aufsicht der holländischen Kolonialregierung bleiben sollte. Die Kirchen dort verblieben unter der Fürsorge und Leitung von Missionaren. Der Prozeß zur Verselbständigung der Kirchen vollzog sich langsam. In der Übergangszeit spielte der Rat der Kirchen eine wichtige Rolle. Durch die Hilfe und Zusammenarbeit mit den Kirchen Indonesiens entwickelten sich die Kirchen von West-Irian beachtlich. Als 1963 West-Irian mit der Republik vereint wurde, schätzte man die Zahl der Kirchenglieder auf 130 000. Die Statistik für 1974 zählt 360 000, das bedeutet eine Wachstumsrate von 300 Prozent in 11 Jahren.

Die 30.-September-1965-Bewegung
Der mißlungene Staatsstreich, den die Kommunisten unternahmen — die 30.-September-Bewegungs-Aktion —, brachte über das indonesische Volk furchtbares Unheil, er wurde aber auch einer der Faktoren, der zum Wachstum der Kirche führte. Vor allem auf Java und in Nord-Sumatra machte dies Ereignis viele Menschen bußwillig und ließ sie Christen werden. Menschlich gesprochen könnte man sagen, daß dies die Gründe waren, die die Kirche für Menschen anziehend machten: ihr

glaubwürdiges Zeugnis, ihr freundliches Verhalten, der Dienst am Ge-
meinwohl, die Verteidigung der Unschuldigen, Sorge und Liebe für
die Leidenden, ohne auf jemandes Religion oder Status zu achten. Es
muß jedoch hinzugefügt werden, daß das beachtliche Wachstum, wenn
man darunter die wachsende Zahl versteht, nicht alle Kirchen in
gleicher Weise betraf. Die Bewegung vom 30. September war, allgemein gesprochen, nicht der entscheidende Faktor für das Wachstum
der Kirche.

Die Regierung empfiehlt, daß jedermann seine Religion wählen soll
Nach diesen Ereignissen, die als eine atheistische Aktion verstanden
werden muß, forderte die Regierung alle Menschen auf, ein Volk
des Glaubens und Anhänger einer der von der Regierung anerkannten Religionsgemeinschaften zu sein. Jedermann konnte seinen Glauben oder seine Religion nach eigenem Willen wählen. Im Gegensatz
zu einigen religiösen Gruppen, die das Volk einschüchterten, ihrer
Religion zu folgen, war die Kirche weit offen für jeden, indem sie das
Evangelium der Versöhnung predigte, demütig und doch eindeutig
die christliche Hoffnung für die Zukunft auslegte und Menschen half,
die Hilfe nötig hatten. Diese Verhaltensweise ermutigte die Leute,
sich dem Christentum anzuschließen. Es kann nicht abgestritten werden, daß im ersten Jahr nach diesem Ereignis Tausende den christlichen Glauben annahmen, weil sie nicht als Kommunisten abgestem-
pelt werden wollten, als Atheisten oder Sympathisanten, wofür sie als
Verräter angeklagt werden konnten.
Obwohl sozial-politische Faktoren eine wichtige Rolle beim Wachstum der Kirche spielten, wäre es nicht richtig, daraus zu schließen, daß
dies die ausschlaggebenden Faktoren waren. Ein statistischer Überblick zeigt, aus welchen Gründen und Motiven man der Kirche angehört:
Aus
1. religiös-geistlichen Motiven   52,6 Prozent,
2. politischen Motiven   25,2 Prozent,
3. sozialen Motiven   23,2 Prozent.

3. Der Kampf der Kirche im politischen Leben

Als Kirche, die Kirche für die Welt ist, nahm in den indonesischen
Kirchen ihre Verantwortung für ihre Sendung und ihren Auftrag in
der Mitte der Gesellschaft zu, einschließlich ihrer Beteiligung an politischen Angelegenheiten. Durch den Rat der Kirchen wurden die
Kirchen in politische Probleme hineingezogen, mit denen Indonesien

zu tun hatte. Von Anfang an, als die Rebellion der Republik von Süd-
Malakka ausbrach, haben die Kirchen Indonesiens nach friedlichem
Übereinkommen gerufen. Die Frage nach religiöser Freizügigkeit in
der Übergangsperiode hat ebenfalls die Aufmerksamkeit der Kirchen
gefunden. In der Zeit, als der kommunistische Einfluß, gepaart mit
dessen Propaganda, seinen Höhepunkt erreichte, verfaßten zwei große
Kirchen ihre Glaubensbekenntnisse, die auch zum Kommunismus
Stellung nahmen. Als die Spannungen und Streitereien zwischen den
Regierungen Indonesiens und der Niederlande über West-Irian ihren
Höhepunkt erreichten und zum Abbruch der diplomatischen Beziehungen zwischen beiden Ländern führten, kam es zu einer Anti-
Niederlande-Bewegung und zu Gewalttaten gegen Holländer. In dieser Lage wurde ein Abkommen zwischen der Regierung und den Kirchen geschlossen, das es den holländischen Missionaren ermöglichte,
ihre Arbeit der Mission in Indonesien fortzusetzen, ohne deportiert
zu werden.

Während der Zeit der „gelenkten Demokratie" (1959—1965), in der
„Revolution" die einzige Parole war und während der die Gesellschaft
in eine Flut von Revolution hingetrieben wurde, hatten die Kirchen
große Schwierigkeiten zu überwinden. Sie veranstalteten eine Konsultation in Sukabumi (Java) mit dem Thema: „Christlicher Dienst
während der Revolution", um mit der Situation fertig zu werden.

Das christliche Verständnis von Dienst, Mission und Revolution
wurde ebenfalls von der Generalversammlung des Rates der Kirchen
1964 behandelt unter dem Thema: „Jesus Christus, der gute Hirte",
mit dem Unterthema: „Die Aufgabe der Christen in der Revolution".
Der Begriff „Revolution" wurde unter das Licht des Evangeliums gestellt und in Beziehung zum Reiche Gottes gesetzt. Auf diese Weise
wurde die Revolution einerseits positiv und schöpferisch gewertet,
andererseits wurde sie kritisch und realistisch beurteilt. Ausgehend
vom Verständnis für die Leitung des guten Hirten wurden auch
einige Prinzipien herausgestellt, um das in der Gesellschaft vorherrschende Konzept von Leitung zu verbessern.

Als 1964 der Staat von der internationalen Krise betroffen wurde, die
zum Konflikt mit Malaysia im August 1964 führte, bemühten sich
die Kirchen um gute Beziehungen und Frieden mit Malaysia. Das
führte zur Annäherung zwischen den Räten der Kirchen von Indonesien und Malaysia, die sich noch im selben Jahr in Hongkong zu
einer Konsultation trafen. Nach Beendigung der Konfrontation
wurde der Rat der Kirchen von der Regierung aufgefordert, sich an
der ersten Delegation nach Malaysia zu beteiligen.

Von 1966 an, als die „Neue Ordnung" hergestellt wurde, bis heute sind die Kirchen an der von Regierung und Volk begonnenen Entwicklung der Nation positiv, schöpferisch, realistisch und kritisch beteiligt. Die Konferenz „Kirche und Gesellschaft" von 1967 legte den Grund für die Beteiligung der Kirchen an dieser Entwicklung der Nation. Das Vorgehen der Kirchen war eindeutig bestimmt durch ihren Gehorsam Jesus Christus gegenüber. Die 7. Generalversammlung des Rates der Kirchen in Pemantang-Siantar (Nord-Sumatra) erkannte als vordringliches Problem, diesen *Pancasila*-Staat zu entwickeln, gegründet auf der unwandelbaren Sendung der Kirche, „die gute Nachricht zu predigen".

4. Die Kirchen Indonesiens in der ökumenischen Bewegung

Die ökumenische Bewegung in Indonesien und die der ganzen Welt führten zu vielen gegenseitigen Beziehungen und Beeinflussungen. An der Arbeit des Internationalen Missionsrates und später an der des Ökumenischen Rates der Kirchen nahmen die Kirchen Indonesiens aktiv teil. Die Beziehung zwischen den Kirchen innerhalb und außerhalb des Landes, die in der Vergangenheit zumeist nur zweiseitig waren, entwickeln sich jetzt in mündiger und freier Weise multilateral. Die theologische Frage, die im Dialog zwischen dem Wort Gottes und der Kultur und dem Geist Indonesiens gestellt werden muß, treibt die Kirchen dazu, ihre Aufmerksamkeit auf ihre gemeinsame Aufgabe des Zeugnisses und Dienstes im Blick auf die Probleme der Gesellschaft zu richten.

Das Erlebnis der Ökumene ist durch die Beteiligung der römisch-katholischen Kirche an den Aktivitäten des Rates der Kirchen vertieft und erweitert worden.

Die Annäherung an die „konservativ-evangelikalen" Kirchen wurde auf allerlei Wegen gesucht, weil man die Polarisation zwischen den sogenannten „Ökumenikern" und den sogenannten „Evangelikalen" vermeiden wollte, wie es in anderen Ländern geschehen ist. Dank einer Reihe von Gesprächen konnte bis jetzt die Verwirklichung des Planes vermieden werden, einen konkurrierenden Rat der Kirchen zu bilden.

5. Kirche inmitten einer pluralistischen Gesellschaft

Bekannt ist, daß die große Mehrheit des indonesischen Volkes von Muslimen gebildet wird. Im Staat jedoch, gegründet auf *Pancasila,* ist allen religiösen Gemeinschaften — Religionen und Gruppen, die an den allmächtigen Gott glauben — Freizügigkeit garantiert, ihren Glaubensbekenntnissen zu folgen. Die Regierung ermuntert ständig die ganze Gesellschaft, gute Beziehungen und Zusammenarbeit zwischen den verschiedenen religiösen Gruppen zu bewahren. Dies Bemühen fand insbesondere bei den Kirchen Aufmerksamkeit, sich daran, gegründet auf gleiches Recht und Verantwortlichkeit gegenüber allen Bürgern, zu beteiligen.

Das Gespräch zwischen Kirche und Welt schließt auch das Gespräch zwischen Christen und Menschen anderen Glaubens ein, in Indonesien insbesondere mit den Muslimen. Dieser Umgang miteinander war nicht immer freundlich und friedlich. Aus mancherlei Ursachen kam es gelegentlich zu Gewalttaten.

An einer von der Regierung 1967 veranstalteten Konsultation aller Religionsgemeinschaften nahmen auch die protestantischen und die katholischen Kirchen teil. Während dieser Konsultation gab es eine starke Richtung, die die Verbreitung des Evangeliums und den Dienst der Kirchen unter Menschen anderer Glaubensrichtungen verhindern wollte. Obwohl die Konsultation zu keiner Beschlußfassung gelangte, halfen die Gespräche, die Probleme richtig zu erkennen.

6. Kirchen und Missionsgruppen außerhalb des Rates der Kirchen

Außer den 48 protestantischen und pfingstlerischen Kirchen, die dem Rat der Kirchen in Indonesien angehören, arbeitet eine Anzahl von Kirchen und Missionsgruppen außerhalb dieser Gemeinschaft. Ihre Mitgliederzahl wird auf 1 Million geschätzt, verteilt auf 111 Kirchen, von denen die meisten Ortsgemeinden sind, gegründet ohne irgendeine Verbindung mit anderen. 37 Missionsgesellschaften arbeiten außerhalb des Rates der Kirchen, davon 87 Prozent aus den USA, 5,7 Prozent aus den Niederlanden, 2,9 Prozent aus Australien und 5,7 Prozent gehören zu einer internationalen Missionsverbindung. Nur zwei von diesen begannen ihre Arbeit vor dem Zweiten Weltkrieg, der größte Teil der übrigen kam nach 1965 nach Indonesien.

Im Gefolge der zahlreichen Missionsgesellschaften, die nach 1965 nach Indonesien kamen, wurden außerdem viele christliche Institutionen von Einzelnen außerhalb der Kirche in Indonesien gegründet. Organisationen zur Predigt des Evangeliums gab es im Jahre 1975 schätzungsweise 31. Diese Institutionen sind mit den sogenannten „Konservativ-Evangelikalen" verbunden und sind nicht an Beziehungen zur ökumenischen Bewegung interessiert.

Außerhalb der genannten Kirchen und Gruppen gibt es eine Gruppe von Pfingstkirchen, die nicht zum Rat der Kirchen gehören, insgesamt 43 Kirchen. Nach deren eigenen statistischen Angaben beträgt ihre Mitgliederzahl 900 000. Die Pfingstkirchen errichten in der Regel keine Schulen, Krankenhäuser und andere soziale Einrichtungen. Sie legen Wert auf Krankenheilung, die zumeist in Gruppenversammlungen praktiziert wird, auf geistliche Erneuerung und evangelistische Kampagnen.

7. Vorbereitung auf die Zukunft

Inmitten der großen Veränderungen, die während der nächsten 25 Jahre des 20. Jahrhunderts Indonesien besonders, aber die Welt insgemein durchleben werden, wollen die Kirchen Indonesiens weiterhin bemüht sein, ihre Sendung und ihre Tätigkeit zu verstehen als das Licht und das Salz in der Mitte der sich verändernden Gesellschaft. Die Kirchen erkennen immer mehr, daß sie den Anforderungen der Zukunft nicht werden begegnen können, wenn jede Kirche das für sich selbst unternimmt, mehr noch, wenn sie fortfahren, den Weg traditionellen Denkens und Handelns zu beschreiten. Die Kirchen Indonesiens haben erkannt, daß Einheit und Erneuerung im Vertrauen auf den Herrn absolut wichtig sind. Man hofft, daß die junge Generation zur Mündigkeit gelangt, um die Verantwortung in der Zukunft zu tragen. Dazu müssen alle Glieder der Kirchen gestärkt werden, zu erkennen, daß sie Christi Botschafter sind, verantwortlich für die Erneuerung der Kirche, der Gesellschaft und der Nation.

Nachwort

Dem Herausgeber sei ein Schlußwort gestattet. Die Beiträge für diesen Band lagen zum größten Teil schon seit dem Tode von Paul Jacobs vor. Ich gestehe freimütig, daß ich dem Buch gern zu einem anderen Gesicht verholfen hätte. Das jedoch würde bedeutet haben, daß weitere Jahre hätten ins Land gehen müssen, ehe dieser Bericht über die reformierten Kirchen hätte erscheinen können. Der Verleger hat mit gutem Recht darauf gedrängt, daß diese Arbeit nun zu einem Abschluß kommen müßte. Er hat freundlich gemeint, in dem Herausgeber einen „Vater" für dies Buch gefunden zu haben. Ich wäre froh, wenn ich ihm wenigstens ein notwendiger „Stiefvater" geworden wäre. Ich sage das um der Sache willen.

Die Beiträge dieses Bandes informieren über eine kleine Auswahl reformierter Kirchen, von denen immerhin 144 derzeit im Reformierten Weltbund Mitglieder sind. Die Auswahl ist ungleichgewichtig, aber sie läßt sich vertreten. Der Leser wird jedenfalls mit einer Reihe von Kirchen, mit deren Problemen und ihrer Geschichte vertraut gemacht. Dies ist insofern nötig, als die Kirchengeschichtsschreibung bei uns lange Zeit die Lutherische Reformation als den Normalfall, alles andere, was aus ihr, neben ihr und nach ihr entstanden ist, als „Neben"-sachen betrachtet hat.

Es geht aber nicht um das, was war — und darum auch nicht um das, auf was mancher die Reformationskirchen auch heute noch von damals her festlegen möchte —, sondern um die Begegnung der Christen aus den verschiedenen Denominationen und darum auch der Kirchen miteinander. Ich hoffe, daß dieser Band zu gegenseitigem Verstehen, zu gemeinsamem Aufbruch, darum auch zum Gespräch miteinander einige Anregungen vermittelt.

Mein Dank gilt den Mitarbeitern, die zum Teil eine unendliche Geduld haben aufbringen müssen. Mein Dank gilt aber auch dem Verlag und seiner Leitung, die sich bereitfanden, mit dem vorliebzunehmen, was ich ihnen nun anbieten konnte.

Anhang

MITARBEITERVERZEICHNIS

Dr. Christian G. Baeta, Professor und Leiter der Abteilung für Religionswissenschaften der Universität Ghana.
The University, Legon, Ghana.

Dr. Tibor Bartha, Bischof des Kirchenbezirks jenseits der Theiss und Pfarrpräsident der Reformierten Kirche in Ungarn.
Calvin tèr 17, H 4028 Debrecen, Ungarn.

David Petrus Botha, Pastor, Moderator der Holländischen Reformierten Missionskirche in Südafrika.
2 Uitsig Street, Belleville 7530, Republik Südafrika.

Dr. Alexander Johannes Bronkhorst, Professor für Kirchengeschichte an der Reichsuniversität Utrecht.

Dr. Rudolf J. Ehrlich, gestorben 1974, war Gemeindepastor in Edinburg und Dozent für deutschsprachige Theologie am New College in Edinburg.

Dr. Howard G. Hageman, Präsident des New Bruswick Seminars.
17 Seminary Place, New Brunswick N. J. USA 00 901.

D. Karl Halaski, Pastor i. R., zuletzt Generalsekretär des Reformierten Bundes (Deutschland).
Bleichstraße 40, D 6000 Frankfurt am Main 1.

Dr. Paul Jacobs, gestorben 1968, war Professor für reformierte Theologie an der Universiät Münster/Westf.

Dr. Istvan Juhasz, Professor für Kirchengeschichte an der Theologischen Akademie Klausenburg.
Str. Kogálniceanu 29, Cluj, Rumänien.

Willem Adolf Landman, Pastor, Direktor des Informationsbüros der Nederduits Gereformeerde Kerk in Südafrika.
NG Kerksentrum, Grey's Pass, Posbus 930, Kaapstad 8000, Republik Südafrika.

Dr. Roger Mehl, Professor für Systematik an der Universität Straßburg.
6, rue Blessig, F 67 Strasbourg, Frankreich.

Dr. Amadeo Molnar, Professor für Kirchengeschichte an der Comenius-Fakultät Prag.
Udolni 1174/29, CSR 142 00 Praha 4, Tschechoslowakei.

Dr. Marcel Pradervand, Pastor i. R., von 1949 bis 1970 Generalsekretär des Reformierten Weltbundes.
49, ch. de Grange Falquet, CH 1224 Chène Bourgeries, Schweiz.

Dr. Giorgio Tourn, Pastor der Waldenserkirche.
via Piazza d'Armi 21, I 10064 Pinerolo (Torino) Italien.

Dr. Fridolin Ukur, Mitarbeiter des Instituts für Forschung und Studium des Rates der Kirchen in Indonesien.
Jalan Salemba Raya 10, Jakarta-Pusat, Indonesien.

Dr. Paul Wieser, Pastor i. R., früherer Chefredakteur des Schweizerischen Evangelischen Pressedienstes.
Haslenstraße 8, CH 8903 Birmensdorf.

LITERATURVERZEICHNIS

In diesem Literaturverzeichnis sind vor allem deutschsprachige Bücher und Zeitschriften berücksichtigt. Aus der unübersehbaren Fülle der vorhandenen Literatur wurde lediglich das ausgewählt, was dem interessierten Leser einen Zugang zu umfassenderer Kenntnis reformierter Kirchen und Theologie vermitteln kann, ohne die Übersichtlichkeit zu beeinträchtigen. Die Gliederung wurde dabei, nach der Aufzählung einiger grundlegender Werke, der Anlage des Bandes entsprechend regional durchgeführt.

Bekenntnisschriften

Jacobs, P., Reformierte Bekenntnisschriften und Kirchenordnungen (deutsch), 1949

Müller, E. F. K., Die Bekenntnisschriften der reformierten Kirche, 1903

Niesel, W., Bekenntnisschriften und Kirchenordnungen der nach Gottes Wort reformierten Kirche, 1938

Steubing, H., Bekenntnisse der Kirche. Bekenntnistexte aus zwanzig Jahrhunderten, 1970

Dokumentationen

Empie, P. C., McCord, J. I., Marburg Revisited. A Reexamination of Lutheran und Reformed Traditions, 1966

Goeters, J. F. G., Die Akten der Synode der Niederländischen Kirchen zu Emden vom 4.–13. Oktober 1571

Halaski, K. (Hrg.), Kundgebungen des Reformierten Bundes, 1958

Lienhard, M., Lutherisch-reformierte Kirchengemeinschaft heute (Ökumenische Perspektiven Bd. 2), 1973

Lochmann, J. M., und Moltmann, J., Gottes Recht und Menschenrechte. Studien und Empfehlungen des Reformierten Weltbundes, 1976

Reformierter Weltbund, Proceedings of the ... General Council (zu erfragen beim Generalsekretariat des Reformierten Weltbundes), dazu in Deutsch:

Lüpsen, F., Frankfurter Dokumente. Berichte und Reden auf dem Reformierten Weltkongreß in Frankfurt, 1964

Halaski, K., Müller-Römheld, W., Nairobi. Generalversammlung Reformierter Weltbund (epd-Dokumentation Bd. 4), 1971

Reformierter Weltbund

Pradervand, M., A Century of Service. A History of the World Alliance of Reformed Churches 1875–1975, 1975

Reformed World. Published Quarterly, z. Z. (1977) 34. Jahrgang

Reformierter Weltbund, Handbuch der Mitgliedskirchen, 1974

Schweiz

Blum, E., Die Mission der reformierten Schweiz. Handbuch, hrg. im Auftrag der Schweizerischen Kooperationskommission evangelischer Missionen, 1965

Bullinger, H., Das Zweite Helvetische Bekenntnis, hrg. vom Kirchenrat des Kantons Zürich, 1966

Ekklesia – Siegmund-Schultze, F. (Hrg.), Band III, 10. Die Evangelischen Kirchen der Schweiz, 1935

Farner, O., Huldrych Zwingli, 4 Bde., 1943–1960

Handbuch der reformierten Schweiz, hrg. vom Schweizerischen Protestantischen Volksbund, 1962

Köhler, W., Das Buch der Reformation Huldrych Zwinglis, Sonderausgabe zum 400. Todestag, 1931

Lang, A., Der Heidelberger Katechismus und vier verwandte Katechismen, 1907

Marion, E., Die protestantische Schweiz, Schweizerischer Evangelischer Kirchenbund Ursprung und Geschichte, 1958

Rübel, E., Kirchengesetz und Kirchenordnung der Zürcher Landeskirche, 1968

Schmid, G., Die evangelisch-reformierte Landeskirche des Kantons Zürich, eine Kirchenkunde für unsere Gemeindeglieder, 1954

Staehelin, E., Das Buch der Basler Reformation, zu ihrem 400jährigen Jubiläum im Namen der evangelischen Kirchen von Stadt und Landschaft Basel, 1929

Vischer, E., Das Werk der schweizerischen protestantisch-kirchlichen Hilfsvereine 1842–1942, 1944

Wieser, P., Die theologischen Fakultäten der Schweiz, in: „Kirche in der Zeit", Jhg. 21, H. 9

Zwinglis Hauptschriften, Blanke, F., Farner, O., Pfister, R. (Hrg.), 1940

Zeitschriften:

Kirchenblatt für die reformierte Schweiz

Reformatio, Evangelische Zeitschrift für Kultur und Politik, hrg. vom Schweizerischen evangelisch-kirchlichen Verein

Schweizerische Theologische Umschau, hrg. vom Verein zur Herausgabe des „Schweizerischen reformierten Volksblattes"

Niederlande

Deutschsprachige Literatur:

Die Mauer ist abgebrochen, Hirtenbrief der Nederlandse Hervormde Kirche zur Predigt, 1968

Ekklesia, Die evangelischen Kirchen der Niederlande, 1934

Lebendiges Bekenntnis, Die „Grundlagen und Perspektiven des Bekennens" der Generalsynode der Niederländischen Reformierten Kirche, 1949

Literatur in holländischer Sprache:

Bakhuizen van den Brink, J. N., De Nederlandse Belijdenisgeschriften, 1940

Bartels, H., Tien jaren strijd om een belijdende Kerk, De Nederlandse Hervormde Kerk van 1929 tot 1939, 1946

Berkhof, H., Christeliyk Geloof, 1973

De Kerk aan het Werk. Documenten Nederlandse Hervormde Kerk 1945 bis 1955, 1955

Dienstboek voor de Nederlandse Hervormde Kerk in Ontwerp III, 1956

Flessenaar, E., van Leer, Geloven Vandaag, 1972

Haitjema, Th. L., De richtingen in de Nederlandse Hervormde Kerk, 1953

Haitjema, Th. L., De nieuwe geschiedenis van Nederlands Kerk der Hervorming, 1964

Haitjema, Th. L., Nederlands Hervormd Kerkrecht, 1951

Intercommunie en Ambt, bibelse achtergronden en kerkeljke perspectiven, 1976

de Jong, O. J., Nederlandse Kerkgeschiedenis, 1972

Jonker, H., Liturgische Orientatie, 1965

Jonker, H., Leve de Kerk, Over hedendaags kerkewerk, 1969

Kerkorde der Nederlandse Hervormde Kerk, 1969

Koopmans, J., De Nederlandse Geloofsbelijdenis, 1949

Kraemer, H., De roeping der Kerk ten aanzien van de wereld en van het Nederlandse volk, 1945

Kraemer, H., De Kerk in Beweging, 1947

Lekkerkerker, A. F. N., Kanttekeningen bij het Hervormde Dienstboek, I 1952, II 1955, IV 1956

de Loor, H. D., Kerk in de samenleving, Een analyse van het spreken der Nederlandse Hervormde Kerk sedert 1945, 1970

Polmann, A. D. R., Onze Nederlandse Geloofsbelijdenis, 4 Bde., 1948–1952

Rasker, A. J., De Nederlandse Hervormde Kerk vanaf 1795, 1974

Reitsma, J., Lindeboom, J., Geschiedenis van de Hervorming en de Hervormde Kerk der Nederlanden, 1949

Van Alphens Nieuw Kerkelijk Handboek mit Daten über alle protestantischen Gemeinden in den Niederlanden, 1974–1975 (neue Auflage in Vorbereitung)

van Andel, C. P., Hervormden en Gereformeerden onderweg, 1973

van Andel, C. P., Besselaar, A. T., Bronkhorst, A. J. en van Leeuwen, P. A., Het gemengjde huwelijk, 1971

Touw, H. C., Het Verzet der Hervormde Kerk, I 1946, II 1946

Samen op Weg, een interim-rapport van de hervormd-gereformeerde werkgroep „Samen op Weg" aangeboden aan de synode van beide kerken, 1972

Wat is er aan de hand met het ambt? Studierapport over het ambt, 1970

Zeitschriften:
Woord en Dienst (Offizielles Amtsblatt)
Kerk en Theologie

Schottland

Burleigh, J. H. S., A Church History of Scotland, 1960
Cox, J. T., Longmuir, J. B. (Hrg.), Practice and Procedure in the Church of
Scotland, 1964
Cunningham, J., The Church History of Scotland, 2 Bde., 1882
Henderson, G. D., The Claims of the Church of Scotland, 1951
Knox, J., History of the Reformation in Scotland, 2 Bde., 1949
In Anhängen: The Scots Confession von 1560 und First Book of Disci-
pline
MacGregor, M. B., The Sources and Literature of Scottish Church History,
1934
MacLeod, J., Scottish Theology in Relation to Church History since the
Reformation, 1943
MacPherson, J., The Doctrine of the Church in Scottish Theology, 1903
Reports to the General Assembly with the Legislative Acts (Jährliche Publi-
kation)
Sprott, G. W., Leishman, T., The Book of Common Order of the Church of
Scotland. Commonly known as John Knox's Liturgy, 1868
Story, R. H. (Hrg.), The Church of Scotland, Past and Present, 5 Bde., 1890
The Church of Scotland Yearbook (Jährliche Publikation)
The Confessions of Faith, Catechisms, Directories, Form of Church-Govern-
ment, Discipline, etc., 1785
Walker, J., The Theology and Theologians of Scotland Chiefly of the
Seventeeth and Eighteenth Centuries, 1888
Wotherspoon, H. J., Kirkpatrick, J. M., A Manual of Church Doctrine ac-
cording to the Church of Scotland. Revidiert und erweitert von Tor-
rance, T. F. und Wright, R. S., 1960

Deutschland

Agende für die evangelisch-reformierten Gemeinden der Lippischen Landeskirche, hrg. von der Synode der Lippischen Landeskirche, 1971
Goebel, M., Die religiöse Eigentümlichkeit der lutherischen und der reformierten Kirche, 1907
Heppe, H., Die Bekenntnisschriften der reformierten Kirchen Deutschlands,
1860
Heppe, H., Ursprung und Geschichte der Beziehungen „reformierter und
lutherischer" Kirche, 1859
Information – Diskussion, Beiträge zum theologischen Gespräch in den Gemeinden der Evangelisch-reformierten Kirche in Nordwestdeutschland,
erscheint unregelmäßig unter verschiedenen Themen

Jacobs, P., Die reformierte Kirche, in: Lamparter, H. (Hrg.), Und ihr Netz
zerriß, 1957
Jacobs, P., Theologie reformierter Bekenntnisschriften, 1959
Kirchenbuch, hrg. vom Moderamen des Reformierten Bundes. Gebete und
Ordnungen für die unter dem Wort versammelte Gemeinde, 1956
Niesel, W., Was heißt reformiert, 1934
Niesel, W., Die Theologie Calvins, 1957
Niesel, W., Das Evangelium und die Kirchen, Ein Lehrbuch der Symbolik,
1960
Niesel, W., Calvin-Bibliographie 1901–1959, 1961
Ritschl, O., Die reformierte Theologie des 16. und 17. Jahrhunderts in ihrer
Entstehung und Entwicklung, 1926
Schneckenburger, M., Vergleichende Darstellung des lutherischen und refor-
mierten Lehrbegriffs, 2 Bde., 1855
Schweizer, A., Die Glaubenslehre der evangelisch-reformierten Kirche, 2 Bde.,
1844/47
Schweizer, A., Die protestantischen Centraldogmen in ihrer Entwicklung in-
nerhalb der evangelisch-reformierten Kirche, 2 Bde., 1854/56
Troeltsch, E., Die Soziallehren der christlichen Kirchen und Gruppen, 1919
Weber, M., Gesammelte Aufsätze zur Religionssoziologie, I, 1922
Weber, O., Versammelte Gemeinde, 1949
Grundlagen der Dogmatik, 2 Bde., 1955–1962
Wolf, E., Albertz, M. (Hrg.), Kirchenbuch. Ordnungen für die Versamm-
lungen der nach Gottes Wort reformierten Gemeinden deutscher Zunge,
1941
Wolf, E., Ordnung der Kirche. Lehr- und Handbuch des Kirchenrechts auf
ökumenischer Basis, 2 Bde., 1960–1961

Zeitschrift:

Reformierte Kirchenzeitung, seit 1851

Frankreich

Boegner, M. (Hrg.), Protestantisme français, 1945
Chambon, J., Der französische Protestantismus. Sein Weg bis zur Französi-
schen Revolution, 1937
Imbart de la Tour, P., Les Origines de la Réforme, 4 Bde., 1905–1935
Information-Évangélisation, Informationsbulletin der Reformierten Kirche
von Frankreich, 6 Nummern im Jahr
La France Protestante, Jahrbuch hrg. von der Fédération Protestante de la
France
Léonard, E. G., Le protestant français, 1953
Stephan, R., Gestalten und Kräfte des französischen Protestantismus, 1967

Ungarn

Deutschsprachige Literatur:

Bartha, T., Die theologische Neubesinnung in der ungarischen reformierten
  Kirche, in: Stimme der Gemeinde, 1961
Bartha, T., Die charakteristischen Züge des heutigen Lebens der reformierten
  Kirche in Ungarn, in: Ruf und Antwort, Festgabe für Emil Fuchs, 1964
Bucsay, M., Geschichte des Protestantismus in Ungarn, 1959
Christlicher Dienst in den gesellschaftlichen und internationalen Fragen un-
  serer Zeit. Ungarischer Studienbeitrag zur Thematik des Weltkongresses
  Kirche und Gesellschaft, Ungarischer Kirchlicher Nachrichtendienst, Son-
  dernummer Juli 1966
Die sozial-ethische Verantwortung der Kirche in unserer Zeit. Sozial-ethischer
  Beitrag der ungarischen Studiengruppe für „Kirche und Gesellschaft" zur
  Vollversammlung des ÖRK von Uppsala, 1968, Ungarischer Kirchlicher
  Nachrichtendienst, Sondernummer Juni 1968
Esze, T., Der Weg der reformierten Kirche Ungarns, Hefte aus Burgschei-
  dungen, Nr. 119
Unser Erbe und unsere Aufgabe: Die Reformation. Wegweisung der General-
  synode der Reformierten Kirche von Ungarn zur Erbauung der Gemeinden
  aus Anlaß des 400. Jahrestages der Debreziner konstituierenden Synode,
  Ungarischer Kirchlicher Nachrichtendienst, Sondernummer Juni 1967

Waldenser

Armand-Hugon, Gonnet, G. (Hrg.), Bibliografia Valdese, 1953
Dieckhoff, A. W., Die Waldenser im Mittelalter, 1851
Erk, W., Waldenser, 1971
Gonnet, G., Enchiridion Fontium Valdensium, 1958
Herzog, J. J., Die romanischen Waldenser, 1853
Jalla, J., Storia della Riforma in Piemonte, 2 Bde., 1914–1936
Lau, F., Die Geschichte der Waldenser, in: Evangelische Diaspora 26, 1955
Schäfer, E., Hundert Jahre Waldenser Fakultät, in: Evangelische Theologie,
  1956
Selge, K. V., Die ersten Waldenser, in: Arbeiten zur Kirchengeschichte, 37,
  1967
Spini, G., Risorgimento e Protestanti, 1956
Vinay, T., Vinay, G., Riesi, Geschichte eines christlichen Abenteuers, 1964
Vinay, T., Agape, ein Wagnis auf Hoffnung, 1966

Böhmische Brüder

Brož, L., Hromádka, J. L., Molnár, A., Von der Reformation zum Morgen,
  1959
Církev v proměnách času, (Die Kirche im Wechsel der Zeiten. Fünfzig Jahre
  der Evangelischen Kirche der Böhmischen Brüder), 1969

Filipi, P., Kaňák, M., Molnár, A., Český ekumenismus, (Der böhmische Ökumenismus), 1976

Molnár, A., Der Hussitismus als christliche Reformbewegung, in: Bohemia
sacra, 1974

Molnár, A., Zur konfessionsunionistischen Tradition der Evangelischen Kirche
der Böhmischen Brüder, in: Antwort, Festschrift Karl Barth, 1956

Říčan, R., Geschichte des tschechischen Protestantismus, 1957

Říčan, R., und Molnár, A., Die Böhmischen Brüder, 1961

Rumänien

András, M., A róman reformácio kátéirodalma, (Die katechetische Literatur
der rumänischen Reformation), 1942

Depner, M., Das Fürstentum Siebenbürgen im Kampf gegen Habsburg, 1938

Juhász, I., A reformáció az erdélyi románok között, (Reformation unter den
Siebenbürger Rumänen), 1940

Juhász, I., Der Einfluß Karl Barths auf die Theologie der Reformierten Kirche
in Rumänien, in: Evangelische Theologie, 1970

Juhász, I., Von Luther zu Bullinger. Der theologische Weg der protestantischen Kirchen in Rumänien, in: Zeitschrift für Kirchengeschichte, 1970

Makkai, E., Bethlen Gábor országalkotó politikája, (Die staatsformende Politik Gabor Bethlens), 1914

Makkai, L., Histoire de Transylvanie, 1946

Makkai, S., Az erdélyi református egyházi irodalom 1850-töl napjainking,
(Die siebenbürgische reformierte Literatur von 1850 bis heute), 1925

Müller, G., Die Türkenherrschaft in Siebenbürgen, 1923

Nagy, G., The influence of the Reformed Church on the political history of
Transilvania, in: The Evangelical Quarterly, 1933

Teutsch, F., Geschichte der evangelischen Kirche in Siebenbürgen, 2 Bde.,
1921–1922

Zeitschrift:

Református Szemle, (Reformierter Beobachter), seit 1908

Amerika

Corwin, T., Manual of the Reformed Church in America, 1902

Hageman, H. G., Lily among the thorns, 1953

Heick, O. W., Amerikanische Theologie in Geschichte und Gegenwart, 1954

Historical Directory of the Reformed Church, 1965

Keller, A., Amerikanisches Christentum heute, 1943

Niebuhr, H. R., Der Gedanke des Gottesreichs im amerikanischen Christentum, 1948

Smith, G. L., Religion and Trade in New Netherland, 1973

Zeitschrift:

The Reformed Review

Afrika

Allgemein:

Cronje, J. M., Die Selfstandigwording van die Bantoekerk, 1958

Du Plessis, J., A History of Christian Missions in South Africa, 1911

Du Toit, H. D. A., Die Kerstening van die Bantoe, 1967

Gerdener, G. B. A., Die Afrikaner en die Sending, 1959. Ons Taak in die Nuwe Afrika, 1964

Kotze, J. C. G., Principle and Practice in Race Relations, 1961

Kriel, C. J., Die Geskiedensis van die N. G. Sendingkerk in Suid-Afrika, 1963

Landman, W. A., Facts and Figures, 1967

Landman, W. A., A Plea for Understanding, 1968

Morrees, A., Die Nederduitse Gereformeerde Kerk in Suid-Afrika, 1937

Pauw, B. A., Religion in a Tswana Chiefdom, 1960

Scholtz, G. D., Die Geskiedenis van die Nederlandse Hervormde of Gereformeerde Kerk van S. A., 1956

Van der Merwe, W. J., The Development of Missionary Attitudes in the Dutch Reformed Church in South Africa, 1936

Van der Merwe, W. J., The Shona Idea of God, 1957

Van der Merwe, W. J., Gesante om Christus Wil, 1967

Van der Walt, I. J., Eiesoortigheid en die Sending, 1963

Weitere Veröffentlichungen:

Go Ye Therefore S. A. Panorama (April 1968), Artikel von Smith, P. E. S.

The D. R. Churches in S. A. and the Problem of Race Relations. Bericht der Ad-Hoc-Kommission

Ghana:

Smith, N., The Presbyterian Church of Ghana 1835–1960, 1966

Debrunner, H. W., A History of Christianity in Ghana, 1967

Asien (Indonesien)

Bakker, Y., Sejarah Gereja Katolik Indonesia, (Geschichte der katholischen Kirche Indonesiens), 1974

Beyer, U., Entwicklung im Paradies, 1974

Deppermann, J., Indonesien in Zahlen, in: Evangelische Mission, Jahrbuch 1971

Freytag, W., Die junge Christenheit im Umbruch des Ostens, 1938

Italiaander, R. (Hrg.), Indonesiens verantwortliche Gesellschaft, 1975

Locher, G. P. H., De Kerkorde der Protestatse Kerk in Indonesie, 1948

Müller-Krüger, Th., Kirche der Inseln, 1954

Müller-Krüger, Th., Der Protestantismus in Indonesien, 1958

DER REFORMIERTE WELTBUND (RWB)

(presbyterianisch und kongregationalistisch)

Gliederung und Funktion:

1. Die Generalversammlung, die in der Regel alle fünf Jahre zusammentreten soll.

2. Der Exekutivausschuß, der in der Regel jedes Jahr einmal zusammentritt.
Der Exekutivausschuß besteht aus den Amtsträgern des Weltbundes und 15 Mitgliedern. Dem Ausschuß gehören auch die Exekutivsekretäre an. Amtsträger sind der Präsident, drei Vizepräsidenten, sowie die Vorsitzenden der Abteilungen.
Zur Zeit arbeiten zwei Abteilungen: a) die Theologische Abteilung, b) die Abteilung für Zusammenarbeit und Zeugnis.

3. Unter Exekutivsekretären werden in der Verfassung von 1970 genannt:

a) ein Generalsekretär,
b) ein oder mehrere beigeordnete Sekretäre oder Sekretäre der Abteilungen,
c) ein oder mehrere Assistenten,
d) ein Generalschatzmeister,
e) ein Gebietssekretär und Gebietsschatzmeister für jedes organisierte Gebiet.

4. Als „Gebiete" sind zur Zeit organisiert:

a) das nordamerikanische Gebiet,
b) das europäische Gebiet
(es gibt keine Nationalkomitees).

5. Der Exekutivausschuß wie die Gebiete können Ausschüsse und Kommissionen mit besonderen Aufträgen einsetzen.

6. Das Generalsekretariat ist die ständige Vertretung des Reformierten Weltbundes gegenüber den Mitgliedskirchen und gegenüber Dritten, es arbeitet zur Zeit mit einem Generalsekretär, einer beigeordneten Sekretärin, einem Sekretär für die Theologische Abteilung und einem für die Abteilung für Zusammenarbeit und Zeugnis.

Anschrift:
Reformierter Weltbund
150, *route de Ferney*
CH-1211 Genf 20

MITGLIEDSKIRCHEN DES REFORMIERTEN
WELTBUNDES

AFRIKA

Algerien
Eglise protestante d'Algérie *(Protestantische Kirche von Algerien)*. The Rev.
Jacques Blanc, 31 rue Reda Houhou, Alger, Algeria.

Ägypten
Synod of the Nile of the Evangelical Church *(Nil-Synode der Evangelischen
Kirche)*. The Rev. Samuel Habib, P.O.Box 50, Minia, Egypt.

Äquatorial-Guinea (West-Afrika)
Reformed Church of Equatorial Guinea *(Reformierte Kirche von Äquatorial-
Guinea)*. The Rev. Pablo Nchama, Apdo 195, Bata, Rio Muni, Equatorial
Guinea.

Ghana
Evangelical Presbyterian Church *(Evangelische Presbyterianische Kirche)*. The
Rev. A.Y. Wurapa, Box 18, Ho – Volta-Region, Ghana.
Presbyterian Church of Ghana *(Presbyterianische Kirche von Ghana)*. The
Rev. Albert K. Sah, P.O.Box 1800, Accra, Ghana.

Kamerun
Presbyterian Church in Cameroon *(Presbyterianische Kirche in Kamerun)*.
The Rt. Rev. J. C. Kangsen, Presbyterian Church Officie, P.O. Box 19,
Buea – S. W. Province, United Republic of Cameroon. – The Rev. Jonas
René Bokagne, B.P. 519, Yaounde, United Republic of Cameroon.

Kenia
Presbyterian Church of East Africa *(Presbyterianische Kirche von Ost-
Afrika)*. The Rev. John G. Gatu, P.O.Box 48268, Nairobi, Kenya.
Reformed Church of East Africa *(Reformierte Kirche von Ost-Afrika)*. The
Rev. B. A. van Donkersgoed, P.O.Box 766, Eldoret, Kenya.

Lesotho
Lesotho Evangelical Church *(Evangelische Kirche in Lesotho)*. The Rev. Esau
Khiba Mandoro, P.O. Box MS 260, Maseru, Lesotho.

Liberia
Presbytery of Liberia in West Africa *(Presbyterium von Liberia)*. Mr. Victor
Stryker, P.O. Box 1957, Monrovia, Liberia.

Madagaskar
Church of Jesus Christ in Madagascar *(Kirche Jesu Christi in Madagaskar)*.
The Rev. Paul Ramino, 19 rue Mgr. Fourcardier, BP 623, Tananarive,
Madagascar.

Malawi
Church of Central Africa Presbyterian *(Presbyterianische Kirche von Zentral-Afrika)*. The Rev. Simon A. Faiti, Kapeni Theological College, P.O. Box 721, Blantyre, Malawi.

Marokko
Evangelical Church in Morocco *(Evangelische Kirche in Marokko)*. The Rev. Gilbert Schmid, 33 rue d'Azilal, Casablanca, Morocco.

Mozambik
Presbyterian Church of Mozambique *(Presbyterianische Kirche von Mozambik)*. The Rev. Isaias Funzamo, Caixa 21, Maputo (Lourenço Marques), People's Republic of Mozambique.

Nigeria
Presbyterian Church of Nigeria *(Presbyterianische Kirche von Nigeria)*. Synod Clerk's Office, c/o 1 Market Road, Aba, Imo State, Nigeria.

Rhodesien
African Reformed Church in Rhodesia *(Afrikanische Reformierte Kirche in Rhodesien)*. The Rev. C. B. Mavunganidze, Morgenster Mission, P.O. Box Morgenster, Rhodesia.

Ruanda
Evangelical Presbyterian Church in Rwanda *(Evangelisch-Presbyterianische Kirche in Ruanda)*. The Rev. Naasson Hitimana, B.P. 56, Kigali, Rwanda.

Sambia
Reformed Church in Zambia *(Reformierte Kirche in Sambia)*. Head Office, The Synod Secretary, P.O. Box 100, Katete, Zambia.
United Church of Zambia *(Vereinigte Kirche von Sambia)*. The Rev. D. M. Musunsa, P.O. Box R. W. 122, Lusaka, Zambia.

Senegal
Protestant Church of Senegal *(Protestantische Kirche von Senegal)*. Mr. Nelson Lawson, 49 rue Thiers, Dakar, Senegal.

Sudan
Presbyterian Church in the Sudan *(Presbyterianische Kirche im Sudan)*. P.O. Box 40, Malakal, Republic of Sudan.

Südafrika
Bantu Presbyterian Church of South Africa *(Presbyterianische Bantu-Kirche von Südafrika)*. The Rev. Gladwin Vika, 48 Eagle Street, Umtata – Transkei, Republic of South Africa.
Nederduitse Gerformeerde Kerk *(Holländische Reformierte Kirche)*. Dr. F. E. O'B. Geldenhuys, P.O. Box 433, Pretoria 0001, Republic of South Africa.
Nederduitse Hervormde Kerk van Afrika *(Holländische Reformierte Kirche von Afrika)*. The Rev. P. M. Smith, P.O. Box 2368, Pretoria 0001, Republic of South Africa.

Nederduitse Gereformeerde Kerk in Afrika *(Holländische Reformierte Kirche in Afrika)*. The Rev. S. P. E. Buti, P.O. Box 137, Bergvlei, Johannesburg, Republic of South Africa.

Nederduitse Gereformeerde Sendingkerk in Suid Afrika *(Holländische Reformierte Missionskirche in Südafrika)*. The Rev. P. W. L. Sinclair, P.O. Box 14, Kakamas – Cape Province, Republic of South Africa.

Presbyterian Church of Africa *(Presbyterianische Kirche von Afrika)*. The Rev. S. A. Khumalo, P.O. Box 36043, Ntokozweni, Durban, Natal, Republic of South Africa.

Presbyterian Church of Southern Africa *(Presbyterianische Kirche des Südlichen Afrikas)*. The General Secretary, P.O. Box 72057, Parkview 2122, Johannesburg – Transvaal, Republic of South Africa.

Reformed Church in Africa *(Reformierte Kirche in Afrika)*. The Rev. E. J. Manikkam, P.O. Box 25, Crawford, Cape Town 7770, Republic of South Africa.

Tsonga Presbyterian Church *(Tsonga Presbyterianische Kirche)*. The Rev. Franklin H. Mayimele, Private Bag X8, Braamfontein, 2017, Republic of South Africa.

United Congregational Church of Southern Africa *(Vereinigte Kongregationalistische Kirche des Südlichen Afrikas)*. The Rev. John Thorne, P.O. Box 31083, Braamfontein, Transvaal 2017, Republic of South Africa.

Zaïre

Church of Christ in Zaïre, Presbyterian Community *(Kirche Christi in Zaïre, Presbyterianische Gemeinschaft)*. The Rev. Nsenda Ilunga, P.O. Box 117, Kananga – Kasai Occidental, Republic of Zaïre.

LATEINAMERIKA

Brasilien

Christian Reformed Church of Brazil *(Christlich-Reformierte Kirche von Brasilien)*. The Rev. Janos Apostol, Caixa Postal 2808, 01000 – Sao Paulo, Brazil.

Evangelical Reformed Church in Brazil *(Evangelisch-Reformierte Kirche in Brasilien)*. Mr. J. de Jager, Colonia Holandesa Castrolanda, 84160 – Castro, PR, Brazil.

Independent Presbyterian Church of Brazil *(Unabhängige Presbyterianische Kirche von Brasilien)*. The Rev. Rubens Cintra Damião, Caixa Postal 11.343, 01000 Sao Paulo, Brazil.

Evangelical Congregational Church of Brazil *(Evangelische Kongregationalistische Kirche von Brasilien)*. The Rev. H. Hartmut W. Hachtmann, Caixa Postal 414, 98700 Ijui, RS, Brazil.

Presbyterian Church of Brazil *(Presbyterianische Kirche von Brasilien)*. The Rev. Boanerges Ribeiro, Instituto Mackenzie, Rua Maria Antonia 403, Sao Paulo, Brazil.

Chile
Presbyterian Church of Chile *(Presbyterianische Kirche von Chile)*. The Rev.
Manuel Covarrubias Bravo, Casilla 14025, Santiago, Chile.

Guatemala
National Evangelical Presbyterian Church of Guatemala *(Nationale Evan-
gelisch-Presbyterianische Kirche von Guatemala)*. The Rev. J. Antonio
Marroquin P., Apdo 655, Guatemala, Guatemala.

Guyana
Guyana Congregational Union *(Kongregationalistische Vereinigung von
Guyana)*. The Rev. Pat Matthews, Mission Chapel Manse, Chapel Street,
New Amsterdam, Berbice, Guyana.
Guyana Presbyterian Church *(Guyana Presbyterianische Kirche)*. The Rev.
David Deebrah, 82 Albert Street, Bourda, Georgetown, Guyana.
Presbyterian Church of Guyana *(Presbyterianische Kirche von Guyana)*. The
Rev. Oswald A. Best, St. Luke's Manse, Uitvlugt, West Coast – Demerara,
Guyana.

Jamaika
United Church of Jamaica and Grand Cayman *(Vereinigte Kirche von
Jamaika und Grand Cayman)*. The Rev. Clement A. Thomas, 12 Carlton
Crescent, Kingston 10, Jamaica.

Kolumbien
Presbyterian Church of Colombia *(Presbyterianische Kirche von Kolumbien)*.
The Rev. Guido Mahecha, Apartado 506, Girardot, Colombia.

Kuba
Presbyterian-Reformed Church in Cuba *(Presbyterianisch-Reformierte Kirche
in Kuba)*. Dr. Sergio Arce N., Apartado 154, Matanzas, Cuba.

Mexiko
National Presbyterian Church of Mexico *(Nationale Presbyterianische Kirche
von Mexiko)*. Apdo. Postal 1272, Tampico, Mexico.

Trinidad
Presbyterian Church in Trinidad and Grenada *(Presbyterianische Kirche in
Trinidad und Grenada)*. Presbyterian Church Office, Carib Street 7, San
Fernando, Trinidad.

Uruguay
Waldensian Evangelical Church of the River Plate *(Evangelische Waldenser-
kirche des Rio de la Plata)*. The Rev. Wilfrido Artus, Casilla n. 6, Fray
Bentos, (Dep. to de Rio Negro), Uruguay.

Venezuela
Presbyterian Church of Venezuela *(Presbyterianische Kirche von Venezuela)*.
Mr. Félix Colorado Lugo, Apartado 1306, Caracas 101, Venezuela.

NORDAMERIKA

Kanada

Presbyterian Church in Canada *(Presbyterianische Kirche in Kanada).* The Rev. Donald C. MacDonald, 50 Wynford Drive, Don Mills, Ontario, M3C 1J7 Canada.

United Church of Canada *(Vereinigte Kirche von Kanada).* The Rev. Dr. Donald Ray, The United Church House, 85 St. Clair Avenue East, Toronto, Ontario, M4T 1M8, Canada.

USA

Associate Reformed Presbyterian Church *(Assoziierte Reformierte Presbyterianische Kirche).* The Rev. C. R. Beard, Associate Reformed Presbyterian Center, 300 University Ridge, Suite 206, Greenville, S.C. 29601, USA.

Cumberland Presbyterian Church *(Presbyterianische Kirche von Cumberland).* The Rev. T.V. Warnick, P.O. Box 4149, Memphis, Tenn. 38104, USA.

Hungarian Reformed Church in America *(Ungarisch-Reformierte Kirche in Amerika).* Bishop Dezsö Abraham, 9901 Allen Road, Allen Park, Michigan 48101, USA.

Presbyterian Church in the U.S. *(Presbyterianische Kirche in den Vereinigten Staaten).* The Rev. James E. Andrews, 341 Ponce de Leon Ave. N. E., Atlanta, Ga. 30308, USA.

Reformed Church in America *(Reformierte Kirche in Amerika).* The Rev. Dr. Marion de Velder, 475 Riverside Drive, New York, N.Y. 10027, USA.

Second Cumberland Presbyterian Church *(Zweite Presbyterianische Kirche von Cumberland).* The Rev. Joel P. Rice, 3566 Arlena Drive, N. W., Cleveland, Tennessee 37311, USA.

United Church of Christ *(Vereinigte Kirche Christi).* The Rev. Joseph H. Evans, 297 Park Avenue South, New York, N.Y. 10010, USA.

United Presbyterian Church in the USA *(Vereinigte Presbyterianische Kirche in den Vereinigten Staaten von Amerika).* Dr. William P. Thompson, 475 Riverside Drive, Room 1201, New York, N.Y. 10027, USA.

ASIEN

Burma (Birma)

Presbyterian Church of Burma *(Presbyterianische Kirche von Birma).* The Rev. Sun Kanglo, Presbyterian Church Synod Office, Falam, Chin State, Burma.

Hong Kong (Hongkong)
The Hong Kong Council of the Church of Christ in China *(Rat der Kirche Christi in China, Hongkong)*. The Rev. P. Wong, Morrison Memorial Centre, 191 Prince Edward Road, Kowloon – Hong Kong.

Indien
Church of North India *(Kirche von Nord-Indien)*. The Rev. A. C. Dharmaraj, „Wesley Lodge", 16 Pandit Pant Marg, New Dehli – 110 001, India.

Indonesien
Indonesian Christian Church *(Indonesische Christliche Kirche)*. The Rev. J. H. Wirakotan, Jl. Panglima Polim 1/51a, Kebajoran Baru, Jakarta, Indonesia.

Indonesian Christian Church in Central Java *(Indonesische Christliche Kirche in Zentraljava)*. Deputat Kerja Synode, Jl. Dr. Wahidin 25, Jogjakarta – Jawa, Indonesia.

Indonesian Christian Church in East Java *(Indonesische Christliche Kirche in Ostjava)*. Moderamen Synode, Jl. Embongmalang 31, Surabaja – Jawa, Indonesia.

Indonesian Christian Church in West Java *(Indonesische Christliche Kirche in Westjava)*. Badan Pekerja Synode, Jl. Gunung Sahari IV/8, Jakarta – Jawa, Indonesia.

Toraja Church (Gereja Toraja) *(Toraja-Kirche)*. The Rev. A. J. Anggui, Jl. Taman Bahagia 30, Rantepao, Sulawesi Selatan, Indonesia.

Evangelical Christian Church in Bolaang-Mongondow *(Evangelische Christliche Kirche in Bolaang-Mongondow)*. Pdt. J. A. Oroh, Kantor Synode (GM JBM), Kotamobagu, Sulut, Indonesia.

Christian Javanese Churches *(Christliche Javanesische Kirchen)*. Mr. Hadi Purnomo, S.H., 5 Jl. Dr. Sumardi, Salatiga, Jawa, Indonesia.

Christian Church of East Java *(Christliche Kirche von Ostjava)*. The Rev. S. H. Soeharto, Jl. Supriadi 18, Malang, Indonesia.

Karo Batak Protestan Church *(Protestantische Karo-Batak-Kirche)*. The Rev. Johan P. Sibero, Jl. Kapt. Pala Bangun, Kabanjahe, North Sumatra, Indonesia.

Protestan Church in Indonesia *(Protestantische Kirche in Indonesien)*. The Rev. D. J. Lumenta, 10 Medan Merdeka Timur, Jakarta, Indonesia.

Christian Evangelical Church in Minahasa *(Christlich-Evangelische Kirche in Minahasa)*. The Rev. K. H. Rondo, Kantor Synode G. M. I. M., Tomohon, Sulawesi-Utara, Indonesia.

Christian Evangelical Church in Timor *(Christlich-Evangelische Kirche in Timor)*. Majelis Synode GMIT, J. Merdeka 46, Kupang, Timor.

Protestant Church in the Moluccas *(Protestantische Kirche auf den Molukken)*. The Rev. P. Tanamal, Badan Pekerja Synode, Jalan Imam Banjol, Ambon, Indonesia.

394   *Anhang*

Protestant Church of Western Indonesia *(Protestantische Kirche im Westlichen Indonesien).* The Rev. W. Jonathans, Medan Merdeka Timur 10, Jakarta, Indonesia.

Pasundan Christian Church *(Pasundan Christliche Kirche).* The Rev. Atje Kurnia, Jl. Hos Tjorkoaminoto 93, P.O. Box 178, Bandung, Indonesia.

Evangelical Church in Kalimantan *(Evangelische Kirche auf Kalimantan).* The Rev. E. Masal, Jl. Jenderal Sudirman 8, Banjarmasin, Indonesia.

Protestant Christian Church of Bali *(Protestantisch-Christliche Kirche von Bali).* Dr. I. Wajan Mastra, Jl. Debes 6, Kotakpos 72, Denpasar, Bali, Indonesia.

Christian Evangelical Church in Irian Jaya *(Christlich-Evangelische Kirche in Irian-Jaya).* The Rev. Isaac Saujay, Jl. Argapura, Kotakpos 14, Jajapura, Irian Jaya, Indonesia.

The Sangir/Talaud Evangelical Church *(Evangelische Kirche auf Sangir/Talaud).* The Rev. S. Kanalung, Moderator G.M.I.S.T., Tahuna, Sulawesi Utara, Indonesia.

Christian Church of South Sulawesi *(Christliche Kirche in Südsulawesi).* Jl. Lasinrang No. 21, Ujung Pandang, Indonesia.

Christian Church of Sumba *(Christliche Kirche von Sumba).* The Rev. P. U. Riada, Jl. Tribrata 17, Payeti – Waingapu, Sumba, Indonesia.

Iran
Evangelical Church of Iran *(Evangelische Kirche vom Iran).* The Rev. Samuel Isahq, P.O. Box 1505, Teheran, Iran.

Japan
Church of Christ in Japan (Nippon Kirisuto Kyokai) *(Kirche Christi in Japan).* The Rev. Shingo Asoh, 29-8, Honcho, Hakodate, Hokkaido, Japan.

Korean Christian Church in Japan *(Koreanische Christliche Kirche in Japan).* The Rev. Kyong Shik Choi, Japan Christian Center, Room 52, 3-18 Nishi-Waseda, 2-chome, Shinjuku-ku, Tokyo 160, Japan.

United Church of Christ in Japan (Nippon Kirisuto Kyodan) *(Vereinigte Kirche Christi in Japan).* The Rev. Kiyoshi Takai, Japan Christian Center, Room 31, 3-18 Nishi-Waseda, 2-chome, Shinjuku-ku, Tokyo 160, Japan.

Korea
Presbyterian Church of Korea *(Presbyterianische Kirche in Korea).* The Rev. Kap-Shik Sung, Korean Christian Building, Room 85, 136 - 46 Yun Ji-Dong, Chong Ro-ku, Seoul 110, Korea.

Presbyterian Church in the Republic of Korea *(Presbyterianische Kirche in der Republik von Korea).* The Rev. Jae Bong Park, P.O. Box 147, Kwanghwamoon, Seoul, Korea.

Malaysia
Presbyterian Church in Malaysia (Gereja Presbyterian Malaysia) *(Presbyterianische Kirche in Malaysia).* The Rev. Andrew Tay Woon Hock, c/o Joyful Grace Church, Jalan Alsagoof, Pontian, Johor, West Malaysia.

Pakistan
United Presbyterian Church of Pakistan *(Vereinigte Presbyterianische Kirche von Pakistan)*. The Rev. Piyara Lall, Kathuwali, Post Office Kanjrur, District Sialkot, Pakistan.

Philippinen
United Church of Christ in the Philippines *(Vereinigte Kirche Christi auf den Philippinen)*. Bishop Estanislao Q. Abainza, P.O. Box 718, Manila, Philippines.

Singapur
Presbyterian Church in Singapore *(Presbyterianische Kirche in Singapur)*. Orchard Road Presbyterian Church, B & C Orchard Road, Singapore 9, Singapore.

Sri Lanka
Presbytery of Lanka *(Kreissynode von Lanka)*. Mr. R. L. Juriansz, 47/1 De Alwis Place, Dehiwela, Sri Lanka.
Dutch Reformed Church in Ceylon *(Deutsch-Reformierte Kirche in Ceylon)*. The Rev. D. Hamilton R. Thuring, No. 2 Mudaliyar Avenue, Kuhuwela – Nugegoda, Sri Lanka.

Syrien und Libanon
National Evangelical Synod of Syria and Lebanon *(Evangelische Synode von Syrien und Libanon)*. The Rev. Ibrahim M. Dagher, P.O. Box 110 235, Beirut, Lebanon.
Union of Evangelical Armenian Churches in the Near East *(Vereinigung der Evangelisch-Armenischen Kirchen im Nahen Osten)*. Dr. Hov. P. Aharonian, P.O. Box 377, Beirut, Lebanon.

Republik von China (Taiwan)
Presbyterian Church in Taiwan *(Presbyterianische Kirche auf Taiwan)*. The Rev. C. M. Kao, 89-5 Chang Chun Road, Taipei, Taiwan, Republic of China.

Thailand
Church of Christ in Thailand *(Kirche Christi in Thailand)*. Dr. Koson Srisang, 14 Pramuan Road, Bangkok 5, Thailand.

AUSTRALASIEN (OZEANIEN)

Australien
Congregational Union of Australia *(Kongregationalistische Vereinigung von Australien)*. The Rev. Henry T. Wells, 15 Russel Street, Eastwood, N.S.W. 2122, Australia.

Presbyterian Church of Australia *(Presbyterianische Kirche von Australien)*. The Rev. John P. Brown, Board of Ecumenical Missions and Relations, G.P.O. Box 100, 1 Jamison St., Sydney 2001, Australia.

Neue Hebriden

Presbyterian Church of the New Hebrides *(Presbyterianische Kirche von den Neuen Hebriden).* The Rev. Fred Karlo Timakata, Box 150, Vila, New Hebrides.

Neuseeland

Congregational Union of New Zealand *(Kongregationalistische Vereinigung von Neuseeland).* Mrs. J. B. Chambers, 28 Wright Street, Wellington 2, New Zealand.

Presbyterian Church of New Zealand *(Presbyterianische Kirche von Neuseeland).* The Rev. Peter Davies, 4 Bull St., Bulls, New Zealand.

Samoa

Congregational Christian Church in Samoa *(Kongregationalistische Christliche Kirche auf Samoa).* The Rev. Oka Fauolo, P.O. Box 468, Apia, West Samoa.

EUROPA

Belgien

Protestant Church of Belgium *(Protestantische Kirche von Belgien).* Dr. André Pieters, 5 rue du Champ de Mars, B-1050 Bruxelles, Belgium.

Reformed Church of Belgium *(Reformierte Kirche von Belgien).* The Rev. W. Hoyois, 193 rue Royale, B-1030 Bruxelles 3, Belgium.

Bundesrepublik Deutschland

Evangelisch-Reformierte Kirche in Nordwestdeutschland. Dr. Gerhard Nordholt, Saarstraße 6 (Postfach 380), D-2950 Leer.

Lippische Landeskirche. Dr. Fritz Viering, Postfach 132, D-4930 Detmold.

Reformierter Bund. Pfarrer Joachim Guhrt, Klapperstiege 13, D-4444 Bentheim 1.

Dänemark

Reformed Synod of Denmark *(Reformierte Synode in Dänemark).* Past. Ulrich Dusse, Gothersgade 109, 1123 Kopenhavn-K, Denmark.

Deutsche Demokratische Republik

Reformierter Generalkonvent in der DDR. Jürgen Reuter, Bruchstraße 24, 327 Burg, DDR.

Frankreich

Reformed Church of Alsace and Lorraine *(Reformierte Kirche von Elsaß und Lothringen).* The Rev. Christian Schmidt, 2 rue du Bouclier, 67000 Strasbourg, France.

Reformed Church of France *(Reformierte Kirche von Frankreich).* The Rev. Jacques Maury, 47 rue de Clichy, 75009 Paris, France.

Griechenland
Greek Evangelical Church *(Griechische Evangelische Kirche)*. The Rev. Demetrios Marmaras, 21 Agelaki Str., Thessaloniki, Greece.

Großbritannien
United Reformed Church *(Vereinigte Reformierte Kirche)*. The Rev. A. L. Macarthur, 86 Tavistock Place, London WC1H 9RT, England.
Congregational Union of Ireland *(Kongregationalistische Vereinigung von Irland)*. The Rev. J. M. Henry, Try 8 Shore Road, Greenisland, Carrick Fergus, Co Antrim BT38 8VB, N. Ireland.
Presbyterian Church in Ireland *(Presbyterianische Kirche in Irland)*. The Rev. I. S. McDowell, 31 Ormonde Park, Belfast BT10 OLG, Northern Ireland.
Church of Scottland *(Kirche von Schottland)*. The Rev. Donald F. M. MacDonald, 121 George Street, Edinburgh EH2 4YN, Scotland.
Congregational Union of Scotland *(Kongregationalistische Vereinigung von Schottland)*. The Rev. Robert Waters, Hillhead Centre, 1 University Avenue, Glasgow G128NN, Scotland.
United Free Church of Scotland *(Vereinigte Freikirche von Schottland)*. The Rev. David W. Roy, 11 Newton Place, Glasgow G3 7PR, Scotland.
Presbyterian (Calvinistic/Methodist) Church of Wales *(Presbyterianische Kirche von Wales)*. The Rev. Gwilym Evans, 9 Camden Road, Brecon, Breconshire LD3 7BU, Great Britain.

Italien
Waldensian Evangelical Church *(Evangelische Waldenserkirche)*. The Rev. Aldo Sbaffi, Tavola Valdese, Via Marianna Dionigi, 57, 00193 Rome, Italy.

Jugoslawien
Reformed Church in Yugoslavia *(Reformierte Kirche in Jugoslawien)*. Bishop K. Istvan Csete, Reformiertes Bischofsamt, Pacir (Backa), Yugoslavia.

Niederlande
Netherlands Reformed Church *(Niederländische Hervormde Kirche)*. The Rev. Albert van den Heuvel, 9 Carnegielaan, The Hague, Netherlands.
Reformed Churches in the Netherlands *(Gereformeerde Kirchen in den Niederlanden)*. Dr. H. B. Weijland, Postbus 201, Leusden, Netherlands.
Remonstrant Brotherhood (Remonstrantse Broederschap) *(Remonstrantische Bruderschaft)*. The Rev. G. Bloemendaal, Nieuwe Gracht 23, Utrecht, Netherlands.

Österreich
Reformed Church of Austria *(Reformierte Kirche in Österreich)*. Pfr. Imre Gyenge, 16 Dorotheengasse, A-1010 Wien, Austria.

Polen
Reformed Evangelical Church in Poland *(Evangelische Reformierte Kirche in Polen)*. Bishop Dr. Jan Niewieczerzal, 76 a Al. Swierczewskiego, Warsaw, Poland.

Portugal
Evangelical Presbyterian Church of Portugal *(Evangelische Presbyterianische Kirche von Portugal)*. The Rev. Manuel Pedro Cardoso, Avenida do Brasil No 92-2° Dta, Lisbon 5, Portugal.

Rumänien
Reformed Church of Romania *(Reformierte Kirche in Rumänien)*. Bishop Julius Nagy, 51 Strada 23 August, Cluj, Romania.

Schweden
Swedish Mission Covenant Church (Svenska Missionsförbundet) *(Schwedischer Missionsverband)*. The Rev. Gösta Hedberg, P.O. Box 6302, 113 81 Stockholm, Sweden.

Schweiz
Federation of the Protestant Churches of Switzerland *(Schweizerischer Evangelischer Kirchenbund)*. The Rev. W. Sigrist, Sulgenauweg 26, 3007 Bern, Switzerland.

Spanien
Spanish Evangelical Church *(Spanische Evangelische Kirche)*. Rev. Enrique Capo, Nacion 24, Barcelona 15, Spain.

Tschechoslowakei
Church of the Brethren *(Brüderkirche)*. The Rev. Josef Michal, Soukenicka 15, Nove Mesto, 110-00 Praha-1, Czechoslovakia

Evangelical Church of Czech Brethren *(Evangelische Kirche der Böhmischen Brüder)*. Sen. Vaclav Kejr, 9 Jungmannova, 115 13 Praha-1, Czechoslovakia.

Reformed Church of Slovakia *(Reformierte Kirche der Slowakei)*. Dr. Imre Varga, Kalininova ul. 14.IV/26, 040 01 Kosice, Czechoslovakia.

Ungarn
Reformed Church of Hungary *(Reformierte Kirche in Ungarn)*. Bishop Dr. Tibor Bartha, 21 Abonyi-utca (P.O. Box 5), 1440 Budapest XIV, Hungary.

UdSSR
Reformed Church in Latvia *(Reformierte Kirche in Lettland)*. Ev.-Luth. Gemeinde der Reformierten Brüder in Lettland, 48 Slokas Iela 6 dz. 1, Riga, Latvian SSR – USSR.

Reformed Church in Lithuania *(Reformierte Kirche in Litauen)*. The Rev. Paul Jasinskas, Vilniaus 44, 235280 Birzai, Lithuanian SSR – USSR.

Reformed Church of Carpatho-Ukraine *(Reformierte Kirche der Karpatho-Ukraine)*. The Rev. Bishop Adalbert Gencsy, Lakarpatska Oblast, Perencenski rajo, Sztumkovka – USSR.

Stand: April 1977

STATISTIK

„Folgende Statistiken sind Schätzungen. Sie gründen sich auf die [damals] neuesten Veröffentlichungen von Statistiken der reformierten und presbyterianischen Kirchen. Durch Briefwechsel mit in den betreffenden Ländern lebenden Personen werden sie immer wieder verglichen und geändert. Mit dieser Zusammenfassung wollen wir einen möglichst genauen Überblick über die Gesamtmitgliedschaft der reformierten und presbyterianischen Kirchen der Welt geben."
So hat der damalige Generalsekretär des Reformierten Weltbundes (RWB) die von ihm veröffentlichten Angaben (Der Reformierte Weltbund 1964) eingeleitet. Dem ist einiges hinzuzufügen:
Abgesehen davon, daß die meisten kirchlichen Statistiken verhältnismäßig wenig über „Stärke" und „Schwäche" der berichtenden Kirche aussagen und zum Teil von beträchtlichen Unsicherheitsfaktoren beeinträchtigt werden, ist für Statistiken aus reformierten Kirchen zu beachten, daß die verschiedenen Kirchen von unterschiedlichen theologisch-ekklesiologischen Voraussetzungen her ihre Mitglieder zählen. Wird bei uns volkskirchlich gezählt, so gibt es reformierte Kirchen, die zwischen Geburts-, Tauf- und Abendmahlsmitgliedern unterscheiden. Eine Kirche, die nur die zum Abendmahl Zugelassenen als Glieder zählt, weist deshalb einen geringen Mitgliederstand aus, während die Zahl der Teilnehmer am Gottesdienst erheblich größer sein kann. Zudem haben die meisten reformierten Großkirchen nur sehr kleine Verwaltungsstellen, die überhaupt nicht in der Lage sind, genaue statistische Erhebungen anzustellen, abgesehen etwa davon, daß es Länder gibt, in denen die Kirchen keine statistischen Erhebungen durchführen können und deshalb auf Schätzungen angewiesen sind. Ein Versuch des Generalsekretärs des RWB, nach 1970 eine neue Statistik aufzustellen, zeitigte nur bruchstückhaft Ergebnisse. Deshalb veröffentlichen wir diese ältere, geschätzte Statistik.

Afrika	Gesamtzahl für 1964		Gesamtzahl für 1964
		Liberien	2 000
Ägypten (V.A.R.)	100 000	Madagaskar	150 000
Äquatorial-Guiana	10 000	Marokko	3 000
Äthiopien	3 000	Mozambique	13 000
Algerien	2 000	Nigerien	80 000
Angola	80 000	Republik Togo	40 000
Basutoland	200 000	Ruanda	22 000
Gabun	50 000	Südafrikanische	
Ghana	250 000	Republik	2 400 000
Kamerun	300 000	Südwestafrika	35 000
Kenia	55 000	Sudan	2 000
Kongo	150 000	Zentralafrika	500 000
			4 447 000

Gesamtzahl für 1964   Gesamtzahl für 1964

Lateinamerika und die Karibischen Inseln	
Argentinien	15 000
Brasilien	500 000
Britisch-Guiana	30 000
Chile	8 000
Guatemala	20 000
Holländisch-Guiana	20 000
Honduras	2 000
Jamaika	90 000
Kolumbien	10 000
Kuba	25 000
Mexiko	250 000
Peru	2 000
Puerto Rico	35 000
Trinidad	25 000
Uruguay	10 000
Venezuela	3 000
	1 045 000

Nordamerika	
Kanada	3 625 000
USA	13 025 000
	16 650 000

Asien	
Ceylon	6 000
China	200 000
Formosa	175 000
Indien	600 000
Indonesien	3 200 000
Iran	5 000
Japan	220 000
Korea	930 000
Malaysia	6 000
Neuguinea	150 000
Pakistan	150 000
Philippinen	350 000
Syrien und Libanon	10 000
Thailand	25 000
	6 027 000

Ozeanien	
Australien	1 050 000
Neue Hebriden	20 000
Neukaledonien	20 000
Neuseeland	560 000
Tahiti	25 000
	1 675 000

Europa	
Belgien	22 000
Deutschland	2 600 000
Frankreich	600 000
Griechenland	20 000
Großbritannien und Irland	4 550 000
Italien	40 000
Jugoslawien	35 000
Niederlande	4 500 000
Österreich	20 000
Polen	5 000
Portugal	5 000
Rumänien	800 000
Schweiz	2 900 000
Spanien	5 000
Tschechoslowakei	500 000
Ungarn	2 000 000
UdSSR	120 000
	18 722 000

Gesamtzahl: 48 566 000